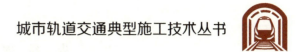

城市轨道交通典型施工技术丛书

北京地铁27号线二期
(昌平线南延)工程建设技术创新与实践

孙希波 汪国锋 等 编著

人民交通出版社股份有限公司

北京

内 容 提 要

本书是"城市轨道交通典型施工技术丛书"之一。依托北京市首条全面不降水试验线——北京地铁27号线二期(昌平线南延)工程,聚焦城市复杂环境条件下地铁建设面临的诸多挑战,秉持"综合、绿色、安全、智能"的建设理念,结合相关科研与技术攻关成果,系统梳理凝练了极具典型性的车站施工、区间隧道施工、既有线改造施工等关键技术,同时还对设备安装典型工艺、车站装修及微中心一体化设计的理念与特点进行了概要介绍。

本书可供从事城市轨道交通工程建设、设计、施工、监理、第三方监测的技术和管理人员参考,也可作为高等院校相关专业师生的参考用书。

图书在版编目(CIP)数据

北京地铁27号线二期(昌平线南延)工程建设技术创新与实践 / 孙希波等编著. — 北京:人民交通出版社股份有限公司,2023.11

ISBN 978-7-114-19011-7

Ⅰ.①北… Ⅱ.①孙… Ⅲ.①地下铁道—铁路工程—建设—北京 Ⅳ.①U231

中国国家版本馆 CIP 数据核字(2023)第 185909 号

Beijing Ditie 27 Hao Xian Erqi(Changping Xian Nanyan) Gongcheng Jianshe Jishu Chuangxin yu Shijian

书　　名:	北京地铁27号线二期(昌平线南延)工程建设技术创新与实践
著　作　者:	孙希波　汪国锋　等
责任编辑:	谢海龙
责任校对:	赵媛媛　魏佳宁　卢　弦
责任印制:	刘高彤
出版发行:	人民交通出版社股份有限公司
地　　址:	(100011)北京市朝阳区安定门外外馆斜街3号
网　　址:	http://www.ccpcl.com.cn
销售电话:	(010)59757973
总 经 销:	人民交通出版社股份有限公司发行部
经　　销:	各地新华书店
印　　刷:	北京建宏印刷有限公司
开　　本:	787×1092　1/16
印　　张:	33.75
字　　数:	811 千
版　　次:	2023 年 11 月　第 1 版
印　　次:	2024 年 1 月　第 2 次印刷
书　　号:	ISBN 978-7-114-19011-7
定　　价:	258.00 元

(有印刷、装订质量问题的图书,由本公司负责调换)

编委会

主编单位：北京市轨道交通建设管理有限公司第二分公司

总 策 划：刘天正　刘魁刚　王道敏

主任委员：孙希波　汪国锋

副主任委员：梁海英　廉瑞军　李　军

编　　委：秦朝晖　童利红　艾菁菁　高亚彬　曲　钢　韩铁莲
　　　　　　赵元根　赵克生　赵校伟　孙　博　叶新丰　贺　鹏
　　　　　　罗玉英　周银亮　李海生　朱国庆　姚　维　王文轩
　　　　　　董　凯　贺　超　喻　凯　闫　龙　王玉杰　蔡　扬
　　　　　　詹皖晋　王旭东　芮恩奇　周富宽　李子辰　单煜标
　　　　　　杨　舟　高振宁　佟　飙　万小飞　黄金龙　李振东

主要撰稿人：黄　赫　李铁生　乐美峰　刘海峰　邬德义　孟学仲
　　　　　　董文广　吕国庆　宋寿忠　石　杨　左建周　王　旭
　　　　　　孙守元　苗　海　汪永健　杨　昆　韩瑞林　鄢继超
　　　　　　田广辉　张　慧　王盛印　吴　沙　颜　浩　李　龙
　　　　　　孙　明　徐骏青　王亚周　余　康　袁　松　孙俊健
　　　　　　陈国瑞　安瑞坦　卫　巍　李　猛　郭　力　巩耀娜
　　　　　　刘　钢　于　力　李文亚　王海峰　苑雅娟　孔　宏

陈建伟　于　洋　东　升　王　征　王　允　蒋　晟
石楚韵　包海宏　韩燕民　孙时平　范丽萍　贾庆箭
朱　拓　司　耐　李　舜　王　尊

参编人员：（按姓氏笔画排序）

王东霞　王　军　王　兵　牛丽珂　方克军　尹　燊
孔繁兴　叶志田　冉隆波　白　杨　朱天源　朱红梅
朱雯蕾　庄立阳　刘文璐　刘　成　刘　志　刘尚伟
刘函仲　刘　浩　闫立鹏　闫明柱　许传省　许　洋
孙大新　孙玮泽　李义泊　李丛林　李志阳　李希春
李明昌　李明泽　李　昂　李　鸣　李孟荣　李恒力
李晓宁　杨东升　杨媛媛　杨燕燕　吴丽丽　何煜晗
佟　鑫　汪　烨　张正旭　张　凯　张复兴　张绪丰
张　磊　张燕刚　陈光林　陈江涛　陈苒迪　范　茜
郑如新　郑瑞武　孟　洋　赵志敏　赵　芜　赵姗姗
郝志宏　侯丽妍　侯慕轶　姜　曦　宫　辉　姚添宝
袁凤东　袁　梧　徐玉明　高东升　桑青春　黄龙生
曹　凤　龚洁英　崔　巍　董新利　韩海燕　韩　雪
韩朝言　程小虎　焦连斌　雷巨光　谭　政　戴　宇
戴　理

序 PREFACE

　　城市轨道交通具有安全、集约、环保、全天候、大运量等特点，在引领和支撑城市发展、满足人民群众出行、缓解交通拥堵、减少环境污染等方面发挥着越来越重要的作用，已成为大城市解决交通拥堵的首选。2019年9月25日，习近平总书记在视察北京大兴新机场线时强调"城市轨道交通是现代大城市交通的发展方向。发展轨道交通是解决大城市病的有效途径，也是建设绿色城市、智能城市的有效途径。北京要继续大力发展轨道交通，构建综合、绿色、安全、智能的立体化现代化城市交通系统，始终保持国际最先进水平，打造现代化国际大城市。"❶ 为了助力北京"四个中心建设"，应对机动车高速增长带来的交通问题，北京市采取了强有力的公共交通发展政策。截至2023年6月，北京市相继开通运营了27条地铁线，运营里程807 km，车站475座（其中换乘站81座），在建线路12条。目前北京市城市轨道交通第二期建设规划已经基本实现规划目标，正在积极实施第三期建设规划。

　　北京轨道交通引领了城市的发展，很大程度上缓解了首都的交通压力。北京地铁27号线二期（昌平线南延）（简称"昌南线"）工程就是《北京市城市轨道交通第二期建设规划（2015—2021年）》中的一条中心城西部南北方向轨道交通骨干线和加密线。昌南线工程定位为完善线网结构、加密中心城线网、弥补学院路轨道交通缺失，远期与地铁9号线贯通，形成贯穿中心城西部的南北向轨道交通骨干线，带动和促进沿线多个城市组团的开发，连通北京西站和清河辅助客站两大铁路交通枢纽，快速集散枢纽区

---

❶ 来源：《人民日报》（2019年9月26日01版）。

域的客流。

随着中关村科技园区的建设及北京清河客运枢纽的通车,昌南线的重要性日益突出。昌南线通车后将完善线网结构、打通客流断点,通过在六道口站和西土城站的换乘,将多条地铁线串联成网,可有效缓解地铁4号线、5号线和13号线的运营压力。同时,将加强高校云集的学院路的交通通达性,满足莘莘学子和周边居民的出行需求。此外,在保证基本功能与结构安全的前提下,该线车站公共区使用大跨度横担体系,把各种管线集中整合,将更多使用空间留给乘客和服务设施,进一步提升地铁舒适度、便捷度,线路建设亮点纷呈。

一是首次实现微中心落地:成功促成了学清路站微中心的落地实施,为后续微中心一体化提供了成功案例。

二是首次实现北京线网微调整:成功将既有地铁13号线的高架区间改造为地面区间,通过群策群力、严格把控每一个环节,将整个拨线工程停运施工时间控制在157h内,完成了史无前例高难度施工;清河站实现国铁、地铁同站"零距离"换乘,为旅客乘车提供巨大便利;地铁13号线、昌南线和19号线支线融入清河枢纽内部,整合了地区线路条件,起到了集约用地、功能提升的作用。

三是新技术的推广应用:实现了北京轨道建设的"六个第一",即第一个机械法施工联络通道、第一台异形钢环侧始发盾构、第一台水下接收盾构、第一台叠落套筒接收盾构、第一台穿越导洞施工柱洞法(PBA)车站盾构、第一个采用矩形顶管法施工的车站出入口。

昌南线工程穿越多条既有轨道交通线路、南水北调管涵、文物保护区等重要风险源;受粉细砂地层及地下水位不断上升影响,工程地质与水文地质条件复杂;工程设计标准高、绿色环保理念强,施工难度大,环境风险高。针对昌南线的特点及难点,建设者们克服困难,不畏艰难,风雨无阻,不忘初心,牢记使命,精益求精,把问题做成课题,把难点变成亮点。我和项目建设团队历经4年建设期,其中3年在抗击新冠疫情中度过,建设团队创造性地把科学与美学、历史与文化、古典与现代巧妙地融合在一起,进行多项技术创新,持续推动降本增效,注重环境保护,严格工程管理,高质量完成各项目标任务。

本书是对昌南线上述科研创新与技术攻关成果的系统总结,以具体典型的工点为例,突出工程建设的重难点及技术创新点,内容翔实,以叙事总结的形式为读者描绘了昌南线的建设特点、难点和创新，同时也记载着昌南线的建设历程。

"看似寻常最奇崛，成如容易却艰辛"。总结的目的既在于记录，更是为了提高和技术沉淀。希望通过本书的出版，能将工程建设过程中的关键技术和创新成果进行更广泛地推广应用，推动降本增效，实现轨道交通工程建设行业的"综合、绿色、安全、智能"高质量发展。

北京市轨道交通建设管理有限公司
党委书记、执行董事

2023 年 7 月 1 日

前言

  北京地铁27号线二期工程是一条中心城西部的南北向轨道交通骨干线,北起西二旗站,南至蓟门桥站,线路串联清河、上地、学清路、学院路、西土城路等重点功能区和居住区。沿线高楼林立、管线众多。线路穿越多条既有轨道交通线路、南水北调管涵、清河、文物保护区等重要风险源。昌南线埋深大,是北京市首条全面不降水试验线。昌南线穿越文物区,文物保护压力大,穿越北京西部学院路建成区,用地条件紧张,工程设计标准高,绿色环保理念强,施工难度大,环境风险高。

  建设者们针对昌南线上述特点和难点,持续攻坚克难,精益求精,进行多项技术创新,高质量完成各项目标任务。本书即是对上述成果的总结。

  全书共分为6篇,包括24章内容。

  第1篇:工程建设总述,主要介绍了昌南线工程的建设背景与意义、规划设计、地质地貌工程重难点等情况。

  第2篇:地铁车站施工技术,主要介绍了昌南线工程的车站典型施工技术,包括暗挖车站PBA工法关键施工技术、车站竖井及横通道钢波纹板支护施工技术、先隧后站"PBA"工法施工关键技术、地铁车站出入口通道矩形顶管建造技术等。

  第3篇:地铁区间隧道施工技术,主要介绍了昌南线工程的隧道施工技术,包括深孔注浆止水施工技术、矿山法下穿市政桥梁施工技术、冻结法施工联络通道技术、区间盾构侧向整体始发施工技术、区间盾构洞内解体接收施工技术、小半径近距离盾构叠落接收施工技术、小曲线叠落式盾构始发施工技术、盾构水下接收施工技术、机械法施工联络通道技术、盾构下穿既有线风险控制技术等。

第4篇:既有线改造施工关键技术,主要介绍了既有地铁10号线西土城站改造施工技术及运营线路拨接线路(简称"拨线")施工组织管理等。

第5篇:设备安装工程典型工艺工法,重点介绍地下线预制减振垫浮置板道床施工工法、正线外挂竖井铺轨基地铺设施工工法典型技术应用、供电系统均回流电缆低温钎焊工艺典型技术应用、基于BIM技术的城市轨道交通通信机房布线施工工法应用。

第6篇:车站装修及微中心一体化设计,主要介绍了昌南线的装修设计概念及其特点,微中心一体化设计方案。

本书由北京市轨道交通建设管理有限公司第二分公司组织编写,参建各方积极参与,并提供了相关的技术资料,中国地质大学(北京)工程技术学院张中俭副教授、王雪帆讲师、刘丽楠讲师以及地铁工程专家杨会军等参与审稿。本书的编写得到了工程建设、勘察、设计、施工、监理和第三方监测等参建单位有关领导、专家和建设者的大力支持和帮助,在此一并表示感谢!

限于作者水平与写作时间有限,书中难免存在疏漏和不妥之处,恳请广大读者批评指正。

编 者

2023年6月18日

目 录

第 1 篇 工程建设总述

第 1 章 工程概述 ·· 3
1.1 建设背景与意义 ·· 3
1.2 规划设计 ·· 6
1.3 工程地质地貌 ··· 9

第 2 章 工程建设风险、主要工程及面临的挑战 ·············· 15
2.1 工程建设风险 ··· 15
2.2 主要工程 ·· 16
2.3 面临的挑战 ·· 17

第 2 篇 地铁车站施工技术

第 3 章 暗挖车站 PBA 工法关键施工技术 ····················· 23
3.1 工程概况 ·· 23
3.2 车站 PBA 工法关键施工技术 ······························ 25
3.3 施工效果及评价 ·· 52

第 4 章 车站竖井及横通道钢波纹板支护施工技术 ············ 53
4.1 工程概况 ·· 53
4.2 钢波纹板施工方法 ·· 54
4.3 钢波纹板施工工艺 ·· 62
4.4 监控量测结果分析 ·· 74
4.5 施工效果及评价 ·· 87

第5章 先隧后站 PBA 工法关键施工技术 ········· 89
5.1 工程概况 ········· 89
5.2 工程重难点 ········· 91
5.3 施工技术 ········· 92
5.4 盾构过站监测分析 ········· 111

第6章 地铁车站出入口通道矩形顶管建造技术 ········· 115
6.1 工程概况 ········· 115
6.2 工程重难点 ········· 118
6.3 矩形顶管机选型 ········· 118
6.4 关键施工技术 ········· 120
6.5 施工效果及评价 ········· 137

第3篇 地铁区间隧道施工技术

第7章 深孔注浆止水施工技术 ········· 147
7.1 工程概况 ········· 147
7.2 深孔注浆施工技术 ········· 151
7.3 监测数据结果分析 ········· 163
7.4 施工效果及评价 ········· 165

第8章 矿山法下穿市政桥梁施工技术 ········· 167
8.1 工程概况 ········· 167
8.2 施工关键技术 ········· 170
8.3 现场监控量测结果分析 ········· 181
8.4 施工效果及评价 ········· 184

第9章 冻结法施工联络通道技术 ········· 185
9.1 工程概况 ········· 185
9.2 工程特点及难点分析 ········· 187
9.3 冻结参数设计 ········· 187
9.4 关键施工技术 ········· 191
9.5 施工效果及评价 ········· 205

第10章 区间盾构补偿法侧向始发施工技术 ········· 207
10.1 工程概况 ········· 207
10.2 盾构始发方案比选 ········· 210
10.3 盾构补偿始发技术 ········· 222

10.4　现场监控量测结果分析 …… 242
10.5　施工效果及评价 …… 246

第11章　区间盾构洞内解体接收施工技术 …… 247

11.1　工程概况 …… 247
11.2　洞内解体接收方案 …… 248
11.3　现场监控量测结果分析 …… 267

第12章　小半径近距离盾构叠落接收施工技术 …… 269

12.1　工程概况 …… 269
12.2　工程特点及重难点 …… 273
12.3　关键施工技术 …… 274
12.4　施工效果及评价 …… 285

第13章　盾构小曲线叠落式始发施工技术 …… 287

13.1　工程概况 …… 287
13.2　工程重难点 …… 289
13.3　关键施工技术 …… 289
13.4　施工效果及评价 …… 304

第14章　盾构水下接收施工技术 …… 310

14.1　工程概况 …… 310
14.2　工程特点及难点分析 …… 313
14.3　关键施工技术 …… 314
14.4　施工效果及评价 …… 319

第15章　机械法施工联络通道技术 …… 322

15.1　工程概况 …… 322
15.2　工程特点及难点分析 …… 325
15.3　机械选型 …… 327
15.4　关键施工技术 …… 328
15.5　施工效果及评价 …… 343

第16章　盾构下穿既有地铁车站施工技术 …… 346

16.1　工程概况 …… 346
16.2　施工关键技术 …… 351
16.3　现场监控量测结果分析 …… 368
16.4　施工效果及评价 …… 375

第4篇 既有线改造施工关键技术

第17章 既有地铁10号线西土城站改造施工技术 ... 379
17.1 工程概况 ... 379
17.2 工程特点及难点分析 ... 380
17.3 既有站改造工程关键技术 ... 384

第18章 运营线路拨线施工组织 ... 409
18.1 建设背景 ... 409
18.2 工程概况 ... 409
18.3 拨线施工组织 ... 411

第5篇 设备安装工程典型工艺工法

第19章 地下线预制减振垫浮置板道床施工工法 ... 421
19.1 工法特点 ... 421
19.2 工艺原理 ... 421
19.3 施工工艺流程及操作要点 ... 423
19.4 劳动组织 ... 432
19.5 材料与设备 ... 432
19.6 质量控制 ... 433
19.7 安全措施 ... 434
19.8 环保、节能措施 ... 435

第20章 利用侧位盾构井设置铺轨基地铺设施工工法典型技术应用 ... 436
20.1 工法特点 ... 436
20.2 工艺原理 ... 436
20.3 工艺流程及操作要点 ... 439
20.4 劳动组织 ... 452
20.5 机具设备 ... 453
20.6 质量控制 ... 454
20.7 安全措施 ... 454
20.8 环保、节能措施 ... 456

第21章 供电系统均回流电缆低温钎焊工艺典型技术应用 ... 457
21.1 工法特点 ... 457
21.2 工艺原理 ... 458

21.3 工艺流程及操作要点 …… 461
21.4 机具设备 …… 468
21.5 质量控制 …… 469
21.6 安全措施 …… 470
21.7 环保措施 …… 471

第22章 基于BIM技术的城市轨道交通通信机房布线施工工法应用 …… 472

22.1 工法特点 …… 472
22.2 工艺原理 …… 472
22.3 通信机房布线施工流程及操作要点 …… 473

第6篇 车站装修及微中心一体化设计

第23章 车站装修设计 …… 497

23.1 车站装修设计概念 …… 497
23.2 车站装修设计特点 …… 500

第24章 微中心一体化建设 …… 510

24.1 微中心一体化实施的前提 …… 510
24.2 学清路站微中心一体化方案 …… 511
24.3 学清路站微中心一体化界面划分 …… 515
24.4 学清路站微中心一体化建设的意义 …… 517

附录A 昌南线大事记 …… 518
附录B 主要参编单位人员名录 …… 520
参考文献 …… 522

第 1 篇
工程建设总述

北京地铁27号线二期工程是一条中心城西部南北方向轨道交通骨干线。沿线高楼林立、管线众多。线路穿越多条既有轨道交通线路、南水北调管涵、清河、文物保护区等重要风险源；受粉细砂地层及地下水位不断上升影响，工程地质与水文地质条件复杂；工程施工难度大，风险高。本篇主要介绍了昌南线工程的线路概况、建设背景意义、主要设计理念、设计原则、地质水文条件、工程重难点等情况。

第 1 章 工程概述

1.1 建设背景与意义

1.1.1 建设背景

随着北京城市规模的扩大、城市化水平的不断提高、出行需求总量持续增长,以及机动车数量的不断增大,北京市的城市交通问题愈加突出。为了应对社会经济发展和机动车高速增长带来的交通问题,北京市采取了强有力的公共交通发展政策。相继开通了地铁5号线、10号线、4号线等19条线路,并对八通线(现已并入地铁1号线)、13号线、1号线、2号线进行了扩能改造,但轨道交通运能仍不能满足居民的出行需求,有时不得不采取限流措施来保证既有线的安全运营。

根据国务院批复的《北京城市总体规划(2004—2020年)》,北京提出了"国家首都、国际城市、文化名城、宜居城市"的发展目标,确定了"两轴—两带—多中心"的城市空间结构调整战略,明确了"中心城—新城—镇"的市域城镇体系,并要求"要采取切实措施,建设以公共交通为主导的高标准、现代化的综合交通体系"。为落实北京城市总体规划,推进北京城市空间结构的战略性调整,有效推动中心城人口职能的疏解,保障轨道交通建设的合理有序发展,北京市规划和自然资源委员会组织规划设计部门完成《北京市城市轨道交通第二期建设规划(2015—2021年)》,北京地铁27号线二期(昌平线南延)工程就包含在内。远期昌南线连接9号线(图1-1),功能定位如下:

(1)与地铁昌平线、9号线贯通,形成贯穿中心城西部的南北向轨道交通骨干线,带动和促进沿线多个城市组团的开发。

(2)中心城区的轨道交通加密线,弥补学院路轨道交通缺失。

(3)直接连通北京西站和清河辅助客站两大铁路交通枢纽,快速集散枢纽区域的客流。

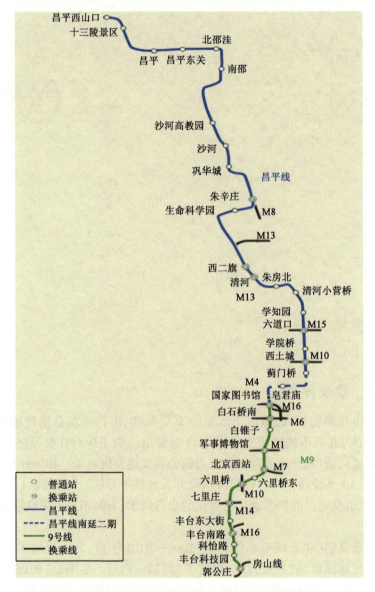

图1-1 北京地铁27号线和9号线贯通示意图

昌南线自北向南经过如下城市功能区和大型居住社区工程：上地信息产业基地、清河综合交通枢纽、西二旗与上清桥居住区、绿隔地区、学清路综合区（商业、文化娱乐、居住等）、学院路街道社区、西土城城垣遗址区、学院南路教育科研区、中关村南科贸区（图1-2）。

1.1.2 建设意义

随着中关村科技园区的建设及北京清河客运枢纽的通车，为解决交通出行问题、加快区域发展，作为一条中心城西部南北方向轨道交通骨干线和加密线，日益突出的建设具有重要意义。

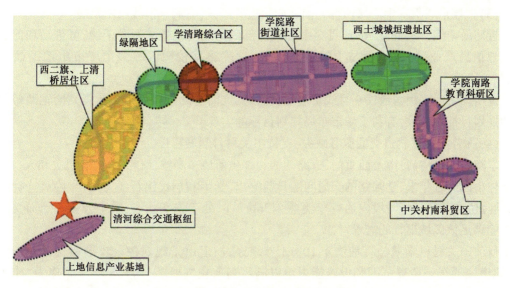

图 1-2　昌平线南延沿线重要功能区示意图

(1) 完善线网结构、打通昌平线西二旗站客流断点，缓解西二旗站换乘压力。

西二旗站为昌平线一期阶段的终点站，同时也是与 13 号线的换乘站。西二旗站进、出站客流量及换乘量均为北京市排名靠前的"网红站"，车站运营压力比较大。据统计，现状西二旗站高峰小时下客量约 1.5 万人、进站量约 0.7 万人，换乘客流主要集中在昌平线下行方向换乘 13 号线上行方向，换乘客流约 1.46 万人/h；而 13 号线外环在途经西二旗站前后最大断面客流分别为 3.95 万人/h 和 4.1 万人/h，经过西二旗站后车内满载率大于 1，13 号线的运能明显不足，导致车站站台存在大量的乘客滞留，早高峰时段，场面蔚为壮观。

从上述客流数据可以看出，西二旗站为昌平线乘客的中转站而非终点站，延伸必要性非常大。昌南线的建设可有效缓解西二旗站换乘压力，降低高峰期客流对既有 13 号线西二旗站运营安全压力。

(2) 完善清河综合交通枢纽功能，疏解京张城际铁路客流。

在京张城际铁路规划研究过程中，为缓解铁路客流对北京北站西直门枢纽的客流冲击，疏解西直门交通压力，清河火车站作为北京北站的辅助客站，疏解北京北站部分功能。

清河火车站利用现有场地进行改扩建，既有车站周边均为建成区。车站周边现状用地：站区周边主要以仓储用地为主，周边无预留市政配套用地，火车站东侧规划大片居住区，火车站西侧已形成的产业包含上地产业园、软件园等。规划清河火车站为铁路用地。清河火车站周边道路现状南北向为京新高速公路及京藏高速公路，且京新高速公路仅提供南向 (市区方向) 集散出入口 (道路西侧)，未提供北向集散出入口。东西向快速通道仅有五环路，且缺少辅路系统及接入节点，同时北部缺少东西向集散通道，现状道路系统不完善，交通疏解及乘客使用不便。

昌南线的建设能在一定程度上解决清河地区现状道路系统不完善、东西向割裂严重的问题。清河枢纽的建设，有效地带动周边城市功能的织补，疏解清河站铁路客流，有利于乘客的快速集散。

(3)依序形成贯穿中心城西部的南北向轨道骨干线,有利于沿线组团发展。

近期昌南线工程建设,形成贯穿中心城西部的南北向轨道交通骨干线,可带动和促进沿线上地信息产业区、西二旗与上清桥居住区、学院路高校园区等多个城市组团的改善和发展。

远期昌南线工程与地铁9号线贯通运营后,其走向与北京市城市总体规划两轴两带多中心的规划目标相一致,有利于城市布局规划目标的实现。

(4)弥补学院区轨道交通服务缺失,支持中关村科学城建设。

学院路北接清河,南至西直门,道路两侧相邻坐落诸多高校、研究院、政府机关和人口密集的居住小区。近年来,学院路的交通问题日益突出,学生和居民出行压力大,早晚高峰拥堵严重,学院桥交叉口高峰时段内通行车辆达3136pcu/h,处于饱和状态,乘坐公交等地面交通工具不能满足该区域出行的需求。

目前中关村科学城已有地铁4、10、13号线经过,但由于规划建设较早和受各种条件制约,轨道交通车站覆盖范围和设施能力难以满足当前规划要求,尤其是学院路作为"中关村信息网络世纪大道",是该区域的南北向主干道,两侧积聚了大量的客流,拥堵问题长期存在,却一直没有轨道交通线路由此经过。因此,规划沿学院路敷设的城市轨道交通线路,有助于加强中关村科学城发展的交通保障条件,避免区域道路交通压力过大,提升区域形象,促进区域发展。

(5)有利于提升沿线投资环境、改善环境质量,促进城市可持续发展。

昌南线工程的建成,有利于提高沿线通达水平,增强公共交通的吸引力。打通昌平区卫星城与主城区的路径,可在一定程度上缓解沿线私人小汽车交通量增长速度,减少机动车事故,减少机动车所形成的污染,提升沿线环境质量和投资环境,提高沿线产业和人口集聚能力,有利于沿线地区的土地整合和合理开发,可增强区域竞争能力。

1.2 规划设计

1.2.1 线路概述

昌南线工程全线共设车站8座,分别是清河站、小营西路站、上清桥站、学清路站、六道口站、学院桥站、西土城站、蓟门桥站,全部为地下站。其中5座换乘站,分别为清河站、上清桥站、六道口站、西土城站、蓟门桥站。在清河站与规划19号线支线、运营13号线、京张高铁换乘,在上清桥站与规划19号线主线换乘,在六道口站与运营15号线换乘,在西土城站与运营10号线换乘,在蓟门桥站与在建12号线换乘(图1-3)。

1.2.2 设计理念

(1)线路基本走向应符合北京市城市总体规划和轨道交通线网规划中本线的定位要求,充分发挥本线在城市发展和路网建设中的作用。

(2)根据北京市城市总体规划和轨道交通线网规划的要求,合理选择线路位置、站位。线路应尽可能沿城市主干道并在道路规划红线范围内布置,车站宜与规划红线平行,以方便施工,减少拆迁。

(3)车站站位的选择应与城市现状及规划协调一致,充分考虑沿线既有与规划的各类交通枢纽及重要客流集散点,以利于最大程度地吸引客流、方便乘客、提高运营效益。应充分考虑以下因素:工程施工场地、施工期的交通组织,建成后在地面的客流集散用地,与其他交通换乘和衔接方便,车站与城市交通建设规划一体化。

(4)地下线路平、纵断面要素设计应充分考虑沿线相关的地面与地下建(构)筑物、市政管线等控制因素的影响,合理选择线位及纵坡,通过方案的技术经济比较,寻求最佳平衡点,争取较好的线路技术条件,有利于运营使用,注重与周边建筑景观相协调,尽量节省投资,降低工程造价。

(5)结合沿线城市建筑现状及规划发展,依照沿线地质、水文状况,规划及现状铁路、立交桥、地下管线及房屋的基础资料,合理确定地铁结构的埋深及工法,在有条件的地下区间设置动力坡。

(6)应根据运营组织、行车交路,结合线路条件优化配线设置,达到方便折返停车、灵活调度、有利运营、缩短折返时间及折返线长度的目的。满足非正常运营列车的折返调转和停放,满足列车跨线检修、工程养护维修等作业的需要。

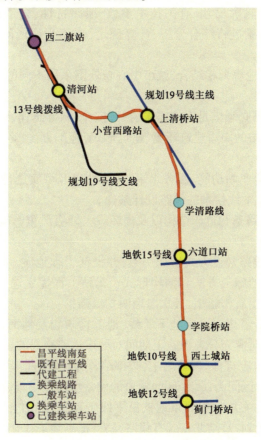

图1-3 昌南线工程线路平面示意图

1.2.3 设计原则

（1）工程设计应贯彻安全可靠、以人为本、功能合理、经济适用、节能环保、技术先进、资源共享、持续发展的建设方针，应满足线路运营、管理和养护维修等功能的需要。

（2）为适应城市轨道交通网络化发展的需要和资源共享的需求，应在立足总结网络化运营经验和教训的基础上，不断提高网络化的整体效益，实现网络资源的合理配置。

（3）对线网中的换乘节点，应遵循统一规划、同步设计的原则，近期线网的换乘节点宜同期建设，与远期线的换乘节点应预留工程实施条件。

（4）线路设计应依据轨道交通线网规划、建设时序、功能定位和客流特征，确定线路走向、起终点、线间换乘点和支线的接轨点，并处理好与城市和城际其他交通方式的一体化接驳关系。

（5）根据本工程的建设周期，确定设计年限为：初期为2023年，近期为2030年，远期为2045年。

（6）本线列车的最高运行速度为100km/h，全线的旅行速度41km/h。

（7）列车推荐采用与昌平线一致的B型车6辆编组，系统设计能力按全线30对/h考虑，系统方案及用地条件均按满足此要求匹配。

（8）限界应根据车辆轮廓尺寸、有关技术参数、线路特性、轨道特性、授电方式、设备及管线布置、施工方法等因素进行综合分析、计算确定，本工程按区间设置应急疏散平台进行研究。

（9）车站宜与城市用地规划相结合，城市中心与外围采用不同的交通供给政策，方便多种交通方式的接驳换乘。

（10）车站形式及布局必须满足客流需求、乘降安全、疏导迅速、环境适宜、布置紧凑、便于管理的基本要求，根据车站的周边建筑环境、建筑形式、施工方法、客流组织等条件，全线总体平衡、协调统一，合理选择。

（11）换乘车站应结合车站功能、服务水平、经济性以及可实施性等因素综合考虑换乘方案。应考虑线网中规划与本线换乘的线路设计条件。

（12）主体结构工程、路基和道床结构以及损坏或大修会严重影响运营的其他结构工程的设计使用年限应为100年。

（13）结构形式应与线路敷设方式协调一致，并根据工程地质、水文地质条件及周围环境选择安全可靠、经济合理的施工方法和结构形式。车站工程优先选用明（盖）挖法，其次考虑暗挖法；区间工程优先选用盾构施工，其次考虑明挖或暗挖。

（14）施工方法应充分考虑对城市地下管线、地下构筑物及地面建筑物的影响，必要时应采取相应的保护措施，同时应充分考虑施工期间对城市道路交通的影响。

（15）隧道结构的防水应符合"以防为主，防排结合，因地制宜，综合治理"的原则。隧道结构防水等级：车站为一级，区间为二级（区间隧道的设备用房按一级设防）。

（16）设备系统设计方案应根据北京地铁昌平线工程特点，结合一、二期分期建设情况以及北京市轨道交通路网规划，总结北京既有线路经验，提高经济社会综合效益。

（17）每个电源开闭所由两个独立电源供电，电源引自城市电网中两个不同的变电站或同一变电站的两段不同母线。

(18)车辆与机电设备应采用满足功能要求、技术先进、经济适用的成熟产品,遵循标准化、系列化的整体运用策略,车辆与机电设备的国产化率应满足国家相关规定的要求。

(19)轨道交通工程的线路、结构及各系统设计应根据环评要求及沿线环境敏感点的情况,采取必要的降低噪声、减少振动等措施,减少对环境影响,使其符合国家现行的城市环境保护有关规定。

(20)工程设计应贯彻国家和地方节能政策,采用有利于节约能源的设备、材料和运营模式。

(21)城市轨道交通工程应具有针对火灾、水淹、风灾、地震、冰雪和雷击等灾害的综合安全措施。

(22)载客运营的区间应具备纵向应急疏散条件。

(23)城市轨道交通工程建设应集约利用土地,少占耕地和基本农田。车辆综合基地、联络线、控制中心、主变电所、抢险救援设施及各设备系统资源的设置,应从全路网整体运营的角度,根据线网资源共享规划及建设时序,合理布局,统筹建设。

(24)城市轨道交通工程设计在确保安全可靠和不降低使用功能的前提下,应采取各种有效措施,降低工程造价和建成后的运营成本。工程设计宜在满足运营安全的前提下,为提供运营增值服务创造条件。

1.3 工程地质地貌

1.3.1 地形地貌

工程位于古清河故道及古清河与古金沟河河间地块,属于平原地貌,沿线地形整体趋势北高南低,局部受人工填挖影响的部位,地形有起伏,地面高程在40~50m之间(图1-4)。

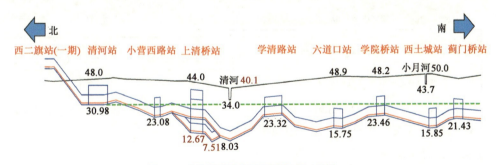

图1-4 全线纵断面高程示意图(尺寸单位:m)

沿线附近可能分布有沟、塘等,经过多年的人工整治和城市建设,以前的沟、塘等已被填埋,地表已被建筑物、道路、绿地等覆盖,无明显的地形特征。

绝对最深车站:上清桥站(全线高程最深车站,埋深约32m,高程12.67m)。

相对最深车站:六道口站(全线相对地表埋深最深车站,埋深约33.1m,高程15.75m)。

最深区间：上清桥站—学清路站（简称上学区间）（全线高程最深点，埋深约36m，高程7.51m）。

1.3.2 沿线水系

北京地区主要河流分为大清河、永定河、温榆河（北运河）、潮白河、蓟运河五条河流，均属海河水系。其中大清河、永定河水系主要分布于北京西部、南部地区，温榆河主要分布于中部、东部地区，潮白河、蓟运河水系主要分布于北部、东部地区。本线路经过地区地面水系属于北运河水系。

本工程沿线在学清路站—上清桥站区间穿越清河一处地表水体，两侧有衬砌结构。勘察期间水位高程为34.00~35.96m，水深为1.5~2.5m。清河与地下水可能存在补给的关系。清河：发源于北京市海淀区碧云寺，流经朝阳、昌平，在顺义汇入温榆河，全长23.6km，流域面积210km²，是北京市北部主要城市排水河道，在北京城市河湖水系中占有重要的地位。

1.3.3 工程地质

工程线路通过地区的第四纪覆盖层厚度为50~150m。第四纪因为冲洪积，上部25m以上地层以一般第四纪的粉土、黏性土、砂土地层为主，局部为圆砾层；下部地层为巨厚的卵石层与黏性土、砂土（图1-5）。

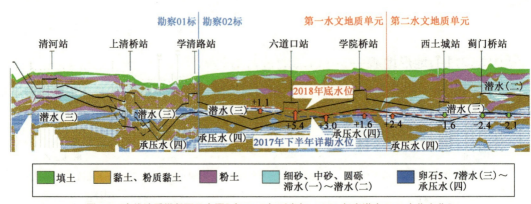

图1-5 全线地质纵断面示意图[含2017年下半年—2018年底潜水（三）水位变化]

根据拟建线路沿线地貌单元部位、地层分布规律、岩土特性及物理力学性质、地震液化等影响因素，将线路沿线划分为2个工程地质单元。

1）工程地质Ⅰ单元

（1）范围

本单元沿线路位置的里程范围为K31+499.413~K38+167.597。

（2）地形地貌

本单元地形由南向北逐渐升高，地面高程在40~48m之间，该段第四系沉积物以古河道沉积为主。

(3)地层岩性

①人工填土层。

黏质粉土填土①层:褐黄色,稍密,稍湿,含砖渣、灰渣、植物根。

杂填土$①_1$层:杂色,稍湿,稍密~中密,以建筑垃圾为主,含砖渣、生活垃圾等。

②新近沉积层。

粉土②层:褐黄色~黄灰色,中密,湿,含氧化铁、云母。

粉质黏土$②_1$层:褐黄色~黄灰色,可塑,含氧化铁。

粉细砂$②_3$层:褐黄色,湿,中密~密实,含云母、氧化铁、少量砾石。

卵石圆砾$②_5$层:杂色,密实,湿~饱和,一般粒径5~30mm,最大粒径不小于100mm,粒径大于20mm的含量大于55%,褐黄色中粗砂充填。

③一般第四纪冲洪积层。

粉土③层:褐黄色,湿,中密~密实,含云母、氧化铁。

粉质黏土$③_1$层:褐黄色~黄灰色,可塑,含氧化铁。

粉细砂$③_3$层:褐黄色,湿,密实,含云母、氧化铁。

粉质黏土④层:褐黄色,中密,很湿,含氧化铁、云母,夹细砂。

粉土$④_2$层:褐黄色,湿,密实,含云母、氧化铁。

粉细砂$④_3$层:褐黄色,湿,密实,含云母、氧化铁、少量砾石。

卵石⑤层:杂色,湿~饱和,密实,最大粒径不小于120mm,一般粒径30~60mm,亚圆形,粒径大于20mm颗粒约占总质量的70%,中粗砂填充。

中粗砂$⑤_1$层:褐黄色,饱和,密实,含云母、氧化铁。

粉质黏土$⑤_4$层:褐黄色,可塑~硬塑,含云母、氧化铁等。

粉质黏土$⑥_1$层:褐黄色,可塑~硬塑,含云母、氧化铁等。

粉土$⑥_2$层:褐黄色~黄灰色,中密,湿,含氧化铁、云母。

细中砂$⑥_3$层:褐黄色,饱和,密实,含云母、氧化铁、少量砾石。

卵石⑦层:杂色,饱和,密实,最大粒径不小于120mm,一般粒径30~60mm,亚圆形,粒径大于20mm颗粒约占总质量的70%,中粗砂填充。

中粗砂$⑦_1$层:褐黄色,饱和,密实,含云母、氧化铁。

粉质黏土$⑦_4$层:褐黄色,可塑~硬塑,含云母、氧化铁等。

粉质黏土⑧层:褐黄色,可塑~硬塑,含姜石、氧化铁等。

细中砂$⑧_3$层:褐黄色,饱和,密实,含云母、氧化铁。

卵石⑨层:杂色,饱和,密实,最大粒径不小于130mm,一般粒径30~60mm,亚圆形,粒径大于20mm颗粒约占总质量的75%,中粗砂填充。

2)工程地质Ⅱ单元

(1)范围

该单元沿线路的位置范围为K38+167.597至终点。

(2)地形地貌

本单元地形由南向北逐渐升高,自然地面高程在47~51m之间。该段第四系沉积物以古河床及河漫滩沉积物为主。

(3)地层岩性

①人工填土层。

黏质粉土填土①层:褐黄色,稍密,稍湿,含砖渣、灰渣、植物根。

杂填土①$_1$层:杂色,稍湿,稍密~中密,以建筑垃圾为主,含砖渣、生活垃圾等。

②新近沉积层。

粉土②层:褐黄色~黄灰色,中密,湿,含氧化铁、云母。

粉质黏土②$_1$层:褐黄色~黄灰色,可塑,含氧化铁。

粉细砂②$_3$层:褐黄色,湿,密实,含云母、氧化铁、少量砾石。

中粗砂②$_4$层:褐黄色,湿,密实,含云母、氧化铁、少量砾石。

③一般第四纪冲洪积层。

粉土③层:褐黄色,湿,中密~密实,含云母、氧化铁。

粉质黏土③$_1$层:褐黄色~黄灰色,可塑,含氧化铁。

粉细砂③$_3$层:褐黄色,湿~饱和,密实,含云母、氧化铁。

粉质黏土④层:褐黄色,可塑,含氧化铁。

粉土④$_2$层:褐黄色,湿,密实,含云母、氧化铁。

粉细砂④$_3$层:褐黄色,饱和,密实,含云母、氧化铁、少量砾石。

卵石⑤层:杂色,饱和,密实,最大粒径不小于120mm,一般粒径30~60mm,亚圆形,粒径大于20mm颗粒约占总质量的70%,中粗砂填充。

粉质黏土⑥层:褐黄色,可塑~硬塑,含云母、氧化铁等。

粉土⑥$_2$层:褐黄色~黄灰色,中密,湿,含氧化铁、云母。

细中砂⑥$_3$层:褐黄色,湿,密实,含云母、氧化铁、少量砾石。

卵石⑦层:杂色,湿~饱和,密实,最大粒径不小于120mm,一般粒径30~60mm,亚圆形,粒径大于20mm颗粒约占总质量的70%,中粗砂填充。

粉质黏土⑦$_4$层:褐黄色,可塑~硬塑,含云母、氧化铁等。

粉质黏土⑧层:褐黄色,可塑~硬塑,含姜石、氧化铁等。

细中砂⑧$_3$层:褐黄色,饱和,密实,含云母、氧化铁。

1.3.4 水文地质

本次勘察线路沿线工程影响范围内的地下水主要为第四纪松散沉积物孔隙水。地下水的赋存介质主要为卵石圆砾、砂土和粉土,根据其水力性质不同可分为上层滞水(一)、潜水(二)、层间(承压)水(三)、层间(承压)水(四)、层间(承压)水(五)、承压水(六)。

根据地貌和含水层分布及地下水特性,将线路沿线初步划分为2个水文地质单元。

1)水文地质Ⅰ单元

该单元沿线路的位置范围为K31+499.413~K38+167.597,该段第四系沉积物以古河道沉积为主。上部地层以新近沉积的粉土、砂土地层为主,下部地层为黏性土与卵石互层,卵石厚度较大。

通过收集的资料测得的地下水位分析,沿线30m深度范围地下水以第四纪松散沉积物孔隙水为主,受地层岩性分布特点的影响,该水文地质单元主要分布六层地下水,地下水类型为上层滞水(一)、潜水(二)、层间(承压)水(三)、层间(承压)水(四)、层间(承压)水(五)、承压水(六)。

上层滞水(一):受环境影响,分布呈无规律性,但埋深一般小于5m,含水层主要为表层的人工填土、粉土层。

潜水(二):本次勘察未测得;根据附近场地的搜集资料,该层水埋深5.3~9.1m,含水层主要为粉土②层、粉细砂$②_3$层、卵石圆砾$②_5$层。

层间(承压)水(三):根据附近场地的搜集资料,该层水埋深12.9~19.1m,含水层主要为粉土③层、粉质黏土$③_1$层、粉细砂$③_3$层,局部具有承压性,水头高度1~3m。

层间(承压)水(四):根据附近场地的搜集资料,该层水埋深19.7~24.1m,含水层主要为粉土$④_2$层、粉细砂$④_3$层、卵石⑤层、中粗砂$⑤_1$层,局部具有承压性,水头高度1~3m。

层间(承压)水(五):根据附近场地的搜集资料,该层水埋深21.0~23.1m,含水层主要为粉土$⑥_2$层、细中砂$⑥_3$层,局部具有承压性,水头高度2~4m。

承压水(六):根据附近场地的搜集资料,该层水埋深33.7~37.2m,含水层主要为卵石⑦层、中粗砂$⑦_1$层,具有承压性,水头高度3~5m。

2)水文地质Ⅱ单元

该单元沿线路的位置范围为K38+167.597至终点,该段第四系沉积物以古河道沉积为主。上部地层以新近沉积的粉土、砂土、圆砾地层为主,下部地层以巨厚的卵石为主,在粗颗粒的土层中夹细颗粒的粉土、黏性土薄层或透镜体。

本次勘察在钻孔27-KY16处进行了水位观测,观测到两层水,分别为层间(承压)水(三)和层间(承压)水(五)。通过收集的资料的地下水位分析,沿线30m深度范围地下水以第四纪松散沉积物孔隙水为主。受地层岩性分布特点的影响,该水文地质单元主要分布五层地下水,地下水类型为上层滞水(一)、潜水(二)、层间(承压)水(三)、层间(承压)水(四)、层间(承压)水(五)。

上层滞水(一):根据附近场地的搜集资料,该层水埋深0.9~7.5m,含水层主要为表层的人工填土、粉土层。

潜水(二):根据附近场地的搜集资料,该层水埋深4.4~8.3m,含水层主要为粉土②层、粉细砂$②_3$层。

层间(承压)水(三):本次观测到该水位的埋深为15.5m,水位高程为34.1m。根据附近场地的搜集资料,该层水埋深在15.1~22.5m,含水层主要为粉土③层、粉质黏土$③_1$层、粉细砂$③_3$层,局部具有承压性,水头高度1~3m。

层间(承压)水(四):本次观测到该水位的埋深为26.7m,水位高程为22.9m。含水层主要为粉土$④_2$层、粉细砂$④_3$层、卵石⑤层、中粗砂$⑤_1$层,局部具有承压性,水头高度1~3m。

层间(承压)水(五):根据附近场地的搜集资料,该层水埋深在24.8~28.5m,含水层主要为粉土$⑥_2$层、细中砂$⑥_3$层、卵石⑦层,局部具有承压性,水头高度2~4m。

3)历年最高水位

水文地质Ⅰ单元:

1959年:接近自然地面。

1971—1973年:接近自然地面。

近3~5年最高水位高程:38.0~40.0m(潜水)(自北向南)。

水文地质Ⅱ单元:

1959年:接近自然地面。

1971—1973年:接近自然地面。

近3~5年最高水位高程:47.0~48.0m(上层滞水),37.0~38.0m(潜水)(自北向南)。

4)建设期间水位

全线水位上涨如图1-6所示。

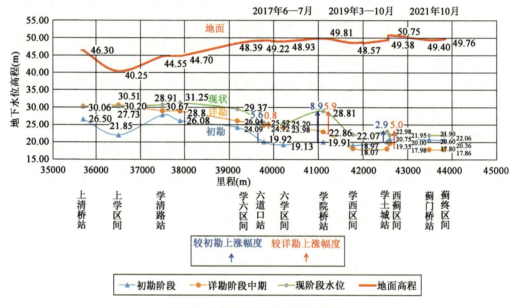

图1-6 全线水位上涨(2017—2021年)

2015年以来,受南水北调、生态补水、大气降水等因素影响,北京市平原区地下水位逐年连续回升。截至2021年10月,根据全线地下水动态连续观测,六道口以南区段的水位涨幅最具代表性:在2017年7月初勘后的两年间(详勘相对于初勘),以六道口站涨幅为首,车站底板进入潜水(二)、承压水(三)、承压水(四)最高水头从5m增长至10m,上涨幅度约4.80m,学院桥站相应水头上涨约2.95m;随后的两年,学院桥站上涨居首,继续上涨了5.95m;四年时间,水位最高上涨8.9m。经调研,本线所在区域在北京市主城区是地下水上涨幅度最高区域之一,工程建设的地下水处置风险极大提高。

第 2 章 工程建设风险、主要工程及面临的挑战

2.1 工程建设风险

昌南线设 8 座车站,其中 2 座车站采用明挖法施工,5 座车站采用暗挖法施工,1 座车站明暗结合施工;附属工程以明挖施工为主,局部下穿市政管线的通道采用暗挖法施工。区间主体以盾构法施工为主,部分区间段采用矿山法或明挖法施工,区间附属风道采用明挖法施工,盾构区间联络通道采用矿山法施工,区间临时施工竖井采用倒挂井壁施工,施工横通道采用矿山法施工。

本线工程实施制约因素比较多,沿线需要保护的建(构)筑物等风险源众多,施工风险点多,主要包括重点文物区、既有地铁线、河流、桥桩、重要建(构)筑物及地下管线等诸多风险工程,这是进行线路选线、站位选址和施工方法选择需要重点考虑的因素。本线大部分沿传统的交通走廊敷设,且基本为建成区,控制性因素多。下穿或上跨既有线 5 处,下穿河流 3 次,下穿南水北调干渠 1 次,下穿大型市政桥梁 7 处;小营路—京藏高速公路一带下穿部分低层建筑、学校,下穿大量市政管线等。上述控制因素均为本线的重大风险源,如何采取有效措施防范上述风险,保证工程顺利实施是本线工程建设重点。风险工程一览见表 2-1。

风险工程一览表 表 2-1

序号	风险工程类型	风险描述
1	既有线	地铁 13 号线上地站—西二旗站区间路基段、地铁 15 号线六道口站、地铁 10 号线西土城站
2	建(构)筑物	雅美科技园、工商银行、学清嘉创大厦、北京联合大学教学楼、华索影视数字制作中心、中央 6 套电影频道办公楼
3	桥梁、通道、挡土墙	学院桥、学知桥、小月河桥、小营西路人行天桥各 1 座,学院路人行天桥 9 座,蓟门桥东北地下通道、西土城路交通运输部科学研究院过街通道,上地桥下拉槽挡土墙,学院路挡土墙

续上表

序号	风险工程类型	风险描述
4	高速公路	京新高速公路、京藏高速公路
5	河湖	小月河、清河
6	文物	元大都遗址(城墙、蓟门烟树)
7	重要管线	南水北调盾构法输水隧洞、上清桥站 φ1550mm 污水管、学清路 450mm×2750mm 雨水方沟、学院路 4500mm×1750mm 雨水方沟、学院桥 3200mm×2500mm 雨水方沟、北四环 φ1750mm 雨水管、学院路 2000mm×2300mm 电力管沟、学院路 φ1500mm 污水管、学院路 φ500mm 高压燃气管、北三环 5000mm×2800mm 热力管沟

经统计,全线风险工程共 850 处,其中特级风险源 7 处、一级风险源 287 处、二级风险源 341 处、三级风险源 215 处(线路风险工程达到每公里 87.6 处,其中特一级风险工程占比 34%)。全线平均埋深大,局部进入卵石层,潜水、承压水较多,下穿既有线和风险较多;在同期的线路中,本线埋深与建设难度、风险工程难度在全网属于最高水平。

2.2 主要工程

2.2.1 车站工程

昌南线工程共设车站 8 座,分别是清河站、小营西路站、上清桥站、学清路站、六道口站、学院桥站、西土城站、蓟门桥站,全部为地下站。全线车站工法原则:能明则明、因地制宜、暗挖风险可控。地下水处理执行不降水、少降水原则。

车站工法汇总:共 8 座,其中明挖法施工 2 座、明暗结合施工 1 座、暗挖法施工 5 座。

明挖车站:全部采用地下连续墙止水(清河站、上清桥站)。

暗挖车站:综合考虑止水和环境风险,以 PBA 四导洞法减少降水周期为主(小营西路站、西土城站、蓟门桥站);学院桥站 PBA 八导洞法,底部进水较少,采用注浆堵水;六道口站 PBA 八导洞法,底部承压水水头高,采用减压降水。车站工程一览见表 2-2。

车站工程一览表　　　　　　　表 2-2

序号	车站名称	主体结构形式	底板埋深(m)	主体施工方案	支护形式
1	清河站	结合清河铁路枢纽设置	18.9	明挖	随枢纽大基坑共同开挖
2	上清桥站	四层三跨框架(局部四跨)结构/车站负一层为停车场层	32.7	明挖	地下连续墙+内支撑
3	小营西路站	双层三跨框架结构	24.2	暗挖	暗挖 PBA 洞桩法
4	学清路站	双层三跨框架结构	20.6~23.3	明挖+局部暗挖	明挖地下连续墙+内支撑/局部暗挖 PBA 洞桩法
5	六道口站	双层三跨框架结构/局部三层	33.8	暗挖	暗挖 PBA 洞桩法
6	学院桥站	双层三跨/四跨框架结构	26.7~28.7	暗挖	暗挖 PBA 洞桩法
7	西土城站	三层三跨框架结构	34.9	暗挖	暗挖 PBA 洞桩法
8	蓟门桥站	双层三跨框架结构	25.8~30.2	暗挖	暗挖 PBA 洞桩法

2.2.2 区间工程

全线区间工法原则:能盾则盾。区间地下水处理执行不降水、少降水原则。全线地下区间中盾构区间占60%;清河站—小营西路站区间局部暗挖段埋深浅、水量小、风险可控,采用注浆止水;六道口站—学院桥站区间全暗挖区间底部以下有承压水,采用层间水夹层注浆止水+底部承压水减压降水;西土城站—蓟门桥站区间、蓟门桥站—设计终点区间为全暗挖区间,设渡线及停车线,拱顶有厚含水砂层、底部进入有卵石潜水层1~5m,采用注浆止水+应急降水。区间工程一览见表2-3。

区间工程一览表　　　表2-3

序号	区间段	长度(m)	施工方案	风井个数/联络通道个数
1	西二旗站—清河站区间	总长:1203.3 高架:202.9 路基:96.9 U形槽:223.5 明挖箱形:211.5 暗挖法:190 明挖箱形:278.4	高架+路基+明挖+暗挖	无风井/无联络通道
2	清河站—小营西路站区间	总长:1372.5 明挖法:113.1 矿山法:162.1 盾构法:1097.3	矿山+盾构+明挖	无风井/2个联络通道
3	小营西路站—上清桥站区间	885.8	盾构	无风井/1个联络通道
4	上清桥站—学清路站区间	1804.5	盾构	无风井/3个联络通道
5	学清路站—六道口站区间	1515.1	盾构	无风井/2个联络通道
6	六道口站—学院桥站区间	979.3	矿山	无风井/2个联络通道
7	学院桥站—西土城站区间	总长:1309.9 矿山法:242.8 盾构法:1067.1	矿山+盾构	无风井/2个联络通道
8	西土城站—蓟门桥站区间	525.2	矿山	无风井/1个联络通道
9	蓟门桥站—设计终点	675.1	矿山	1个终点活塞风井/2个联络通道
10	13号线改线区间	933.98	路基	无风井/无联络通道

2.3 面临的挑战

昌南线作为穿越北京西部高校主要密集建成区、繁忙交通干道的重要城市轨道交通工程,以较大埋深下穿了多条既有轨道交通线路、高速公路、南水北调干渠等重要基础设施,同时肩负地铁13号线不间断运营加站与清河铁路枢纽接通、远期与地铁19号线同台换乘的重要任

务,具有以下工程建设重点和难点:

(1)施工场地布设捉襟见肘

穿越北京西部学院路建成区,道路红线70m,但道路交通流量大,沿路两侧多为高校、企事业单位,工程建设临时用地及永久用地稀缺;西土城路红线宽30m,用地更为紧张。学院桥站—西土城站区间采用盾构侧向整体始发、学院桥站—西土城站区间及六道口站—学院桥站区间采用盾构洞内解体接收、小营西路站"先隧后站"等技术都在有限的用地范围解决了工程实际问题。

(2)线路埋深大、工程风险高

线路穿越既有轨道交通线路(地铁13号线、地铁15号线、地铁10号线)、南水北调输入隧道、大量市政桥梁及市政地下管线,线路埋深大、环境风险高。其中,车站最大埋深达35.1m,平均埋深28.1m。线路在学院桥以南进入相对富水卵石地层,工程建设自身难度大、风险高。在此复杂工程环境和大埋深的条件下,小营西路站—上清桥站区间采用叠落始发、上清桥站—学清路站区间采用叠落接收、六道口站换乘通道密贴既有地铁15号线、学院桥站—西土城站区间及六道口站—学院桥站区间下穿既有地铁10号线及15号线等工程均克服了较高的工程风险。

(3)不降水试验施工带来的挑战

线路平均埋深大,底板进入潜水(二)、承压水(三)、承压水(四)最高水头达10m以上。在此种情况下,本线全面响应全国及北京市地下水保护要求,按照"多明挖、多盾构、少暗挖"的工法思路,开展了多个堵水工艺试验。蓟门桥站—终点区间大断面深孔注浆、地铁19号线支线清河站南侧预留区间机械法联络通道、上清桥站出入口顶管法出入口等新的堵水工艺,为新形势下勘察、设计、施工创立了新的标准和模式。

(4)运营地铁13号线拨线挑战

地铁13号线拨线工程涉及普通路基、高填方路基、桥梁,新建线与老线叠合段拆除工程量大,且管线设备倒接量大。停运前合理选择拨接点位置,停运7天"零时间"衔接"土建、轨道、四电"是施工的两个关键;此外,拨线工程紧邻新建清河站、新建昌南线区间,工序相互交叉,存在新建地铁工程邻近既有老线、拨线工程邻近既有老线、新建地铁工程邻近新线三次既有线风险,工序衔接和施工组织复杂,筹划难度大,风险高。

(5)既有运营车站换乘改造挑战

为了解决新线对老线的客流冲击,既有地铁10号线西土城站与昌南线西土城站形成换乘后,在尽量短的甩站窗口期内,且轨行区不中断跑车的条件下,通过"偷梁换柱"增加站台至站厅的楼扶梯,采用了既有线出入口地下扩厅技术,实现了出入口通道内安检功能,增加了车站站厅的蓄客空间,实现昌南线与地铁10号线安全换乘。

(6)多种首创工艺解决实际工程问题

为了满足场地、工期、风险的综合要求,昌南线采用多个北京"首次"工艺,解决了工程实际问题:小营西路站首次先隧后站的PBA工法车站、学院桥站—西土城站区间首次采用盾构异形钢环始发、上清桥站—学清路站区间首次采用盾构叠落套筒接收、上清桥站出入口穿越京藏高速公路首次采用顶管法施工、学院桥站首次采用钢波纹板施工竖井及横通道、地铁19号线支线清河站南侧预留区间首次采用机械法施工联络通道、地铁19号线支线清河站南侧预留区间首次采用盾构水下接收。

(7)学清路微中心同期设计、同期实施的TOD(以公共交通为导向的开发)实际工程案例成功落地

学清路站位于月泉路与学清路交叉口,为带配线站,车站配线上方剩余空间较大,车站西侧为待开发用地。为了推进微中心一体化的理念,政府部门推出了城市微中心的理念与相关政策,促使待开发用地与地铁的设计阶段相匹配。

在方案设计阶段,实现了地块与车站之间的整体设计,达到了方案一体化的目标。

在实施阶段,实现了地块与车站配线同步实施的目标。通过政府与参建方多轮协商,实现了统一意见的建设界面、投资界面、运营管理界面等前置条件,最终实现了城市轨道交通与地块微中心理念下的同期建设、同期完工的目标,为后续TOD的建设项目积累了宝贵经验。

第 2 篇
地铁车站施工技术

　　昌南线工程全线共设车站8座,全部为地下站。在绿色、环保、安全、创新组织工程建设的总要求下,车站的工法选择及组织实施是工程建设的重点管控工作。根据周边环境[建(构)筑物、地下管线、地面交通等]及地质水文等条件的实际情况,车站主体结构施工采用了明挖法、暗挖法以及明暗挖结合法。本篇侧重于对车站工程建设中采用的新技术、复杂工况条件下的关键控制技术进行总结。

第3章 暗挖车站PBA工法关键施工技术

洞桩法（PBA工法）与其他类型的浅埋暗挖法相比，具有可以有效控制地表沉降、施工效率高、结构形式灵活、空间利用率高等优势。六道口站创新性实施了中导洞基底加固及围护结构抗侧移方案，为洞桩法施工技术持续性发展积累了丰富的施工经验，进一步完善了洞桩法在地铁车站施工中的应用，为后续类似工程施工提供参考经验。

3.1 工程概况

3.1.1 车站工程概述

六道口站为既有15号线的换乘车站，位于海淀区学院路、学清路与清华东路交叉口南侧，沿学院路南北向布置。车站为岛式站台，有效站台宽度14.0m，车站结构总长250.0m（起止里程为YK39+713.895～YK39+963.895），标准双层段长185.05m、宽23.50m、高16.20m，局部三层段长64.95m、宽23.50～27.0m、高20.75～22.40m，车站有效站台中心位置轨顶高程17.26m，车站双层段覆土厚约17.10m，车站三层段覆土厚约12.60m，底板埋深33.37～34.77m。车站设置4座施工竖井承担车站主体结构施工任务，车站主体采用"八导洞PBA"工法暗挖拱顶直墙双柱三跨结构形式，车站附属共设置3个出入口、2组风道、3个紧急疏散口、1个无障碍出入口、2个换乘通道及1个无障碍换乘通道，总建筑面积19357.39m^2。六道口站总体结构三维模型如图3-1所示。

3.1.2 车站地质水文概况

本站主体结构主要位于粉质黏土③层、粉土③$_1$层、粉质黏土④层、粉质黏土⑥层，车站底板位于粉质黏土⑥层。

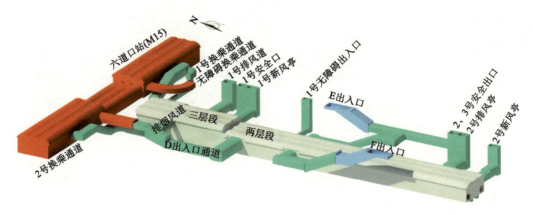

图 3-1　六道口站总体结构三维模型

本车站主要赋存有三层地下水,其类型分别为上层滞水(一)、潜水(二)、承压水(四),车站结构基本位于粉质黏土④、粉质黏土⑥层隔水层中,潜水(二)含水层粉土③₁层位于车站双层段拱顶约 1.3m,三层段呈透镜体不连续分布;承压水(四)含水层卵石⑦层位于结构底板以下,距底板约 4m。范围内砂土、粉土均无液化现象。车站地质纵断面见图 3-2,地下水特征描述见表 3-1。

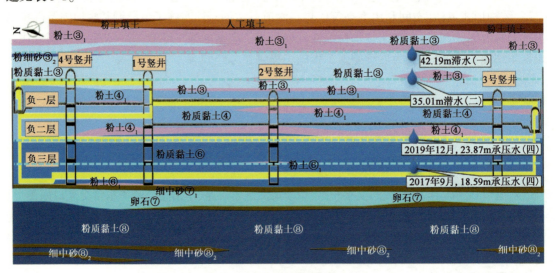

图 3-2　车站地质纵断面示意图

地下水特征描述　　　　　　　　　　　　　　　　表 3-1

序号	地下水类型	地下水特征描述
1	上层滞水(一)	根据附近场地的搜集资料,该层水埋深 0.9~7.5m,含水层主要为表层的人工填土、粉土层
2	潜水(二)	根据附近场地的搜集资料,该层水埋深 4.4~8.3m,水位高程为 35.01m,含水层主要为粉②层、粉细砂③₃层
3	承压(层间)水(四)	该水位的埋深为 24.93m,水头高程为 23.87m。含水层主要为卵石⑦层、细中砂⑦₁层、粉土⑧₁层、细中砂⑧₂层,局部具有承压性,水头高度 13.22~13.65m

3.1.3 PBA 工法施工步序

竖井横通道完成后实施上下两层导洞,导洞贯通后于下层中洞施作底纵梁,再施作钢管混凝土柱、顶纵梁,形成中部柱梁支撑;于下边洞施作条形基础;之后于上导洞施作挖孔桩及冠梁,在上边导洞内施作主体结构边拱段,回填挖孔桩背后及边拱段背后与导洞初期支护之间空间,形成边部柱梁支撑;顶纵梁施工完毕后开挖导洞之间土体,施作车站主体上部扣拱初期支护,并与两侧导洞及边拱段连成整体,再施工扣拱二次衬砌,使中部与边部桩梁支撑连成整体,形成桩梁拱支撑体系;在桩梁拱支撑体系保护下采取逆作法施工车站主体结构。车站结构剖面如图 3-3 所示。

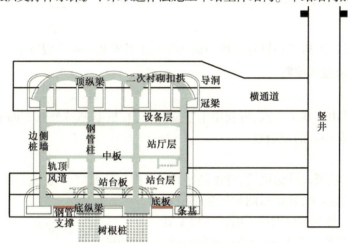

图 3-3 车站结构剖面示意图

3.2 车站 PBA 工法关键施工技术

3.2.1 人工挖孔桩施工技术

六道口站边桩共 371 根,桩径 1000mm,桩间距 1500mm,挖孔孔径 1020mm,护壁采用钢护筒跟进形式,桩身材料为 C30 钢筋混凝土,施工采用人工开挖,过程须"隔三挖一"。桩基平面位置如图 3-4 所示。

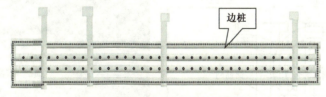

图 3-4 六道口站桩基平面布置示意图

1)施工优点

护壁钢护筒采用预加工的螺旋钢管(图 3-5),安全性较高,缩短了施工时间;钢护筒护壁

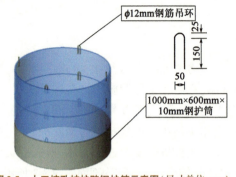

图3-5 人工挖孔桩护壁钢护筒示意图(尺寸单位:mm)

的工艺便于安装防护板,施工中有效地消除了孔口坠物伤人的安全隐患;预加工钢管护壁每节长约0.6m,材料堆放所需空间较小,随用随取,便于导洞内有限空间施工;采用护壁钢护筒,节约了现场浇筑混凝土的时间和施工场地,材料损耗小;护壁钢护筒由螺旋钢管预制加工而成,避免了现场拌制混凝土产生的粉尘污染,符合绿色环保施工理念。

人工挖孔桩施工方法主要适用于地铁暗挖车站小孔径人工挖孔桩工程。

2)施工流程

测量定位→锁口圈施工→桩身开挖→钢筋笼加工及安装→桩身混凝土浇筑。

3)施工过程及技术控制

(1)测量定位

用全站仪放样出桩基中心点,再利用十字交叉法,在桩基基坑外0.50m范围设置4个护桩,作为施工中桩基中心的控制点。

(2)锁口圈施工

锁口圈土方开挖至设计深度后,将预制好的锁口圈钢筋笼放入孔中,与上导洞底部格栅纵筋焊接牢固,浇筑混凝土,且锁口圈护壁顶部应高出导洞底200mm。桩基锁口圈施工时需预埋1处$\phi 25mm$ U形光圆钢筋,U形钢筋与锁口钢筋焊接,见图3-6,以通过U形钢筋露出的圆孔固定软梯。

(3)桩身开挖

桩孔锁口施工完成后,在锁口附近架设防护栏杆,栏杆距桩孔0.5m,栏杆高度≥1m。开口朝向电动三轮车运输通道,设置活动开关门,未施工时关闭。正在开挖的桩孔暂停作业或已挖好的成孔,必须设置$\phi 22@150mm \times 150mm$钢筋网盖板,以做好安全防护,见图3-7。

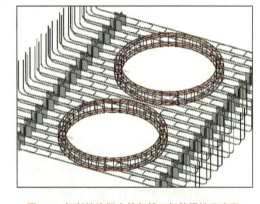

图3-6 切断的格栅主筋与锁口钢筋焊接示意图

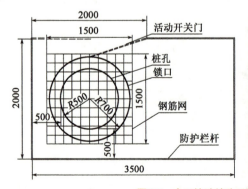

图3-7 人工挖孔桩孔口防护(尺寸单位:mm)

人工挖孔桩护壁施工采用钢护筒护壁跟进形式,挖土顺序为先中间,后周边(图3-8),分层开挖,每层深度同钢护筒长度(每节0.6m),钢护筒随土方开挖下沉。

当钢护筒顶部高出锁口圈0.2m时,沿钢护筒外部焊接连接下一节钢护筒,循环开挖至下层导洞初期支护处,再从下层导洞反向破除下层导洞初期支护。此时,护筒上端与上层导洞底板格栅预埋钢筋焊接牢固,并通过在上层导洞搭设的起重架吊起钢管护壁,导洞初期支护破除时留两根格栅主筋,以承受钢护筒自重并方便钢筋笼安装。

(4)钢筋笼加工及安装

为加快施工进度,在孔内绑扎钢筋笼,钢筋笼内井字筋与钢筋笼主筋焊接牢固,作为作业平台。钢筋笼分节绑扎,每节长度根据桩长调整,主筋采用直螺纹套筒连接;螺旋箍筋与主筋采用点焊,每段螺旋筋采用搭接焊。

(5)桩身混凝土浇筑

下层导洞内人工挖孔桩模板由竹胶板+方木+钢管组成,每根边桩单独支模,如图3-9所示。浇筑前应进行模板边线及垂直度校核,确保结构不侵入车站二次衬砌主体净空。为保证混凝土的质量,灌注连续作业,缩短施工时间。边桩浇筑时由于桩长较长,边桩内采用串筒或软管下料。在灌注过程中,采用插入式振捣方法,混凝土浇筑层厚度应不大于振捣器作用部分长度的1.25倍;每一振点的振捣延续时间,应将混凝土捣实至表面呈现浮浆和不再沉落为止;插入振捣器应尽量避免碰撞钢筋。

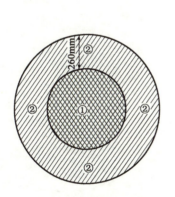

图3-8 土方开挖顺序示意图
①、②-代表开挖顺序

图3-9 下导洞人工挖孔桩边桩模板

4)施工技术管控创新点

(1)施工动态管控

人工挖孔桩挖孔顺序按"隔三挖一"的原则进行,即同时开挖1、5号桩。考虑到施工进度及安全,六道口站边桩以如图3-10所示的①→②→③→④顺序施工。

图3-10 人工挖孔桩施工顺序

根据现场工序安排,桩身钢筋笼绑扎前下导洞条基预埋钢筋笼应安装完成,运用建筑信息模型(BIM)技术结合双代号时标网络图的方法,将现场施工管理信息化(图3-11),可及时模拟施工进度,及时纠偏管控,给出人工挖孔桩施工组织进度的最优解,极大地提高了施工效率。

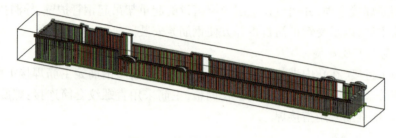

图3-11　人工挖孔桩BIM进度

(2)孔内防护板

针对开挖过程中存在孔内作业人员受上方掉落物体伤害的安全隐患,通过设置孔内防护板的措施来予以消除。在开挖面上2m处的钢护筒侧壁上设置组装便携、坚固安全、可重复利用的防护板,随开挖深度同步移动。防护板采用DN32、厚2.75mm钢管、A12、A6钢筋及钢板制作而成,呈半月形,通过挂钩与钢护筒上的吊环连接,防护板系安全绳作为第二道保险措施。孔内防护板的设置有效保护了桩孔内作业人员的人身安全,如图3-12所示。

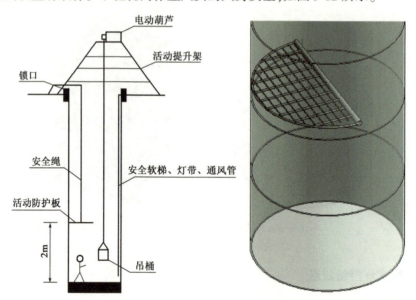

图3-12　孔内防护板剖面和三维效果图

(3)采用玻璃纤维筋作为盾构洞门范围边桩的骨架

车站端部盾构洞门范围的边桩采用玻璃纤维筋作为骨架,既满足了桩基结构受力要求,又降低了盾构出洞时盘磨混凝土结构时的难度。玻璃纤维筋是一种性能优异的无机非金属材料,与钢筋相互搭接时,采用U形扣件对两种材料搭接固定,搭接范围内的扣件数量不应少于2个,间距不应大于300mm,见图3-13。在钢筋笼制作过程中,玻璃纤维筋之间及其与钢筋之间最小搭接长度不应小于40倍玻璃纤维筋直径,同一截面搭接接头面积百分率不应大于50%。

(4)垂直度控制

边桩作为车站主体围护结构,规范要求桩中心线纵横向偏差不应超过30mm,垂直度偏差不应大于0.3%,且成桩不得侵入二次衬砌结构范围。施工中对桩位中心及桩身垂直度的控制是关键,通常利用设置在导洞拱顶悬挂的线锤校核,如图3-14所示,出现偏差时予以纠正。

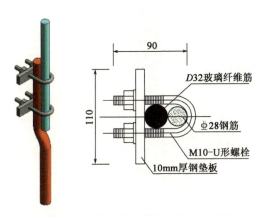

图3-13 玻璃纤维筋与钢筋连接示意图(尺寸单位:mm)　　图3-14 激光铅垂仪安装示意图(尺寸单位:mm)

为了提高人工挖孔桩垂直度检测的效率,现场利用激光导向的原理改良了传统铅锤,设计并使用了快速检测人工挖孔桩垂直度的装置——激光铅垂仪,如图3-15所示。该装置利用自带的激光发射功能,将铅锤的垂直点进行投影,实现了快速、实时检测人工挖孔桩垂直度的目的,其结构见图3-16、图3-17。

图3-15 激光铅垂仪施工示意图　　图3-16 外部结构示意图

传统人工挖孔桩采用混凝土护壁,需要一定厚度来保证强度,土方开挖量大,形成强度时间较长,遇软弱地层时易发生塌孔;混凝土浇筑需要安装模板,工效低。在不增加成本的基础上采用钢护筒护壁,有效解决了人工挖孔桩塌孔问题,提高了施工的安全性和工效。挖孔时间由传统人工挖孔桩的33h/根降低到24h/根,施工过程中未发生塌孔现象,且成桩质量良好。

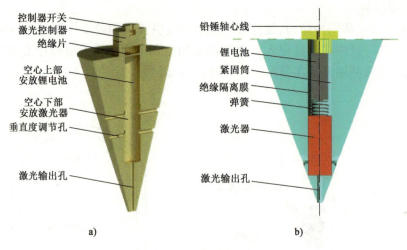

图 3-17 内部结构示意图

3.2.2 基底加固施工技术

车站基底加固范围为车站下层中导洞基底。在下层B、C中导洞贯通后,采用树根桩的形式对基底进行加固,桩长3.35～4.35m,桩径200mm,桩间距500mm×500mm,分两次灌注水泥浆,加固后地基承载力特征值不小于450kPa。基底加固范围如图3-18所示。

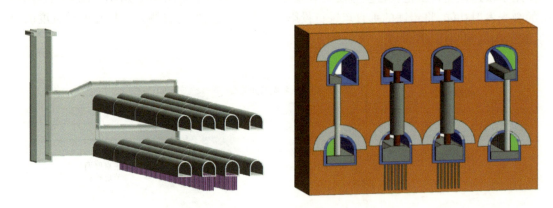

图 3-18 基底加固范围三维图

1) 方案比选

通过分析岩土地质勘察报告提供的水文地质情况、基底加固范围及现场探孔结果可得出:基底加固钻孔过程穿越细中砂⑦$_1$,再者车站降水效果的不理想,钻孔过程中易出现塌孔现象,从而导致成桩质量差,影响基底加固的效果。为此在细中砂⑦$_1$层较厚的部位先行施工两个试验段,分别采用水钻和干钻两种施工方案,施工照片见图3-19和图3-20。水钻分为先后拔管两种工艺,根据现场实施效果来决定最终施工方案。

图 3-19 水钻试验段

图 3-20 干钻试验段

（1）技术原理

①水钻：此方案主要原理是利用钻杆套管跟进成孔，通过套管来保护桩孔的完整性，然后进行两次注浆成桩。

②干钻：此方案主要原理是利用螺旋钻成孔，通过土体的自稳性控制桩孔的完整性，然后进行两次注浆成桩。

（2）方案比选

在试验段实施过程中，对两种施工方案的成孔耗时及塌孔数量等进行调查记录，见图 3-21 和图 3-22，然后以统计数据为依据形成方案对比分析（表 3-2），结合六道口站施工现状综合考虑选定最终施工方案。

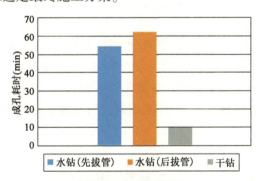
图 3-21 成孔耗时对比

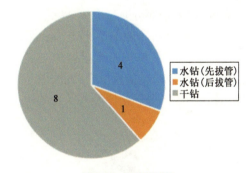
图 3-22 塌孔数对比

方案对比分析　　　　　表 3-2

序号	类别	项目	方案对比		
			水钻（先拔管）	水钻（后拔管）	干钻
1	工程量	理论注浆量（m^3）	0.14	0.14	0.14
		实际注浆量（m^3）	0.55	0.50	0.36
		泥浆量（m^3）	0.6	0.52	0.43
2	工期	单桩耗时（h）	1.2	1.0	0.7
		预计总耗时（h）	90	75	53

续上表

序号	类别	项目	方案对比		
			水钻(先拔管)	水钻(后拔管)	干钻
3	劳动力	投入人员(人/台班)	12	12	10
4	成本	预计单价(元/m)	280	280	240

通过试验段施工统计数据对比分析,干钻施工虽然存在一定的塌孔现象,但可通过清孔、及时注浆等措施降低塌孔概率,保证成桩质量。干钻施工效率较高、现场文明施工易于管理、成本投入较低,决定采用干钻作为本工程基底加固的最终方案。

2)施工流程

桩位放样→取芯机引孔→钻机钻孔→钢筋笼及注浆管安装→拔出钻杆→钻机移位→第一次注浆→第二次补浆。

3)施工过程及技术控制

(1)测量放样

由测量组根据设计图要求,放出点位,并埋设标记。

(2)引孔、钻孔施工

①引孔。

树根桩孔径200mm,横向距导洞边墙0.5m处开始布桩,基底加固孔位布置如图3-23所示,横纵向间距均为0.5m。因钻机无法穿透钢筋混凝土结构,故在钻孔作业实施前需进行引孔,即使用混凝土取芯机将桩位处的初期支护混凝土清除。若部分初期支护厚度大于取芯机取芯高度,则剩余部分通过电镐凿除。

引孔应超前钻孔施工不小于5m,保证钻机有足够的操作空间,形成流水作业,保证施工进度。引孔时应严格按照测量桩位交底进行作业,保证孔位满足设计及规范要求;当桩位与导洞初期支护格栅连接板重合、无法取芯时,可通过锁脚锚管的位置适当调整桩位,避开导洞格栅,做到不破坏导洞格栅及其受力结构,保证引孔作业安全、顺利进行。引孔施工如图3-24所示。

图3-23 基底加固孔位布置三维图

图3-24 取芯机引孔

②成孔。

本工程采用干钻(螺旋钻)成孔,通过钻杆进出带出土体,由三轮车将土体运输至指定存放点,最后外运至渣土消纳场。

施工时先施工靠近导洞侧墙的桩基,以此形成相对封闭的地下围护框架,使浆液不会随地层空隙流失,较好地控制后期浆液流向及注浆量,保证注浆质量;并应跳孔施工,避免钻孔作业时对相邻桩孔周边土体造成扰动,发生塌孔现象。

在钻孔施工过程中要稳定钻机,稳步钻进,确保桩身垂直度满足设计及规范要求。待钻机钻至设计高程后,拔出钻杆,若桩孔发生塌孔时,可通过多次提升钻杆,将土体带出桩孔。钻杆提升时应直上直下,避免碰撞桩壁造成二次塌孔,待钻杆拔出后将钻机移至下一处继续施工。钻机钻孔施工如图3-25所示。

(3)钢筋笼及注浆管安装

钢筋笼由3根$\underline{\Phi}14$纵筋及间距0.2m的$\phi8$箍筋组成,分节制作4.35m长的钢筋笼,每节长约2m;整根制作2.85m和3.35m长的钢筋笼。

整根钢筋笼采用悬挂或支撑的方法,将其缓慢落入桩孔内就位;分节制作的钢筋笼通过钢筋支撑将首节安装至桩顶处,通过焊接的方法将次节钢筋笼与首节钢筋笼连接,焊接长度不应小于$10d$(d—钢筋直径),连接牢固后将钢筋笼下放至设计高程。钢筋笼吊运时应防止扭转、弯曲,安装时对准孔位,吊直扶稳,缓慢下放,避免碰撞孔壁造成桩孔坍塌,就位后立即固定。钢筋笼安装如图3-26所示。

图3-25　钻机钻孔施工

图3-26　钢筋笼安装

注浆管与钢筋笼同时下放,每个桩孔内安装两根注浆管,注浆管应与钢筋笼绑扎牢固,并伸入至桩底,保证后期由桩底至桩顶开始注浆。注浆管采用$\phi15mm\times2mm$焊接钢管,注浆管节长2m,管身设置6个$\phi4mm$的出浆孔,注浆管之间采用丝扣连接。

(4)注浆

钢筋笼安装结束后,立即进行第一次注浆,浆液采用1:1水泥浆。受水文地质条件影响,桩孔内有水时可适当增大水灰比,保证注浆效果。注浆前应使用清水洗管,保证浆液质量,排出的废水存放至指定容器内,避免废水流进桩孔造成塌孔等。

第一次注浆为无压注浆,注浆时由桩底开始直至与导洞底板平齐,确保后续施工时底纵梁底的截面尺寸符合设计要求。注浆初期浆液会将桩底渣土涌出桩孔,故需在桩孔周围布置挡土措施,避免渣土流进临近桩孔;注浆结束条件以涌出浆液内不再掺杂渣土为准。注浆施工如图 3-27 所示。

图 3-27 注浆施工

在第一次注浆完成后 3~4h 后进行第二次补浆,第二次补浆为低压注浆,注浆压力控制在 0.2~0.3MPa。注浆压力过小会导致注浆不密实,影响注浆效果;注浆压力过大会损坏注浆设备。

为了满足注浆固结的目的,需要合理配制浆液。

4）地基承载力检验

地基承载力检验采用单桩复合地基静载试验,共选取 3 处作为检测点,每处含 4 根树根桩,试验结果详见表 3-3,均满足设计地基承载力特征值不小于 450kPa。

多桩复合地基静载荷试验结果　　表 3-3

试验桩号	压板面积（m^2）	最大试验荷载（kPa）	最终沉降量（mm）	复合地基承载力特征值（kPa）
1 号	1.0	900	3.81	≥450
2 号	1.0	900	2.75	≥450
3 号	1.0	900	3.45	≥450

本工程采用洞内试验,操作空间有限,吊装困难,需定制导洞内使用的 8m 长的主梁来满足本工程试验需求。地基承载力检测如图 3-28 所示。

图 3-28 地基承载力检验

5）桩身完整性检测

采用低应变法检测桩身完整性，共检测 10 根桩，其中 6 根为 I 类桩，4 根为 II 类桩，均满足设计及规范要求。桩体完整性分类和判定详见表 3-4，桩身完整性检测如图 3-29 所示。

桩体完整性分类和判定　　　　　　　　　　　　　　　　　表 3-4

类别	分类原则	时域信号特征
I 类桩	桩身完整	$2L/c$ 时刻前无缺陷反射波，有桩底反射波
II 类桩	桩身有轻微缺陷，不会影响结构承载力的正常发挥	$2L/c$ 时刻前出现轻微缺陷反射波，有桩底反射波
III 类桩	桩身有明显缺陷，对桩身结构承载力有影响	有明显缺陷反射波，其他特征介于 II 类和 IV 类之间
IV 类桩	桩身存在严重缺陷	$2L/c$ 时刻前出现严重缺陷反射波或周期性反射波，无桩底反射波；或因桩身浅部严重缺陷使波形呈现低频大振幅衰减振动，无桩底反射波

注：$2L/c$ 表示声波在混凝土中从发出到接收的传播时间。

图 3-29　桩身完整性检测

6）施工技术小结

树根桩作为微型桩的一种，具备所有微型桩施工的难点，加上六道口站地质条件复杂、地下水位高、有限空间作业等特点，施工难度大。通过方案比选、机械选型、到施工过程控制，以及最后的试验检测，积极准备，提出应对措施，解决了有限空间作业、桩基穿越细中砂层、水下桩注浆控制等一系列难题，总结出一套适用于 PBA 车站底纵梁基底加固穿越细中砂层水下树根桩施工技术。

3.2.3　钢管支撑施工技术

在洞桩法施工车站中，围护结构的抗侧移通常做法是在导洞之间施作横导洞并通过横导洞施作条基以连接边导洞条基，但施作下层横导洞时会因破除导洞初期支护削弱支护、带水作业、施工作业空间狭小、出土效率低等因素导致封闭成环慢，加速车站自身沉降，安全风险高。

鉴于六道口站边桩锚索与部分降水井冲突，打设锚索易导致降水井失效，影响车站降水效果，分析研究后取消了边桩锚索，同时为满足边条基抗侧移稳定性要求，在边条基与底纵梁间增设钢管支撑。

1）设计概况

下层导洞贯通后，分别在 AB 轴、CD 轴之间打设钢管，边导洞一侧钢管锚入条基 0.2m，中导洞一侧钢管紧贴底纵梁，并在钢管两端设置 10mm 厚的钢板进行加强，钢管支撑两端钢板的顶高程与条基顶面高程一致，钢管支撑三维示意如图 3-30 所示；钢管支撑纵向间距 3.0m，管径 219mm；钢管打设完毕后，进行钢管内灌注水泥浆及钢管外补充注浆。

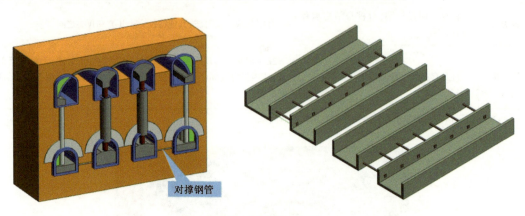

图 3-30　钢管支撑三维图

2）施工工艺流程

测量定位→引孔钻孔→顶管安装→钢板安装→灌注水泥浆→钢管外补充水泥浆。

3）施工过程及技术控制

（1）测量定位

由测量组根据设计图要求，放出点位，并埋设标记，要求中、边导洞同时放点，以保证钢管支撑位置准确。

（2）引孔钻孔

考虑到现有配套钻机无法割断导洞格栅钢筋，钻孔方式采用水钻引孔。引孔高程尽量下移，控制在车站地板钢垫层高程以下。开孔不要太超前，尽量保证当天开的孔当天能完成顶管及管外回填封堵。

①直接用 $\phi219mm \times 16mm$ 钢管作钻杆，形成满眼钻进，有效约束钻头，减小或防止钻具偏斜，并避免因塌孔造成的沉降。

②应严格按照设计参数进行钻孔。钻孔孔位及角度偏差符合相关规范规定。钻进过程中受钻具自重影响，钻具前部产生下垂现象；钻具顺时针旋转，产生右旋力，造成钻孔偏斜。因此确定开孔角度时，根据以往经验和试验孔成果，需要给开孔方位角与垂直角以合理的纠偏值，并根据已成孔测斜结果随即予以调整。

根据现场施工实际情况分析，班组施工时在水钻引孔机具设置了支座，可以抵消由于钻机机具自重带来的偏差，如图 3-31 所示。

图 3-31 安装钻机平台及水钻引孔施工

③成孔应避开导洞格栅,尽量不破坏导洞格栅钢筋。引孔前配合测量调整设备的初始打设角度,避开格栅主筋,引孔过程中稳定钻杆,尽量不发生偏移。若有破坏格栅主筋的地方,将格栅主筋与钢管焊接,并及时注浆,保证导洞初期支护稳定性,加强监控量测。

④每班上班前对机械设备进行检查,严禁机械带病作业;同时对钻具进行检查,严禁使用有缺陷的钻具,如图 3-32 所示。

图 3-32 每班上班前对机械设备检查维护

⑤孔内渣土由电动三轮车统一运输至场地渣仓内。

(3)钢管、钢板安装

钢管采用顶管方法打设,顶出后立即用混凝土垫块或者木楔紧固,并快速用预拌喷射混凝土砂浆 + 膨胀剂封堵密实。

钢管中心距离中导洞底板不大于 0.75m,边导洞一侧钢管锚入条基 0.2m,中导洞一侧钢管紧贴底纵梁。

钢管打设完成后在中导洞一侧设置 0.4m×0.4m×0.01m 钢板,待注浆完成后在边导洞一侧设置 0.4m×0.4m×0.01m 钢板。

在底纵梁外侧设置 0.4m×0.4m×0.01m 钢板保护防水层,并用砂浆包封平顺,以防钢管端头与底纵梁相接处对防水层造成损伤。

在车站 2 轴、9 轴、17 轴、25 轴、31 轴设置监测断面,不设钢管支撑轴力监测点,在钢管表面布置振弦式应变计,监测频率站台层土方开挖前 1 次/周,站台层土方开挖至主体结构底板完成期间 1 次/d。各工序施工均应注意做好应变计保护。

①HR300-X 履带式钻机的顶管施工过程,如图 3-33 和图 3-34 所示。

图 3-33 钢管顶管安装

图 3-34 钻机操作平台

②TY-LD600-650 螺旋钻机带液压泵站的顶管施工过程,如图 3-35 和图 3-36 所示。

图 3-35 钻杆施工

图 3-36 顶管安装施工

因现场施工的需求,项目采取了两种顶管机器,并对它们的优势与不足进行了对比分析,见表 3-5。

两种机械的优势与不足对比分析　　　　表 3-5

序号	机械名称	优势	不足	备注
1	HR300-X 履带式钻机	功率小,施工效率高,轻便,移动方便	对操作仪器的人员要求严格,专业性极强,必须持证上岗	建议以后采取这种机械施工
2	TY-LD600-650 螺旋钻机带液压泵站	在顶管过程中机器稳定,顶管效果好	功率大,机械笨重,移动不便,只在地面平整的地方施工	—

（4）灌浆

每根钢管打设完毕后,及时灌注 M25 微膨胀水泥砂浆,防止塌孔沉降。灌浆过程中保持连续,不得中断,具体灌浆流程如下:

①砂浆搅拌:按配合比配制砂浆并搅拌均匀,储存在储浆罐中。

②钢管打设完毕及时灌浆,钢管内砂浆灌满后浆液从管口流出。

钢管灌浆后对钢管周围的土体进行钢管外补充注浆,保证管外空隙及时充填饱满,使钢管形成一个近似于封闭面的保护层。

注浆施工前,应根据现场条件,合理布置循环系统、注浆系统等。确定注浆系统各部分连接无误后,开动注浆泵压水试验,检查注浆泵液压情况,系统管路有否漏浆,管路是否畅通。

随注浆量的增加,观察压力变化情况,注浆过程中采用注浆量和注浆压力双指标控制,根据单孔孔内情况灵活控制泵压,注浆终压小于 0.3MPa。

4）施工技术难点及应对措施

（1）技术难点

对钢管支撑顶管施工完成的部分进行了自检,检查项目包括钢管纵向搭接长度、孔距、孔深、孔位、浆液配合比及强度等,对钢管支撑顶管安装过程中存在的各类问题进行归纳整理,编制调查表（表3-6）和饼分图（图3-37）。

钢管支撑顶管安装质量问题调查表　　　　表3-6

序号	问题类别	频数	频率（%）	累计频率（%）
1	孔位偏差大	7	70	70
2	孔距偏差大	1	10	80
3	搭接长度不足	1	10	90
4	其他	1	10	100
	合计	10	100	

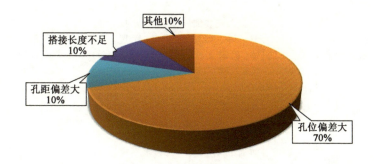

图3-37　钢管支撑顶管安装质量问题饼分图

由上述图表分析可知,钢管支撑顶管安装的孔位偏差是该施工项目的难点。现场孔位偏差大的问题照片如图3-38所示。

图 3-38 现场孔位偏差大的问题照片

(2) 原因分析

针对"孔位偏差大"这个问题,运用"头脑风暴法"从"人、机、料、法、环、测"六个方面进行了原因分析,得出了两个主要原因:一是技术交底不详细;二是未进行水平校准。

(3) 方案对比

针对上述两个问题,进行了对策方案分析和评估,见表 3-7。

对策方案分析和评估　　　　　　　　表 3-7

要因	对策方案	对策评估					选定方案
		有效性	可实施性	经济性	时效性	可靠性	
技术交底不详细	采用可视化BIM模型进行技术交底	利用BIM的可视性,直观有效,便于作业人员理解掌握施工要点与流程	BIM模型制作简单,小组成员操作熟练,具备BIM一级证书,可实施性强	小组成员具备BIM一级证书,能自己制作模型,不需要另聘外单位的人,经济性低	BIM建模一天完成,交底培训半天	能保证施工质量,能确保施工计划有序的执行,可靠性高	选用
	采用书面文字进行技术交底	工人获取技术交底要点信息不全,接受能力差,交底流于形式,有效性低	工人安装细节了解不够具体,仍需多次反复交底	纳入日常技术管理,管理成本低,经济性低	半天完成交底培训	工人文化水平低,文字理解能力低,不能领会技术交底里的要点,可靠性低	—
未进行水平校准	利用水平仪校准	通过仪器校准任意点位的偏差,操作方便,控制精度高,效果明显	管理人员可随时检查、复核、校准顶管安装偏差,操作简单,可实施性强	每台水平仪200元,共需配置3台,经济性低	整个流程用时短,耗时5min	项目部测量人员和技术人员有专人负责,定期进行校核,可靠性高	选用

续上表

要因	对策方案	对策评估					选定方案
		有效性	可实施性	经济性	时效性	可靠性	
未进行水平校准	利用全站仪校准	通过仪器检查任意点位的偏差，控制精度高，效果明显	纳入测量日常管理工作中，需测量专职人员执行，耗时长，工效低	纳入测量日常管理，管理成本不高，经济性一般	整个流程用时长，耗时30min	项目部测量人员有限，测量耗时长，在施工作面多，无法及时进行测量复核，可靠性低	—

（4）对策实施

①制作BIM模型可视化技术交底。

将顶管安装过程中需注意的细部节点制作三维模型，并制作了施工动态三维动画，如图3-39所示。

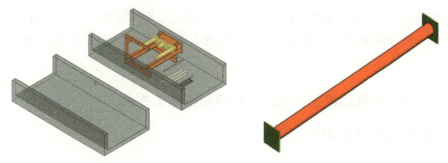

图3-39 钢管支撑顶管三维动画和细部节点

②利用水平仪校准。

a. 检查机械挪位后是否保持水平状态，未调水平的及时调整，保证机械安装的水平，如图3-40所示。

b. 顶管施工前班组用水平仪校准水平线，发现有误差及时调整，减小顶管施工的误差。

c. 测量与技术人员施工前通过水平仪对每根顶管进行水平复核、施工中纠偏和施工后的数据记录与整理，如图3-41所示。

图3-40 机械挪位后水平检查

图3-41 测量使用水平仪校准复核

（5）实施效果检查

采取措施后，对现场完成的 30 根顶管施工，统计了顶管施工垂直位移偏差的数据，见表 3-8。

顶管施工位移偏差检查记录表　　表 3-8

序号	时间	合格标准（mm）	检查数（根）	每根顶管安装孔位垂直位移偏差（mm）								合格数（根）	合格率（%）
1	2020 年 8 月 30 日	孔位：±50	10	+26	−21	+14	+28	+51	−16	+16	+40	−12	+32	9	90
2	2020 年 8 月 31 日	孔位：±50	10	−17	−20	+56	−40	+25	+26	−31	−36	+20	+22	9	90
3	2020 年 9 月 1 日	孔位：±51	10	+20	−15	+32	+40	−24	+26	−36	+26	−31	−12	10	100

顶管安装垂直位移偏差在 +50mm 范围的有 28 根，对策实施有效，且经验证没有安全、质量等方面的问题。

（6）施工技术小结

经调查分析，制作 BIM 模型可视化技术交底和利用水准仪校准，提高了钢管支撑的施工质量与验收一次合格率，降低了顶管安装不合格返工的费用，既保证了工期，又避免了返工及材料浪费。

3.2.4　可移动模架实施二次衬砌扣拱施工技术

1）可移动模架的施工设计

（1）设计背景。

PBA 车站二次衬砌扣拱施工通常采用台车进行往返式施工，或采用模板支架进行跳仓施工。其中，台车的使用可以减少中间拆装次数，两个横通道间的同一跨只需安拆一次即可完成施工，但其体量较大，安拆时间往往较长，且由于构件较重还会产生一定安全隐患；模板支架的优点在于其灵活便利，材料运输方便，但由于其采用很多小构件拼装而成，耗时也较长，另外，在空间狭小条件下的地下作业互相之间会造成干扰，导致工效降低。

（2）可移动简易模架总装三维模型，如图 3-42 所示。

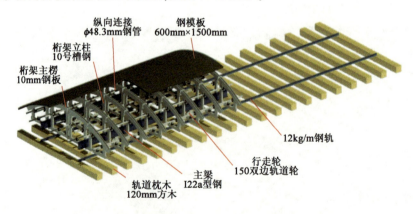

图 3-42　可移动简易模架总装三维模型图

2）可移动简易模架安装步骤

可移动简易模架安装步骤见表3-9。

可移动简易模架安装步骤 表3-9

步序	说明
第一步	处理基面，按照500mm间距均匀铺设施工段方木，根据设计轨道间距铺设钢轨
第二步	分单元、分块依次安装型钢桁架，单元件采用1~1.5m长钢管扣件临时固定，端头设置钢管斜撑防止倾倒
第三步	桁架单元之间纵向6m长整根钢管扣件连接，临时固定短钢管更换为整根长钢管

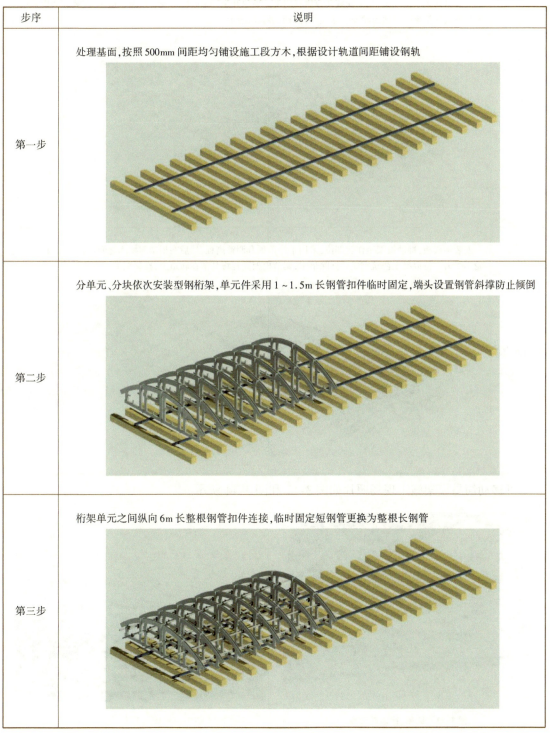

续上表

步序	说明
第四步	安装纵向工字钢大梁,大梁安装完成后利用千斤顶顶升至一定高度后安装双边轨道轮,安装期间应采用垫木将模架支垫牢固。轨道轮安装完成后将桁架落到轨道上 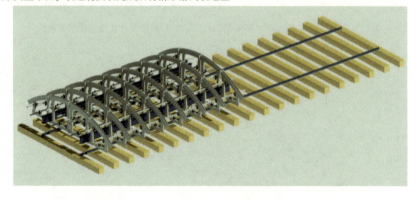
第五步	安装钢模板,推动模架至作业部位,采用千斤顶顶升调整高程,然后在桁架与枕木之间设置垫木,此时轨道轮不受力。待混凝土浇筑完成后拆除垫木,调节模架高程将其落在轨道上,推移至下一仓 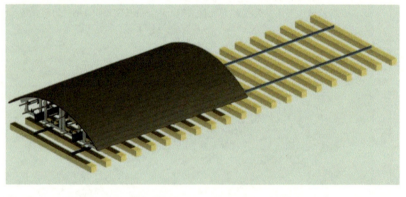

可移动简易模架施工现场照片如图3-43和图3-44所示。

图3-43 大梁、行走轮节点

图3-44 接长轨道、推移模架

3）可移动简易模架优点

（1）安拆方便：每套模架安拆均可在1个工作日内完成，包括校正及堵头模板安装，所需作业人员6～8人。

（2）安全性高：模架整体高度较低，单价重量小，安装过程安全，风险较低。

（3）模架利用率高：模架自安装并浇筑完第一仓开始，可连续处于作业状态。本项目模架使用过程中每仓实际施工占用关键工期时间可缩短至2.5d，其中模架倒运及安装1d，混凝土浇筑0.5d，等强拆模1d。

（4）创新性：提出了与模架快速移动相配套的边跨二次衬砌扣拱分两次施作的方法，边导洞范围内扣拱在初期支护扣拱施工阶段提前施作，后期只需施工拱顶部分。二次衬砌扣拱工序优化前、后三维模型如图3-45所示。

①二次衬砌边导洞扣拱优化工序说明

工序优化后边导洞内扣拱二次衬砌在扣拱初期支护期间同步实施，减少后续扣拱二次衬砌作业量，节约工期，同时减小边跨二次衬砌扣拱的施工跨距，减少沉降，降低安全隐患。

②二次衬砌边导洞扣拱工序优化方法

位于边导洞内的二次衬砌扣拱沿线路方向增加一道施工缝，施工缝靠内净空侧，距离边导洞侧壁0.4m，优化施工角度并在中线位置设置50mm高的抗剪槽，见图3-46。

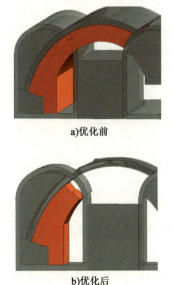

图3-45 二次衬砌边导洞扣拱工序优化前、后三维模型图

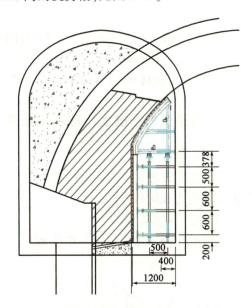

图3-46 二次衬砌边导洞扣拱示意图（尺寸单位：mm）

③优化工序后使用效果

采用此优化工序后，使边导洞内扣拱二次衬砌在扣拱初期支护期间同步实施，减少后续二次衬砌扣拱作业量，节约了工期，同时减小了边跨二次衬砌扣拱的施工跨度，降低了安全风险。

4）可移动简易模架施工技术效益总结

利用可移动简易模架实施二次衬砌扣拱，除首仓耗时达6d外，后续每仓仅需4.5d，其中占用关键工期仅2.5d，最终耗时63d完成129仓（每仓约5.9m）二次衬砌扣拱施工。采用边跨二次衬砌扣拱分两次施作的方法,将边导洞范围内扣拱在初期支护扣拱施工阶段提前施作,将边跨扣拱的施工进度由7d/仓提高至4.5d/仓。

(1)经济效益

为方便进行效益比较,采用二次衬砌扣拱台车方案作为比较对象,考虑到设计方案、施工情况的差别,采用的对比参数为通过设备投入/二次衬砌扣拱施工面积计算的产出比、二次衬砌扣拱施工面积/二次衬砌扣拱所耗工期(结合实际与理论折算)计算的工效。另外,为方便进行对比,此处不考虑行走系统投入;考虑两种方案均为按结构设计尺寸加工,倒运至其他项目继续利用的可能性较小,均按施工完成后所用设备作为废旧物资处理计算,对比计算见表3-10。

经济效益对比计算表　　　　表3-10

方案	数量(台)	总质量(t)	单价(元/t)	残值(万元)	总价(万元)	工程量(m²)	产出比(元/m²)	工效(m²/d)
台车	6	90.2	10800	27.1	70.4	6537	107.6	90.60
简易模架	15	62	10800	18.6	48.4	5708	84.72	42.45

考虑总工期受不可控因素影响,计算工期按实际施工时间的70%折算。参考台车方案工期折算为154d,简易模架方案工期折算为63d。

(2)社会效益

二次衬砌扣拱可移动简易模架的使用解决了PBA车站二次衬砌扣拱施工进度慢、作业难度大的问题,降低了二次衬砌扣拱施工风险,同时该方案在原台车方案的基础上减少了钢材的使用量,提高了钢材利用率,有利于资源节约,具有可推广性。

3.2.5　干槽水治理施工技术

1)真空抽水

导洞之间设置水平超前真空降水管,对土层中潜水进行抽排,提高土体的密实度,增加土层的有效应力和抗剪强度。

(1)施工工艺流程

施放井位→井点管制作→井点施工→下放井管→连接自吸泵及管线→检查管线→启动轻型井点降水。

①井位放样。水平真空降水管位于小导洞之间,单次打设20m,搭接3~5m,每座导洞间布设2根。

②井点管制作。井点管长度为每节2m。采用φ3cm塑料管,塑料管底部0.5m以上1.0m范围打眼成集水花管,并用纱网包裹2层,以防止砂粒随地下水排出。井管布设三维图如图3-47所示。

③井点施工。采用小型钻孔机械施工水平

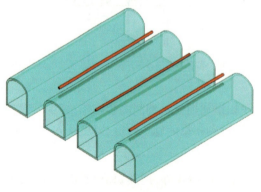

图3-47　井管布设三维图

钻至指定深度后,拔出钻杆,下入井点管,可在聚氯乙烯(PVC)管内放置高压冲水钢管,边冲洗边下入井点管,待下入到井底后,拔出高压冲水钢管。在井点管和井壁间顶部用黏土进行封堵,并严格控制井口封堵和水管连接效果,避免井口和接口漏气。

④连接自吸泵及管线。采用 $3m^3/h$ 自吸泵,因自吸泵体积较小可直接悬挂于竖井内壁上,抽排水就近汇集到沉淀池处理达标后,排入市政排水管线。

⑤检查管线。检查集水与下管、下管与井点管连接的胶管的各个接头在试抽水时是否有漏气现象。发现漏气应重新连接或用油腻子堵塞,重新拧紧法兰盘螺栓和胶管的铅丝,直至不漏气为止。在正式运转抽水之前必须进行试抽,以检查抽水设备运转是否正常,管路是否存在漏气现象。

(2)现场实际运用

在3号竖井以北C导洞与D导洞进行真空降水试验施工,如图3-48所示,现场施工采用机械主要为真空抽水泵,主要材料有抽水软管、滤砂网及对应工具。采用2BVA2070型真空泵,功率15kW,在掌子面上下台阶拱脚共布置4根20mm PVC管,滤管长1.5m,管壁上钻有8mm滤孔,外包尼龙丝布并用铁丝固定。

根据地质纵断面图可知,C导洞处于潜水(二)地下水层中;从结构纵剖面图上得知,C导洞与D导洞处于③$_1$粉土与④粉质黏土土层中。其相对于砂土来说真空降水效果差。

图3-48 真空降水泵使用

在现场实际水冲打孔、安装排水管所需时间总计需要 5~8min。埋深为 1~3m。每榀在上台阶左右侧墙处与下台阶左右侧墙处各打设一根抽水管,共4根;然后采用软管与真空抽水泵连接。根据排水管埋深及打设位置,判定降水的范围为掌子面1.5~3m。通过计量,每天抽水量约3.6m^3(含循环水),主要抽排地下水及地表水。

总体来说,该项工序对施工人员开挖导洞影响较小。存在一定的降水效果,但有些掌子面仍然存在渗水情况,导致上台阶排水沟槽存在积水,地下水与泥土混合成为稀泥,影响开挖施工;下台阶存在较多积水,不方便出土及立拱。

2)掌子面处理措施

(1)优化减压槽

由于掌子面渗水等因素,现场施工时下台阶减压槽经常会发生垮塌。经研究,将减压槽由倒梯形设置优化为倒锥形设置,如图3-49所示:增加减压槽竖向深度,扩大卸压面,有效遏制了下台阶溜坍;同时,下台阶开挖面适当放坡,但坡面水平投影长度不超过与下一榀格栅的净距。

(2)水平辐射井降水

利用水平辐射井降排周围地层中残留的地下水,可有效解决粉质黏土层残留水无法疏干的问题。具体布置形式为:沿掌子面打设φ108mm钢管,单次打设长度20m,钢管每隔30cm设置一处引流孔,间距1.5m,梅花形布置,角度3°~5°,如图3-50所示。

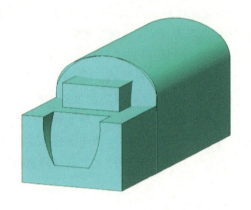

图 3-49 小导洞传统减压槽(左)与优化后减压槽(右)三维图

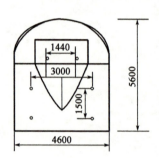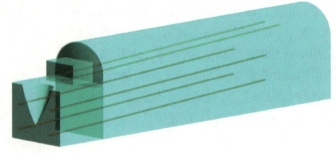

图 3-50 水平辐射井降水布置示意图(尺寸单位:mm)

(3) 掌子面支护加强

开挖后如遇易溜坍围岩,视严重程度,决定是否采取加强掌子面支护的措施,以避免溜坍继续扩大。当溜坍情况一般时,可以采用网喷 10cm 厚 C25 喷射混凝土临时封闭的方式稳定掌子面;溜坍严重时,为确保安全,及时采用长度 2m 的 $\phi22mm$ 砂浆锚杆对掌子面进行锚固,见图 3-51,并辅以其他措施,稳固地层。

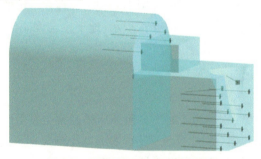

图 3-51 掌子面布设砂浆锚杆三维图

3) 降水工程

为缓解地下水带来导洞初期支护变形、地表沉降超限等影响程度,措施由止水变为疏干水。共布置疏干井 116 眼,观测井 9 眼,具体分布如图 3-52 所示。站体西侧布置 41 眼无砂水泥管井,8 眼钢管井,反循环成孔;东侧 37 眼钢管井,潜孔锤成孔;竖井及横通道 35 眼钢管井,反循环成孔;北侧 3 眼钢管井。降水井间距 6m,个别井位受管线及结构影响,间距调至 9m 左右。探井采用人工开挖,直径 800mm,人工开挖深度 <5m;开挖深度≥5m,采用洛阳铲探测。

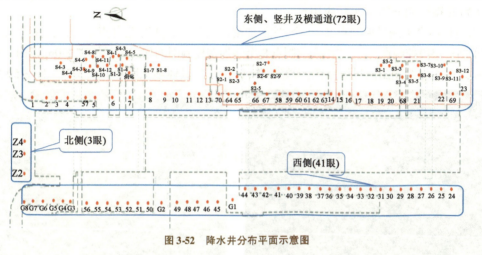

图 3-52　降水井分布平面示意图

3.2.6　施工测量技术

1) 全站仪棱镜发光装置设计

(1) 研制目的

由于六道口站位于城市主干道交叉口,受到白天的车流量、人流量大的客观环境影响,洞内控制点和地面加密控制点的联测工作面临导线复测困难多、保证测量精度难度大的问题。

为了减少测量人员数量,降低人员工作强度,在保证测量精度、满足导线复测频率的前提下,使测量工作更简单、更便捷,设计了棱镜发光装置,如图 3-53 所示。该发光装置能够为棱镜提供均匀稳定的光照,实现了在更远距离也能够保证全站仪清晰瞄准棱镜中心。

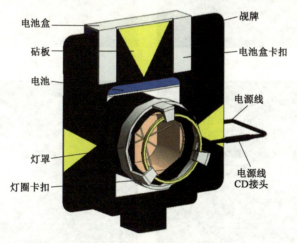

图 3-53　棱镜发光装置三维图

(2) 适用范围

本装置适用于地铁车站加密控制网复测、竖井联系测量、贯通测量;白天测边长度在

240m，夜晚测边长度在 320m 以内。相同的测量人员和测量仪器条件下测设精度满足测量规范要求，平差数据对比显示效果优于采用人工手电筒照明。

（3）棱镜灯圈光圈组实际应用

六道口站交桩测量控制点共 14 个；地面加密控制点 7 个，其中近井点 4 个；洞内控制点 13 个，其中车站三层段控制点 5 个，二层段控制点 8 个。加密控制网的导线边长均在 220m 以内。外业工作开始之前事先绘制出测量线路图，做好工作任务分工，具体施工照片如图 3-54～图 3-59 所示。

图 3-54　地面加密控制网测量

图 3-55　洞内导线控制网测量

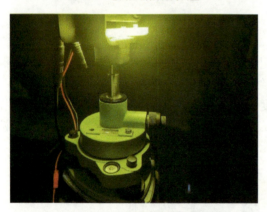

图 3-56　用于基座对中整平

图 3-57　用于控制点精确对中

图 3-58　450m 处棱镜发光装置

图 3-59　600m 处棱镜发光装置

（4）效益总结

对六道口站加密控制测量、洞内导线控制网测量引进棱镜灯圈光圈组照明之后，减少了强光手电筒、手提式手电筒和头戴式矿灯等物品的携带，参与测量的人员由原来的4人一组调整为3人一组，减少了人员的投入。

在测量时间方面，按照每测站六个测回计算时间，每测站的测量时间由原来的25min左右缩短至15min左右，共计9测站的地面加密控制测量可节省时间近1.5h，共计15测站的洞内控制网测量可节省时间近2.5h，提高工作效率的同时减轻了测量作业的强度。

在数据采集的精度方面，通过前后数据分析对比，引进棱镜灯光灯圈组辅助照明之后角度闭合差明显减小，提高了加密控制测量的一次成功率。

在六道口站日常测量放样中，缩短了测量工作对有限作业通道的占用时间，为各工序转换中的无缝衔接创造了有利条件。

2）全站仪强制对中基座装置的研制

（1）研制目的

针对控制点易被材料、机械、积水、渣土占压或扰动，控制点精度降低导致测量放样坐标误差增大，甚至被破坏的情况，通过研制新型的全站仪强制对中基座，可以使测量放样的工作效率和测量放样精度得到有效提高。

（2）适用范围

本装置适用于暗挖车站主体结构施工测量和贯通测量。

（3）全站仪强制对中基座构造

全站仪强制对中基座具有结构简单、耗材少、体量小、安装方便、易于保护、使用周期长、可重复回收利用的特性。全站仪强制对中基座构造如图3-60所示。

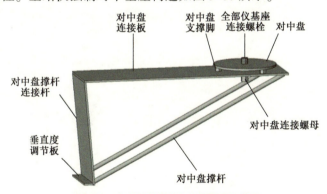

图3-60 全站仪强制对中基座构造示意图

（4）全站仪强制对中基座装置实际应用

六道口站结构总长250m，共设计70根中柱。根据联系测量线路，按照Z形布设控制点可有效降低旁折光影响的原理，选择在其中的6根中柱上安装强制对中基座，检查强制对中基座的稳定性，在车站两端头接区间的围护桩上人工开孔，联系测量工作待接收端达到通视条件后会同第三方测量单位共同完成。以第三方测量单位的竖井联系测量复测成果，控制站厅层和负二层车站结构的平面和高程；现场进入底板施工阶段，达到满足贯通测量条件后，与相邻标段及第三方测量单位共同进行贯通联测。无定向平差法如图3-61所示。

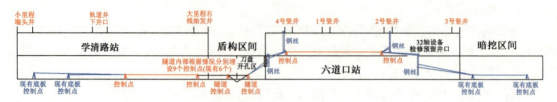

图 3-61　无定向平差法

(5) 小结

通过安装使用全站仪强制对中基座,在六道口站底板未施工完成的条件下,提前实现贯通测量,完成调线调坡;在保证测量精度的条件下,施工测量放样的效率得到有效提升,确保站台板提前施工,加快了施工进度,节约了工期。经与第三方测量单位联测,车站断面测量数据均在设计允许误差范围内,未出现因结构侵限造成的返工,降低了成本。

3.3　施工效果及评价

随着我国地铁建设的发展,洞桩法施工技术随之不断完善,在暗挖车站结构 PBA 工法施工过程中,遇到不同的难题和工况,通过采用优化施工方案(树根桩、基底加固、二次衬砌扣拱可移动模架等),让施工更安全;做好过程中的监控量测,指导施工,有效控制了地面和管线沉降。通过技术总结,凝练关键技术控制措施,为工程建设中洞桩法的持续创新性发展提供助力。

第 4 章 车站竖井及横通道钢波纹板支护施工技术

传统的城市区域软土地层地下结构暗挖施工,是以新奥法为基础发展起来"浅埋暗挖法"。这种工法工艺较为成熟,应用较为广泛,但同时也存在施工功效低、作业环境差、施工工序多等问题。相比于传统浅埋暗挖工法,钢波纹板支护工法在安全、绿色、高效、经济等方面更有优势。通过总结钢波纹板支护技术,可为地铁建造技术水平持续发展创新提供基础支撑。

4.1 工程概况

4.1.1 设计概况

学院桥站位于北四环中路与学院路相交的学院桥北侧,沿学院路地下呈南北走向,为地下两层暗挖双柱三跨、局部四跨岛式站台车站,主体结构采用暗挖 PBA 工法施工,设置 4 座施工竖井及横通道,其中 1 号竖井位于中国地质大学东门南侧绿地,2 号、3 号、4 号施工竖井位于北京科技大学天工大厦停车场。学院桥站平面如图 4-1 所示。

4.1.2 地质水文概况

开挖地层:1 号施工竖井和横通道主要位于粉质黏土③、粉质黏土④、粉质黏土⑥、局部粉土$④_1$。

地下水位:潜水(二)水位高程为 31.18m,含水层为粉土$③_1$ 层、粉细砂$③_2$ 层、细中砂$④_2$ 层,位于施工竖井底以上 12.5m;承压水(四)稳定水位高程为 21.51m,含水层为细中砂$⑥_2$ 层、卵石⑦层、细中砂$⑦_1$ 层,位于竖井底以上 2.75m。

1 号施工竖井及横通道(含东西侧通道)地质水文剖面如图 4-2 所示。

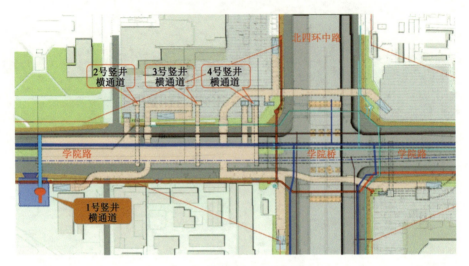

图 4-1 学院桥站平面示意图

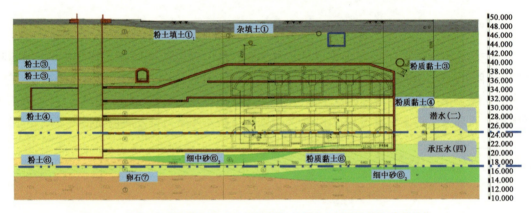

图 4-2 1号施工竖井及横通道(含东西侧通道)地质水文剖面示意图(高程单位:m)

4.2 钢波纹板施工方法

4.2.1 方法概述

1号施工竖井及横通道位于车站北端,水平距离是中国地质大学4层楼14.86m,采用波纹板支护施工技术。其作为一种新型的地铁隧道初期支护体系,是在地铁隧道中首次应用。该创新技术的应用为地铁建造技术的持续提升提供了技术保障。

竖井呈椭圆状,净空尺寸为5.1m×9.6m,深度30.46m,由波纹钢板、型钢立柱、型钢环腰梁、小导管组成支护体系,井内设置临时型钢支撑,井底采用型钢与模筑混凝土封底,井口设置2000mm×800mm锁口圈梁。钢波纹板支护逆作施工竖井。

西侧横通道为马蹄形断面,拱顶覆土厚约14.80m,开挖尺寸为4.6m×4.83m,长度10m;由波纹钢板、矩形钢环梁构成,纵向采用槽钢连接;采用钢波纹板支护台阶法施工。

1）钢波纹板支护参数的确定

(1) 钢波纹板的型号：在满足竖井、通道受力的前提下综合竖井的开挖步距、纵向型钢的连接、现场施工安装及运输等综合因素确定。

(2) 平面内净空尺寸：标准临时施工竖井内净空尺寸由上下行楼梯宽度、出土设备、内支撑布置、横通道宽度等综合确定。

出土设备按照抓斗、吊斗两种情况考虑，抓斗斗容≤2.5m³，吊斗斗容≤2m³；施工竖井在车站主体、区间主体或体量较大的附属工程出土时采用抓斗，其他情况下采用吊斗。

(3) 平面结构形状：主要考虑钢波纹板的受力特性、横通道开马头门处节点的连接及现场安装的便捷性。竖井形状主要有椭圆形、胶囊形及圆形三种。

(4) 锁口圈梁尺寸：锁口圈梁尺寸主要考虑受力（环向、竖向）、控制竖向沉降、纵向型钢的连接等因素拟定。

(5) 集土坑深度：集水坑深度由地下水及其处理情况、现场运输条件等综合确定。

(6) 锁脚锚杆打设：锚杆主要通过钢波纹板预留的加强洞口进行打设，除以下情况打设锚杆外，其余情况原则上不打设：①处于回填土层、粉细砂层段打设；②在马头门范围内打设；③深竖井（≥30m）综合考虑倒挂井壁的重量，适当选择打设；④通道上下断面位置打设。

(7) 初期支护背后注浆：①初期支护背后注浆应沿钢波纹板环向预埋注浆管，注浆管采用DN32钢焊管；②注浆孔上设置止逆阀、注浆管密封圈及注浆管塞等，确保二次注浆效果、注浆管的封闭及避免相邻注浆作业时窜浆；③初期支护背后注浆浆液通常采用水泥砂浆，建议水灰比为1:1，可适量添加速凝剂，具体配合比根据现场试验确定；④初期支护背后回填后应及时进行回填效果检测，对于回填不密实的部位及时进行补充注浆。

2）竖井结构钢波纹板支护

竖井井壁采用钢波纹管+方钢的支护形式，钢波纹管与方钢采用螺栓连接，钢波纹管环向与竖向均采用法兰连接。

竖井设置两道型钢对撑，竖向每榀设钢波纹板一道，对撑与波纹钢管初期支护通过H型钢进行连接，对撑与H型钢采用螺栓连接，H型钢与波纹管（方钢）采用螺栓连接。其中在开马头门位置处的型钢应根据工程实际情况，单独进行构造设计。施工竖井的形状根据场地布置、使用功能及受力特性，分为椭圆形、圆形及矩形三大类（图4-3）。

a) 椭圆形　　b) 圆形　　c) 矩形

图4-3　钢波纹板竖井形式

3）横通道结构钢波纹板支护

横通道采用波纹钢管＋方钢的支护形式，钢波纹管与方钢采用螺栓连接，钢波纹管环向与竖向均采用法兰连接，纵向上设置槽钢与方钢进行连接，保证钢波纹板结构整体性。施工横通道的形状根据场地布置、使用功能及受力特性，分为马蹄形、拱形直墙及矩形三大类（图4-4）。

图4-4 钢波纹板通道形式

为保证钢波纹板与土体掌子面整体传力效果及安装过程稳定，在钢波纹板不同位置分别设置注浆预留孔及锁脚锚管预留孔。

4.2.2 结构计算

1）基本信息

竖井及横通道结构尺寸、初期支护参数分别见表4-1、表4-2。

竖井及横通道结构尺寸　　　　　　　表4-1

断面	宽度（m）	长度（m）	地面高程（m）	开挖深度（m）	钢波纹板形式（mm）
竖井	5.38	9.88	50.000	30.458	200×55×7
横通道	4.6	4.83	49.800	14.80	200×55×5

竖井及横通道初期支护参数　　　　　　　表4-2

	项目	材料及规格	结构尺寸
竖井	锁脚锚管	DN32×2.75，$L=2.0m$	
	钢立柱	H200×200	
	井壁（Q345）	200mm×55mm×7mm	
	环向方钢（Q235）	140mm×140mm×8mm	
	钢支撑（Q235）	I25a	距离地面10m外竖向每1m设置一道
横通道	锁脚锚管	DN32×2.75，$L=2.0m$	
	钢波纹板侧壁	200mm×55mm×5mm	
	环向矩形钢	100mm×70mm×4mm	

2）计算模型设定

根据《冷弯波纹钢管》(GB/T 34567—2017)，查表获取型钢波纹板的截面参数，结构构件间采用等强连接。结合钢波纹板结构截面参数信息，通过刚度及面积等效理论，将钢波纹板材料等效为单位长度均质材料，将求解得到的材料厚度与弹性模量分别代入软件计算，采用修正莫尔-库仑本构模型模拟土体间弹塑性形变，采用线弹性本构模型模拟结构构件变形，钢波纹板结构构件与土体之间以土弹簧接触模拟。鉴于结构与土体之间存在非均质土弹簧接触连接作用，推荐采用三维地层结构模型对钢波纹板竖井、横通道进行数值分析，以提取不同工况下竖井及横通道结构钢波纹板变形及内力演化规律。竖井采用地层-结构模型计算，采用 Midas GTS NX 三维对象有限元分析软件建模分析，计算采用莫尔-库仑模型（图4-5），以考虑围岩的非线性变形；横通道采用荷载-结构模型计算，计算软件采用 Midas Gen。

a) 竖井莫尔-库仑模型　　　　　　b) 横通道有限元模型网格

图 4-5　计算模型及模型网络

（1）根据《冷弯波纹钢管》(GB/T 34567—2017)，竖井选取 200mm × 55mm × 7mm 钢波纹板，通过查该标准表 C.9 获取其截面惯性矩 $I = 3251.17 \text{mm}^4/\text{mm}$，面积 $A = 8.293 \text{mm}^2/\text{mm}$，$E_{钢材} = 2.06 \times 10^5 \text{N/mm}^2$；通过刚度及面积等效理论，等效为单位长度均质材料，材料厚度取 H_1，弹性模量取 E_1，长度 $B = 1\text{m}$，则 $E_{钢材}I = E_1 B H_1^3/12$；$E_{钢材}A = E_1 B H_1$。经计算可得：$E_1 = 2.49 \times 10^4 \text{MPa}$，$H_1 = 68.59 \text{mm}$。

（2）根据《冷弯波纹钢管》(GB/T 34567—2017)，横通道选取 220mm × 55mm × 5mm 钢波纹板，通过查该标准表 C.9 获取其截面惯性矩 $I = 2288.8 \text{mm}^4/\text{mm}$，面积 $A = 5.915 \text{mm}^2/\text{mm}$，$E_{钢材} = 2.06 \times 10^5 \text{N/mm}^2$；通过刚度及面积等效理论，等效为单位长度均质材料，材料厚度取 H_2，弹性模量取 E_2，长度 $B = 1\text{m}$，则 $E_{钢材}I = E_2 B H_2^3/12$；$E_{钢材}A = E_2 B H_2$。经计算可得：$E_2 = 1.8 \times 10^4 \text{MPa}$，$H_2 = 68 \text{mm}$。

3）结构验算

主要采用《钢结构设计标准》(GB 50017—2017) 与《公路波纹钢管（板）桥涵设计与施工规范》(DB15/T 654—2021) 相互校核。《钢结构设计标准》(GB 50017—2017) 主要针对材料的强度进行验算，《公路波纹钢管（板）桥涵设计与施工规范》(DB15/T 654—2021) 主要针对钢波纹板的结构形状的屈曲应力、弯矩与轴向压力组合进行验算。

（1）根据《钢结构设计标准》(GB 50017—2017)，弯矩作用在主平面内的压弯构件，其强度及稳定性进行如下验算：

$$\frac{N}{A_n} \pm \frac{M_x}{\gamma_x W_x} \pm \frac{M_y}{\gamma_y W_y} \leq f \qquad (4\text{-}1)$$

式中：N——同一截面处轴心压力设计值（N）；

M_x、M_y——分别为同一截面处对 x 轴和 y 轴的弯矩设计值（N·mm）；

γ_x、γ_y——截面塑性发展系数，根据其受压板件的内力分布情况确定其截面板件宽厚比等级，当截面板件宽厚比等级不满足 S3 级要求时，γ_x、γ_y 均取 1.0，满足 S3 级要求时，可按《钢结构设计标准》（GB 50017—2017）表 8.1.1 采用；需要验算疲劳强度的拉弯、压弯构件，宜取 1.0；

A_n——构件的净截面面积（mm²）。

（2）根据《公路波纹钢管（板）桥涵设计与施工规范》（DB15/T 654—2021），钢波纹板屈曲应力、弯矩与轴向压力组合验算：

$$\begin{cases} f_b = \phi_t F_m \left\{ f_y - \left[\frac{f_y^2}{12E\rho} \left(\frac{KR}{r} \right)^2 \right] \right\} & R \leq R_e \\ f_b = \dfrac{3\phi_t \rho F_m E}{(KR/r)^2} & R > R_e \end{cases} \qquad (4\text{-}2)$$

式中：ϕ_t——抗力系数，取 0.8；

f_y——波纹钢板材屈服强度（MPa）；

K——结构与周围土体相对弯曲刚度系数，$K = \lambda \left(\dfrac{EI}{E_m R^3} \right)^{0.25}$；

R——结构的曲率半径（mm）；

R_e——等效半径（mm），$R_e = \dfrac{r}{K} \left(\dfrac{6E\rho}{f_y} \right)^{0.5}$；

E——波纹钢板材的弹性模量（MPa）；

ρ——屈曲折减系数，$\rho = \left(1000 \dfrac{H}{R_c} \right)^{0.5} \leq 1.0$；

r——波纹钢板材回转半径（mm）；

λ——计算 K 的一个系数，$\lambda = 1.22 \left[1.0 + 1.6 \left(\dfrac{EI}{E_m R_c^3} \right)^{0.25} \right]$；

E_m——土体弹性模量的修正值，$E_m = E_s \left[1 - \left(\dfrac{R_c}{R_c + 1000H} \right)^2 \right]$，其中，$R_c$ 为拱顶处的曲率半径；E_s 为土体的弹性模量；

F_m——多跨结构屈曲应力折减系数，$F_m = \left(0.85 + \dfrac{0.3S}{D_h} \right) \leq 1.0$，$S$ 为多跨结构间的间距；

H——施工过程中的填土高度。

（3）根据《公路波纹钢管（板）桥涵设计与施工规范》（DB15/T 654—2021），对波纹钢板的弯矩与轴向压力的内力组合应满足：

$$\left(\frac{P}{P_{\mathrm{pf}}}\right)^2 + \left|\frac{M}{M_{\mathrm{pf}}}\right| \leq 1.0 \tag{4-3}$$

式中：P——波纹钢板截面所受轴向压力，按式 $P = T_{\mathrm{p}} + T_{\mathrm{c}}$ 计算。T_{c} 为汽车荷载（考虑施工机械引起的波纹钢板压力）。计算中包含两部分，分别为土的重力和汽车荷载（考虑施工机械）引起的压力，当 $\frac{H_{\mathrm{c}}}{D_{\mathrm{h}}} < 0.2$ 时，可取 $P = 0$，其中 H_{c} 为施工过程中的填土高度，D_{h} 为波纹钢板的有效跨度；

P_{pf}——波纹钢板截面考虑塑性抵抗系数的设计压力，$P_{\mathrm{pf}} = \phi_{\mathrm{h}} A f_{\mathrm{y}}$；

ϕ_{h}——波纹钢板抵抗塑性铰的抗力系数，取 0.7；

A——波纹钢板材单位长度横截面面积（mm^2/mm）；

f_{y}——波纹钢板材屈曲强度（MPa）；

M——波纹钢板所受弯矩（kN·m）；

M_{pf}——考虑塑性抵抗系数的设计弯矩，$M_{\mathrm{pf}} = \phi_{\mathrm{h}} M_{\mathrm{P}}$；

M_{p}——波纹钢板截面可承受的塑性弯矩，即考虑材料极限抗拉强度时截面能承受的最大弯矩（kN·m/m），$M_{\mathrm{p}} = \frac{2I}{d+t} \cdot f_{\mathrm{t}}$；

I——材料的惯性矩（mm^4/mm）；

d——波高（mm）；

t——壁厚（mm）；

f_{t}——材料极限抗拉强度（MPa）。

（4）结合《公路波纹钢管（板）桥涵设计与施工规范》（DB15/T 654—2021）第6.8节，波纹板采用高强度螺栓连接，连接验算应满足《钢结构设计标准》（GB 50017—2017）要求。

①承压型高强度螺栓的抗剪强度主要由螺栓杆受剪和孔壁承压两种破坏模式控制，应分别验算。

受剪承载力设计值计算为：

$$N_{\mathrm{v}}^{\mathrm{b}} = N_{\mathrm{v}} \cdot \frac{\pi d^2}{4} \cdot f_{\mathrm{v}}^{\mathrm{b}} \tag{4-4}$$

式中：N_{v}——每只螺栓受剪面数量；

d——螺栓杆直径（mm）；

$f_{\mathrm{v}}^{\mathrm{b}}$——高强度螺栓抗剪强度设计值（$N/mm^2$）。

②受压承载力设计值计算为：

$$N_{\mathrm{c}}^{\mathrm{b}} = d \cdot \sum t \cdot f_{\mathrm{c}}^{\mathrm{b}} \tag{4-5}$$

式中：d——螺栓杆直径（mm）；

$\sum t$——不同受力方向中一个受力方向承压构件总厚度的较小值；

$f_{\mathrm{c}}^{\mathrm{b}}$——高强度螺栓抗压强度设计值（$N/mm^2$）。

4）计算结果

（1）竖井钢波纹板计算结果如图4-6~图4-9所示。

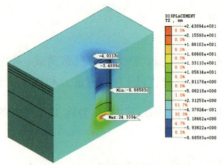 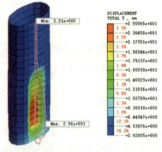

a) 地面竖向位移云图　　　　　　　b) 竖井侧壁位移云图

图 4-6　位移云图（单位：mm）

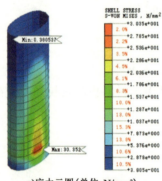 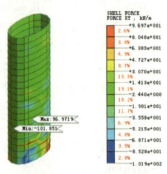

a) 应力云图（单位：N/mm²）　　　　b) 轴力云图（单位：kN/m）

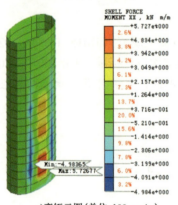 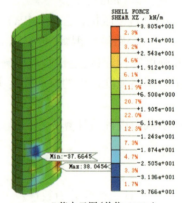

c) 弯矩云图（单位：kN·m/m）　　　d) 剪力云图（单位：kN/m）

图 4-7　竖井侧壁内力图

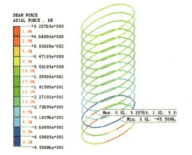

a) 轴力云图（单位：kN）　　　　　b) 弯矩云图（单位：kN·m）

图 4-8

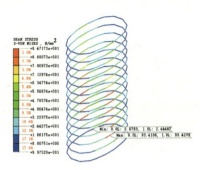

c)应力云图(单位:N/mm²)

图4-8 环向方钢内力图

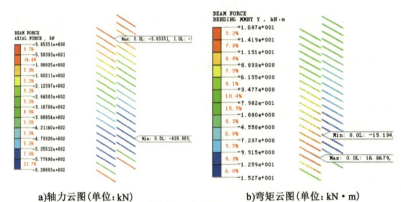

a)轴力云图(单位:kN)　　　　　　b)弯矩云图(单位:kN·m)

图4-9 对撑型钢受力

(2)横通道钢波纹板计算结果如图4-10所示。

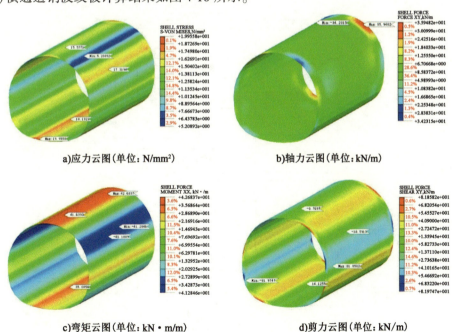

a)应力云图(单位:N/mm²)　　　　　　b)轴力云图(单位:kN/m)

c)弯矩云图(单位:kN·m/m)　　　　　　d)剪力云图(单位:kN/m)

图 4-10

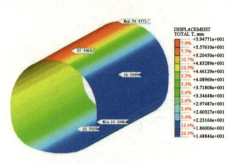

e)位移云图(单位:mm)

图 4-10　通道应力、位移计算云图

经计算,竖井和横通道钢波纹板选取每延米同一位置(轴力最大数值位置)等效模型弯矩与轴力数值,等效波纹板侧壁最大应力均满足设计要求;波纹板的弯矩与轴向压力的内力组合为 0.53 < 1,满足设计要求。环向方钢、对撑型钢强度、螺栓抗剪强度等计算满足设计要求。

4.3　钢波纹板施工工艺

1)竖井钢波纹板施工流程

竖井钢波纹板施工流程如图 4-11 所示。

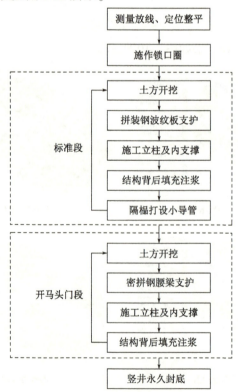

图 4-11　竖井钢波纹板施工流程图

(1)锁口圈梁加固

锁口圈梁地基加固位置自锁口圈垫层开始向下加固,加固深度为2m,加固方式采用小导管注浆加固,小导管成环向内外两层布置。小导管布置方式及浆液材料如下:

①小导管采用DN32、厚度2.75mm、长度3.0m钢焊管;环向布置间距约1.0m,径向布置2排间距1.0m,共60根。

②浆液材料:水泥浆水灰比1:1,注浆压力一般为0.2~0.5MPa,要求注浆扩散半径不小于0.25m。注浆结束后,必须对注浆效果进行检查,并对注浆的薄弱部位重新补充注浆。

③注浆加固后,地基承载力应不低于160kPa。

锁口圈加固如图4-12所示。

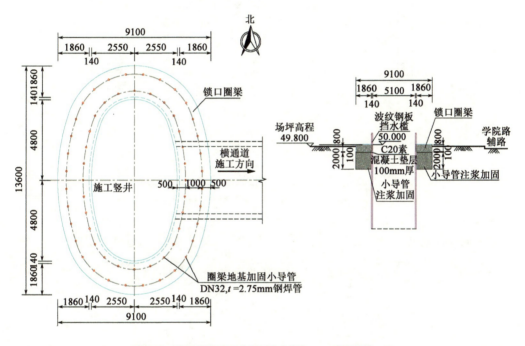

图4-12 锁口圈加固示意图(尺寸单位:mm;高程单位:m)

(2)锁口圈梁施工

锁口圈梁截面尺寸为2m×0.8m,圈梁为整体浇筑,圈梁底为C20、厚10cm混凝土垫层。锁口圈梁内外侧钢筋保护层厚度均为30mm。挡水墙采用钢波纹板形式。

在圈梁上安装工程预制的钢波纹板挡水墙,波纹板挡水墙与圈梁间采用法兰螺栓连接,在两者拼装处采用防水密封胶封闭,钢波纹板护栏高1.2m,便于挡水、挡土。钢波纹板护栏取代以往的混凝土挡土墙。

锁口圈梁如图4-13~图4-15所示。

①测量定位。施工场地平整完成后,依据设计图纸点位,放出锁口圈边角位置,并及时标记。

②土方开挖。按照设计尺寸在地面画出竖井开挖轮廓线,严格按照轮廓线进行开挖,避免超挖,由人工开挖休整。

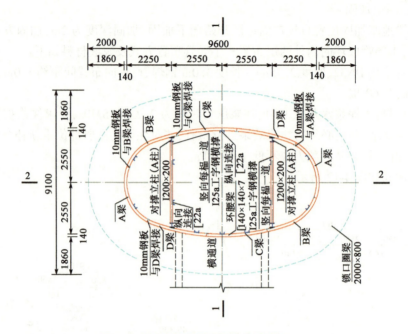

图 4-13 锁口圈梁平面示意图(尺寸单位:mm)

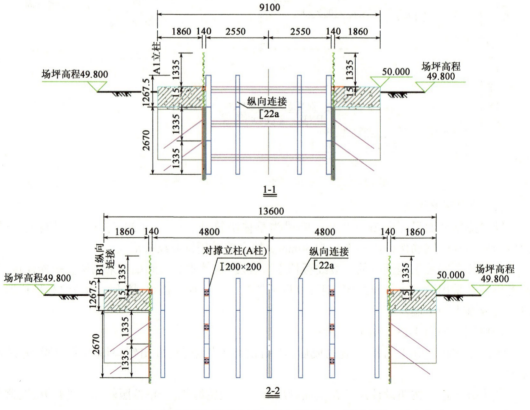

图 4-14 锁口圈梁施工剖面示意图(尺寸单位:mm;高程单位:m)

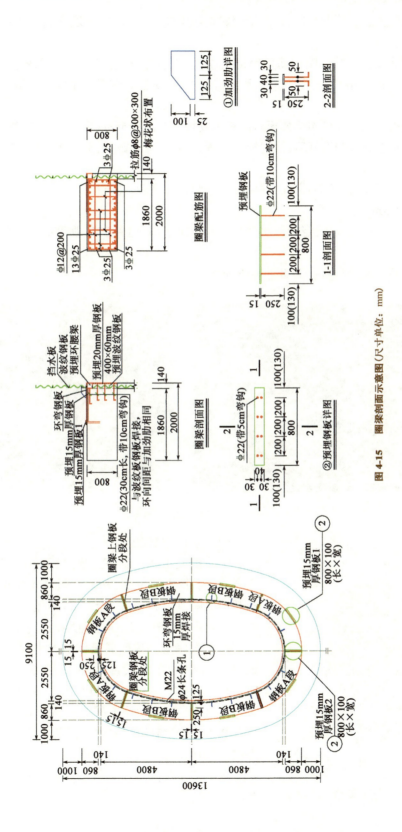

图 4-15 圈梁剖面示意图（尺寸单位：mm）

③垫层施工。土方开挖后,人工清底至垫层底高程,整平夯实,进行浇筑混凝土100mm厚C20混凝土。

④钢筋绑扎。锁口圈钢筋采用机械连接,个别部位进行焊接,按要求埋设预埋件。圈梁钢筋进场复试合格后施工。钢筋焊接搭接长度按照单面焊接$10d$(d—钢筋直径),双面焊接$5d$。

⑤模板支撑。锁口圈梁模板采用钢波纹板$200mm \times 55mm \times 7mm$,钢波纹板按图纸统一加工制作。钢波纹板制作好后,标记模板位置、型号尺寸和数量,经验收合格后,按规定要求分类堆放在施工场地内。

⑥混凝土浇筑。钢筋绑扎、立模支撑经验收合格后,浇筑锁口圈梁混凝土,一次性浇筑,浇筑高度为800mm。

混凝土浇筑完成后,定期洒水养护,养护期为7d,达到75%强度时可开始进行下一工序施工。

锁口圈梁及挡水墙施工如图4-16所示。

图4-16 锁口圈梁及挡水墙施工

(3)竖井开挖施工

竖井由人工从上到下逐层进行开挖,开挖次序为先挖四周土体后挖中间土体,开挖断面尺寸为$9.6m \times 5.1m$,每榀开挖深度为0.445mm,允许尺寸误差3cm。渣土由桥式起重机抓斗进行提升,渣土运至地面渣土仓内。

挖土次序为先挖四周土体后挖中间土体;遵从对角开挖原则,先挖边角处土,再向井中央开挖。

竖井开挖示意图如图4-17、图4-18所示。

①第一步按照设计步距要求,先开挖四周土体;

②第二步及时架设钢波纹板及立柱,纵向连接,架立钢支撑,封闭成环;

③第三步支护完毕后开挖中间土体,以此类推进行竖井施工。

图4-17 竖井开挖示意图(一)

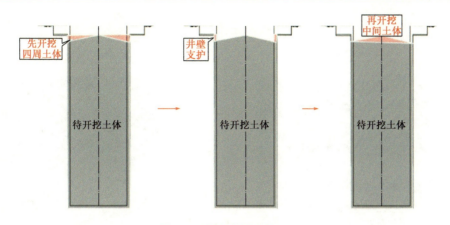

图 4-18 竖井开挖示意图(二)

(4)竖井井壁施工

①圈梁浇筑完成后,拼装装配式钢波纹板及挡水墙。

②竖井第一榀土方开挖完成,每榀开挖深度 0.445m,及时架设一榀钢波纹板 200mm×55mm×7mm,将其与圈梁波纹板连接紧固,采用 M22、8.8 级高度强螺栓,支设 H 型钢立柱 200mm×200mm、纵向连接槽钢[22a、打设 DN32、厚度 2.75mm 小导管及架设型钢支撑 I25a。

③在竖井开挖的过程中循环上一步骤。

每两榀安装一组对撑立柱,一次架设两层内支撑,根据施工不同部位安装相应规格纵向连接槽钢,直至开挖支护至竖井底部。

竖井开挖标准段单环结构拼装顺序依次为:先将 A 梁固定于上一层已拼装完成的结构上,然后依次将 B 梁、C 梁、D 梁、A 梁、B 梁、C 梁、D 梁悬挂于上一层已拼装完成的结构上,实现单环结构的预紧封闭。

竖井开挖开马头门段单环结构拼装顺序依次为:先将 A 梁固定于上一层已拼装完成的结构上,然后依次将 B 梁、C 梁、D 梁、A 梁、B1 梁、B2 梁、C1 梁、D1 梁悬挂于上一层已拼装完成的结构上,实现单环结构的预紧封闭。

钢波纹板竖井井壁施工流程见表 4-3。

钢波纹板竖井井壁施工流程   表 4-3

序号	施工流程现场照片	序号	施工流程现场照片
1	土方开挖	2	安装钢波纹板

序号	施工流程现场照片	序号	施工流程现场照片
3	对称安装 H 型钢、方钢、型钢	5	打设小导管（锁脚锚杆）
4	安装竖向槽钢	6	背后回填注浆

(5) 竖井封底（图 4-19）

竖井封底钢架采用型钢 I20a@500mm + C25 混凝土封堵井底。

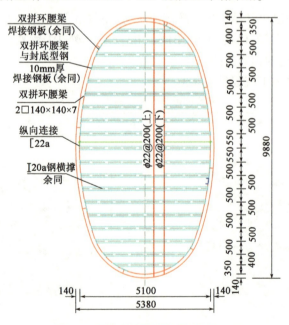

图 4-19 竖井封底示意图（尺寸单位：mm）

(6)钢波纹板初期支护背后注浆

在竖井开挖的过程中,应沿钢波纹板环向预埋注浆管,注浆管宜采用 DN32、厚度 2.75mm 钢焊管,长度 0.95m,外露 100mm。初期支护背后注浆管环向间距约 1.5m,纵向间距约 1.5m,呈矩形布置。初期支护背后注浆浆液采用水泥砂浆(图 4-20),水灰比为 1∶1。

初期支护背后注浆分多次进行:第一次注浆为低压注浆,距开挖面 1.5m,注浆压力宜 0.1~0.3MPa,以控制浆液从开挖面溢出为结束标志;第二次注浆为饱压注浆。距开挖面 8~10m,注浆压力宜为 0.5MPa,后续根据初期支护监控量测情况和现场地下水情况可及时调整注浆参数或进行补充注浆。

注浆结束标准:注浆量达到设计注浆量;根据监测情况或者物理敲击判断是否需要继续注浆;当注浆压力达到设计压力的 80% 即可完成注浆(0.1MPa)。

(7)竖楼梯施工

竖井楼梯采用工厂预制楼梯(图 4-21),竖井开挖时将楼梯与锁口圈固定连接。楼梯位置在竖井南侧布置,安装方式采用悬挂安装。楼梯立柱采用 400mm×400mm 方钢,横梁及大梁采用 H40A 型钢进行固定,楼梯口为 900mm 宽。

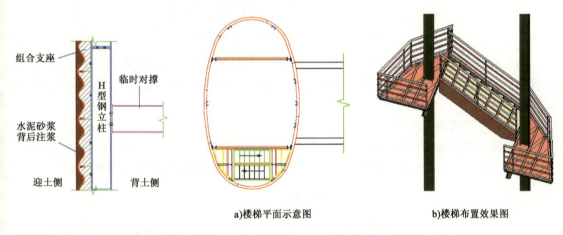

图 4-20 初期支护背后注浆示意图　　图 4-21 竖井楼梯布置

(8)竖井内通风

竖井深度为 30.45m,施工时采用风机(功率 3kW)进行井内通风,采用 φ30cm 通风软管将新鲜空气送入竖井作业面处,每小时送风量为 30000m³,满足井下施工通风要求。

(9)竖井内照明

竖井内施工时采用发光二极管(LED)灯进行井内照明,LED 灯采用角钢固定在圈梁上,灯头正对井内,并根据现场实际施工需要安装 24V 低压灯带。

2)横通道钢波纹板施工工艺流程(图 4-22)

(1)马头门施工

测量放样→搭设平台→深孔注浆加固→安装双拼工字钢门框→拆除马头门范围内钢波纹板→土方开挖、架立矩形环梁及钢波纹板→开挖进尺 10m→封端→背后灌注砂浆。

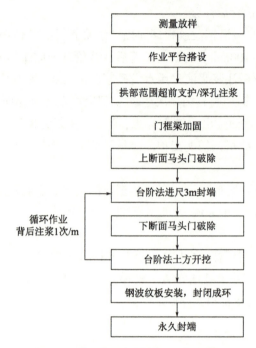

图 4-22　横通道钢波纹板施工工艺流程图

测量放样,破除马头门轮廓线,搭设操作平台。首榀格栅架立需测量准确定位,保证设计高程及设计净空的准确性,喷混凝土完毕后对马头门进行高程及净空复核,确定无误后方可继续开挖。

①作业平台搭设。

在钢波纹板横通道上台阶处,设置工字钢平台和悬挑作业平台。工字钢作业平台(图 4-23)长 5.2m、宽 5.1m,作业平台满铺跳板 50mm×200mm,对跳板端部与平台支撑进行加固。

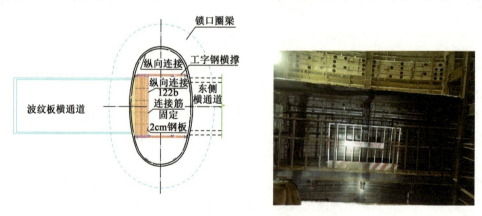

图 4-23　工字钢作业平台(尺寸单位:mm)

②深孔注浆(图 4-24)。

在作业平台上满铺跳板,搭设脚手架进行马头门深孔注浆。在马头门上台阶拱部 180°范围深孔注浆,厚度 2.5m(开挖轮廓线以外 2m,开挖轮廓线以内 0.5m)。

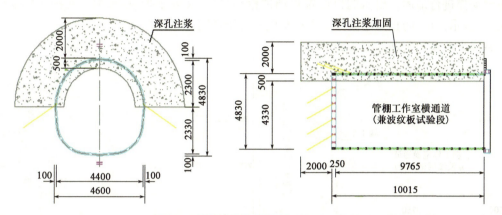

图 4-24 深孔注浆示意图(尺寸单位:mm)

③双拼工字钢门框安装。

深孔注浆完成后,分段切割竖井井壁钢波纹板后安装上台阶范围内双拼工字钢门框;安装 C5 双拼工字钢梁,切割井壁钢波纹板,用风镐凿除背后砂浆及土体形成凹槽,将 C5 梁伸入凹槽内,达到设计位置后与竖井壁钢波纹板牢固焊接,按同样的步骤分别安装左右两侧 C1、C2 环梁门框。双拼工字钢门框加固见图 4-25。

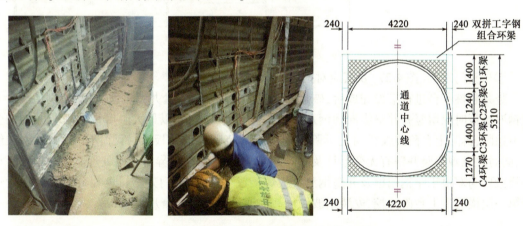

图 4-25 双拼工字钢门框加固(尺寸单位:mm)

④安装悬挑平台。

门框安装完成后,工字钢平台拆除,安装上台阶悬挑平台,安装护头棚,破除第一层横通道上台阶马头门前,先进行悬挑平台支撑安装,施工作业人员乘坐吊篮内,系好安全带、防坠安全绳,做好安全防护设施,到达第一层施工作业平台高度进行安装悬挑平台支撑。悬挑平台支撑使用工字钢 I22b@1m,宽度为 1.5m,工字钢端部伸入竖井井壁 25cm,工字钢与竖井井壁波纹板及环腰梁焊接牢固,斜撑为∠140×90×10,长度 1.4m,伸入竖井井壁 15cm,工字钢与竖井井壁波纹板焊接牢固,工字钢与角钢在交叉的部位进行满焊,悬挑平台斜撑按间距 1000mm 设置,悬挑平台支撑端部角钢通长设置。平台上部使用 1 个胀管螺栓 YG2 型与吊筋 HRB400E22 进行加固,平台满焊。悬挑平台上设置 2.4m 高护头棚,顶棚满铺花纹钢板 3mm,下部设置踢脚板,护头棚安装采用□50×50×3、□30×30×2,作业平台满铺跳板 50mm×200mm,跳板端部与平台支撑进行加固。出渣洞口设置移动护栏,洞口安装安全带、挡车绳。在护头棚安装灯带,起到警示作用,防止抓斗碰撞。在护头棚安装钢丝网、密目网。

悬挑平台及护头棚如图4-26所示。

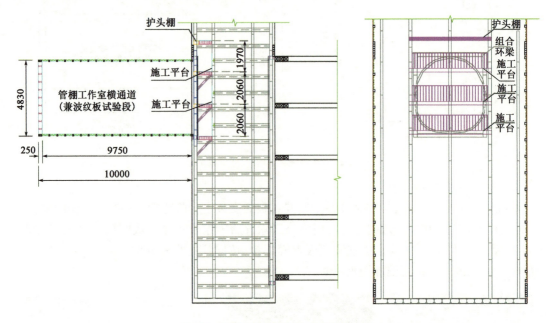

图4-26 悬挑平台及护头棚(尺寸单位:mm)

⑤马头门施工(图4-27)及其应对措施。

竖井悬挑平台进行搭设完成后,破除横通道上台阶马头门处井壁钢波纹板,切割上台阶井壁钢波纹板时保留竖井井壁纵向槽钢及核心土位置钢波纹板,以最大限度地保证竖井结构受力不超限,拆除上台阶波纹板时先拆除横通道拱部范围钢波纹板,再拆除两边侧拱处钢波纹板,同时注意观察竖井壁有无变形且及时对井壁受力进行监测,异常及时处理。横通道第一榀环腰梁要与双拼工字钢门框及井壁钢波纹板焊接成一体,马头门处密排两榀环腰梁。然后进行第一层横通道上台阶开挖,安装钢波纹板。横通道上下台阶错开3~5m。

图4-27 马头门施工

a. 马头门破除后应先观察掌子面土质情况及水文情况,如掌子面不稳定或处于有水状态,应立即复喷混凝土,采取防坍措施。

b. 马头门位置第一榀环腰梁必须与竖井门框、环腰梁及钢波纹板用 L 形连接钢筋连接成整体。

c. 前 2 榀环腰梁密排,并用专用高强度螺栓紧固到位。

d. 马头门破除过程中应加强对横通道及竖井沉降观测、收敛变形观测及井壁受力监测,每天观测不少于 2 次,并根据监测数据及时分析横通道变形情况,以便及时采取安全应对措施。

e. 严格控制钢波纹板横通道构配件加工质量及现场拼装质量,保证马头门结构的整体性。

(2) 横通道施工

针对钢波纹板支护体系的模块化拼接作业特点建立了"开挖-拼装-充填"的流程,制定了合理的步序衔接安排,设置了各种辅助性施工控制措施,基于暗挖隧道"十八字方针"提出了"长进尺短台阶、分段连分块接、高精度快封闭、一循环一充填"的施工原则,通过施工实践总结其控制要点。

钢波纹板通道施工流程见表 4-4。

钢波纹板通道施工流程   表 4-4

序号	施工流程及现场照片	序号	施工流程及现场照片
1	土方台阶法开挖 	3	背后循环填充 
2	安装钢波纹板 	4	封闭成环 

(3) 通道施工要点及技术措施

① 采用台阶法施工,开挖循环进尺宜为每榀钢波纹板间距。

②严格控制横通道开挖的中线和水平,开挖轮廓要圆顺,防止超挖,局部欠挖处人工修凿,但要充分考虑施工误差及预留变形。

③开挖时保留核心土,待拱部支护完成后再开挖核心部分土体。

④钢波纹板与钢波纹板及钢波纹板与环腰梁之间均采用法兰盘螺栓连接方式。钢波纹板及环腰梁安装位置要准确,各节点要对齐,连接要牢固,确保结构可靠受力。下一榀钢架与上一榀钢架接缝要错开。

⑤做好开挖的施工记录和地质断面描述,加强洞内外观察。

4.4 监控量测结果分析

学院桥站 1 号施工竖井和竖井西侧 10m 通道采用钢波纹钢板支护施工,其监控量测包括常规监控量测项目(圈梁沉降、地表沉降、地下管线沉降、建筑物沉降、洞内外巡视、初期支护结构净空收敛、初期支护结构拱顶沉降、地下水位)、科研监控量测项目(支撑轴力、波纹板/环腰梁应力、围岩压力)。

4.4.1 监测项目及测点布置

竖井共布设 20 个监测断面,每个断面布设 12 个应变计,4 个土压力盒,2 个轴力计,每两个断面的间距为 1.5m;通道共布设 4 个断面,每个断面各布设 4 个应变计,4 个土压力盒,应变计布设在支护结构内侧,土压力盒布设在支护结构外侧。

钢波纹板竖井、通道监测项目见表 4-5、表 4-6。

钢波纹板竖井监测项目 表 4-5

类别	量测项目		监测仪器及元件	测点布置
常规应测项目	竖井及其周边环境描述		—	—
	地表沉降		水准仪	按图布置
	临近建(构)筑物	沉降监测	水准仪	按图布置
		倾斜监测	全站仪	按图布置
		裂缝监测	裂缝观测仪	按图布置
	地下管线沉降		水准仪	每 5~15m 一个沉降点
	圈梁沉降		水准仪	在圈梁长、短边中点各布设 1 个测点
	初期支护结构净空收敛		收敛仪	竖井结构 5m 左右一个监测断面
	地下水位		电测水位计	按图布置
科研项目	支撑轴力		应变计、轴力计、频率接收仪	按图布置
	钢波纹板、环腰梁应力		应力计、表面应变计、频率接收仪	按图布置
	围岩压力		土压力盒、频率接收仪	按图布置

钢波纹板通道监测项目　　　　　　　　　　　　　　　　　　表 4-6

类别	量测项目	监测仪器及元件	测点布置
常规应测项目	洞内及洞外观察	地质预探、描述，拱架支护状态，建(构)筑物等观察和记录	每开挖一环一个断面
	地表沉降	水准仪	每 10m 一个断面
	地下管线沉降	水准仪	5~15m 一个沉降点
	初期支护结构拱顶沉降	水准仪	每 10~30m 一个断面
	初期支护结构净空收敛	收敛仪	每 10~30m 一个断面
	地下水位	电测水位计、PVC 管	按图布置
科研项目	钢波纹板、环腰梁应力	应力计、表面应变计、频率接收仪	按图布置
	围岩压力	土压力盒、频率接收仪	按图布置

钢波纹板竖井、通道测点布置图见图 4-28、图 4-29。

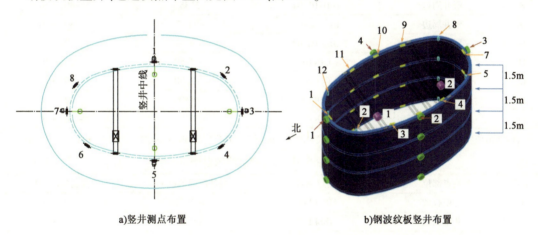

a)竖井测点布置　　　　　b)钢波纹板竖井布置

图 4-28　钢波纹板竖井测点布置示意图

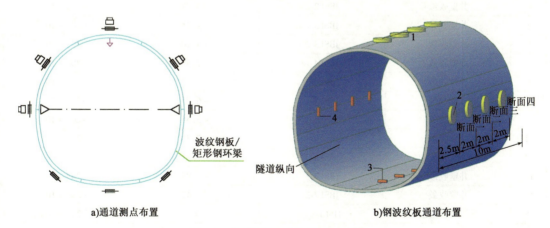

a)通道测点布置　　　　　b)钢波纹板通道布置

图 4-29　钢波纹板通道测点布置示意图

4.4.2 监测数据分析

1）钢波纹板竖井、通道常规监测数据分析

钢波纹板竖井、通道常规监测数据见表 4-7～表 4-9，钢波纹板竖井、通道测点沉降曲线如图 4-30 所示。

钢波纹板竖井、通道地表及拱顶监测点　　　　　　　　　　表 4-7

序号	测点部位	测点编号	累计沉降值（mm）	控制值（mm）
1	竖井周边	SKC-01-01	-7.69	-30，+10
2	竖井周边	SKC-01-02	-12.53	-30，+10
3	竖井周边	SKC-01-03	-11.61	-30，+10
4	竖井周边	SKC-01-04	-12.12	-30，+10
5	竖井周边	DB1-01-01	-9.45	-30，+10
6	竖井周边	DB1-01-02	1.21	-30，+10
7	竖井周边	DB1-01-03	7.47	-30，+10
8	竖井周边	DB1-01-04	3.35	-30，+10
9	竖井周边	DB1-02-01	-11.51	-30，+10
10	竖井周边	DB1-02-03	-9.91	-30，+10
11	钢波纹板通道	GDC01	-4.50	-20，+10
12	钢波纹板通道	GDC02	-2.70	-20，+10
13	钢波纹板通道	GDC03	-1.00	-20，+10
14	钢波纹板通道	GDC04	-2.90	-20，+10

注：变形值"-"为沉降，"+"为上升；"SKC"代表圈梁沉降测点，"DB"代表地表沉降测点，"GDC"代表拱顶沉降测点。

钢波纹板竖井、通道净空收敛监测点　　　　　　　　　　表 4-8

序号	测点部位	测点编号	累计沉降值（mm）	控制值（mm）
1	井壁收敛	JBSL1-1	-2.91	-20，+10
2	井壁收敛	JBSL1-2	-0.42	-20，+10
3	井壁收敛	JBSL2-1	-1.35	-20，+10
4	井壁收敛	JBSL2-2	-3.87	-20，+10
5	井壁收敛	JBSL3-1	-4.44	-20，+10
6	井壁收敛	JBSL3-2	-4.10	-20，+10
7	井壁收敛	JBSL4-1	-7.49	-20，+10
8	井壁收敛	JBSL4-2	-7.33	-20，+10
9	井壁收敛	JBSL5-1	-6.25	-20，+10
10	井壁收敛	JBSL5-2	-5.55	-20，+10
11	井壁收敛	JBSL6-1	-7.38	-20，+10
12	井壁收敛	JBSL6-2	-7.31	-20，+10
13	井壁收敛	JBSL7-1	-2.85	-20，+10
14	井壁收敛	JBSL7-2	-3.47	-20，+10
15	钢波纹板通道	HSL1-01	-7.3	-20，+10
16	钢波纹板通道	HSL1-02	-4.74	-20，+10

续上表

序号	测点部位	测点编号	累计沉降值(mm)	控制值(mm)
17	钢波纹板通道	HSL1-03	−4.07	−20，+10
18	钢波纹板通道	HSL1-04	−2.9	−20，+10

注：变形值"−"为沉降，"+"为上升；"HSL"代表通道收敛变形测点，"JBSL"代表竖井收敛测点。

钢波纹板竖井、通道监测点最大值　　　　表4-9

监测项目	测点编号	累计值(mm)	控制值(mm)	备注
地表沉降	DB1-02-01	−11.51	±30	测点位于东侧横通道进尺1.39m处
竖井圈梁沉降	SKC-01-02	−12.53	±30	测点位于竖井东侧
横通道拱顶沉降	GDC01	−4.50	±20	测点位于横通道洞口处
横通道收敛	HSL1-1	−7.3	±20	测点位于横通道洞口处
竖井井壁收敛	JBSL4-1	−7.49	±20	测点位于圈梁向下9m处

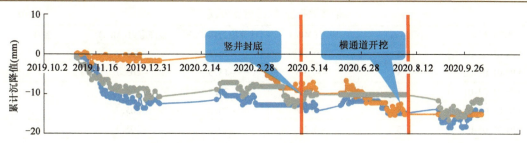

a) 钢波纹板竖井、通道地表历时沉降曲线

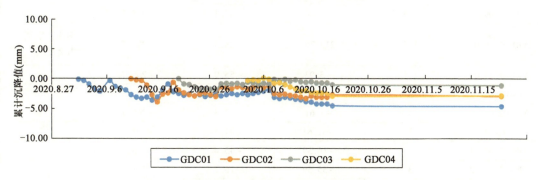

b) 钢波纹板通道拱顶沉降历时沉降曲线

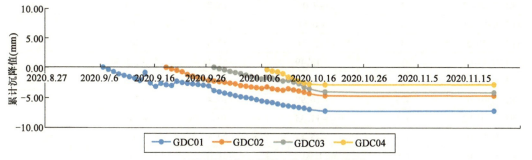

c) 钢波纹板竖井、通道净空收敛历时沉降曲线

图4-30　钢波纹板竖井、通道测点沉降曲线

结合上述监测数据及测点监测数据历时曲线图分析，沉降主要产生在竖井开挖期间，竖井封底后沉降基本趋于稳定状态，竖井开挖期间产生沉降值在12mm左右，横通道开挖期间产生沉降值均在5mm左右，整体沉降较小，施工过程中沉降值及沉降速率均在控制范围内；收敛变形最大在7mm左右，变形值及变形速率均在控制范围内，结构处于安全可控状态。

2）钢波纹板竖井、通道施工监测数据分析

(1) 竖井和通道应力、应变监测分析

基于振弦式应变计进行应变监测；通过自动化监测设备接收数据，从现场工况以及实际监测数据出发，竖井以每4.5m深度为一层，横通道以每一断面分别选取变形最大的监测点作为研究点，同时考虑监测时间跨度较大，以每10d的监测值为对象值，一定程度上保证了竖井变形时间和空间上的等效，更好地描述变形状态。

钢波纹板竖井、通道应力、应变见表4-10，应力历时曲线如图4-31所示。

钢波纹板竖井、通道应力、应变   表4-10

监测点号	深度(m)	应力(MPa)	计算应力(MPa)	容许应力(MPa)	备注
YBJ-01-01-01	1.5	-9.14	-13.4	-205.7	
YBJ-01-02-02	1.5	-87.96	-13.5	-205.7	
YBJ-01-03-01	1.5	4.76	-20.9	-205.7	
YBJ-01-04-01	1.5	-20.67	-20.8	-205.7	
YBJ-01-05-01	1.5	-6.20	-10.5	-205.7	
YBJ-01-06-02	1.5	-4.16	-27.8	-205.7	
YBJ-01-07-01	1.5	-10.82	-2.0	-205.7	
YBJ-01-09-01	1.5	25.93	-42.1	-205.7	
YBJ-01-10-01	1.5	215.76	-28.7	-205.7	螺栓二次紧固，应力突变
YBJ-01-11-01	1.5	-5.93	-55.9	-205.7	
YBJ-02-02-02	3	-25.27	-14.5	-205.7	
YBJ-02-03-01	3	-7.61	-12.3	-205.7	
YBJ-02-04-01	3	-37.61	-44.5	-205.7	
YBJ-02-05-01	3	-16.39	-45.4	-205.7	
YBJ-02-06-02	3	-35.59	-16.7	-205.7	
YBJ-02-07-01	3	-0.33	-30.1	-205.7	
YBJ-02-08-02	3	-7.01	-15.2	-205.7	
YBJ-02-09-01	3	-6.51	-35.8	-205.7	
YBJ-02-10-01	3	-5.04	-37.0	-205.7	
YBJ-02-11-01	3	-13.49	-47.1	-205.7	
YBJ-02-12-02	3	-6.63	-29.8	-205.7	
YBJ-03-01-01	4.5	-16.99	-10.4	-205.7	
YBJ-03-02-02	4.5	-11.35	-19.0	-205.7	
YBJ-03-03-01	4.5	-45.13	-29.7	-205.7	
YBJ-03-04-01	4.5	1.90	-41.0	-205.7	
YBJ-03-05-01	4.5	-29.22	-10.9	-205.7	

续上表

监测点号	深度(m)	应力(MPa)	计算应力(MPa)	容许应力(MPa)	备注
YBJ-03-06-02	4.5	−66.35	−9.3	−205.7	
YBJ-03-07-01	4.5	1.14	−15.6	−205.7	
YBJ-03-08-02	4.5	0.44	−39.8	−205.7	
YBJ-03-10-01	4.5	−9.86	−73.1	−205.7	
YBJ-03-11-01	4.5	−16.60	−50.3	−205.7	
YBJ-03-12-02	4.5	−2.55	−37.8	−205.7	
YBJ-04-01-01	6	−32.66	−7.8	−205.7	
YBJ-04-02-02	6	−42.53	−10.4	−205.7	
YBJ-04-03-01	6	−27.58	−35.2	−205.7	
YBJ-04-05-01	6	−1.36	−13.7	−205.7	
YBJ-04-06-02	6	−0.04	−17.4	−205.7	
YBJ-04-07-01	6	8.17	−22.3	−205.7	
YBJ-04-08-02	6	−36.92	−13.6	−205.7	
YBJ-04-09-01	6	−14.46	−78.2	−205.7	
YBJ-04-10-01	6	−18.97	−65.4	−205.7	
YBJ-04-11-01	6	−23.01	−42.0	−205.7	
YBJ-04-12-02	6	−18.35	−80.0	−205.7	
YBJ-05-01-01	7.5	11.67	−13.2	−205.7	
YBJ-05-02-02	7.5	−48.45	−20.2	−205.7	
YBJ-05-03-01	7.5	−72.77	−33.4	−205.7	
YBJ-05-04-01	7.5	2.11	−21.1	−205.7	
YBJ-05-05-01	7.5	−3.25	−23.9	−205.7	
YBJ-05-06-02	7.5	−153.89	−30.0	−205.7	
YBJ-05-07-01	7.5	−3.92	−14.0	−205.7	
YBJ-05-08-02	7.5	−53.89	−57.6	−205.7	
YBJ-05-09-01	7.5	−37.61	−44.3	−205.7	
YBJ-05-10-01	7.5	46.79	−58.3	−205.7	
YBJ-05-11-01	7.5	−31.12	−42.3	−205.7	
YBJ-05-12-02	7.5	−82.04	−46.0	−205.7	
YBJ-06-01-01	9	−12.85	−19.5	−205.7	
YBJ-06-02-02	9	−38.35	−25.0	−205.7	
YBJ-06-03-01	9	−78.89	−37.1	−205.7	
YBJ-06-04-01	9	2.29	−30.4	−205.7	
YBJ-06-05-01	9	−43.09	−25.4	−205.7	
YBJ-06-06-02	9	−11.04	−19.9	−205.7	
YBJ-06-07-01	9	12.06	−21.2	−205.7	
YBJ-06-08-02	9	−1.63	−79.2	−205.7	
YBJ-06-09-01	9	−57.02	−110.9	−205.7	
YBJ-06-10-01	9	45.30	−96.6	−205.7	

续上表

监测点号	深度(m)	应力(MPa)	计算应力(MPa)	容许应力(MPa)	备注
YBJ-06－11-01	9	－100.21	－86.5	－205.7	
YBJ-06－12-02	9	－7.98	－33.4	－205.7	
YBJ-07-01-01	10.5	－6.52	－23.4	－205.7	
YBJ-07-02-02	10.5	－33.50	－23.9	－205.7	
YBJ-07-03-01	10.5	－29.61	－31.4	－205.7	
YBJ-07-04-01	10.5	－33.76	－28.4	－205.7	
YBJ-07-05-01	10.5	－38.83	－25.0	－205.7	
YBJ-07-06-02	10.5	－8.23	－49.2	－205.7	
YBJ-07-07-01	10.5	0.92	－22.9	－205.7	
YBJ-07-08-02	10.5	－15.63	－94.2	－205.7	
YBJ-07-09-01	10.5	50.68	－66.5	－205.7	
YBJ-07－10-01	10.5	－50.79	－48.7	－205.7	
YBJ-07－11-01	10.5	－4.83	－44.0	－205.7	
YBJ-07－12-02	10.5	－40.02	－55.9	－205.7	
YBJ-08-01-01	12	－22.44	－28.4	－205.7	
YBJ-08-02-02	12	－14.77	－30.7	－205.7	
YBJ-08-03-01	12	－43.34	－36.3	－205.7	
YBJ-08-04-01	12	－31.50	－45.1	－205.7	
YBJ-08-05-01	12	－25.02	－34.2	－205.7	
YBJ-08-06-02	12	－19.69	－66.4	－205.7	
YBJ-08-07-01	12	－35.55	－33.5	－205.7	
YBJ-08-08-02	12	10.08	－96.3	－205.7	
YBJ-08-09-01	12	－59.81	－64.3	－205.7	
YBJ-08－10-01	12	1.02	－48.2	－205.7	
YBJ-08－11-01	12	－50.57	－44.1	－205.7	
YBJ-08－12-02	12	31.18	－58.1	－205.7	
YBJ-09-01-01	13.5	－3.88	－42.9	－205.7	
YBJ-09-02-02	13.5	－4.63	－37.9	－205.7	
YBJ-09-03-01	13.5	－27.36	－86.6	－205.7	
YBJ-09-04-01	13.5	－19.35	－86.8	－205.7	
YBJ-09-05-01	13.5	－6.13	－52.5	－205.7	
YBJ-09-07-01	13.5	5.00	－51.0	－205.7	
YBJ-09-08-02	13.5	－9.60	－33.5	－205.7	
YBJ-09-09-01	13.5	－6.75	－77.1	－205.7	
YBJ-09-10-01	13.5	1.02	－61.7	－205.7	
YBJ-09-11-01	13.5	－29.44	－60.1	－205.7	
YBJ-09-12-02	13.5	12.45	－62.6	－205.7	
YBJ-10-01-01	15	－75.77	－37.0	－205.7	
YBJ-10-02-02	15	－16.80	－59.4	－205.7	

续上表

监测点号	深度(m)	应力(MPa)	计算应力(MPa)	容许应力(MPa)	备注
YBJ-10-06-02	15	-28.54	-44.7	-205.7	
YBJ-10-07-01	15	-11.26	-69.4	-205.7	
YBJ-10-08-02	15	-32.61	-44.8	-205.7	
YBJ-11-01-01	16.5	-33.87	-39.7	-205.7	
YBJ-11-02-02	16.5	-18.16	-42.2	-205.7	
YBJ-11-06-02	16.5	-2.53	-117.4	-205.7	
YBJ-11-07-01	16.5	11.01	-62.8	-205.7	
YBJ-11-08-02	16.5	-84.45	-77.8	-205.7	
YBJ-11-12-02	16.5	-16.75	-51.9	-205.7	
YBJ-12-01-01	18	-10.35	-29.4	-205.7	
YBJ-12-02-02	18	0.49	-64.7	-205.7	
YBJ-12-06-02	18	-6.84	-32.5	-205.7	
YBJ-12-07-01	18	-10.78	-64.4	-205.7	
YBJ-12-08-02	18	-28.15	-34.1	-205.7	
YBJ-12-09-01	18	3.29	-92.3	-205.7	
YBJ-12-11-01	18	-3.16	-100.8	-205.7	
YBJ-13-01-01	19.5	-11.06	-58.5	-205.7	
YBJ-13-02-02	19.5	-34.88	-40.1	-205.7	
YBJ-13-06-02	19.5	-0.55	-53.8	-205.7	
YBJ-13-07-01	19.5	-19.48	-113.5	-205.7	
YBJ-13-08-02	19.5	-8.25	-72.4	-205.7	
YBJ-13-09-01	19.5	-13.50	-113.9	-205.7	
YBJ-13-12-02	19.5	77.84	-34.3	-205.7	
YBJ-14-01-01	21	2.00	-46.0	-205.7	
YBJ-14-02-02	21	-0.31	-44.3	-205.7	
YBJ-14-03-01	21	-28.53	-55.4	-205.7	
YBJ-14-04-01	21	-2.74	-48.2	-205.7	
YBJ-14-05-01	21	-22.83	-96.4	-205.7	
YBJ-14-06-02	21	-6.96	-67.3	-205.7	
YBJ-14-07-01	21	-21.93	-67.0	-205.7	
YBJ-14-08-02	21	5.63	-69.6	-205.7	
YBJ-14-12-02	21	7.27	-80.6	-205.7	
YBJ-15-01-01	22.5	-20.41	-84.6	-205.7	
YBJ-15-02-02	22.5	-5.14	-58.0	-205.7	
YBJ-15-03-01	22.5	29.26	-81.7	-205.7	
YBJ-15-04-01	22.5	-5.53	-157.6	-205.7	
YBJ-15-05-01	22.5	-7.79	-52.5	-205.7	
YBJ-15-06-02	22.5	3.41	-110.6	-205.7	
YBJ-15-07-01	22.5	-11.71	-46.9	-205.7	

续上表

监测点号	深度(m)	应力(MPa)	计算应力(MPa)	容许应力(MPa)	备注
YBJ-15-08-02	22.5	-11.57	-44.9	-205.7	
YBJ-15-12-02	22.5	-7.00	-45.3	-205.7	
YBJ-16-01-01	24	1.30	-44.1	-205.7	
YBJ-16-02-02	24	13.87	-77.3	-205.7	
YBJ-16-03-01	24	-3.90	-111.3	-205.7	
YBJ-16-04-01	24	7.28	-87.1	-205.7	
YBJ-16-05-01	24	-9.12	-78.2	-205.7	
YBJ-16-06-02	24	-2.87	-136.0	-205.7	
YBJ-16-07-01	24	0.97	-92.0	-205.7	
YBJ-16-08-02	24	0.70	-58.7	-205.7	
YBJ-17-01-01	25.5	-5.16	-49.5	-205.7	
YBJ-17-02-02	25.5	-18.89	-66.8	-205.7	
YBJ-17-03-01	25.5	-10.65	-156.5	-205.7	
YBJ-17-04-01	25.5	-1.35	-149.6	-205.7	
YBJ-17-05-01	25.5	-19.74	-88.3	-205.7	
YBJ-17-06-02	25.5	-8.01	-106.4	-205.7	
YBJ-17-07-01	25.5	1.04	-52.0	-205.7	
YBJ-17-08-02	25.5	10.51	-58.0	-205.7	
YBJ-17-12-02	25.5	4.20	-60.9	-205.7	
YBJ-18-01-01	27	-12.19	-61.1	-205.7	
YBJ-18-02-02	27	-6.32	-102.2	-205.7	
YBJ-18-03-01	27	-6.03	-145.4	-205.7	
YBJ-18-04-01	27	-14.56	-144.6	-205.7	
YBJ-18-05-01	27	-6.86	-103.1	-205.7	
YBJ-18-06-02	27	-19.48	-90.7	-205.7	
YBJ-18-07-01	27	-1.95	-51.7	-205.7	
YBJ-18-08-02	27	-8.84	-115.8	-205.7	
YBJ-18-12-02	27	-11.45	-57.4	-205.7	
YBJ-19-01-01	28.5	2.95	-93.1	-205.7	
YBJ-19-02-02	28.5	-7.92	-86.3	-205.7	
YBJ-19-03-01	28.5	16.52	-118.1	-205.7	
YBJ-19-04-01	28.5	-5.65	-115.1	-205.7	
YBJ-19-05-01	28.5	-5.49	-100.8	-205.7	
YBJ-19-06-02	28.5	14.56	-87.2	-205.7	
YBJ-19-07-01	28.5	-1.97	-92.5	-205.7	
YBJ-19-08-02	28.5	-5.71	-181.0	-205.7	
YBJ-19-12-02	28.5	-10.75	-164.2	-205.7	
YBJ-20-01-01	30	-9.90	-40.6	-205.7	
YBJ-20-02-02	30	4.33	-95.4	-205.7	

续上表

监测点号	深度(m)	应力(MPa)	计算应力(MPa)	容许应力(MPa)	备注
YBJ-20-03-01	30	-3.16	-139.8	-205.7	
YBJ-20-04-01	30	2.01	-135.1	-205.7	
YBJ-20-05-01	30	-3.72	-104.1	-205.7	
YBJ-20-06-02	30	9.27	-137.8	-205.7	
YBJ-20-07-01	30	-4.56	-40.6	-205.7	
YBJ-20-08-02	30	-1.34	-79.1	-205.7	
YBJ-20-12-02	30	-1.88	-77.9	-205.7	
YBJ-01-01	进尺0	49.22	61.2	172.0	
YBJ-01-02	进尺0	34.06	34.3	172.0	
YBJ-01-03	进尺0	6.70	43.3	172.0	
YBJ-01-04	进尺0	13.55	36.8	172.0	
YBJ-02-01	进尺5m	13.45	61.2	172.0	
YBJ-02-02	进尺5m	0.58	34.3	172.0	
YBJ-02-03	进尺5m	6.17	43.3	172.0	
YBJ-02-04	进尺5m	4.28	36.8	172.0	
YBJ-03-01	进尺7.5m	15.61	61.2	172.0	
YBJ-03-02	进尺7.5m	6.39	34.3	172.0	
YBJ-03-03	进尺7.5m	1.75	43.3	172.0	
YBJ-03-04	进尺7.5m	6.56	36.8	172.0	
YBJ-04-01	进尺10m	2.36	61.2	172.0	
YBJ-04-02	进尺10m	8.11	34.3	172.0	
YBJ-04-03	进尺10m	5.38	43.3	172.0	
YBJ-04-04	进尺10m	5.47	36.8	172.0	

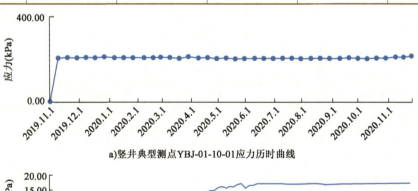

a) 竖井典型测点YBJ-01-10-01应力历时曲线

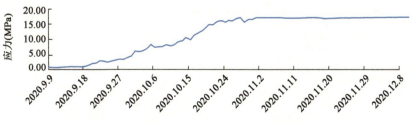

b) 通道典型测点YBJ-01-01应变变化历时曲线

图4-31 钢波纹板竖井、通道典型测点应力曲线图

从应力各测点位置的监测数据来看，各监测点位应力都未超过监控量测中的容许应力值，个别测点由于开挖、支护、注浆及钢支撑架设存在施工时间的差异，加上施工过程中支护结构的螺栓反复紧固、钢支撑尺寸的差异等因素，造成监测数据突变。

（2）竖井和通道土压力监测分析

竖井和通道土压力监测是通过监测支护结构背后土体对支护结构产生的侧向土压力，反映结构的受力情况，结合支护结构的抗压变形强度，对支护结构的安全性进行评价。竖井以纵向深度 3m 为一层，通道以布置断面分别选取测值最大点作为研究点，通过与实际工况相结合，综合分析作用在土压力盒上的力，更好反映其横向受力及变形情况。

钢波纹板竖井、通道土压力见表 4-11，典型测点土压力历时曲线如图 4-32 所示。

钢波纹板竖井、通道土压力　　　　　　　　表 4-11

监测点号	深度（m）	土压力值（kPa）	计算值（kPa）	备注
TYL-06-01	9.00	83.43	74.39	
TYL-06-02	9.00	73.95	74.39	
TYL-06-03	9.00	76.48	74.39	
TYL-06-04	9.00	76.43	74.39	
TYL-07-01	10.50	67.67	84.78	
TYL-07-02	10.50	77.93	84.78	
TYL-07-03	10.50	89.45	84.78	
TYL-07-04	10.50	92.48	84.78	
TYL-08-01	12.00	93.41	99.53	
TYL-08-02	12.00	73.12	99.53	
TYL-08-03	12.00	82.25	99.53	
TYL-08-04	12.00	112.27	99.53	
TYL-09-01	13.50	110.93	109.4	
TYL-09-02	13.50	74.36	109.4	
TYL-09-03	13.50	87.20	109.4	
TYL-09-04	13.50	63.70	109.4	
TYL-10-01	15.00	145.89	124.71	
TYL-10-03	15.00	125.26	124.71	
TYL-11-01	16.50	116.55	137.19	
TYL-11-03	16.50	126.09	137.19	
TYL-12-01	18.00	121.10	149.68	
TYL-12-03	18.00	151.12	149.68	
TYL-13-01	19.50	169.29	162.16	
TYL-13-03	19.50	104.52	162.16	

续上表

监测点号	深度(m)	土压力值(kPa)	计算值(kPa)	备注
TYL-16-01	24.00	185.95	218.9	
TYL-16-02	24.00	189.56	218.9	
TYL-16-03	24.00	191.89	218.9	
TYL-17-01	25.50	178.71	232.54	
TYL-17-02	25.50	252.33	232.54	
TYL-17-03	25.50	192.52	232.54	
TYL-18-01	27.00	192.95	246.17	
TYL-18-02	27.00	183.59	246.17	
TYL-18-03	27.00	233.65	246.17	
TYL-19-01	28.50	212.05	259.81	
TYL-19-02	28.50	201.90	259.81	
TYL-19-03	28.50	204.34	259.81	
TYL-20-01	30.00	180.45	273.44	
TYL-20-02	30.00	193.29	273.44	
TYL-20-03	30.00	210.64	273.44	
TYL-01-01	进尺 0	222.34	188.1	
TYL-01-02	进尺 0	175.45	143.4	
TYL-01-03	进尺 0	100.22	163.6	
TYL-01-04	进尺 0	158.80	143.4	
TYL-02-01	进尺 5m	212.35	188.1	
TYL-02-02	进尺 5m	149.33	143.4	
TYL-02-03	进尺 5m	146.57	163.6	
TYL-02-04	进尺 5m	125.46	143.4	
TYL-03-01	进尺 7.5m	229.32	188.1	
TYL-03-02	进尺 7.5m	134.91	143.4	
TYL-03-03	进尺 7.5m	129.50	163.6	
TYL-03-04	进尺 7.5m	141.72	143.4	
TYL-04-01	进尺 10m	223.21	188.1	
TYL-04-02	进尺 10m	125.77	143.4	
TYL-04-03	进尺 10m	124.50	163.6	
TYL-04-04	进尺 10m	124.03	143.4	

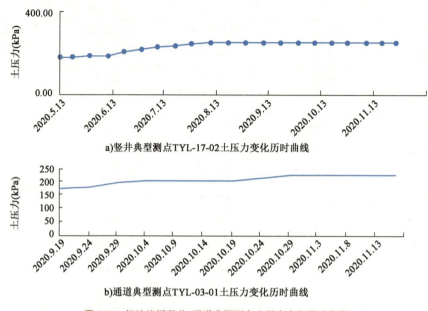

a) 竖井典型测点TYL-17-02土压力变化历时曲线

b) 通道典型测点TYL-03-01土压力变化历时曲线

图 4-32　钢波纹板竖井、通道典型测点土压力变化历时曲线

从土压力监测数据可以得出,钢波纹竖井和通道所承受的被动土压力均在控制范围内,说明支护结构能够承担周围土体对支护结构的压力,支护强度满足竖井安全支护要求。

(3) 钢波纹板竖井支撑轴力监测分析

钢波纹管竖井支撑轴力监测分析是与实际工况相结合,基于轴力计的测量,并通过实时监测系统传输数据,综合分析不同深度竖井支护结构所受到的轴力,较好地描述竖井受到来自四周土体或围岩所施加的力。竖井支撑轴力监测的目的是根据竖井内安装对撑在支护结构变形情况下支撑轴力的变化,来判定支护结构的受力情况,从而评价结构的安全性。

钢波纹板竖井支撑轴力见表 4-12,竖井典型测点轴力历时曲线如图 4-33 所示。

钢波纹板竖井支撑轴力　　　　表 4-12

监测点号	深度(m)	支撑轴力(kN)	计算值(kN)	控制值(kN)
ZLJ-5-2	7.50	83.79	186.54	1044
ZLJ-6-1	9.00	5.04	249.73	1044
ZLJ-7-1	10.50	58.78	310.29	1044
ZLJ-8-2	12.00	97.42	362.73	1044
ZLJ-18-1	27.00	127.42	651.62	1044
ZLJ-19-2	28.50	116.91	719.65	1044
ZLJ-20-1	30.00	86.31	257.78	1044

从轴力监测数据可以得出,竖井各轴力监测点的轴力监测值均在控制范围内,说明支护结构满足支护安全要求,装配式竖井支护结构安全可靠。

图 4-33 钢波纹板竖井典型测点 ZLJ-18-1 轴力历时曲线图

4.5 施工效果及评价

1）技术先进性

新型拼装式衬砌结构技术是一种替代地铁隧道传统格栅混凝土喷锚的绿色施工工艺,通过钢波纹板模块化现场拼装（螺栓连接）对隧道进行初期支护。相比于传统作业,在暗挖隧道采用钢波纹板作为初期支护形式,可实现开挖面快封闭要求,施工速度快、工序简捷、人员投入少,提高了工效;同时满足隧道初期支护强度和变形要求,安装精度高,提高了初期支护质量;杜绝粉尘烟雾的产生,极大改善了作业环境,符合国家"绿色安全建造"的方针政策。钢波纹板与锚喷支护技术特点对比见表4-13。

钢波纹板与锚喷支护技术特点对比 表 4-13

评价指标	钢波纹板	常规喷锚
环境影响	无需洞内焊接、喷混作业,工作环境友好	焊接、喷混作业多,作业环境较差
施工速度	施工速度快,真正实现"快封闭"	工序烦琐,施工速度慢
工程造价	规模生产后造价有所降低,人工成本低	工序多,人工成本高
机械化	管片拼装和土方开挖可实现机械化	人工作业为主,机械化程度低

2）应用经济性

（1）材料经济性

钢波纹板受力以弯曲为主,环向方钢和型钢对撑以受压为主,装配式钢结构衬砌充分发挥了钢材的材料特性,有利于降低工程造价。

（2）工效经济性

根据现场实际施工时间进行工效统计,钢波纹板竖井施工工序主要有土方开挖、波纹板吊装及安装、打设锁脚锚杆及其他构配件安装,其中回填注浆待成环1.5m后进行,一般用时约8h;钢波纹板通道施工工序主要有土方开挖、波纹板吊装及安装、打设锁脚锚杆及其他构配件安装,其中回填注浆待成2环后进行,一般用时约6h。

竖井、横通道钢波纹板施工工序用时占比图见图4-34。

竖井及横通道钢波纹板与传统锚喷工艺各工序用时、用工对比柱状图见图4-35。

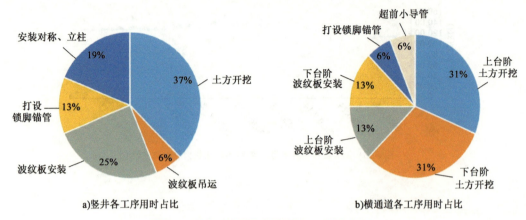

图 4-34　竖井、横通道钢波纹板施工工序用时占比

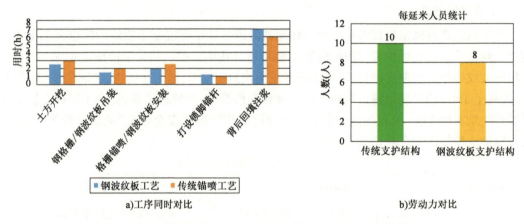

图 4-35　竖井及横通道钢波纹板与传统锚喷工艺各工序用时、用工对比柱状图

通过工序用时占比、工序用时图来看,竖井及横通道钢波纹板较传统锚喷工艺减少了焊接、喷射混凝土作业,主要优势体现在土方开挖、钢格栅/波纹板吊装、格栅锚喷/波纹板安装时间上出现差别,整体的工效优势明显。钢波纹板背后回填注浆作业较为重要,应及时实施,确保板后回填。

结合地铁竖井及隧道工程的开挖尺寸及工艺特点,研制适用于施工的多功能的施工机械,提高工作效率;进一步研究钢波纹板初期支护结构内实施二次衬砌的方案,重点研究二次衬砌结构的受力特点、防水做法、构造措施等,以利于钢波纹板支护施工技术的广泛应用。

第 5 章 先隧后站PBA工法关键施工技术

昌南线小营西路车站为暗挖地下双层三跨车站，采用上层四导洞 PBA 工法施工，车站两端的区间隧道采用盾构法施工，原设计方案要求先完成车站主体结构施工，再进行盾构过站。由于小营西路站为后增加车站，施工进场晚于其他车站近 2 年，且车站占地拆迁与管线迁改周期长，无法在盾构到达前完成车站的结构施工。为确保全线"洞通"目标的实现，采用了先隧后站 PBA 工法建造方案。这种建造方法可以同期实施盾构隧道和暗挖车站的结构施工，确保了全线"洞通"目标的实现。数值模拟和现场实测结果表明，通过采取关键控制技术措施取得了预期的效果。

5.1 工程概况

小营西路站为地下两层岛式车站，采用 PBA 工法施工，车站总长 165m，标准段宽 24.1m，高 15.6m，覆土 8.36m，底板埋深 23.55m。车站采用地下两层三跨拱顶直墙结构形式，设置 4 个出入口、2 个风道及 2 个安全口，如图 5-1 所示。

小营西路站与盾构隧道位置关系如图 5-2 所示。

5.1.1 工程地质水文条件

本站主体结构主要位于粉细砂②$_3$ 层、中粗砂②$_4$ 层、砂质粉土黏质粉土③层、粉质黏土③$_1$ 层、粉质黏土④层、粉细砂⑤$_2$ 层，车站底板位于粉细砂⑤$_2$ 层，如图 5-3 所示。

本车站主要赋存有三层地下水，其类型分别为潜水(二)、承压水(三)、承压水(四)，车站结构基本位于粉细砂②$_3$ 层、粉质黏土③$_1$ 层、粉质黏土④层、粉细砂⑤$_2$ 层，潜水(二)距离车站拱顶约 3.2m,含水层粉细砂②$_3$层、中粗砂②$_4$层、砂质粉土黏质粉土③层;承压水(三)位于车站中板下约 1.6m,含水层砂质粉土黏质粉土④$_2$层、卵石圆砾⑤层、中粗砂⑤$_1$层、粉细砂⑤$_2$层,为强透水层。范围内砂土、粉土均无液化现象,见表 5-1。

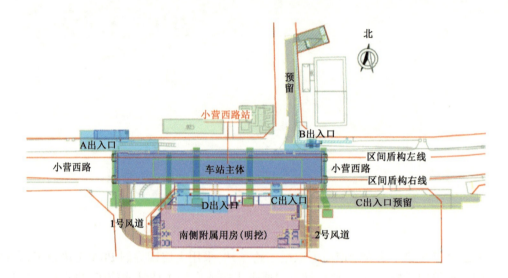

图 5-1 小营西路站平面示意图

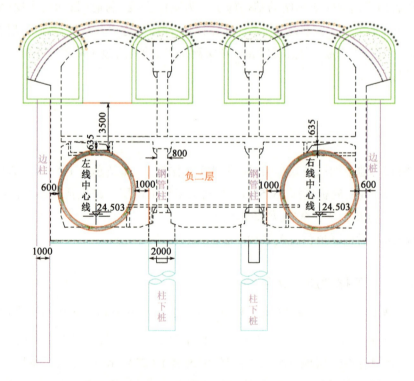

图 5-2 小营西路站与盾构隧道位置关系示意图(尺寸单位:mm;高程单位:m)

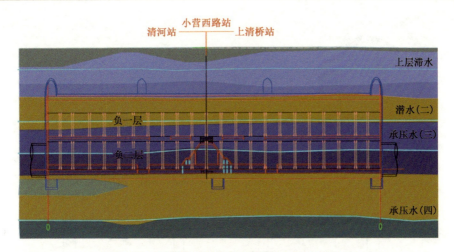

图 5-3　小营西路站水文地质纵断面示意图(高程单位：m)

地下水特征表　　　　　　　　　　　　　　　表 5-1

序号	地下水类型	地下水特征描述
1	潜水(二)	水位埋深 12.12～12.4m,水头高度 35.29～35.56m,粉细砂②₃ 层、黏质粉土、砂质粉土③层、粉细砂③₃ 层
2	承压水(三)	水位埋深 18.96～20.02m,水头高度 27.66～28.63m,黏质粉土、砂质粉土④₂ 层、卵石圆砾⑤层、中粗砂⑤₁ 层、粉细砂⑤₂ 层
3	承压水(四)	水位埋深 34.1～35.1m,水头高度 12.58～13.59m,细中砂⑥₃ 层

5.1.2　总体思路

(1)地铁车站采用暗挖 4 导洞 PBA 工法,先施工车站上层 4 个小导洞、小导洞,贯通后施工车站两端的围护桩,为盾构过站提供条件。

(2)施工左侧边桩、柱下桩和钢管柱,在左线盾构隧道过站施工阶段,暂停左侧边桩和中桩的施工,左线盾构隧道过站后恢复施工。

(3)施工右侧边桩、右侧的柱下中桩和钢管柱,在右线盾构隧道过站施工阶段,暂停右侧边桩和柱下中桩的施工,右线盾构隧道过站后恢复施工。

(4)待左、右线盾构隧道均掘进通过车站后,进行车站拱部的开挖支护,采用逆作法完成车站负一层二次衬砌结构施工;进行车站负二层的土方开挖和盾构管片拆除。

5.2　工程重难点

5.2.1　盾构掘进密贴中间钢管柱及边桩

车站柱下桩成孔深度约 34m,桩径 2m,钢管柱直径 0.8m,并按照设计图纸对钢管柱周边回填细砂。钢管柱成孔的孔壁距盾构管片外皮 1.6m(图 5-4);边桩成孔的孔壁距盾构管片外皮 0.6m,密贴盾构,掘进中侧压力大,措施不当极易发生钢管柱及边桩变形位移。

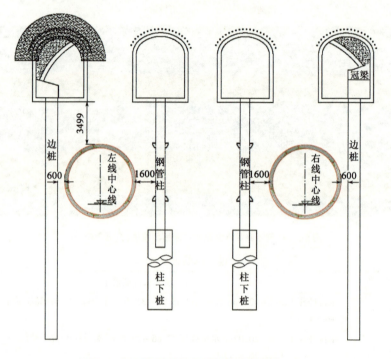

图 5-4 小营西路站横剖面示意图(尺寸单位:mm)

5.2.2 车站端头盾构磨桩

小营西路站东西两端车站围护桩骨架采用玻璃纤维筋工艺。盾构端头桩的玻璃纤维筋特点是质量小、抗拉强度大、抗剪强度小,将其作为围护桩的受力骨架,大大降低了接收和始发过程中的盾构磨桩难度。

5.3 施工技术

5.3.1 车站 PBA 工法

车站主体结构双层暗挖段采用 PBA 工法施工,先行开挖小导洞,在边导洞内施作反循环灌注桩,中导洞内施作柱下桩及钢管柱,待车站主体梁柱体系形成后,开挖车站导洞间拱部土体,及时施作初期支护和二次衬砌;然后向下开挖土体,逆作法施作结构中板及侧墙,继续向下开挖土体并破除盾构管片,施作车站底板及站台层侧墙。车站主体结构 PBA 工法施工作业流程如图 5-5 所示。

1)施工步序

(1)先施工车站上层 4 个小导洞,小导洞贯通后施工车站两端的围护桩,为盾构过站提供条件,如图 5-6 所示。

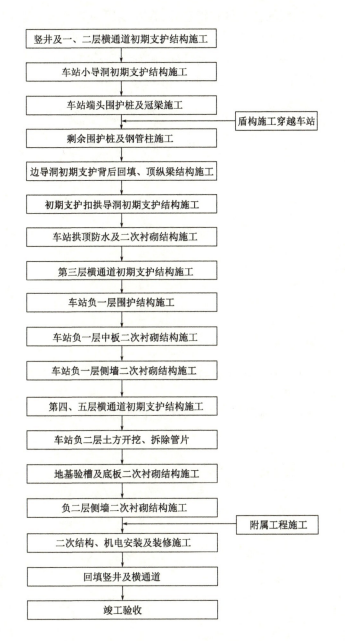

图 5-5　车站主体结构 PBA 工法施工作业流程图

图 5-6　先隧后站工序(一)

（2）施工左侧边桩、左侧的柱下桩和钢管柱，在左线盾构隧道过站施工阶段，暂停左侧边桩和柱下中桩的施工，左线盾构隧道过站后恢复施工，如图5-7所示。

（3）施工右侧边桩、右侧的柱下桩和钢管柱，在右线盾构隧道过站施工阶段，暂停右侧边桩和柱下桩的施工，右线盾构过站后恢复施工如图5-8所示。

图5-7 先隧后站工序（二）　　　　　图5-8 先隧后站工序（三）

（4）边桩、柱下桩及钢管柱施工完成后施作顶纵梁、冠梁及边导洞初期支护扣拱，并按设计要求背后回填，如图5-9所示。

（5）开挖初期支护扣拱导洞剩余土方，依次施作初期支护扣拱、铺设防水、安装钢筋及浇筑混凝土，如图5-10所示。

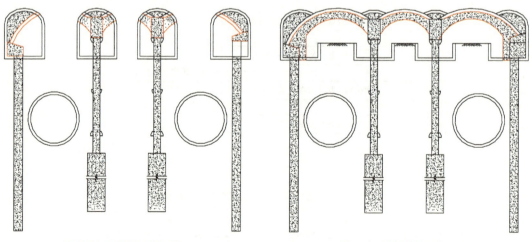

图5-9 先隧后站工序（四）　　　　　图5-10 先隧后站工序（五）

（6）开挖负一层剩余土体，然后施作车站主体中板，如图5-11所示。

（7）车站主体负一层侧墙铺设防水、安装钢筋及浇筑混凝土，如图5-12所示。

（8）开挖负二层土体，分段分部拆除车站内部的隧道上部管片，如图5-13所示。

（9）拆除站内部的隧道管片、开挖土体至结构高程，如图5-14所示。

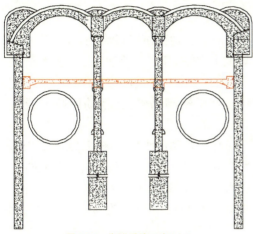
图 5-11　先隧后站工序（六）

图 5-12　先隧后站工序（七）

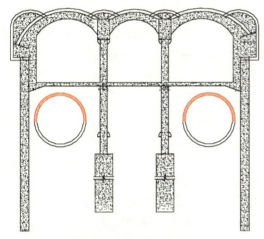
图 5-13　先隧后站工序（八）

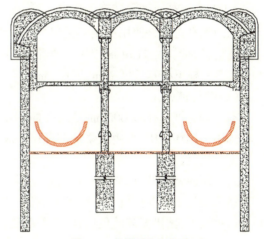
图 5-14　先隧后站工序（九）

（10）施作车站底板结构，如图 5-15 所示。
（11）施作车站主体负二层侧墙结构，完成车站主体结构施工，如图 5-16 所示。

图 5-15　先隧后站工序（十）

图 5-16　先隧后站工序（十一）

2）导洞开挖与支护技术

完成竖井及横通道后开挖 4 个导洞，考虑群洞效应引起地面沉降过大的影响，避免多导洞的同时开挖，先施工中导洞，后施工边导洞。导洞开挖采用正台阶法施工，上部留核心土，台阶长度控制在 4～6m，上下导洞纵向错开 8～10m，每循环进尺同格栅间距。开挖完成后，检查净空尺寸满足要求后，及时架立格栅钢架，打设锁脚锚管，挂钢筋网喷射混凝土封闭。

导洞开挖时采用拱部超前小导管注浆加固地层的措施，超前小导管采用 $\phi 32 \times 2.75 mm$，$L=2.3m$（深孔注浆区域不再打设小导管，穿越管线段小导管改为 $L=3m$）、环向间距 300mm，纵向每榀拱架施作一环，外插角 20°～25°，浆液采用水泥-水玻璃双液浆，对拱部地层超前注浆预加固；初期支护采用格栅钢架＋网喷射混凝土，喷层厚 300mm，钢筋网为 $\phi 6.5mm$ 双层钢筋网，网格间距 150mm×150mm。

3）洞内桩基、钢管柱施工技术

洞内钻孔桩成桩使用反循环钻机，车站围护桩设置 209 根 $\phi 1000mm@1600mm$ 钢筋混凝土灌注桩，边桩长度 21m（嵌固于粉质黏土⑥层不小于 2m），$\phi 800mm$ 钢管柱 46 根，钢管柱长度 14.15m，柱下桩基长度 22m，桩径 2m。

(1) 灌注桩成孔

本工程边桩成孔 $\phi 2000mm$，深度 21m，钢管柱 $\phi 800mm$，钢管柱下桩成孔深度约 27m，成孔机械选用反循环钻机，采用泥浆护壁湿作业成孔、水下浇筑混凝土的成桩工艺。

①钻机就位。

人工洞内钻孔开口（破除导洞底部结构）成桩中心偏移不得超过 50mm。

钻机就位后应保持机身平稳，调直机架钻杆，做到"三点一线"，回转器中心与钻头中心在同一铅垂线上，钻机安装就位后，应调平并稳固，确保施工中不发生倾斜移位。转盘中心与桩位偏差不得大于 20mm。

反循环钻机主要参数：功率 50kW，扭矩 8000N·m，钻杆长度 0.5m/节，行走系统采用电动履带式。成孔过程中泥浆自桩孔溢出进入沉渣沟，泵坑与沉渣沟用铁箅子隔开，用以沥干沉渣。在桩孔处及泥浆沟内由人工捞取沉渣，装入小推车运输至竖井后提升至地面；剩余泥浆部分由泥浆泵泵入泥浆池，通过钻杆泵入桩孔循环利用，泥浆则由泥浆泵泵入竖井内泥浆池，通过泥浆泵提升至地面泥浆池，在竖井内泥浆池使用小型挖掘机清淤，地面泥浆池使用大型挖掘机清淤，清理出的稠浆和沉渣在地面掺加白灰适当晾晒后外弃，地面泥浆池内的废浆使用罐车清运出场。

②泥浆制备。

a.边桩采用泥浆护壁施工，配备泥浆循环系统。泥浆储浆池、循环池、废渣池等均布置在竖井内，若井壁渗漏情况严重，则采用钢箱代替竖井，确保泥浆不污染周围环境。根据本工程地质情况选用优质黏土造浆，必要时再掺入适量木屑、膨润土或纯碱等外加剂。

b.泥浆的调制：泥浆制备在沉淀池内进行，制浆前先将黏土或膨润土块打碎，使其在搅拌中易于成浆，缩短搅拌时间，提高泥浆质量。

c.泥浆控制指标见表 5-2。

泥浆控制指标　　　　　　　　　　　　　表 5-2

序号	项目	性能指标	试验用仪器
1	比重	1.10~1.15	泥浆比重仪
2	黏度	18~25s	500mL/700mL 漏斗
3	含砂率	<3%	含砂量测量仪
4	胶体率	>95%	—
5	失水量	<30mL/30min	—

d. 废浆处理：钻孔过程中排出的泥浆首先汇集在竖井,通过泥浆净化设备将泥浆过滤后重新使用,过滤出来的废渣运到弃渣场处理。

③钻进。

a. 钻机安装就位,连接好泥浆循环系统,向孔内输入一定数量的泥浆,先空机运转 10~20min,确认机械情况,待循环正常后启动钻机慢速回转下放钻头。开始钻进时,应轻压慢转,待钻头正常工作后,可逐渐加大转速,调整钻压,使钻头吸口不产生堵水。

b. 开始钻进时,进尺应适当控制,在护筒刃脚处,应低挡慢速钻进,使刃脚处有足够的泥皮厚度。钻至刃脚下 1m 后可根据土质情况确定是否采用正常速度钻进。钻进过程中时常检查钻杆垂直度,确保孔壁垂直。

c. 钻进过程中时常检查钻杆垂直度,确保孔壁垂直。

观察进尺和泥浆泵排渣情况,穿过不利地层时泥浆比重可适当提高。排渣排量减少或出水中含渣量较多时,应控制钻进速度,防止因浆液对孔壁的冲刷及负压而导致孔壁塌方。待接近设计孔深时注意钻进速度,控制孔深。成孔后泥浆比重应控制在 1.15 以内。

d. 加装钻杆时,应先停止钻进,将钻具提离孔底 200mm 左右,维持冲洗液循环 1~2min,以清洗孔底并将管道内的钻渣携出排净,然后停泵加装钻杆。钻杆连接应拧紧上牢,防止螺栓、螺母、拧卸工具等掉入孔内。

e. 钻进时如孔内出现坍孔、涌砂等异常情况,应立即将钻具提离孔底,控制泵量,保持泥浆循环,吸除坍落物和涌砂;同时向孔内输送性能符合要求的泥浆,保持水头压力。

在钻进过程中,要做好泥浆的维护管理,每半小时测一次泥浆的黏度和相对密度,根据泥浆成分的变化采取相应的处理措施。

f. 钻孔达到设计深度后,清除孔底浮渣。

④清孔。

成孔达到设计高程后,将钻头留在原处继续旋转数圈,避免孔底缩孔。对孔深、孔径、孔壁、垂直度等进行检查,合格后即可进行清孔,保持泥浆正常循环,把密度较大的泥浆和钻渣换出,直到孔内泥浆指标达到要求。采用泵吸反循环抽浆的方法清孔,清孔时合理控制泥浆的黏度与含砂率,用砂石泵排出孔底悬浮钻渣的泥浆,净化处理后,再经回流泵排入孔内。

⑤终孔验收及质量验收。

a. 终孔验收：当钻至设计深度时即可停钻,终孔后对其孔深、孔底沉渣等各项指标依据规范规定及设计要求进行验收,孔深使用测绳确定。达到标准后进行下一道工序。

b. 成孔质量检查：桩位中心偏差不大于 50mm,桩径偏差不大于 50mm,桩身垂直度偏差不得大于 1%,桩底沉渣厚度不大于 50mm。

(2) 灌注桩钢筋笼安装

受洞内高度条件限制,钢筋笼分为若干节,分节间采用套筒连接。钢筋笼吊装需保证笼顶在孔内居中,吊筋均匀受力,牢靠固定。

(3) 钢管柱施工技术

车站主体结构钢管柱为 $\phi 800mm$、间距 $6000\sim 7000mm$,钢管柱内灌注 C50 混凝土。钢管柱由工厂加工,运至车站导洞内分节吊装。参数见表 5-3。

钢管柱制作与安装允许偏差表　　　　　表 5-3

序号	项目	参数
1	端头直径 D 的偏差	$1.5D/1000$ 且 $\pm 5mm$
2	弯曲矢高	$L/1500$ 且 $\leq 5mm$
3	长度偏差	$-5mm,2mm$
4	端面倾斜	$\leq 3mm$
5	钢管扭曲	$3°$
6	椭圆度	$3d/1000$
7	立柱中心线与基础中心线	$\pm 5mm$
8	立柱顶面高程和设计高程	$\pm 10mm$,中间层 $\pm 20mm$
9	立柱顶面平整度	$5mm$
10	立柱垂直度	长度的 $1/1000$,最大不大于 $15mm$
11	各柱之间的距离	间距的 $\pm 1/1000$
12	各立柱上下两平面相应的对角线之差	长度的 $1/1000$,最大不大于 $20mm$

注:D 为连接孔中心的圆周直径;L 为构件长度;d 为钢管柱直径。

钢管柱安装采用定制的定位安装设备,设备通过履带系统行走,在孔口部位采用液压支撑丝杠固定,设备前方设置固定抱箍,固定抱箍上布置 4 个固定测点,用于精确测量抱箍及钢管柱平面位置,同时抱箍可通过液压丝杠进行平面及高程微调;设备顶部设置主副提升系统,用于起吊钢筋笼及钢管柱。钢管柱安装流程见图 5-17。

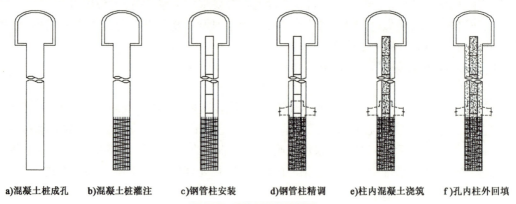

a) 混凝土桩成孔　　b) 混凝土桩灌注　　c) 钢管柱安装　　d) 钢管柱精调　　e) 柱内混凝土浇筑　　f) 孔内柱外回填

图 5-17　钢管柱安装流程图

① 定位测量。

钢管柱定位首先由竖井向井下投点,之后自横通道导入至导洞内,设置好控制点复核合格后使用。

②设备就位。

钢管柱安装采用定位安装设备,成孔完成后设备即可就位至孔旁,定位后伸出液压支撑丝杠固定并调平。

③钢筋笼安装。

钢筋笼按编号顺序,利用设备上方提升系统逐节垂直起吊并采用直螺纹连接,上下节钢筋笼各主筋应对准校正,逐根连接并按图纸补加螺旋筋,验收合格后方可吊装入孔。钢筋笼安装入孔时保持垂直状态,避免碰撞孔壁,徐徐下入,若中途遇阻不得强行墩放(可适当转向起下),如果仍无效果,则应起笼扫孔重新下入。钢筋笼按设计长度吊装完成后应保证笼顶在孔内居中,笼顶高程准确,牢靠固定。

④钢管柱安装。

将钢管柱按编号顺序,利用设备上方提升系统逐节垂直起吊,每节之间利用法兰栓接,通过固定抱箍垂直均匀下放至孔内,利用固定抱箍上设置的测量控制点微调钢管柱平面位置,每安装一节进行一次微调,直至钢管柱粗略下放至设计高程,之后利用电子水准仪进行精确测量,通过调节固定抱箍高度微调钢管柱顶高程并固定。

⑤混凝土灌注。

桩基混凝土采用水下灌注,首先通过提升系统下放导管至桩基钢筋笼底部,之后进行桩基C30混凝土灌注,第一次混凝土浇筑至底板顶面,之后继续向上灌注C50混凝土至设计高程。

4)冠梁施工

采用洞桩法扣拱时,需要将扣拱拱架生根于冠梁,因此,在冠梁内预埋钢筋,与结构扣拱初期支护格栅主筋焊接。为了保证预埋钢筋准确定位,冠梁预埋钢筋应与冠梁箍筋点焊,预埋钢筋前后定位差不大于5mm。

(1)支立模板:冠梁模板采用木模板,保证模板平直,固定牢固,确保浇筑混凝土的外观质量。支护体系采用钢管式脚手架,与导洞边墙可靠支撑,并且打好斜撑,保证支护体系稳定、牢固。

(2)浇筑混凝土:采用C30商品混凝土,泵送入模,分段分层浇筑。利用混凝土杆检查浇筑高度,一般控制在400mm左右,分层浇筑、振捣。混凝土浇筑要求连续作业,上、下层混凝土之间时间间隔不得超过水泥的初凝时间,一般不超过2h。

5)主体二次衬砌结构施工技术

二次衬砌结构长度165m,标准宽约24m,负一层净高7.1m,负二层净高6.35m,二次衬砌结构参数见表5-4。

二次衬砌结构参数 表5-4

项目	材料及规格	备注
车站主体防水层	2mm乙烯共聚物改性沥青(ECB)防水板+400g/m²土工布缓冲层	
附属结构防水层	1.5mm乙烯—醋酸乙烯共聚物(EVA)防水板+400g/m²土工布缓冲层	
施工缝	钢边橡胶止水带	
变形缝	外贴式ECB止水带、中埋式钢边橡胶止水带	

续上表

项目		材料及规格	备注
二次衬砌	拱顶、墙、底板、顶底纵梁	C40 P10	750mm
	侧墙		800mm
	顶纵梁		1200mm×2250mm
	底纵梁		1500mm×2100mm
	底板		1000mm
	中板、中纵梁	C40	400mm
	中柱	C50	800mm

（1）顶纵梁施工

顶纵梁、顶拱采用盘扣式脚手架支撑，按照外顶内撑法支撑加固钢模板，泵送浇筑自密实混凝土。施工缝留设于梁跨的1/4处，各浇筑段间隔长度为两个柱跨。

（2）柱底纵梁施工

底纵梁模板采用钢模板，混凝土泵送入模，浇筑顺序为先底板后纵梁，应分层分段浇筑。

（3）中板、中纵梁及侧墙施工

中板、中纵梁及轨顶风道采用土模法施工。挖土至中板以下120mm左右，整平压实后浇筑C15混凝土垫层；按中纵梁的位置挖出中板以下纵梁外轮廓，梁底浇筑混凝土垫层，梁侧砌120mm厚砖墙并抹灰。混凝土浇筑完成后覆盖塑料薄膜和洒水养护。中板（中纵梁）土模施工如图5-18所示。

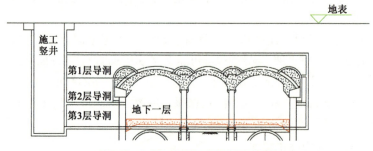

图5-18　中板（中纵梁）土模施工示意图

侧墙施工时按主筋连接接头要求局部挖深，满足下层侧墙竖向主筋焊接或机械连接尺寸要求。钢筋安装完成后用砂回填，在施工下层侧墙时，其竖向主筋与上层预留插筋对齐采用机械接头连接，使得上下层钢筋始终保持垂直一致；支模并浇筑混凝土。

（4）管片拆除施工

中板混凝土浇筑施工完成后，沿车站纵向分段水平分层进行站台层土方开挖，开挖的同时进行围护桩桩间网喷混凝土施工，同步实施车站范围内盾构管片拆除工作。

①纵向拉紧联系装置安装。

为避免车站范围管片拆除引起端头洞门管片松动带来的不利影响，管片拆除前，端头洞门位置10环范围内的管片安装纵向拉紧联系装置，待车站端头侧墙及洞门环梁混凝土达到强度后方可拆除。

为确保拉紧联系装置对洞门管片的加固效果,管片预制时需在管片吊装孔位置埋设特制预埋件,该预埋件与注浆孔预埋件共用。纵向拉紧联系条采用[14b 槽钢制作,联系条采用 M36 螺栓与管片自带的预埋件连接。纵向拉紧联系条详见图 5-19。螺栓连接必须保证有不小于 55mm 的有效拧合长度;管片拆除前应对每个螺栓连接处逐一复查并复紧;纵向拉紧联系条按照图 5-20 所示方式在衬砌环位置上安装,保证进洞环或出洞环上有 6 根联系条连接。

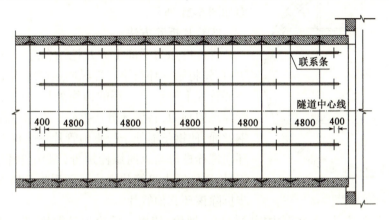

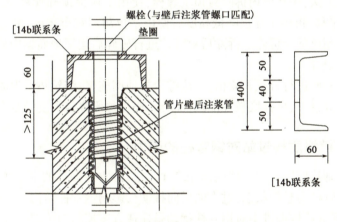

图 5-19 纵向拉紧联系条(尺寸单位:mm)

图 5-20 端头洞口隧道纵向拉紧加固示意图

②临时支撑加固。

为保障下部土方开挖的稳定性,管片拆除前洞门位置采用20号工字钢与$\phi48(t=5mm)$、间距600mm的剪刀撑加固。支撑加固范围为洞门处三环,车站范围内下部管片采用一道20号工字钢加固,$\phi48(t=5mm)$、间距600mm的剪刀撑顶紧管片,方木置于顶托与管片之间。洞门临时支撑横断面如图5-21所示。

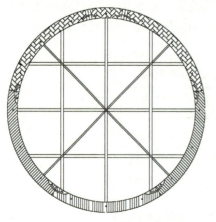

图 5-21　洞门临时支撑横断面示意图

③管片拆除方法。

管片拆除与下部土方开挖结合进行,第一环拆除方法:首先将第一环与第二环纵向连接螺栓全部取出,在第一环管片上靠近第二环的边缘处打一圈环向水钻,卸除管片纵向顶力,将该环分块拆除。拆除过程中,缓慢起吊钢丝绳,使钢丝绳处于拉直但管片不受拉力状态,卸除其环向螺栓螺母与纵向螺栓螺母(采用管片螺栓作为顶出工具,用铁锤击打管片螺栓),随后将首块管片吊出,再逐步拆除该环其他管片。

其他管片拆除方法:先在洞内拆除封顶块螺栓,使用千斤顶顶升管片,至封顶块纵向松动30~50mm后横向平移,再用千斤顶降低高度后使用手拉葫芦装车运出,侧向管片拆除时使用小型挖掘机和手拉葫芦配合拆除。拆除后对管片进行破碎后运至地面集中清理。

(5)底板、垫层施工

开挖完成后对基底进行钎探并验槽,完成综合接地网施工,浇筑垫层混凝土、铺设防水板、浇筑防水板保护层混凝土、绑扎底板并浇筑混凝土,底板每段浇筑长度控制在6m。

5.3.2　模拟盾构过站对钢管柱的受力

由于盾构隧道管片外壁与钢管柱的净距在1m左右,盾构掘进的水平推力将会对钢管柱产生扰动。由于钢管柱为悬臂状态,过大的横向扰动会影响钢管柱结构本身质量,会影响车站的结构质量,因此降低盾构掘进中对钢管柱扰动是建造方案控制的关键环节。

目前关于盾构掘进对邻近桩基础影响分析的研究较为成熟,而关于盾构掘进对车站钢管柱(悬臂状态)影响的计算分析或实际研究较少。为此分别采用有限元数值模拟和弹性力学的解析法探讨盾构掘进过站对钢管柱的影响,并研究相应的针对钢管柱保护措施。

1)盾构掘进对钢管柱影响的数值模拟分析

基于FLAC3D有限差分数值模拟软件建立计算模型分析盾构掘进对钢管柱的影响,计算模型如图5-22所示。

全部钢管柱和中间钢管柱的水平方向(X-X方向)应力云图如图5-23、图5-24所示。

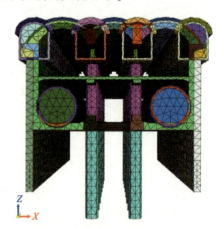

图 5-22　盾构掘进对钢管柱影响计算模型

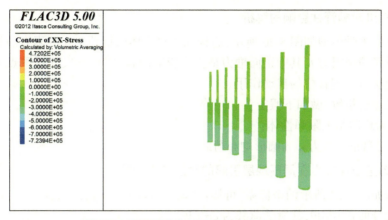

图 5-23 所有钢管柱水平方向应力云图(单位:Pa)

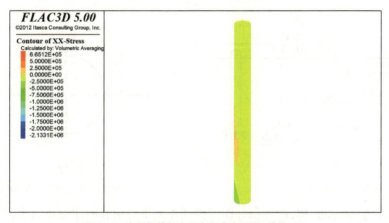

图 5-24 中间钢管柱水平方向应力云图(单位:Pa)

计算结果表明,钢管柱水平方向($X\text{-}X$ 方向)应力在与盾构隧道平行的位置发生突变,说明由于盾构隧道施工扰动的作用,钢管柱周围土体对钢管柱产生压应力,最大压应力为 -0.665MPa。

图 5-25 为中间钢管柱竖直方向($Y\text{-}Y$ 方向)应力云图,显示钢管柱竖直方向应力几乎为 0,说明盾构隧道施工对钢管柱竖直方向应力影响较小。

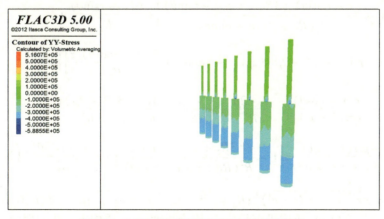

图 5-25 中间钢管柱竖直方向应力云图(单位:Pa)

2）盾构掘进对钢管柱影响的解析

盾构掘进的力学模型如图 5-26 所示，盾构掘进对土体的扰动主要因素有盾构刀盘的正面推力 q 以及盾壳的摩阻力 f，其中正面推力是主要影响因素，因此本次计算重点考虑盾构正面推力对周围地层以及钢管柱的扰动作用。

为便于推导解析解，做如下假定：

（1）土体为均质半无限弹性体；

（2）盾构刀盘正面推力 q 为圆形均布荷载。

3）盾构刀盘正面推力在周围地层引起的附加应力计算

计算选取如图 5-27 所示的坐标系，可知：$x' = x - r\cos\theta, y' = y, z' = z, c' = c - r\sin\theta$。在圆形开挖面内取微分面积 $rdrd\theta$，其所受荷载为 $qrdrd\theta$。

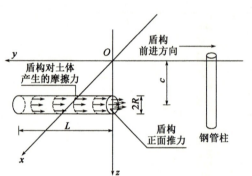

图 5-26　盾构掘进的力学模型　　　　图 5-27　推力计算的积分示意图

利用弹性力学 Mindlin 解，通过积分即可得到正面推力引起的附加应力为：

$$\sigma_{x-q} = \int_0^{2\pi}\int_0^l -\frac{qry}{8\pi(1-\mu)}\left\{\frac{1-2\mu}{R_1^3} + \frac{(1-2\mu)(3-4\mu)}{R_2^3} - \frac{3(x-r\cos\theta)^2}{R_1^5} - \right.$$

$$\frac{3(3-4\mu)(x-r\cos\theta)^2}{R_2^5} - \frac{4(1-\mu)(1-2\mu)}{R_2(R_2+z+c-r\sin\theta)^2}\cdot$$

$$\left[1 - \frac{(x-r\cos\theta)^2(3R_2+z+c-r\sin\theta)}{R_2^2(R_2+z+c-r\sin\theta)}\right] + \frac{6(c-r\sin\theta)}{R_2^5}\cdot$$

$$\left.\left[c - r\sin\theta - (1-2\mu)(z+c-r\sin\theta) + \frac{5(x-r\cos\theta)^2 z}{R_2^2}\right]\right\}drd\theta$$

$$\tau_{xy-q} = \int_0^{2,\pi}\int_0^L -\frac{qr(x-\cos\theta)}{8\pi(1-\mu)}\left\{-\frac{1-2\mu}{R_1^3} + \frac{1-2\mu}{R_2^3} - \frac{3y^2}{R_1^5} - \frac{3(3-4\mu)y^2}{R_2^5} - \right.$$

$$\left.\frac{4(1-\mu)(1-2\mu)}{R_2(R_2+z+c-r\sin\theta)^2}\left[1 - \frac{y^2(3R_2+z+c-r\sin\theta)}{R_2^2(R_2+z+c-r\sin\theta)}\right] - \frac{6(c-r\sin\theta)z}{R_2^5}\left(1 - \frac{5y^2}{R_2^2}\right)\right\}drd\theta$$

其中，$R_1 = \sqrt{x'^2 + y'^2 + (z-c')^2}$；$R_2 = \sqrt{x'^2 + y'^2 + (z+c')^2}$；$\mu$、$q$、$R$、$L$、$C$ 分别为泊松比、盾构机正面推力集度（Pa）、盾构机直径（m）、盾壳长度（m）、盾构中心线的埋深（m）。

4）计算参数

钢管柱长为 14m，直径为 0.8m，盾构外径 R 为 6.16m，机身长 L 为 12.35m，管片外径 R_t 为 6m，管片厚度 30cm，环宽 m 为 1.2m，正面推力集度 q 为 2.72×10^5Pa，盾构掘进速度为 50mm/min，盾构中心与地表的距离 c 为 20.58m，土体泊松比为 0.3。

5）计算结果

在钢管柱上选取 A 点计算盾构刀盘正面推力引起的附加应力，如图 5-28 所示。

根据盾构掘进速度选取间隔 15min 即 0.75m 计算一次。计算得出的 A 点 x 方向正应力 σ_x 与切应力 τ_{yx}，如图 5-29 所示。

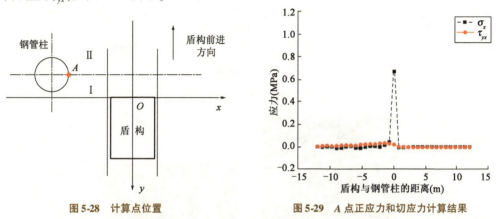

图 5-28 计算点位置　　图 5-29 A 点正应力和切应力计算结果

经计算结果表明，当盾构掘进至钢管柱前 0.75m 左右时，σ_x 开始迅速增大；当盾构刀盘与钢管柱在同一横断面时，σ_x 达到最大值 0.67MPa；之后随着盾构逐渐远离钢管柱，σ_x 又迅速降低，而 τ_{yx} 几乎没有变化。

6）测点布置

为探讨盾构掘进对钢管柱的影响，选择 5 根钢管柱，布置传感器，测试盾构掘进对钢管柱的扰动，钢管柱受力监测断面布置如图 5-30 所示。

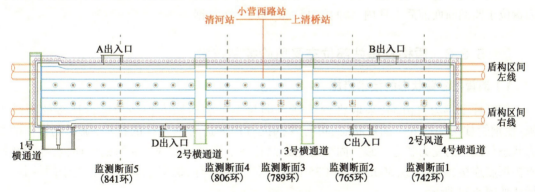

图 5-30　钢管柱受力监测断面布置图

采用 JTM-V1000D 振弦式表面应力计监测钢管柱的竖向应力，采用 JTM-V2000GB 型高精度压力计（受力面 250mm×250mm×4mm，量程 0.6MPa）监测钢管柱受到的水平压力。

传感器安装在第五节钢管柱的中间,与盾构隧道中心点处于同一高程,每个钢管柱布置7个测点,其中测点1~5监测钢管柱受到的竖向应力,测点6、7监测钢管柱受到的水平压力。图5-31所示为钢管柱受力测点布置,图5-32所示为监测元件安装图。

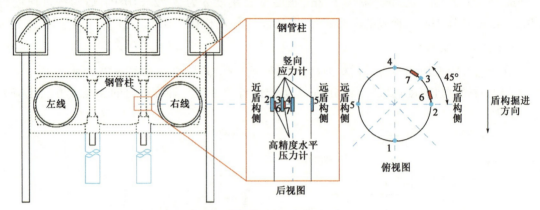

图5-31 钢管柱受力测点布置示意图

图5-32 监测元件安装

监测周期为盾构刀盘位于监测断面前后3环内,一般每间隔30min读取一次数据,在盾构刀盘位于监测断面前后1环内,每间隔15min读取一次数据。

5.3.3 盾构及车站部位交叉风险控制技术

1）钢管柱悬臂状态的技术措施

钢管柱上端为自由端,采取将钢管柱顶端与小导洞初期支护结构进行连接的固结措施,使钢管柱两端均处于固定状态,可有效抵抗盾构掘进对钢管柱的扰动,确保钢管柱的受力状态与设计的受力状态一致。固结措施为钢管柱上端外侧套30mm厚钢套环,与导洞初期支护钢筋连接,然后浇筑500mm、厚C35混凝土固定钢套环,确保钢管柱两端处于固结状态,做法如图5-33所示。

盾构穿越过程中,对导洞拱部初期支护背后进行反复补偿注浆,对导洞底板下部处于砂层位置地层进行注浆加固,注浆浆液为普通水泥浆,根据实际调整浆液配合比,注浆过程中按注浆压力和注浆量双控,如图5-34、图5-35所示。

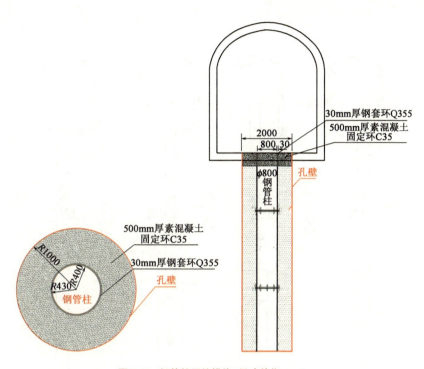

图 5-33 钢管柱固结措施(尺寸单位:mm)

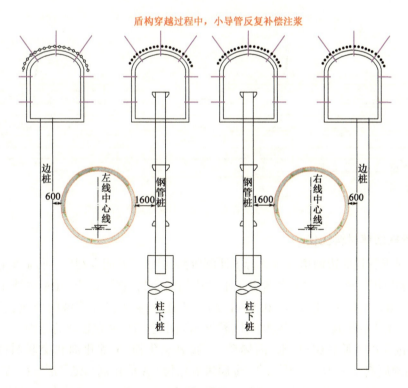

图 5-34

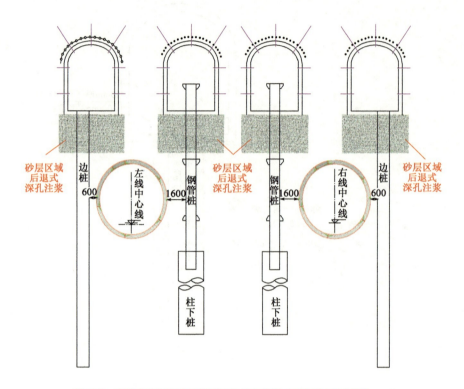

图 5-34 初期支护顶部和底部砂层补偿注浆剖面示意图(尺寸单位:mm)

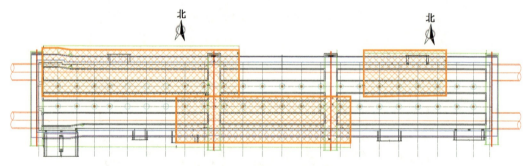

图 5-35 初期支护底部砂层区域补偿注浆分布示意图

2)钢管柱回填材料优化

本工程对钢管柱周边回填材料进行了课题研究,形成了发明专利《一种高弹性注浆材料及其制备方法和应用》,该注浆材料包含以下重量比例的原料组分,即土:(A 浆液 + B 浆液):膨润土 = (5~8):(0.8~1.2):(0.8~1.2)。所述 A 浆液和 B 浆液的质量比例为(0.5~1.0):(0.8~1.1);膨润土为钙基膨润土;注浆材料中土的粒径在较宽的范围。

A 浆液包含以下原料组分:水、丙烯酸、金属氢氧化物、A 催化剂和交联剂;各原料组分的重量比例的原料组分为水:丙烯酸:金属氢氧化物:A 催化剂:交联剂 = (4.78~9.24):(0.89~1.42):(0.40~0.64):(0.65~1.05):(0.043~0.069)。其中,A 催化剂为胺类催化剂,起到还原剂的作用,可以是三乙醇胺或四甲基乙二胺;金属氢氧化物为氢氧化钠、氢氧化钾、氢氧化镁中的任一种或多种;交联剂可以是 N,N'-亚甲基双丙烯酰胺、季戊四醇二丙烯酸酯、乙二醇二丙烯酸酯中的一种或多种,本工程所用的交联剂为 N,N'-亚甲基双丙烯酰胺。

B 浆液包含以下原料组分:水、引发剂和 B 催化剂。各原料组分的重量比例分别为水:引发剂:B 催化剂 = (12.3~19.7):(0.21~0.33):(0.006~0.01)。其中,B 催化剂为硫酸盐类催化剂,主要起到氧化剂的作用,可以是过硫酸钾或过硫酸铵。

5.3.4 车站端头围护桩的处理

小营西路站东、西端头盾构洞门范围内围护桩采用玻璃纤维筋 + 钢筋结构形式。结合施工进度、车站主体导洞、围护结构设计图纸及实际情况,对车站原玻璃纤维筋围护桩设计方案进行优化调整。

(1)洞门处管片结构下方的端头桩结构由钢筋混凝土桩及素桩组成,如图 5-36 所示。

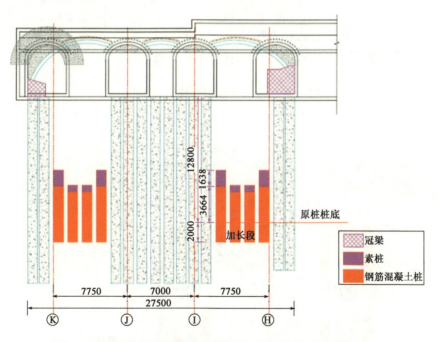

图 5-36 施工洞门处区间管片下方钢筋混凝土桩及素桩(尺寸单位:mm)

(2)素桩上部使用 M5 砂浆灌注至横通道仰拱处,如图 5-37 所示。
(3)为稳定盾构管片下方桩体,将下部桩体加长。
(4)盾构掘进通过端头桩(盾构磨桩过站),如图 5-38 所示。
(5)用人工挖孔的方法,并凿除管片上方砂浆桩,施工钢筋混凝土桩,最后施工桩顶冠梁(图 5-39)。

方案调整后特点:下部钢筋混凝土桩,满足承载力要求;中部素桩,确保能为盾构管片紧密贴合提供稳定的支撑,同时也牢固耐久;上部砂浆桩体,便于二次施工凿除。

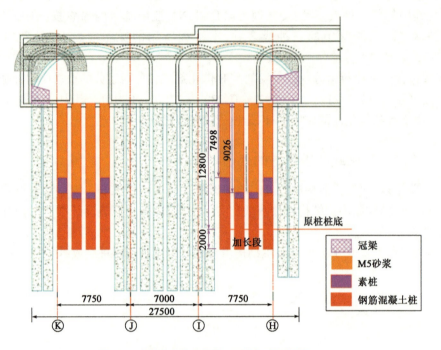

图 5-37　素桩上方密实回填 M5 砂浆（尺寸单位：mm）

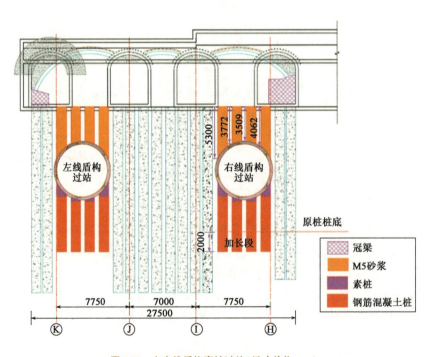

图 5-38　左右线盾构磨桩过站（尺寸单位：mm）

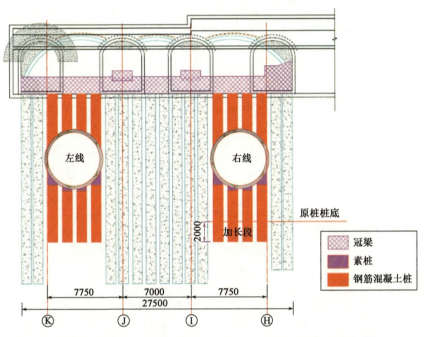

图 5-39　盾构通过后,人工挖孔施工管片上方钢筋混凝土桩及桩顶冠梁(尺寸单位:mm)

5.4　盾构过站监测分析

5.4.1　监测成果分析

1) 钢管柱竖向受力分析

钢管柱受到的竖向应力如图 5-40 所示。

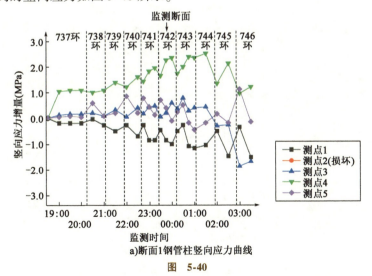

a) 断面1钢管柱竖向应力曲线

图　5-40

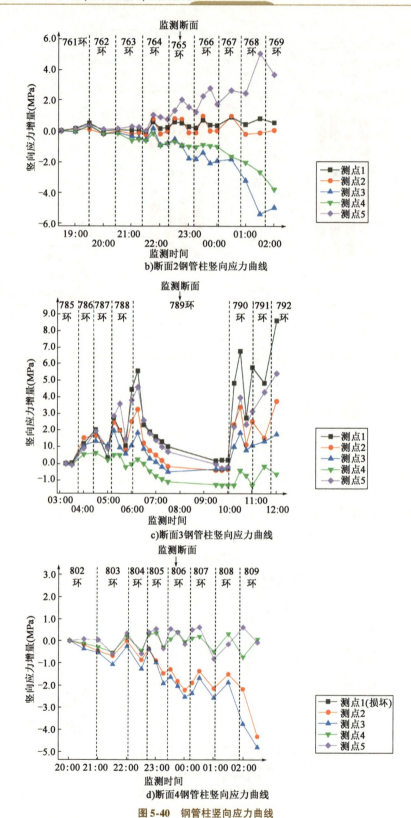

b) 断面2钢管柱竖向应力曲线

c) 断面3钢管柱竖向应力曲线

d) 断面4钢管柱竖向应力曲线

图 5-40　钢管柱竖向应力曲线

钢管柱竖向应力监测结果表明:盾构侧穿钢管柱期间,钢管柱竖向应力整体呈现逐渐增加的趋势,竖向应力范围在 $-5.40 \sim 8.61$ MPa 之间。注:监测点 3 处的钢管柱竖向附加应力变化呈"马鞍"形是盾构故障停机所致。

2) 钢管柱水平压力分析

实测钢管柱受到的水平压力如图 5-41 所示。

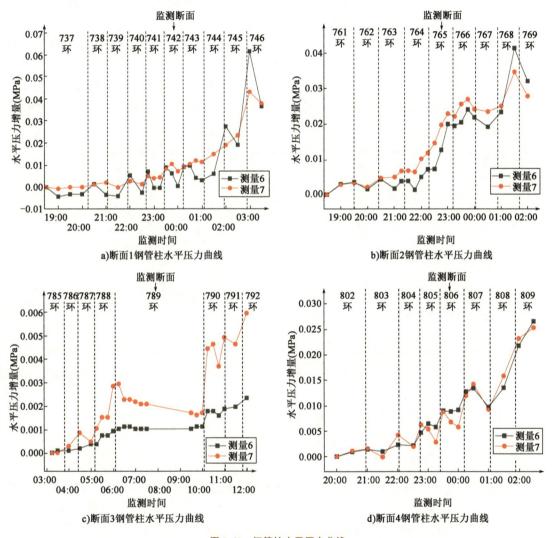

图 5-41 钢管柱水平压力曲线

钢管柱水平压力监测结果表明:盾构掘进侧穿钢管柱期间,钢管柱水平压力逐渐增加,但数值较小,仅有 $0.03 \sim 0.06$ MPa。注:监测断面 3 处的钢管柱水平压力变化呈"马鞍"形是盾构故障停机所致。

3) 钢管柱受力实测值和数值模拟及解析法计算结果存在差异的原因分析

数值模拟和解析法计算结果显示钢管柱受到的竖向应力几乎为 0,水平压力最大值分别为 0.665MPa 和 0.67MPa,而实测钢管柱受到的竖向应力最大值达到 8.61MPa,水平压力最大值却仅有 0.06MPa。其主要原因在于：

（1）盾构侧穿通过钢管柱前，对钢管柱前后 1~2 环的车站拱部已经完成土方开挖与拱部初期支护施工，车站拱部荷载可以传递给钢管柱和边桩，导致钢管柱竖向受力增大，但是由于钢管柱设计就是受压构件，因此，实测到的竖向应力增大符合预期，应力变化在钢管柱允许范围。

（2）车站拱部初期支护结构与钢管柱进行了有效连接，钢管柱由悬臂状态（数值模拟的状态）变为两端固结状态，提高了抵抗盾构掘进扰动的能力。

（3）左线盾构隧道施工完成后，以中间一根钢管柱为研究对象，得到的水平位移云图如图 5-42 所示。

在左线盾构隧道通过阶段，沿左侧的中导洞纵向，在连续 5 根钢管柱上布置变形监测点（第 1 根和第 4 根钢管柱测点破坏，未取得有效数据），监测得到的水平位移如图 5-43 所示。

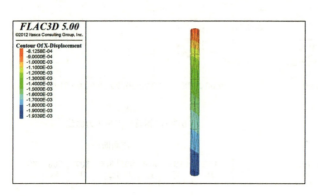

图 5-42 钢管柱水平位移云图（单位：m）

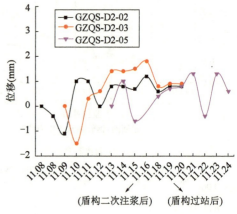

图 5-43 实测的钢管柱水平位移历时曲线

①计算结果表明：钢管柱最大水平位移为 1.93mm，位置在钢管柱的下方，钢管柱上部水平位移较小，只有 0.8mm。

②实测结果表明：钢管柱的水平位移在 1.5~1.8mm。

5.4.2 结论

（1）钢管柱受力实测结果表明，盾构侧穿钢管柱期间，钢管柱竖向应力逐渐增大并最终趋于平稳，竖向应力范围在 -5.40~8.61MPa；钢管柱受到的水平压力也逐渐增加，但数值较小，仅有 0.03~0.06MPa，远低于设计允许的钢管柱承受水平压力的控制值，由于对钢管柱采取了保护措施，有效控制了盾构隧道掘进对钢管柱的扰动。

（2）常规的盾构区间隧道通过暗挖地铁车站时，车站的主体结构已全部完成，盾构空推过站。本标段为后增加车站，开工较晚，工期较长，严重制约通车目标，而先隧后站方案使盾构隧道和暗挖车站的部分结构同步施工，为线路如期通车（不含本站）创造了有利条件。

（3）盾构过站后，对车站内管片采用科学合理的方法加以拆除，减少了人力、物力投入，提高了施工效率，节约了工程投资；通过对此工况条件下关键控制技术的总结，可为后续类似工况条件或工程控制技术使用提供借鉴。

第6章 地铁车站出入口通道矩形顶管建造技术

昌南线是北京地铁出入口建设中首次使用顶管施工技术的线路,以上清桥站 B 出入口使用矩形顶管工法为例,总结在异形不规则始发井结构始发、近距离穿越污水管线、下穿既有 G6 京藏高速公路等顶管施工关键技术,并结合现场监测数据对安全控制效果进行评价,形成适用于北京地区的地铁车站出入口矩形顶管施工工法,为以后类似工程建设提供借鉴。

6.1 工程概况

6.1.1 工程背景

上清桥站 B 出入口通道位于京藏高速公路与永泰庄北路交叉路口北侧,通道横穿京藏高速公路主、辅路,以及沿线污水、上水、雨水、燃气等管线。环境制约因素多,风险大。方案初选对比:采取明挖法施工需对道路进行交通疏解及管线改迁,对社会、周边环境等综合影响较大;采取暗挖法施工,上半断面处于富水中粗砂层,施工风险极高;采用顶管法对地面交通无影响,无须改迁管线,具有明显的优势。经过多方探讨及论证,最终选用矩形顶管施工工法进行施工,矩形顶管施工技术在穿越公路、车流量大的闹市区街道时具有明显的优势,更符合安全、绿色、环保的施工要求,相比圆形顶管具有更好的浅覆土适应能力,并提高了断面利用率。

经多轮方案比选和论证,本工程最终选择矩形顶管施工方案,首次在北京地区采用矩形顶管施工技术建造地铁出入口通道。该工法在沉降控制、风险控制及地下水控制等方面优势明显,并提高工程施工安全及施工质量。

6.1.2 工程概况

1）设计概况

上清桥站共有 7 个出入口,其中东北象限设置了 B1、B2、B3 三个出入口。B1 口位于京藏高速公路西侧,B2、B3 出入口位于京藏高速公路西侧。B2、B3 出入口通过 B 出入口顶管施工通道与 B1 出入口和车站主体连通。B 出入口通道结合出入口分别于京藏高速公路东西两侧设置顶管工作井,始发井位于高速公路西侧,接收井位于高速公路东侧。两井端墙间净距 99.7m,坡度为 0.7%,顶管施工地下通道横断面净空尺寸为 3.9m×5.9m,结构覆土厚度约为 11.8m。

上清桥站 B 出入口总平面图如图 6-1 所示。

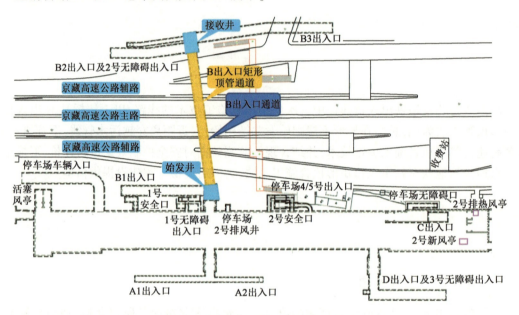

图 6-1 上清桥站 B 出入口总平面示意图

B 出入口通道与管线相对位置关系如图 6-2 所示。

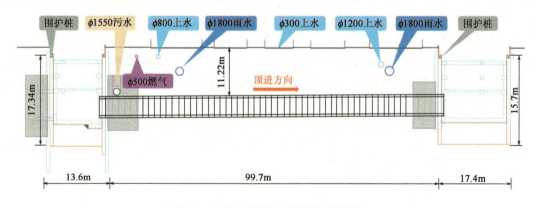

图 6-2 B 出入口通道与管线横剖面示意图

2)工程地质水文条件

顶管通道主要地层自上而下依次为②₄ 中粗砂、④₂ 黏质粉土、砂质粉土层。

拟建场地赋存三层地下水,地下水类型分别为潜水(二)、承压水(三)、承压水(四),其中对本工程有影响的是潜水(二)、承压水(三)。

潜水(二):含水层岩性主要为砂质粉土黏质粉土②层、粉细砂②₃ 层、中粗砂②₄ 层、砂质粉土黏质粉土③层、细中砂③₃ 层。稳定水位高程为 37.08~33.31m,水位埋深为 8.22~12.10m。顶管段通道主要穿越该层水。

承压水(三):含水层岩性主要为黏质粉土砂质粉土④₂ 层、粉细砂④₃ 层、卵石圆砾⑤层、中粗砂⑤₁ 层、粉细砂⑤₂ 层、黏质粉土⑤₃ 层。稳定水位高程为 30.31~24.85m,水位埋深 15.10~20.45m,水头高 1~5m。顶管段通道主要穿越该层水。

承压水(四):含水层岩性主要为黏质粉土砂质粉土⑥₂ 层、细中砂⑥₃ 层。稳定水位高程为 16.31~14.28m,水位埋深 29.10~28.40m,水头高 2~5m。

B 出入口通道工程、水文地质剖面见图 6-3。

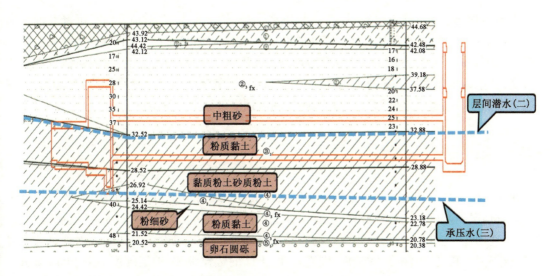

图 6-3　B 出入口通道工程、水文地质剖面示意图(高程单位:m)

3)矩形顶管通道参数

矩形顶管通道长度 99.7m,采用矩形断面结构,结构轮廓尺寸(宽×高)为 6.9m×4.9m,标准断面内净空尺寸为 4.9m×3.9m,顶板覆土约 11.5m。管节设计长度 1.5m,共 67 节。管节混凝土强度等级 C50,防水等级 P12,采用矩形顶管机械施工。管节两端分别预埋钢套环和钢环,管节内预留对称压浆孔、注泥孔、起吊孔及翻身孔;管节之间接头形式为 F 形承插式。顶管管节见图 6-4。

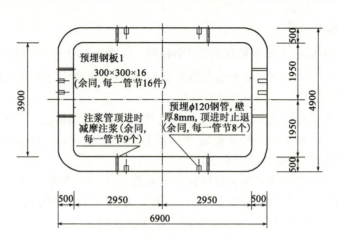

图 6-4　顶管管节示意图(尺寸单位：mm)

6.2　工程重难点

矩形顶管施工穿越地下潜水层(二)、承压水(三)，地下水丰富，对顶管施工沉降及涌水涌砂控制带来风险；同时施工中主要下穿 $\phi1550$mm 污水管、$\phi500$mm 燃气管线、$\phi2000$mm 雨水管线、$\phi1200$mm 上水管、$\phi600$mm 上水管、$\phi1800$mm 雨水管、$\phi800$mm 上水管线、通信方沟等重要管线，其中近距离垂直下穿的 $\phi1550$mm 污水管线，管节顶部与污水管净距只有 18cm；下穿交通繁忙的京藏高速公路主路及辅路，沉降控制是顶进过程中的重难点。

6.3　矩形顶管机选型

在深入研究京藏高速公路主路岩土工程勘察报告、设计图纸、隧道施工条件、环境条件和现场调查情况的基础上，参考国内外已有顶管工程实例及相关的顶管技术规范，按照安全性、可靠性、适用性、先进性、经济性相统一的原则进行顶管机及其他设备的选型。顶管机选型时根据隧道外径、长度、埋深、地质条件、围岩岩性、土体的颗粒级配、地层硬度系数、土层渗透率及弃土重度等特征，以及线路的曲率半径、沿线地形、地面及地下构筑物等环境条件，并综合考虑掘进中周围环境对地面变形要求等诸多因素后而确定。

顶管机作为顶管法施工的核心机械设备，合理的选型既影响施工的成本和效益，也影响施工的质量与安全。目前，针对顶管机选型方法的相关研究较少，缺乏系统的顶管选型理论支撑，多以定性研究为主。首先对工程的地质、工期、造价等方面需求进行总体分析，初步确定顶管机基本形式；其次根据关键地质数据，预测研判可能出现的施工难点，以施工措施与顶管机功能、构造及其他参数等相匹配为重要依据来确定顶管机选型。通过综合对比，选定了土压平衡式矩形顶管机，顶进过程中大刀盘及小刀盘对正面土体进行全断面切削，通过改变螺旋输送机的转速及顶进速度来控制出土量，使土仓内的土压力值稳定在所设定的范围内，从而实现施工中开挖面的土体稳定，顶进形成的断面由不断顶入的矩形管节组成矩形隧道。

矩形顶管机主要构成见图6-5。

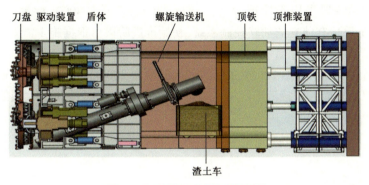

图6-5 矩形顶管机主要构成示意图

6.3.1 顶管主机选择

由于工况条件复杂，特别是穿越京藏高速公路及辅路，对地面沉降控制要求高，根据本工程特点及以往类似工程经验，本工程顶管主机机头采用切削式刀盘(6个)，通过6组马达驱动刀盘进行切削，并配备两台螺旋出土机进行取土，通过控制顶进速度及取土量来平衡正面土压，减少对地面的影响。

6个刀盘可设定成同一方向旋转，也可单独设置转向，刀盘的转速为3挡，在加固区域内刀盘转速设置为高速，在软弱土质中刀盘转速设置为低速，正常掘进时刀盘转速设置为中速，推进前进行空载调试。

螺旋输送机示意图见图6-6。

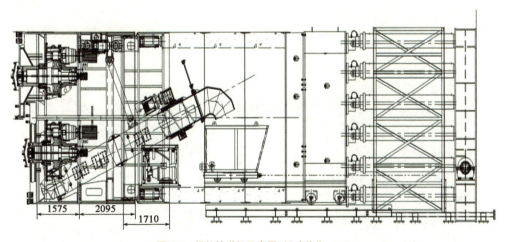

图6-6 螺旋输送机示意图(尺寸单位：mm)

6.3.2 推进系统选择

由于始发井的围护结构为斜面，在始发井二次衬砌施工时，将始发井西侧墙进行加厚，采用与结构同强度的C40混凝土，以保证推进系统与后背垂直，待顶管施工完成后，再破除多余的混凝土，恢复设计尺寸。

工作井内主顶装置采用千斤顶 16 台，行程 2850mm，顶力 3000kN/台，后座总顶力可达 48000kN，16 台千斤顶有独立的油路控制系统，初始推进阶段可根据施工需要通过调整主顶装置的合力中心来辅助纠偏。

顶管机配备了 12 个铰接液压缸，行程 150mm，顶力 2000kN/个，工作油压 31.5MPa，具有纠偏及中继间双用功能。铰接液压缸的左右最大纠偏角度 1.3°，上下最大纠偏角度 2°。

6.4 关键施工技术

6.4.1 顶管施工准备

1）始发、接收井端头及后背墙加固

本工程顶管始发端加固、后背墙墙后及接收端土体加固均采用 $\phi1000@750$ 三重管高压旋喷桩加固（最小搭接宽度按 250mm 控制），旋喷桩水灰比 1:1，水泥掺量 20%，施工前取原状土样进行试验，确定水泥与外掺剂的掺入比。旋喷桩加固后，加固范围内土体要有良好的均匀性、自立性和止水性，土体无侧限抗压强度不小于 1.0MPa，渗透系数 $\leq 1.0 \times 10^{-6}$ cm/s。水泥浆应由强度等级不低于 42.5 的普通硅酸盐水泥、促凝剂和水搅拌而成，水泥浆水灰比为 1:1。

根据设计图可知，端头加固范围为始发井外长度 6.0m，宽度为 12.9m，竖向加固范围为通道顶上 3.107m 至通道底下 3.093m；接收端加固长度自井外 5.0m，宽度为 12.9m，竖向加固范围为通道顶上 2.544m 至通道底下 2.956m。另外对后背墙进行加固，加固宽度和深度同始发井，长度为 5.9m。

始发井加固区平面图、剖面图见图 6-7、图 6-8，接收井加固区平面图、剖面图见图 6-9、图 6-10。

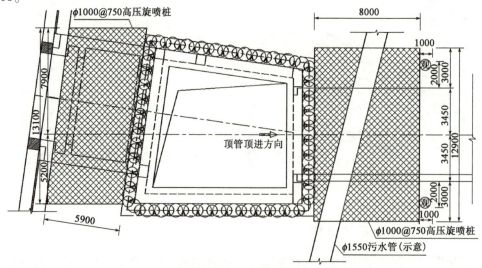

图 6-7 始发井加固区平面示意图（尺寸单位：mm）

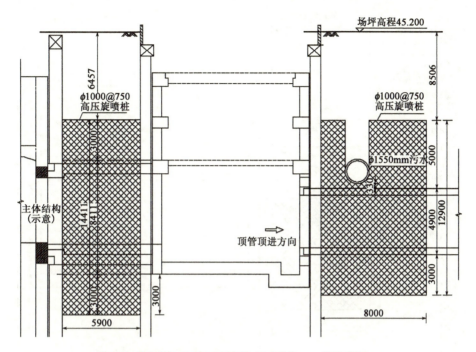

图 6-8　始发井加固区剖面示意图(尺寸单位:mm;高程单位:m)

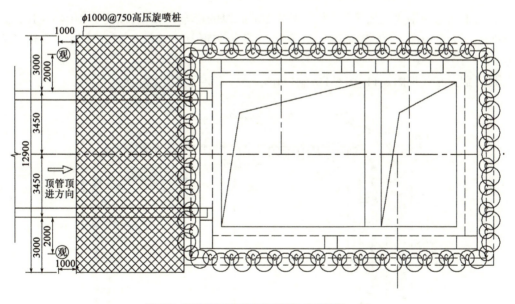

图 6-9　接收井加固区平面示意图(尺寸单位:mm)

2）洞门密封圈安装

在工作井与接收井预留洞上安装洞门止水装置,误差应小于20mm。洞门钢圈由预埋钢圈、帘布橡胶板、钢压板、钢翻板、螺栓组成。

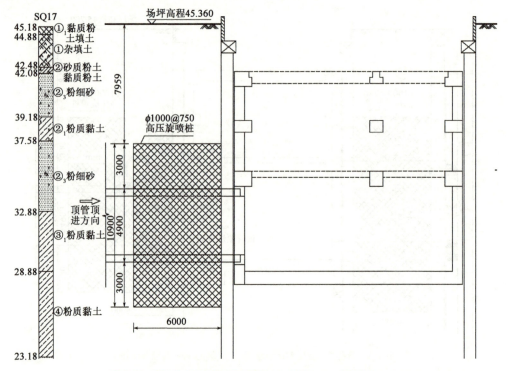

图6-10 接收井加固区剖面示意图(尺寸单位:mm;高程单位:m)

洞门钢圈采用钢法兰加压板,中间夹装20mm厚的帘布橡胶板,硬度为HR45～HR55,永久性变形不大于10%。安装固定好后,预埋钢环板与混凝土墙接触面处采用水泥砂浆堵缝止水。

洞门翻板布置见图6-11、图6-12,洞口止水装置安装见图6-13。

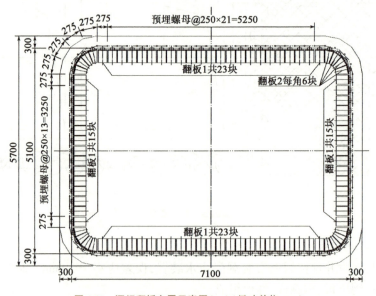

图6-11 洞门翻板布置示意图(一)(尺寸单位:mm)

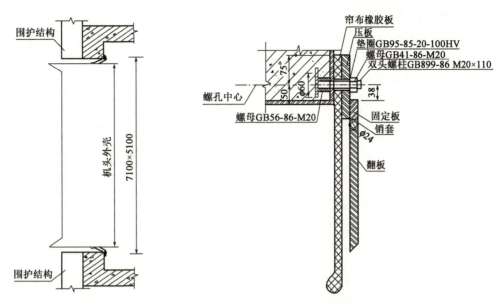

图 6-12 洞门翻板布置示意图（二）（尺寸单位：mm）　　图 6-13 洞口止水装置安装示意图（尺寸单位：mm）

3）后背混凝土浇筑

由于顶管始发井结构形式不规则，钢后背安装完成后采用双层双向 $\Phi 25$ 钢筋 + C40 混凝土将顶管机后背填平，经检测混凝土强度达到设计要求，保证顶管机后背墙的垂直度和顶推时的设计刚度、强度。

顶管机后背墙混凝土填平见图 6-14。

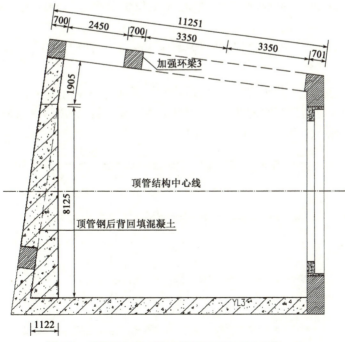

图 6-14 顶管机后背墙混凝土填平示意图（尺寸单位：mm）

4）钢后背板安装

根据顶管机装备最大推力进行钢后背板设计制造，钢后背板采用组合钢结构形式，提供顶进机推进时所需的反力。钢后背板的安装高程偏差不超过 50mm，水平偏差不超过 50mm，保证钢后背板与轴线垂直。钢后背板安装断面见图 6-15。

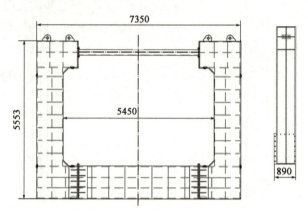

图 6-15　钢后背板安装断面示意图（尺寸单位：mm）

5）导轨系统安装

基座定位必须准确，安装必须稳固，在顶进中承受各种负载，不位移、不变形、不沉降；基座上的两根轨道必须平行、等高；轨道与顶进轴线平行，导轨高程偏差不超过 3mm，导轨中心水平位移不超过 3mm。

(1) 导轨安装位置避开刀盘旋转范围，轨道前端距离始发洞门 0.5~0.7m。

(2) 始发洞门破除后，辅助导轨安装数量、水平位置及高程与始发主导轨相匹配，整体满足始发精度要求。

(3) 导轨的安装允许偏差：轨道与轴线偏差 ±3mm，导轨顶面高程允许偏差 0~3mm，导轨距偏差 ±3mm。

(4) 为防止顶管机进洞栽头，在拟合线路始发的基础上整体抬高 20mm。

(5) 导轨中轴线应与顶管始发井轴线、顶管通道轴线平行，完成后测量复核、固定。

导轨平面、立面示意图见图 6-16、图 6-17。

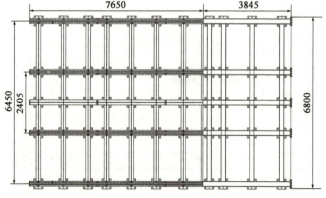

图 6-16　导轨平面示意图（尺寸单位：mm）

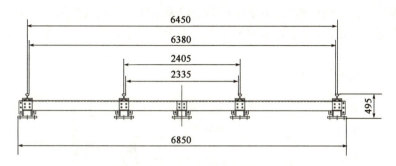

图 6-17　导轨立面示意图(尺寸单位:mm)

6)顶进系统安装

(1)液压缸支架及液压缸

①顶推液压缸支架安装：

液压缸支架是主顶液压缸的载体,使液压缸能够均匀合理地布置在通道断面上,液压缸架定位必须准确,安装稳固,在顶进中承受各种负载,不位移、不变形、不沉降。

a. 顶推液压缸支架牢固安装在始发钢台架上,支架两侧平行、等高、对称,安装轴线与隧道设计轴线一致；

b. 顶推液压缸支架安装使顶推液压缸的合力中心在隧道中心的垂直线上,且合力中心点宜低于隧道中心。

②顶推液压缸的安装及调试：

a. 顶推液压缸固定在支架上,分为三块下井后采用螺栓连接；

b. 每个液压缸中心轴线与管节厚度中心重合；

c. 液压缸的油路并联,每个液压缸有进油、出油的控制系统；

d. 每个液压缸设置油路断路开关；

e. 分别对每个液压缸进行调试,检查油压,油压均可达到额定压力。

(2)顶推液压泵站的安装及调试

①顶推液压泵站的油箱有效容积不小于液压缸用油量总和的 1.1 倍,油管通径应与液压缸的大小和数量匹配；

②顶推液压泵站靠近液压缸安装,设定工作压力不得超过液压泵的额定压力；

③油管的承压能力不应小于系统的最高压力,油管安装时应顺直,不宜使用过长的油管。

(3)顶铁的安装和使用

①顶铁采用型钢焊接成型,刚度满足最大顶推力需求；

②顶铁安装轴线与隧道设计轴线一致；

③顶铁与管节之间采用缓冲材料衬垫；

④顶铁与顶推液压缸连接端配置顶推液压缸向后拖拽装置。

(4)开始顶进前要检查下列内容,确认条件具备时方可开始顶进

①全部设备经过检查并试运转；

②在导轨上顶管机的中心线、坡度和高程的偏差应满足规范要求；

③防止地下水由洞门进入工作坑的措施到位。

主千斤顶的定位及调试验收：主千斤顶的定位关系到顶进轴线控制的准确程度，定位与管节中心轴线成对称分布，以保证管节均匀受力。主千斤顶定位后，进行调试验收，保证千斤顶的性能完好。

液压缸支架立面见图6-18。

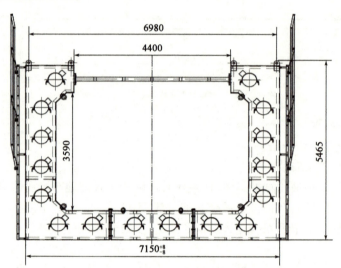

图6-18 液压缸支架立面示意图（尺寸单位：mm）

7）顶管机安装

顶管机设备下井安装流程见图6-19。

顶管机下井安装工艺流程：

（1）由于现场始发井下空间限制，推进系统液压缸支撑架暂不下井。先将前盾吊装下井，清洗前盾的上、下分块结合面及螺栓孔，吊装前盾下分块下井，放置于始发架上，确保前盾下分块中心线与始发洞中心线重合，如图6-20所示。

（2）安装上、下分块连接面密封条，清洗前盾上、下分块结合面及螺栓孔，安装定位销轴，吊装前盾上分块下井（图6-21）与下分块对接（图6-22），安装前盾上、下分块连接螺栓，用风炮预紧。

（3）顶管机中盾下分块下井安装如图6-23所示。清洗中盾下分块结合面及螺栓孔，吊装下井放置于始发架上，与前盾保持20cm距离，并确保顶管机中心线与洞门中心线重合。

（4）顶管机螺旋输送机下井安装如图6-24所示。安装螺旋输送机连接面密封条，准备连接螺栓，拆除螺旋输送机运输工装，起重机配合10t手拉葫芦吊装螺旋输送机下井，缓慢插入前盾螺旋筒体内，安装法兰面螺栓，用风炮反

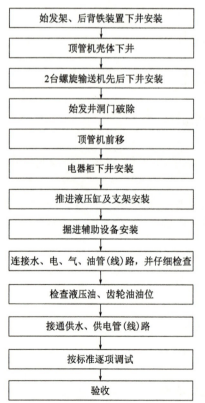

图6-19 顶管机设备下井安装流程

复紧固;螺旋输送机安装完成后,在前盾找点位用 10t 手拉葫芦拉住螺旋输送机,防止下翻。

图 6-20　顶管机前盾下分块吊装下井

图 6-21　顶管机前盾上分块吊装下井

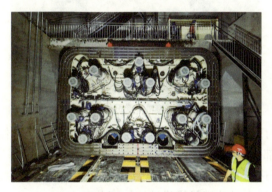

图 6-22　顶管机前盾上、下分块连接

图 6-23　顶管机中盾下分块下井安装

(5)顶管机中盾上分块下井安装如图 6-25 所示。安装中盾上、下分块连接立柱,安装中、前盾连接面及中盾上、下分块连接面密封条,清洗中盾上分块上的上、下分块结合面及螺栓孔,安装定位销轴,吊装下井与中盾下分块连接,螺栓连接并用风炮预紧。

图 6-24　顶管机螺旋输送机下井安装

图 6-25　顶管机中盾上分块下井安装

(6)顶管机尾盾下分块下井安装如图 6-26 所示。中盾上下分块连接立柱螺栓连接,用风炮紧固,通过顶推液压缸,将中盾缓慢顶进至前盾处与前盾对接,定位完成后螺栓连接,用风炮预紧;将中盾上分块螺旋输送机拉杆连接螺旋输送机,中前盾连接完成;用顶推液压缸将中前盾顶进前移，空出尾盾吊装下井空间，同时在地面清洗尾盾下分块连接面、铰接密封安装面及铰接压板连接螺钉孔，准备铰接压板及连接螺钉、工具，起重机辅助吊装，架空尾盾下分块，安装尾盾下分块铰接密封及密封压板，紧固尾盾下分块下部及圆弧处压板螺栓。

（7）顶管机尾盾上分块下井安装如图6-27所示。吊装尾盾下分块下井放置于始发架上，与中盾保持20cm距离，并确保顶管机中心线与洞门中心线重合；安装尾盾上下分块连接面密封条，准备连接螺栓，吊装尾盾上分块下井，与尾盾下分块连接，紧固螺栓；安装上分块铰接密封及压板，紧固螺钉，密封间涂抹润滑油。

图6-26 顶管机尾盾下分块下井安装

图6-27 顶管机尾盾上分块下井安装

（8）顶管机配电设备安装如图6-28所示。用千斤顶（20t×2）将尾盾顶进至中盾，连接铰接座，紧固螺栓；安装尾盾配电柜、辅助泵站等部件。

（9）顶管机推进系统安装如图6-29所示。进行顶管机空转调试，调试合格后破除始发井洞门，用千斤顶（20t×2）将顶管机顶入洞门内，顶入尺寸满足推进液压缸安装要求。

图6-28 顶管机配电设备安装

图6-29 顶管机推进系统安装

8）顶进施工测量

（1）平面控制测量

由于顶管施工是在两井之间进行贯通，测量工作总体要求是满足线路布置、始发井的位置选择等。顶管的平面控制：利用市区统一坐标系统控制点，布设光电测距导线。

①导线点和洞门复测。对导线点进行复测并上报监理单位，对出洞口和进洞口进行复测。

②始发架定位。因设计线路较短且为直线，所以把洞门中心连线作为矩形顶管掘进的轴

线,通过全站仪投到井下作为发射架定位的中心轴线。

③施工导线点的控制。根据复测后的导线点布设控制网,利用全站仪传递到施工导线点,所有导线按一级导线的要求进行测量。

(2)高程控制测量

根据高程控制点实测两洞门的实际高程,并在出洞口的井上和井下各布置两个高程控制点,定期复测。

(3)顶进过程中的测量

为避开机械管道对测量视线的影响,将测量仪器安设在偏中心一定距离的位置上。定向方法是在机头偏中心一侧横置一个标尺,标记出正确顶进方向的记号与高度,在后续的测量定向中,标尺上的光斑会指着不同的刻划,即可知道偏移的方向和大小,指导施工纠偏。

(4)管节状态测量

管节的平面偏差测量即测量管节的左右偏差。根据实测角度与理论角度的差值以及该点到测站的水平距离即可计算出该管节的左右偏差。上下偏差测量的方法:放水准尺于所测管节的大里程的底部,根据通道内的高程控制点测出该管节大里程的高程,比较得出该环管节的上下偏差,得出管节的错缝情况、管节在顶管机内和顶管机尾后的变化情况以及管节近期的偏差变化情况,根据偏差调整注浆、推进速度等施工参数。

(5)顶管机姿态测量

顶管机姿态测量是实时测量顶管机的现有状态,及时指导顶管机纠偏。顶管姿态测量是利用经纬仪测量左右横尺偏差来推算顶管机首尾的偏差。

6.4.2 始发、接收井洞门破除

1)技术准备

在洞门凿除前进行超前地质探测,水钻钻进5个探孔,孔深2.8m,用于观察洞门加固情况及是否出现流砂、涌水现象。如发生透水现象,须采取封堵加固等措施。

洞门凿除前,复核洞门中心坐标及高程,满足进洞要求;进洞区土体加固须达到设计所要求的强度、渗透性、自立性等性能指标,检测达到设计要求后,方可开始洞口地下连续墙的凿除。

洞门破除采用静力破除,破除方向自上而下、自中间向两边施工,采用水钻开孔,开孔孔径为100mm,搭接20mm。破除施工按上、中、下三层分层施工,破除尺寸同洞口预埋钢环尺寸,为7100mm×5100mm,如图6-30所示,较管片尺寸每边外放100mm。

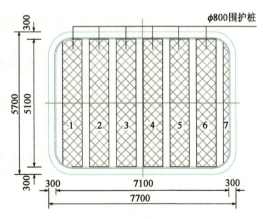

图6-30 洞门破除示意图(尺寸单位:mm)

2）工艺流程

顶管始发井洞门破除工艺流程如图6-31所示。

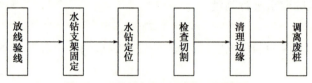

图 6-31　顶管始发井洞门破除工艺流程图

3）施工方法

放线验线：技术人员确定钻孔位置并复核，用墨线进行标识。

支架固定：在桩上植入膨胀螺栓，用螺栓将钢格板固定在灌注桩上。为保证钢板平整与垂直度，可以在钢板上放置枕木，以保证水钻水平钻进。

检查切割：水钻定位完毕后，接好水钻电源，先切割洞环下侧灌注桩，切割完毕后检查土体加固情况和是否有流砂等。

清理：在切割完毕后清理混凝土废渣，保证管片能够顺利进洞。

6.4.3　矩形管节顶进

矩形顶管施工流程见图6-32。

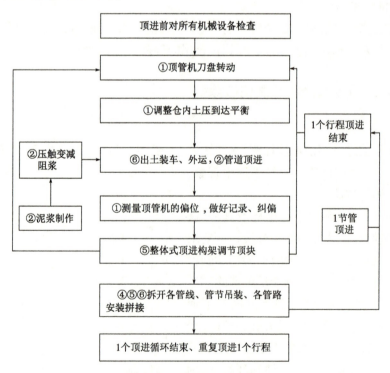

图 6-32　矩形顶管施工流程图
①-顶管机操作手、测量工；②-泥浆工；③-电工；④-电焊工；⑤-起重工；⑥-杂工

1)始发段顶管施工

初始顶进的范围为第1~3节管段全部进入洞门。

顶管进洞的施工步骤：设备调试→洞门探孔→顶进机头靠上围护结构→围护结构凿除→顶进机切削加固土体→机头切口进入原状土，提高正面土压力值至理论计算值。

（1）洞圈范围内的围护结构凿除后，启动液压缸，将顶管机头缓缓推进到井壁洞内。

安装好所有管线，将土仓注满泥浆，转动刀盘，开始顶进，进入初始顶进工序。此时顶管机正面为全断面的加固水泥土，为保护刀盘，应放缓顶进速度；出现螺旋输送机出土不畅时，可加入适量清水来软化或润滑水泥土。

（2）顶管机进洞后掘进速度宜控制在5~10mm/min。顶进15m范围内，控制顶进速度，将主推千斤顶顶进20mm/min。土压建立：顶进2m范围内泥土压从0.04MPa升至0.06MPa。调整好机头姿态，确保机头平顺、准确顶进，初始掘进时应只使用下层液压缸掘进。若产生偏差，用纠偏液压缸小角度逐渐纠偏，纠偏时要小行程逐步纠偏，不能出现大起大落，防止形成蛇形前进的现象。

（3）在进洞的初期，因入土较少，顶管机的自重仅由导轨和入土较浅的土体支撑。作用于土体支撑面上的应力很可能超过允许承载力，使顶管机下沉。顶管机进入原状土后，为防止机头"磕头"，应拉紧机头和前三节管节之间的拉杆螺丝，同时适当提高顶进速度，使正面土压力稍大于理论计算值，以防止因机头"磕头"引起地面沉降。

顶管进洞位置必须做好止水，防止孔口因流失减阻泥浆，造成孔口塌陷。

顶管机的操作由始发井地面控制台控制，只需1个机手操作，可实现对顶管机刀具的转动、纠偏、压力显示、实时监控。顶进千斤顶，观察工作仓的压力表，控制顶进速度和出土量，使仓内压力控制在顶管机所处土层的主动土压力与被动土压力之间，保证仓内、仓外压力平衡。若仓内压力过大，会造成地面隆起；仓内压力过小，则地面沉陷。因此，控制顶进与出土的速度相当关键。顶管机渣土排入平板车土仓内，通过平板车运输到始发井，用起重机吊至渣土池。

2)顶管施工试验段

（1）试验段意义

顶管施工作为一种地下施工工艺，各项理论、经验公式已较为成熟，但地下工程情况多样，且矩形顶管在北京地区应用较少。鉴于本工程特殊性，设立试验段对预定控制参数进行校核、调整，并对后期穿越京藏高速公路主路提供技术指导。

在始发试验段顶进时采集施工过程的数据有掌子面土压力、出土量、减阻泥浆配置参数与注入量、土体改良剂的配制参数与注入量、顶管机姿态、顶管推力变化、地面隆沉变化、管线隆沉变化等，对这些数据进行分析处理，根据实际效果调整预设的施工参数，以满足顶进的施工要求。

（2）试验段施工（表6-1）

（3）试验段的设计

试验段选取为始发加固区后12m（京藏高速公路辅路段）。试验段避开土体加固区非典型值，处于顶进先行段，为后期顶进提供参数指导。初始阶段顶管机顶进不宜过快，一般控制在10mm/min左右,正常施工阶段可控制在10~20mm/min。严格控制出土量,防止超挖或欠挖,正常情况下出土量控制在理论出土量的98%~100%。

试验段施工表 表6-1

序号		试验目的
1	确定顶进参数	确定本工程顶进时顶力大小,推算最大顶力
		确定本工程合理顶进速度
		确定本工程合适的土仓压力
2	确定测量纠偏参数	验证测量系统精度
		确定纠偏控制参数
3	确定改良剂、减阻浆参数	确定改良剂、减阻浆配合比、注浆压力及注浆量
4	其他	验证进出洞止水装置的止水效果
		确定顶管设备在本工程地质条件下的适应性
		验证顶进对地层的扰动
		确保道路及管线安全

在始发井、接收井施工场地范围内各打设一口观测水位的观测井。

在顶管施工试验段地面埋设2个深层测点,监测试验段路面沉降情况。

试验段与京藏高速公路主路、辅路平面、剖面位置关系如图6-33、图6-34所示。

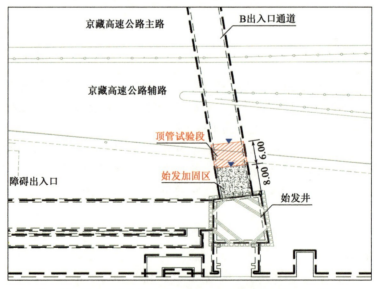

图6-33 试验段与京藏高速公路主路、辅路平面位置关系示意图(尺寸单位:m)

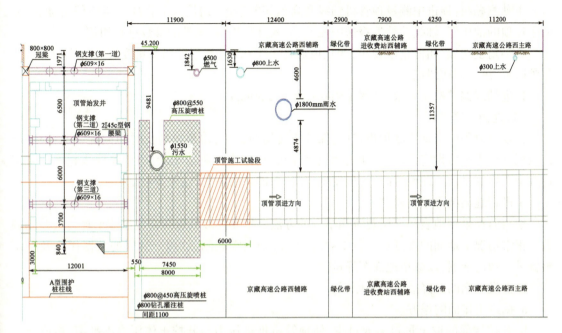

图 6-34 试验段与京藏高速公路主路、辅路剖面位置关系示意图(尺寸单位:mm;高程单位:m)

(4)试验总结

①通过收集、分析试验数据,得出顶进的最佳参数设置,对后期顶进施工进行指导,并在顶进过程中根据不同地质条件对施工参数做动态调整。

②对试验段顶进过程中出现的问题进行分析、总结,找出原因,为后续顶进作业提供指导。

③对试验段顶进中的经验及教训,加以改进或注意避免。

3)正常段顶管施工

千斤顶顶进速度控制在 30~50mm/min,千斤顶顶出 2100mm,收回千斤顶,后移顶铁,布置一节管节,连接管路,进行下一循环顶进。

(1)出土方式及出土量控制

本工程出土采用螺旋输送机+轨道土箱+卷扬机+履带式起重机的形式出土,一节管节的理论出土量为 $51.2m^3$,切削改良后的土体松散系数取 1.05~1.1。在顶进过程中,按体积法测量统计出每顶进 1 斗车的出土量与该顶进长度理论出土量的偏差,并参考地表沉降监测数值。在顶进过程中,应精确统计出每节的出土量,力争使之与理论出土量保持一致,确保正面土体的相对稳定,减少地面沉降量。顶管过程中,管内的出泥量要与顶进的取泥量相一致,出泥量大于顶进取泥量,地面会沉降,出泥量小于顶进取泥量,地面会隆起。顶进过程中的出泥量与取泥量一致的关键是严格控制土体切削进度,防止超量出泥。

(2)顶进轴线控制

顶管机在正常顶进施工中,必须密切注意对顶进轴线的控制。在每节管节顶进结束后,必须进行机头的姿态测量,并做到随偏随纠,且纠偏量不宜过大,以免土体出现较大扰动及管节间出现张角。

轴线测量是控制顶管机头部与纠偏的参照指标。纠偏原则如下:

①勤测勤纠：顶进中测量顶管机轴线及高程偏差情况，纠偏人员将顶管机纠偏角度、各方向千斤顶的油压值、轴线偏差等报送中控室，输入计算机，按调整的参数进行纠偏。

②小角度纠偏：纠偏角度要小，变化值通常小于0.5°，当累计纠偏角度过大时应与值班工程师联系，决定如何纠偏。

顶进轴线偏差控制要求：高程±50mm；水平±50mm。

(3) 地面沉降控制

在顶进过程中合理控制顶进速度，保证连续均衡施工，避免出现长时间搁置情况；根据反馈数据进行土压力设定值调整，使之达到最佳状态；严格控制出土量，防止欠挖或超挖。施工过程中严格测量监控地面沉降，一旦发生沉降，立即采取补浆、注泥等修正措施。

①进行地面沉降控制监测。

地表监控采用地表和深层观测相结合的方法。重要区段及管线密集区应增加每天监测频数。正常情况下地面的观测点进行1~2次/d沉降跟踪观测，处理分析后的数据作为及时调整掘进参数的依据，以减小地面沉降量。

②引发地面的沉降或隆起的原因。

a. 掘进工作面的塌方。

b. 开挖端面的取土量过多或过少，使顶管机推进压力与开挖土体压力不平衡，造成地面沉降或隆起。

c. 管道外壁空隙（顶管机外径与管外径之差）引起的地层土体损失。

d. 纠偏造成沉降。顶管机纠偏过程中，刃脚后形成一个空隙，纠偏角越大，空隙越大，管道顶进时周围的土体便会坍入空隙，造成地面沉降。

(4) 止退装置

由于矩形顶管掘进机的断面较大，前端阻力大，拼装管节或加垫块时主顶液压缸回缩会导致机头和管节后退20~30cm，机头和前方土体间的土压平衡受到破坏，土体面得不到稳定支撑，易造成机头前方的土体坍塌。因此，在前基座的两侧各安装一套止退装置，当液压缸行程推完、安装管节时，将销子插入管节的吊装孔。管节的后退力通过销子、销座传递到止退装置的后支柱上，防止管节后退。

6.4.4 土仓渣土改良

(1) 顶进机在顶进过程中遇到不良地层，通过注浆孔向土仓内注入膨润土浆或膨润土-高分子改良浆，改善渣土流塑性，降低渣土的透水性。

(2) 土体中注入改良剂后能有效防止喷涌。

(3) 在对黏土、粉土、砂类土以及偏软的复合地层进行改良后，可以满足掘进施工要求，安全可靠、施工效率高。

(4) 顶管机在土仓压力隔板的不同高度位置设置了土压传感器，可以对土仓内不同位置的土压随时进行监控；螺旋输送机的出土速度可以无级调速，容易精确控制出土量。顶管机在土压平衡模式下掘进时，对土仓压力、掘进速度、螺旋输送机出渣速度、改良剂等添加材料的注入量等参数进行控制，确保掘进过程安全平稳。

6.4.5 触变泥浆减阻

通常在混凝土管周围注入触变泥浆，将混凝土管与土体之间的干摩擦变为湿摩擦，达到减阻的目的。一般混凝土管壁与砂层土体的摩擦力达 20~30kN/m²，而采用触变泥浆减阻后，摩阻力可以减少到 1~5kN/m²。触变泥浆通过制造、储存、压浆系统，从顶管机处压入，形成一定厚度(25mm左右)的泥浆套，每节管设 10 个注浆孔，使顶管机在泥浆套中顶进，减少摩阻力，根据压力表和流量表，计量控制用浆量，压力控制在自然地下水压的 1.1~1.2 倍。

制备泥浆的材料及其配合比严格按要求选用，并经现场试验验证，以确保泥浆性能良好。

在顶管施工时，可以结合泥浆水分的渗透损失情况，考虑顶管机后的 20m 以内的混凝土管的注浆孔均连接注浆管补充浆液，之后的混凝土管中每 3m(即 2 节)的注浆孔连接一道注浆管进行补浆，其他管节的注浆孔在需要时再接上注浆管注浆。

6.4.6 顶管接收施工

1）接收施工

接收顶进的范围为进加固区外 0.5m 至顶管机完全拖出洞口。应控制掘进速度在 2~3mm/min，控制理论土仓压力 0.5~0.6bar(根据实际情况进行调整)。当顶管机刀盘切口距接收井灌注桩约 10cm 后，即停止推进，关闭螺旋输送机出土口，将土仓上部压力降为 0，通过机头四周的注浆孔向外压注黄泥浆，对机头周边建筑空隙进行临时封堵，以防洞门开凿过程中，机头周边的渗漏。洞门凿除后，顶管应迅速、连续顶进管节，缩短顶管机出洞时间。出洞后，立即用钢板将管节与洞圈焊成一个整体，并用水硬性浆液填充管节和洞圈的间隙，减少水土流失。

通过对机头姿态的测量，在门洞部位放样门洞开凿轮廓线，凿除门洞。待顶管机头刀盘靠近灌注桩后，若洞门探孔渗水情况良好及后续准备工作完全充分，符合顶管进洞施工条件，进行洞门凿除施工。凿除工作应先上部后下部，并保证预留门洞的直径。

因接收井洞门和管节间存在间隙，顶管机机头进洞时容易引起水土流失，严重时会导致路面沉降，损害地下管线，所以必须采取相应的措施，让顶管机机头顺利出洞。

(1) 待机头顶进至加固区时，机头部位停止注入减摩泥浆，加大机头与加固体的摩阻力，以减少机头进洞时形成地下水外泄通道。

(2) 待管节刚进入加固区时停止顶进，利用管节的注浆孔注入聚氨酯，使管节的周围土体与加固区形成一道止水圈后再继续顶进。

(3) 顶管机刀盘距围护结构灌注桩 10cm 时，顶管机暂停顶进，等待接收井洞门灌注桩的凿除。

(4) 当灌注桩凿除完毕后，应立即进行推进，待管节前端部进入接收井洞口内衬墙时停止顶进。利用后部 2 节管节的注浆孔注入聚氨酯，在管节的外围与加固体形成一道止水圈。

(5) 利用后部 2 节管节的注浆孔迅速注入双液浆液，以防止地下水通过加固区外泄。

(6) 顶管机进入接收井后，撤离机头。采用钢板将管节与洞圈焊成一个整体，以防止水土流失造成地面的塌陷。迅速撤卸机头，将机头吊出接收井。

2）顶进完成后期处理

（1）顶进完成后，为减少土体沉降，加强隧道整体防水性能，须加注水泥浆对触变泥浆进行置换，固结隧道。

（2）置换注浆从一端开始依次进行，每循环注一放一，2节管节一循环。从第1管节注浆孔注入水泥浆，第2节管节注浆孔放浆，放浆从底部开始向上依次进行，当纯水泥浆液开始流出时关闭放浆孔，开始下一循环。从第3节管节注浆管开始注浆，同时从第4节管放浆，依次类推。对溢出的泥浆进行集中处理。注浆量宜为管壁与土体缝隙的1.5~3倍。

水泥浆配置：浆液选用水泥浆，水泥采用立式搅拌机搅拌成浆，流入泥浆池放置30~40min方可使用，确保水泥有效浆化，水泥浆黏稠度适中。注浆时，先开启注浆泵，关闭注浆阀，打开回浆阀，循环1~2min后，打开注浆管阀门，同时小量开启放浆管节的放浆阀门。从底部开始向上依次放浆。前期放出的是触变泥浆，随着水泥浆注入，放出的浆液逐渐换为水泥浆，置换完成后关闭放浆阀，再注1~2min，然后开始下一循环置换。浆液置换如图6-35所示。

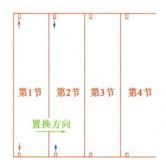 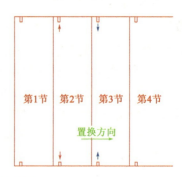

图6-35 浆液置换示意图

6.4.7 洞门施工

1）洞门处注浆加固

先对洞门的通道进行壁后注浆。注浆的范围为第1环，因为工作井的主体结构与围护结构间被苯乙烯-丁二烯-苯乙烯嵌段共聚物（SBS）防水板分隔，可能存在渗水现象，也应进行相应的注浆堵水，在该部位环向钻凿注浆孔，埋设注浆管注浆。

2）防水施工

防水施工主要包括水膨胀性橡胶止水条的粘贴以及洞门环梁浇筑后进行注浆堵水。

3）钢筋工程

根据现场洞圈与成环管片的尺寸位置及设计图纸要求，将不同型号的钢筋下料并按图纸要求位置焊接、绑扎成型。

4）模板工程

本工程采用定型钢模板以及型钢拱架。洞门采用定型钢模，与通道管节及环梁尺寸一致。模板与模板之间采用螺栓和"V"形卡扣连接固定。洞门直径方向模板支撑采用$\phi48\times35$mm

钢管脚手架及十字扣件,配合顶托调节长度顶紧模板,隧道线路方向采用钢筋与管片螺栓拉紧防止外移。端头模板采用洞门钢环环面焊接拉杆固定,并配合平台支架斜撑加固,因采用定型钢模,浇筑混凝土方量少,环梁浇筑混凝土内模主要承受径向力,以内支撑加固为主。模板内弧形根据成环管片的内径尺寸(以相邻正环管片为准)放样,放样后用圆弧模板组成内圈。外圈根据洞圈外径尺寸放样后用20mm厚的模板作为封头,并在3、9点位以及12点位留置混凝土浇筑口,开口尺寸300mm×300mm。固定模板的栏杆采用012圆钢焊接。

5)混凝土工程

本工程选用混凝土等级为C40,抗渗等级为P10的商品混凝土,在混凝土到场后进行验收,并做好相应的商品混凝土验收记录。因洞门浇筑操作空间狭窄,需采用漏斗、导流槽等设施。在无顶板孔洞的洞门施工时还需采用斗车运输。在浇筑前需准备好相关设备及设施,确保浇筑时间尽量短。整个洞门混凝土浇筑须一次完成,不可产生施工缝。现浇混凝土应与隧道和端墙密贴、稳固连接。混凝土捣固均匀密实,确保混凝土质量达到设计的强度及防水等级。

6.5 施工效果及评价

2022年6月13日矩形顶管第1节管节下井始发掘进至2022年7月31日顺利接收,共历时49d,日均进尺约2m。在推进过程中各项参数正常,地面沉降处于可控状态。

6.5.1 施工效果

施工现场及效果见表6-2。

施工现场及效果　　　　　　　表6-2

序号	施工现场及效果	图片说明
1		基座安装就位
2		后靠背安装

续上表

序号	施工现场及效果	图片说明
3		顶管机安装
4		洞门帘布安装
5		洞门破除
6		顶管机出洞

续上表

序号	施工现场及效果	图片说明
7		管节吊装
8		顶管机接收
9		成型通道
10		顶管通道装修后效果
11		上清桥站装修效果

6.5.2 实施效果评价

1）安全风险管控效果评价

相比传统暗挖工法在不良地质条件下易发生安全风险的问题，顶管机通过顶进系统提供的顶力，有效抵抗开挖面土压力，保证开挖面稳定，大大降低了施工安全风险。通过对昌南线上清桥站 B 出入口矩形顶管施工下穿京藏高速公路沉降监测，得到矩形顶管在穿越京藏高速公路的地表沉降规律。图 6-36 为顶管施工监测点布置平面简图。由图 6-36 可知，顶管始发至接收，穿越重点风险源污水管线断面 1 排，地表沉降断面 6 排。

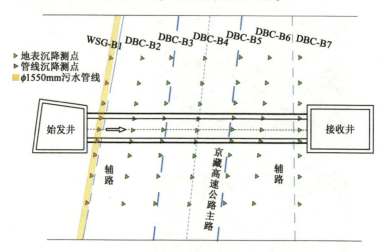

图 6-36 顶管施工监测点布置平面简图

在顶管机掘进前测得监控量测初始读数。利用水准仪观测测点高程变化情况，测点监测频率见表 6-3。

测点监测频率　　　　　　　　　　　　　　　　表 6-3

监测项目		监测频率
地表沉降、隆起、地下管线	掘进面距监测断面前后距离（m） ≤20	1~2 次/d
	≤50	1 次/d
	>50	1 次/周

设计要求周边地表沉降累计控制值接近 +10mm 或 -30mm；其中京藏高速公路路面沉降控制值为 -15mm，变形速率控制值为 2mm/d。当双控指标均达到 70% 以上或单控指标达到 85% 以上时，监测启动预警。

（1）横断面分析

对顶管施工线路的关键断面进行分析，绘制顶管机顶进前后至顶进结束后的断面沉降测点位移曲线。图 6-37 ~ 图 6-42 为地表沉降横断面沉降数据曲线。

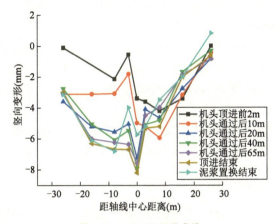

图 6-37　DBC-B2 沉降曲线

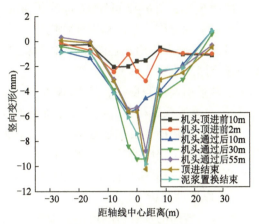

图 6-38　DBC-B3 沉降曲线

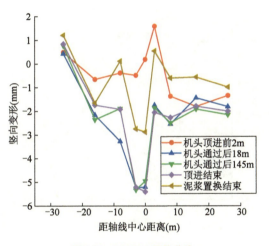

图 6-39　DBC-B4 沉降曲线

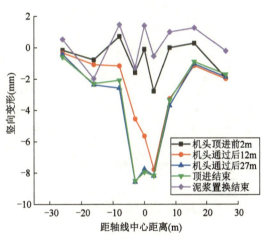

图 6-40　DBC-B5 沉降曲线

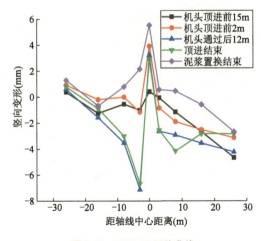

图 6-41　DBC-B5 沉降曲线

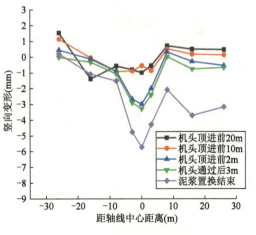

图 6-42　DBC-B6 沉降曲线

由图 6-37～图 6-42 可知，大部分断面沉降槽均已呈 V 字形，以顶管机顶进轴线为对称轴，左右大致呈现对称分布。其中顶管机正上方沉降值最大，并向两边递减；顶管机刀盘在监测断面前时，断面测点均出现轻微隆起，顶管机通过断面后，断面沉降迅速变大，最终达到稳定，京藏高速公路地表横断面测点沉降值均小于控制值 15mm，表明顶管机施工参数选择合理，进尺和出土量平衡均控制良好。其中，图 6-42 中沉降曲线较为特殊，其顶进轴线深层测点出现较大隆起，主要受顶管机顶进过程中浓泥抬升作用。

横断面沉降槽数值在顶管结束后，达到最大；顶进结束后续进行泥浆置换后，所有断面沉降数值均有一定程度的抬升。其中由于 DBC-B7 断面测点在加固区，故受泥浆置换的抬升作用影响较小，维持其缓慢固结沉降的趋势，最大值接近 6mm。

（2）纵断面分析

对顶管线路的顶管机隧道中心轴线深层测点进行分析，绘制中心测点位移随顶管机顶进历时曲线（2022 年）。测点范围为 SC-B2～SC-B7，如图 6-43～图 6-48 所示。

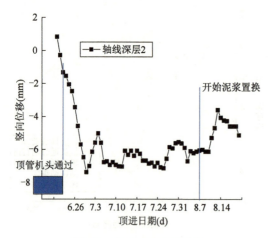

图 6-43　SC-B2 沉降历时曲线

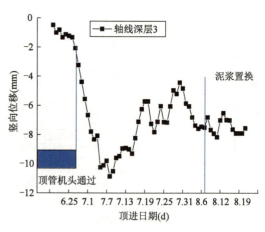

图 6-44　SC-B3 沉降历时曲线

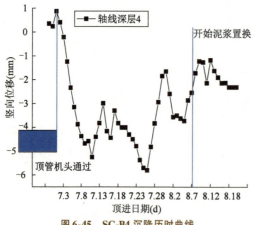

图 6-45　SC-B4 沉降历时曲线

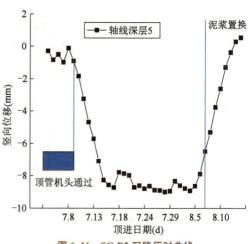

图 6-46　SC-B5 沉降历时曲线

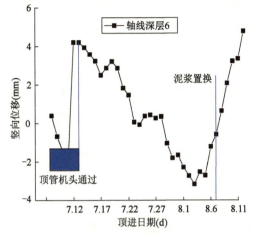
图6-47 SC-B6 沉降历时曲线

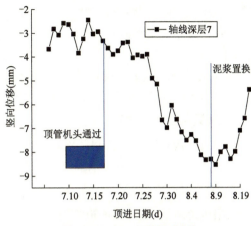
图6-48 SC-B7 沉降历时曲线

由以上曲线可知，顶进轴线深层测点最大沉降值接近-12mm，均小于控制值。测点在顶管机顶进前后，大多经历以下三个阶段：

①轻微扰动阶段：顶进前，测点土体发生轻微隆起，隆起值在2mm以内。

②土体迅速沉降阶段：顶管机通过测点下方土体时，土体产生迅速沉降。

③土体固结沉降阶段：顶管机离开测点下方土体约10d以后，测点土体沉降速率减慢，沉降趋于稳定（顶进速度约为3m/d）。

自2022年8月8日开始进行泥浆置换后，轴线深层土体测点均发生明显抬升，甚至出现隆起。故在泥浆置换中要严格控制置换压力和注入浆液的体积，同时要加强监测，确保合理控制上覆路面的变形。

2）管线沉降分析

图6-49为始发井端头加固区ϕ1550mm污水管线的沉降曲线，图中灰色部分为加固区宽度范围，主要涵盖顶管轴线及两侧测点的位置。图6-50为横断面相邻测点的倾斜率曲线。

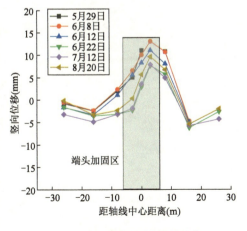
图6-49 SC-B5 竖向位移与距轴线中心距离关系曲线

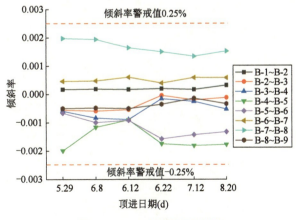
图6-50 SC-B7 倾斜率历时曲线

本次顶管施工范围内,主要受影响的管线为始发井处的 $\phi1550mm$ 污水管,该污水管采用顶管法施工,实际埋深距设计顶管通道顶 0.2m。在施工前,对该污水管道进行临时导流措施。在污水管上方布设变形测点,其中沿轴线中央的测点均在始发井端头加固区内,由图 6-49 可知,由于受到端头加固区注浆施工以及后续洞口区域的二次加固的影响,该区域的测点均呈现明显隆起的情况,其变形规律不具有常规性,最大隆起值接近 15mm,小于控制值 20mm;图 6-50 计算得到相邻测点间的倾斜率最大值约为 0.2%,小于控制值 0.25%,结构安全。

3)质量风险管控方面

本通道结构管节采用预制厂预制方式,且管节采用整环预制,可有效保证结构强度和防水效果,较传统现浇方案能有效保证工程整体质量。

4)施工进度方面

采用传统暗挖工法,该通道需要分别进行初期支护和二次衬砌施工,理想工期约 180d,而采用矩形顶管技术 60d 即可完成,可谓"时半功倍"。因此在工期方面,矩形顶管技术有明显的优势。

5)工程造价方面

由于顶管技术提高了机械化程度,且通道采用管节一次成型,可有效降低工程造价,目前同等条件下,暗挖工法与矩形顶管工法的工程造价相当。

6)结论

矩形顶管建造技术在安全、质量风险管控、施工进度方面较传统的暗挖、明挖等工法有明显的优势。这是矩形顶管建造技术在北京地区长距离通道项目的首次成功应用,通过技术总结,为后续轨道交通工程和市政工程的长距离通道建设提供了新技术方案。

第 3 篇
地铁区间隧道施工技术

　　昌南线工程全线（含改造）共14个区间，按照能盾则盾、不降水少降水原则选择区间工法。全线有高架段、路基段、明挖段、暗挖段及盾构区段，其中区间盾构形式占比约60%。区间线路周边环境复杂、建设风险高，结合具体的地质水文情况及外部条件的限制，在下穿市政桥梁及既有地铁站、盾构侧向整体始发、盾构小曲线半径叠摞始发及接收、盾构洞内解体接收、盾构水下接收、冻结法及机械法施工区间联络通道等采用针对性的控制技术，有效克服了富水、砂砾层、地下管线密集、临近建（构）筑物、下穿既有地铁站等高风险环境因素，克服了场地条件的限制。在工法、关键控制措施选择上遵循"绿色、环保、技术创新"的原则，为工程的顺利实施奠定了基础。本篇侧重于对区间工程建设中采用的新技术、不同工况条件下的关键控制技术进行总结，为工程建造技术在安全、环保、绿色等方面持续改进、更新提供助力。

第7章 深孔注浆止水施工技术

随着我国城市市政基础设施建设的全面开展和地铁线路的增多,地铁穿越的环境愈加复杂,结构埋深增加,地下结构与地下水的处理难度增大。为响应地铁工程不降水施工总要求,昌南线工程蓟门桥站—站后区间采用了深孔注浆处理地下水的方案。通过现场反复的试验实践,解决了工程中关键技术问题,确保了工程的施工质量和安全,减少了水资源浪费。

7.1 工程概况

7.1.1 设计概况

蓟门桥站—站后区间由蓟门桥站引出后,沿西土城路(东半幅路)向南敷设,到达北京邮电大学西门附近的一期终点,如图7-1所示。线路沿线规划主要为教育科研、居住用地以及景观绿地,道路西侧为元大都遗址公园,道路东侧由北向南依次为交通运输部科学研究院、北京邮电大学等建筑楼房。该路段交通繁忙,车流量大。蓟门桥站—站后区间设计起点、终点里程分别为右 K43+495.432、右 K44+170.861,区间全长 675.429m,采用矿山法施工。区间于蓟门桥站后设置渡线及停车线,相邻蓟门桥站采用暗挖法施工,区间设置2处施工竖井、1处区间风井。区间采用马蹄形断面结构,断面均采用复合式衬砌结构,结构宽度 6.2~14.6m,高度为 6.65~11.9m;区间隧道覆土厚度 18.1~22.67m。根据跨度和高度采用台阶法、交叉中隔墙法(CRD法)、双侧壁法进行分部分导洞开挖,初期支护厚度 250~800mm。

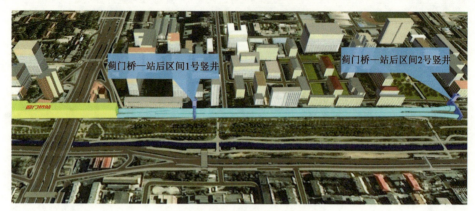

图 7-1　蓟门桥站—站后区间平面图

7.1.2　工程地质水文条件

1）工程地质条件

根据区域水文地质资料和现有的勘察资料，本区间各土层岩性分布规律自上而下依次为杂填土①层、粉土填土①$_1$层、粉质黏土③层、粉土③$_1$层、粉细砂③$_2$层、圆砾③$_3$层、粉质黏土④层、细中砂④$_2$层、卵石⑤层、细中砂⑤$_1$层、粉质黏土⑥层、卵石⑦层、细中砂⑦$_1$层、粉质黏土⑧层、细中砂⑧$_2$层、卵石⑨层。区间隧道拱部主要土层为粉细砂③$_2$层、圆砾③$_3$层、粉质黏土④层。隧道开挖施工穿越的主要土层为圆砾③$_3$层、粉质黏土④层、细中砂④$_2$层、卵石⑤层。蓟门桥站—站后区间地层剖面如图7-2所示。

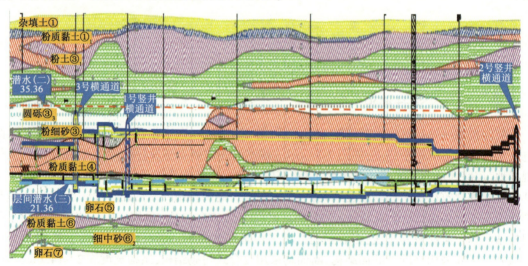

图 7-2　蓟门桥站—站后区间地层剖面示意图（高程单位：m）

左线 D（九）断面隧道开挖施工穿越的主要土层为粉细砂③$_2$层、圆砾③$_3$层、粉质黏土④层、细中砂④$_2$层、卵石⑤层。隧道拱顶粉质黏土④层在开挖过程中与地质勘察报告差别较大，隧道开挖过程中受潜水（二）层影响较大，隧道拱顶潜水（二）水位埋深约 4.5m。蓟门桥站—站后区间左线 D（九）断面地层剖面如图7-3所示。

左线 I 断面、H 断面隧道开挖施工穿越的主要土层为粉土③$_1$ 层、粉细砂③$_2$ 层、圆砾③$_3$ 层、粉土④$_1$ 层、粉质黏土④层、细中砂④$_2$ 层、卵石⑤层。隧道拱顶粉质黏土圆砾③$_3$ 层透水性较好,隧道开挖过程中受潜水(二)层影响较大,隧道拱顶地下水位埋深约 4.1m。蓟门桥站—站后区间左线 I 断面、H 断面地层剖面如图 7-4 所示。

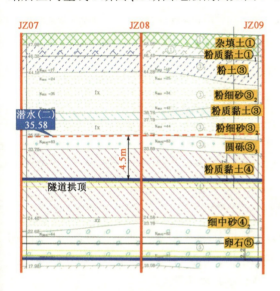

图 7-3　蓟门桥站—站后区间左线 D(九)断面地层剖面示意图(高程单位:m)

图 7-4　蓟门桥站—站后区间左线 I 断面、H 断面地层剖面图(高程单位:m)

右线渡线断面、挑高断面隧道开挖施工穿越的主要土层为粉土③$_1$ 层、粉细砂③$_2$ 层、圆砾③$_3$ 层、粉土④$_1$ 层、粉质黏土④层、细中砂④$_2$ 层、卵石⑤层。隧道拱顶粉质黏土圆砾③$_3$ 层、粉细砂③$_2$ 层透水性较好、土体稳定性差,隧道拱顶地下水位埋深约 7.8m。蓟门桥—站后区间右线渡线挑高断层地层剖面如图 7-5 所示。

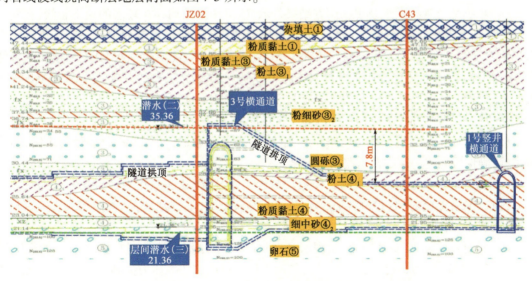

图 7-5　蓟门桥站—站后区间右线渡线挑高断面地层剖面图(高程单位:m)

2）水文地质条件

根据图纸资料，参照场区地下水情况，拟建区间结构底板与地下水位关系见表7-1。

蓟门桥站—站后区间拟建结构与地下水关系表　　表7-1

结构名称	施工方法	底板底高程（m）	初见地下水位（m）	是否采取地下水控制措施
1号竖井及横通道	明暗挖结合	18.53	35.85（潜水二层）	是
2号竖井及横通道	明暗挖结合	17.3	35.85（潜水二层）	是
暗挖区间	暗挖	19.22~21.06	35.85（潜水二层）	是

7.1.3　暗挖工程面临的主要挑战

（1）隧道开挖需穿越粉细砂③$_2$、粉土④、粉质黏土④、细中砂④$_2$、卵石⑤等地层，且断面变化多，扩挖、仰挖、1导洞扩挖为4导洞、4导洞扩挖为6导洞、1导洞扩挖为10导洞等断面转换频繁，地质条件比较复杂，开挖过程中保持土体稳定是施工难点。

（2）潜水（二）地下水位处于砂卵石层，含水量大。隧道结构穿越两层水位，地下水处理难度加大，地下水降低开挖面稳定性，存在较大的涌泥涌砂隐患。如何做好止水措施，提高开挖效果、降低施工风险是重大难点。

（3）为响应北京市地下水资源保护的要求，区间隧道采用不降水施工。受地层复杂及潜水（二）层影响，正常开挖情况下开挖面的稳定性已难以保证，采用不降水措施后的地下水控制及开挖施工难度大大提升。

（4）根据综合管线图纸及现场调查结果显示，施工场地内均存在较多的地下管线，在施工中必须控制地表沉降在设计范围内，有效保护地下管线安全。开挖穿越上水、燃气、雨污水等众多地下管线，带水管线发生渗漏导致管线下方、拱顶上方可能会出现水洞、空洞或渗漏水情况，增加了施工难度；同时在暗挖开挖支护施工过程中，如果施工控制不当，易导致地层出现较大的沉降变形，易导致管线出现较大的变形，危及管线自身的安全。施工过程中需采取超前支护及回填注浆等有效措施，防止管线沉降及管线渗水。

（5）开挖施工穿越现况西土城路东半幅路，临近地下通道、人行天桥及多处建筑物，需采取措施，确保现况建构筑物及道路桥梁安全。

（6）综合地下水控制措施限制及周边环境影响，选用深孔注浆作为地层超前加固及止水措施，但须严格控制对周边环境的影响，做到既有效止水、加固地层，又不能造成建构筑物受损、管线破坏、路面隆起。

（7）针对粉质黏土、黏质粉土、淤泥层、砂卵石层及各层混合段采用常规的深孔注浆工艺，存在一定的风险和注浆效果的不确定性，如由于注浆角度和注浆压力控制不当，在复杂地层中存在注浆盲区，隧道开挖过程中出现涌泥、涌砂现象，开挖效果较差，影响施工进度。

7.2 深孔注浆施工技术

7.2.1 深孔注浆浆液配合比试验

本工程地铁隧道穿越地段的土层主要为粉质黏土层、粉土层、砂卵石层及各层混合段,从以上地质情况及地下水特点显示,隧道在开挖过程中土体易松散,且遇砂层易造成流失。同时此处的地理位置复杂,且隧道穿越建筑物、构筑物及西土城路主辅路,部分隧道拱顶处于古河道下方,施工时面对不稳定土质,为确保各种地上建筑物、构筑物及道路的安全,须采取切实可行的措施,防患于未然。

1) 注浆参数设计

为了正确进行深孔注浆配合比设计,必须对施工地段的情况进行相应的调查,除收集已有的工程地质资料,掌握工程的重要性、所处理工程的标准、所在位置及范围外,还应进行现场踏勘,了解环境条件、原材料等其他有关因素,必要时应进行相应的勘察、地质勘探、物探,查明主要地质问题并取得所需资料。

方案选择:一般而言注浆方案是否成立,取决于方案能否以最小的投资、最短的工期,达到工程目的和满足所有的预定功能要求。同时要求方案具备施工条件,能够避免工程对环境的污染或使污染最小,能保障施工人员安全。在本工程隧道超前注浆施工采用注浆法达到加固土体和止水目的,为工程开挖创造有利条件。

根据以上分析,结合本工程现场调研情况,选用后退式注浆(WSS)工艺,浆材选择以水泥-水玻璃双液浆、磷酸-水玻璃双液浆。为了保证注浆的质量可以按照前面所述的在浆液中加入相应的外加剂。根据土层变化选择渗透注浆和劈裂注浆为主要注浆方式。

深孔注浆止水加固采用 WSS 注浆工艺;关键技术是采用二重管钻机钻孔至预定深度后,采用一台同步双液注浆机注浆。浆液有三种,即 A 液(水玻璃)、B 液(酸)、C 液(水泥浆),A 液先后与 B 液、C 液通过二重管端头的浆液混合器充分混合,分别合成 AB 液(水玻璃与酸混合液)、AC 液(水玻璃与水泥浆混合液)。其方法是在不改变地层组成的情况下,将土层颗粒间存在的水强制挤出,使颗粒间的空隙充满浆液并使其固结,达到改良土层性状的目的。其原理是先通过 AB 液将土层颗粒间的水强制挤出,再利用 AC 液使该土层黏结力、内摩擦角增大,从而使地层黏结强度及密实度增加,起到加固作用;颗粒间隙充满了不流动而固结的浆液后,使土层透水性降低,形成相对隔水层。

2) 注浆参数选择

(1) 注浆范围确定

注浆范围的确定对隧道的安全开挖和控制地面沉降是一个非常重要的因素,如果范围过大,则浪费浆材,增加了工程,经济性不好;范围过小,则达不到预期的效果。因此确定合理的注浆范围是注浆设计关键的一个环节。

隧道断面拱部位于透水地层或粉质黏土内(厚度小于 3m),采用深孔注浆止水,范围为外轮廓线外 3.0m 至透水层与非透水层分界线下 2m。对于仰拱位于层间潜水(三)透水层采用深孔注浆加固止水,范围为水位线高程以上1m至结构外轮廓外2.5m,保证施工作业和支护结构不受地下水的影响。超前注浆加固范围根据不同地段的实际情况进行选择。

(2)注浆压力确定

地层极限注浆压力一般与地层的物理力学指标有关,如地层土的密度、强度和初始应力等,同时也与注浆孔段位置、埋深、注浆材料、工艺等也有一定的关系。重要工程地层极限注浆压力的确定多由注浆试验得出,一般情况下可参照类似工程的经验和有关公式初步拟出,再在工程实施中的前期逐步调整确定。

本次注浆渗透压力设计根据设计图纸要求初步确定为0.2~0.8MPa,根据不同地层并通过现场试验最后调整确定。

3)深孔注浆浆液实验室配合比试验

(1)试验设备

模型试验箱:三个1.5m×1.5m×2m铁皮试验箱,四个侧面分别钻孔透水,以控制土层水压,如图7-6所示。

图7-6 模型箱四壁钻孔

供压设备:注浆泵2台,最大输出压力为2MPa;压力表2个,量程为0~4MPa。

储浆设备:HJ-200立式水泥搅拌机1台,搅浆能力为167~250L/min;大储水桶两个。

流量计两个、注浆钢管6根。

(2)试验材料

模型箱填土:被注介质即试验箱内土层为开挖隧道的原状土,其孔隙率和渗透系数等土性可近似看作与施工现场土层相同。

注浆材料:

A液:水玻璃采用浓度42Be′,配合比为水:水玻璃:明矾:硫酸铜 = 1:1:0.03:0.03。

B液:速凝剂,配合比为水:磷酸 = 1:0.15。

C液:水泥浆采用普通硅酸盐P·O42.5水泥,配合比为水:水泥:高效分散剂 = 1:1.3:0.065。

①C液(有高效分散剂) + A液 = CD-SCA浆液。

②C液(无高效分散剂) + A液。

③A液 + B液 = PC-SCA浆液。

(3)连接注浆管与注水管

为使注浆扩散均匀扩散,注浆管底端位于试验箱的中部;为了更好地实现土层富水状态,注水管底端调节到试验箱中上部;注浆管和注水管上端留出足够的长度与输浆、输水导管相连,如图7-7所示。

(4)配置浆液

根据试验设计中要求注浆材料配合比,分别将A液、B液、

图7-7 注浆管与注水管

C液按比例混合后充分搅拌,形成浆液。试验中,配置浆液时严格按照设计比例进行操作,保证浆液充分搅拌均匀。

（5）注浆

试验采用全孔一次注浆。注浆泵控制注浆压力为0.4~1.5MPa（模拟现场压力为0.8~2MPa）,注浆时主要对模型注浆孔壁周围水平裂隙和垂直裂隙进行充填。注浆所用的浆液经过充分搅拌均匀后才能开始注浆,并应在注浆过程中不停地缓慢搅拌,防止水泥浆液析水过快,改变水泥浆液浓度。注浆过程中注水管会一直注水。

试验过程中在出水孔处会出现透水孔出水、出浆、自动堵孔这三个明显的现象（图7-8）,要分别记录下各出水孔在这三个现象的时间,对比三组试验中出水时间、出浆时间以及浆液固结时间,以检验减水剂对浆液加速固结的作用。

图7-8　出水孔的变化过程

当土体与模型箱之间的缝隙出现冒浆时,要及时封住出浆口,使浆液不能继续外流,保持设计水头高度进行压浆。当注浆压力达到1.0~1.5MPa或者注浆压力迅速大幅增大或者浆液流动范围难以控制时,终止注浆。

（6）渗透系数试验

待注浆完成后,拆除输浆导管和输水导管,翌日,在各注水管管孔处（在浆液扩散范围以内）再次进行注水试验（图7-9）,测试注浆后固结土体的渗透系数。

降水头注水试验是抬高钻孔水头至一定高度（初始水头H_0）,停止向孔内注水,记录孔内水头（H_t）随时间（t）的下降变化。延续时间一般≥1h,根据水头下降与延续时间的关系按相应的计算公式求解渗透系数值。

该方法主要适用于地下水位以下渗透性较小的岩土层,如粉土、粉质黏土等。与常水头注水试验相比较,对于渗透性较小的岩土层,降水头注水试验可以缩短试验时间,但试验结束时间必须满足规范要求。

注浆后土体渗透性降低,因此第二次注水试验渗透系数的测量采用降水头注水试验,记录并计算渗透系数。

图7-9　第二次进行注水试验

(7) 耐久性检验

注浆完成两个月后,进行第三次注水试验,对注浆模型箱内的固结体进行常水头注水试验,一方面检验注浆后土体的渗透性,另一方面验证减水剂对于浆液耐久性的改善作用,记录并计算渗透系数。

待注水试验完成后,拆除模型箱四边,观察并记录容器内部浆液的分布和扩散情况。

(8) 试验结果及分析

① 注浆时间的分析。

注浆过程中,可以观察到土层中的水被浆液首先从最下层的注水孔中挤出来,接着是上层出水孔出水,这说明浆液在模拟土层中从管口向四周扩散,开始时浆液主要为向下扩散;随着浆液注入,当浆液到达一定深度时,浆液横向的扩散趋势增大,将水剂向压力相对较小的上层出水口,出水的状态在模型箱①、②、③中都表现为这种一致的趋势。

注浆过程中,记录了各模型箱各出水孔从开始试验到出水孔出水、出浆再到固结的时间,见表7-2,这是各模型箱完整完成三步过程的第一个出水孔的耗时记录。

堵水时间对比 表7-2

分组	①CD-SCA 浆液	②A-C 浆液	③PC-SCA 浆液
开始至出水(min:s)	13:53	14:34	11:26
出水至出浆(min:s)	4:38	5:12	4:51
出浆至固结(min:s)	3:37	3:40	1:15

由这个时间记录对比可以看出,加入高效分散剂的 CD-SCA 浆液相对于普通 C-S 浆液在第一、第二个过程中用时较少,说明第一种浆液在模拟土层中扩散更容易、更快,可以预测加入高效分散剂的浆液在相同条件下浆液扩散半径会更大;两种浆液的固结时间基本相同,所以在从出浆到固结的第三个过程中两个模型箱的时间是相近的。

对比化学浆液——PC-SCA 浆液与前两组浆液的时间可以明显看出,模型箱③试验开始后能够较其他两组更迅速出水,这说明化学浆液在浆液中的扩散更快,这是因为化学浆液本身的粒径尺寸更小,更容易扩散;在第三个过程——固结过程中,化学浆液又表现出了绝对的优势,出浆后可以迅速堵孔,因此,在大孔隙、动水的条件下,水泥浆液可能会因为来不及固结而流失,这时固结时间只有几秒至十几秒的化学浆液就是必要的选择。

② 渗透系数结果及分析(表7-3)。

渗透系数对比(cm/s) 表7-3

对比项目	模型箱①CD-SCA 浆液	模型箱②A-C 浆液	模型箱③PC-SCA 浆液
注浆前	9.4×10^{-2}	9.8×10^{-2}	10.5×10^{-2}
注浆后	1.06×10^{-7}	7.46×10^{-7}	5.49×10^{-8}
注浆两个月后	6.42×10^{-6}	1.05×10^{-4}	2.26×10^{-3}

由第二次注水试验结果可以看出,模型箱③的土层渗透系数最小为 5.49×10^{-8},其次为模型箱①的土层渗透系数为 1.06×10^{-7},渗透系数最大的是模型箱②的 7.46×10^{-7}。由模型箱①、②对比不难看出,加入高效分散剂后的 CD-SCA 浆液,浆液固结体的渗透系数明显减小,这是由于水泥浆中添加高效分散剂使注浆机可以注浓浆,使浓浆液分布均匀、不沉淀、浆液固结

后更加密实。由模型箱③对比模型箱①、②可以看出,PC-SCA 浆液的固结体渗透系数要比水泥-水玻璃浆液要小,其抗渗性能更好,忽略其结石体强度低的因素,它是一种合格的止水材料。

③浆液耐久性结果及其分析。

在模型箱注浆试验完成两个月后,继续对注浆固结体进行注水试验,对比第二次注水试验可以看出,浆液止水效果的耐久性。

对比第二次注水试验与第三次注水试验结果可以看出,注入 CD-SCA 浆液的模型箱①的土层渗透系数由 1.06×10^{-7} 变成了 6.42×10^{-6},增大了 60.6 倍,模型箱②的普通水泥-水玻璃浆液在两个月后固结体渗透系数由 7.46×10^{-7} 增大为 1.05×10^{-4},增大了 140.8 倍,模型箱③的化学浆液——PC-SCA 浆液固结体两个月内由 5.49×10^{-8} 变成 2.26×10^{-3},增大 4.1×10^{4} 倍。显而易见,模型箱①的浆液固结体渗透系数变化最小,模型箱②次之,模型箱③变化最大。由模型箱①、②的对比可以发现两个月后浆液固结体变化很小,这说明水泥浆中添加高效分散剂可以明显增加水泥-水玻璃浆液的耐久性,使浆液可以持久地保持止水功效;由模型箱③的渗透系数变化可以看出,化学浆液较其他两种浆液最初的防水效果是最好的,但在耐久性上磷酸-水玻璃浆液明显很差,在对耐久性有要求的注浆止水项目中不能单纯采用磷酸-水玻璃这一种浆液。

4)深孔注浆浆液现场配合比试验

针对蓟门桥站—站后区间复杂地层,在粉质黏土、黏质粉土、淤泥层、砂卵石层及各层混合段,采用深孔注浆,动态调整配合比,以及采用压力和注浆量指标双控工艺,控制注浆效果。

结合围岩状况不同,选用不同注浆浆液进行施工;进行配合比试验,动态调整不同浆液配合比,以得出最优配合比。不同土层选用的注浆浆液见表 7-4。

不同土层选用的注浆浆液表　　表 7-4

围岩状况	注浆浆液
粉质黏土、粉土地层、砂卵石	水泥-水玻璃双液浆
粉细砂地层	改性水玻璃

(1)浆液配合比试验

根据工程施工进度,选取典型断面左线 D 型断面 3 导洞拱顶上方土样进行分析,根据土样分析结果调整注浆配合比,如图 7-10～图 7-14 所示。

图 7-10　D 型断面 3 导洞现场土样取样分析

图 7-11　D 型断面 3 号导洞土样

A组分、B组分、C组分　　　　　　B+B组分、A+C组分

混合初始　　　　　　　　　　　混合10s

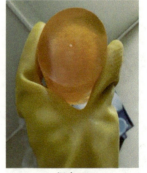

混合40s　　　　　　　　　　　混合80s

图 7-12　现场注浆材料配合比试验

图 7-13　现场深孔注浆配合比试验

图 7-14　现场浆液配置容器

双液浆配合比试验见表 7-5。化学浆液配合比试验见表 7-6。

双液浆配合比试验　　　　　　　　表 7-5

试验组次	试验材料		水泥浆与水玻璃体积比	凝结时间（s）	试验结论
第一次	水泥:水 = 1:1	水玻璃:水 = 1:1	1:1	65	水泥:水 = 1:1.3,水玻璃:水 = 1.2 时,等体积混合为最优配合比
第二次	水泥:水 = 1:1,浓度不变	水玻璃:水 = 1:1.1	1:1	72	
第三次	水泥:水 = 1:1,浓度不变	水玻璃:水 = 1:1.2	1:1	52	
第四次	水泥:水 = 1:1,浓度不变	水玻璃:水 = 1:1.3	1:1	51	
第五次	水泥:水 = 1:1,浓度不变	水玻璃:水 = 1:1.4	1:1	47	
第六次	水泥:水 = 1:1,浓度不变	水玻璃:水 = 1:1.5	1:1	98	

续上表

试验组次	试验材料		水泥浆与水玻璃体积比	凝结时间（s）	试验结论
第七次	水泥:水 = 1:1.1	水玻璃:水 = 1:1.2，浓度不变	1:1	20	水泥:水 = 1:1.3，水玻璃:水 = 1.2时，等体积混合为最优配合比
第八次	水泥:水 = 1:1.2	水玻璃:水 = 1:1.2，浓度不变	1:1	35	
第九次	水泥:水 = 1:1.3	水玻璃:水 = 1:1.2，浓度不变	1:1	57	
第十次	水泥:水 = 1:1.4	水玻璃:水 = 1:1.2，浓度不变	1:1	77	
第十一次	水泥:水 = 1:1.5	水玻璃:水 = 1:1.2，浓度不变	1:1	187	

化学浆液配合比试验　　　　表 7-6

试验组次	试验材料		水玻璃与磷酸体积比	凝结时间	实验结论
第一次	水玻璃:水 = 1:1，浓度不变	磷酸:水 = 1:27	1:1	失败，凝结时间过长	水玻璃:磷酸 = 1:1.5，磷酸:水 = 1:20时，等体积混合为最优配合比
第二次	水玻璃:水 = 1:1，浓度不变	磷酸:水 = 1:20	1:1	需15s（凝结时间过快）	
第三次	水玻璃:水 = 1:1，浓度不变	磷酸:水 = 1:23	1:1	失败，凝结时间过长	
第四次	水玻璃:水 = 1:2	磷酸:水 = 1:20，浓度不变	1:1	两次凝结，下层20s凝结，最终完成凝结需75s	
第五次	水玻璃:水 = 1:1.5	磷酸:水 = 1:20，浓度不变	1:1	一次凝结，需30s	
第六次	水玻璃:水 = 1:1.2	磷酸:水 = 1:20，浓度不变	1:1	58s	
第七次	水玻璃:水 = 1:1.4	磷酸:水 = 1:20，浓度不变	1:1	71s	
第八次	水玻璃:水 = 1:1.6	磷酸:水 = 1:20，浓度不变	1:1	两次凝结，下层12s凝结，最终完成凝结需44s	

(2)浆液注浆试验结果

①黏土层:水泥浆-水玻璃双浆液。

②砂层:少量水泥浆-水玻璃双浆液、化学浆液(水玻璃、磷酸)。

③封管:化学浆液(水玻璃、磷酸)。

④换浆:水泥浆、磷酸互换时清水冲洗注浆管。

经过多次现场取土试验及注浆试验,得出结论:采用水泥-水玻璃双液浆效果明显。

7.2.2 深孔注浆孔位优化设计

根据常规深孔注浆施工工艺及现场实况,拟定了两个深孔注浆孔位布设方案,并分别进行现场施工试验,对比实际注浆效果。

方案一:根据各导洞断面进行注浆孔位布设,孔位共10个,每个孔位打设8°、21°、32°三个角度,注浆长度12m,如图7-15、图7-16所示。

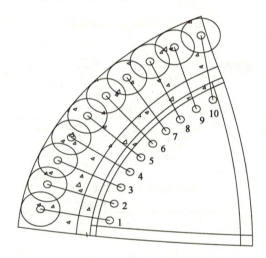

图7-15 D型断面深孔注浆孔位布设图(方案一)

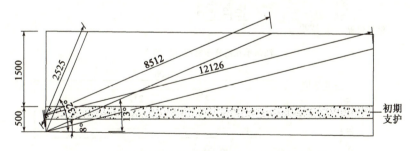

图7-16 D型断面注浆孔位布设剖面图(方案二)(尺寸单位:mm)

钻机高度为1.5m,角度为8°时,孔深为12.126m,角度为13°时,孔深为8.512m,角度为32°时,孔深为2.525m。

方案二:根据导洞断面进行注浆孔位分组布设,孔位共14个,分为四组,注浆长度12m。

如图7-17、图7-18所示。

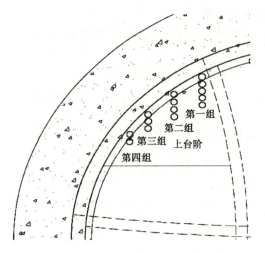

图7-17　D型断面深孔注浆孔位布设图（方案二）

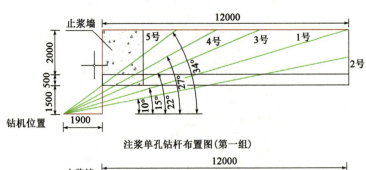

注浆单孔钻杆布置图（第一组）

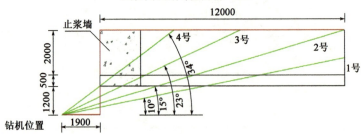

注浆单孔钻杆布置图（第二组）

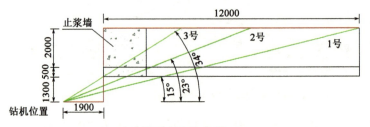

注浆单孔钻杆布置图（第三组）

图 7-18

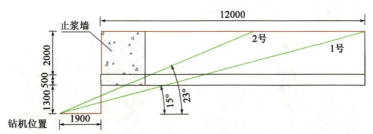

注浆单孔钻杆布置图(第四组)

图7-18　D型断面注浆孔位布设剖面示意图(方案二)(尺寸单位:mm)

每组单孔钻杆布置角度统计见表7-7。

钻杆布置角度统计表　　　　　　　　　　　　　　　　表7-7

编号	第一组	第二组	第三组	第四组
角度	15°、10°、22°、27°、34°	10°、15°、23°、34°	15°、23°、34°	15°、23°

对应各种角度成孔施工孔深、注浆长度见表7-8。

D型断面注浆孔位布设统计(方案二)　　　　　　　　表7-8

编号	角度(°)	孔深(m)	注浆长度(m)
第一组			
1号	15	12.5	10
2号	10	12.5	7.5
3号	22	8.5	7.5
4号	27	6.5	6.5
5号	34	4.5	4.5
第二组			
1号	10	12.5	7
2号	15	12	9.5
3号	23	7.5	6.5
4号	34	4.5	4.5
第三组			
1号	15	12	9.5
2号	23	7.5	6.5
3号	34	4.5	4.5
第四组			
1号	15	12	9.5
2号	23	7.5	6.5

深孔注浆钻机定位及角度控制见图7-19。

图7-19　深孔注浆钻机定位及角度控制

注浆过程控制：
（1）若注水泥浆过程中流出砂，更换化学浆。
（2）若注化学浆过程中流出砂，增大化学浆浓度。
（3）注浆孔位流出液体、暂缓注浆与现场试验浆液上强度时间对比，若流出时间＞上强度时间，则为清水，正常注浆。反之则为化学浆液，加大浆液浓度。
（4）注浆过程中，其他已完成注浆作业的孔位流出浆液或水、砂等，说明孔位串联，应减小注浆速率，增大浆液浓度。且要对该孔位二次注浆（封管为主）。
（5）注浆范围内退杆步距50cm，掌子面范围内退杆步距100cm。

经过对方案一和方案二现场试验，记录注浆数据、开挖数据，进行结果对比，方案二现场注浆效果较好。再次对方案二进行优化后，以保证注浆充分、不留死角、施工安全为原则，本试验段D断面上层导洞最终选用方案二进行施工。

7.2.3　深孔注浆压力控制

深孔注浆原设计参数：
（1）浆液扩散半径为$R=500$mm。
（2）注浆孔环向间距约700mm。
（3）注浆压力：对深孔注浆的初压为0.2~0.8MPa，终压为1.2MPa，在终压状态下当注浆量小于3L/min或注浆压力在终压状态逐步升高可停止注浆。

深孔注浆通过注浆压力和单孔注浆量控制，根据注浆压力变化判断注浆是否达到要求，从而保证注浆止水效果。

现场深孔注浆严格按照设计要求的注浆压力进行施工，但施工过程中发现浆液无法达到理想的扩散范围，止水加固效果不明显。经过与业主、设计单位沟通，通过增大压力，监测部门24h监测，保证对结构无影响的情况下，确定注浆压力控制在1~1.2MPa，终压在1.5MPa范围内，止水加固效果明显。

7.3 监测数据结果分析

7.3.1 注浆效果分析

为确认注浆效果,采取对注浆过程分析,注浆后钻检查孔及雷达检测 3 种方法进行检查。

1) 注浆过程的 p-q-t 曲线分析

注浆压力 p,注浆流量 q,同注浆时间 t 的关系曲线如图 7-20 所示。由图 7-20 曲线可以看出,开始时,注浆施工采取低压力灌注,注浆压力控制为 0.2~0.8MPa,随着注浆的进行,浆液有效填充了砂层的空隙,为了使浆液继续注进砂层,注浆泵压力自行逐渐提高,为保护地下管线的安全,防止浆液在饱和动态含水砂层中产生劈裂,采取注浆终压为 1~1.2MPa。在注浆过程中,通过调整注浆孔布距、注浆初始压力、注浆流量,从而达到在注浆量满足设计要求时,注浆终压也基本为设计终压 1~1.2MPa。根据 KBY 注浆泵的性能特点,在注浆开始时,采用较大的注浆流量即 20~30L/min 进行注浆,随着注浆工作的进行,注浆泵无级调速,注浆流量逐渐减小,最后注浆流量减小为 5~10L/min,这充分证明了在注浆过程中,注浆材料有效填充了土层的空隙,达到了注浆堵水的目的。

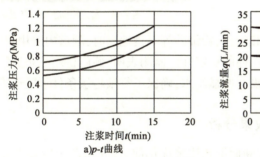
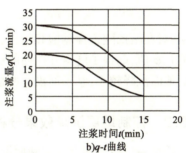

a) p-t 曲线   b) q-t 曲线

图 7-20 注浆过程 p-t、q-t 曲线

2) 钻检查孔

根据注浆记录,在注浆最薄弱的部位确定检查孔,对检查孔进行注稀水泥浆试验,以判定注浆效果。经测试注浆后土体渗透系数为 $2.18 \times 10^{-5} \sim 4.60 \times 10^{-6}$ cm/s,较未注浆前渗透系数 5.7×10^{-4} cm/s 明显减小,表明注浆效果明显。

3) 雷达检测

探地雷达方法是一种用于确定地下介质分布的广谱(1MHz~1GHz)电磁波技术。它利用一个天线发射高频率宽频带短脉冲电磁波,另一个天线接收来自地下介质界面的反射波。电磁波在介质中传播时,其路径、电磁场强度与波形将随所通过介质的电性质及几何形态而变化。因此,根据接收到波的旅行时间(亦称双程走时)、幅度与波形等资料,可探测介质的结构、构造与埋设物体。

探地雷达工作原理见图 7-21。雷达波(即电磁波)能量以波的形式传播出去。隧道衬砌结构所使用钢支撑及钢筋网均属于良性导体,当雷达波从介质入射到导体表面时,由于存在较大的电磁性差异,必然产生反射现象。理论研究与试件的模拟试验证明,雷达电磁波在物体或介质中的传播速度随介质的相对介电常数的增大而降低。介质的介电常数不仅与介质本身的性质有关,而且与介质中含水率有关,即介质中含水率增加,介电常数值亦会增大,则电磁波在介质中的传播速度下降。又由波动理论中波速 v、波长 λ、频率 f 三者的关系($\lambda = v/f$)可知,当雷达发射电磁波频率一定时,随着介质波速的增加,雷达所接收到的反射波波长加大;反之,波长变小。可见,雷达波对水的反应甚为敏感。

隧道施工后对外侧的土体进行雷达检测,见图 7-22。检测结果表明注浆后被加固地层无明显异常,隧道开挖过程中上部 2~3m 范围内土质没有受到扰动。

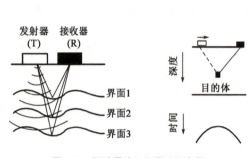

图 7-21 探地雷达工作原理示意图

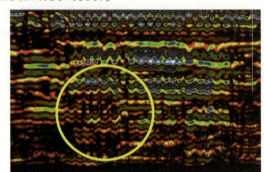

图 7-22 雷达检测土体扰动无异常

实践表明,对在暗挖隧道穿越饱和粉土、粉细砂等不良地层时,隧道内采用双液注浆工法,提高了土体的 c、φ 值,确保了隧道开挖面的稳定性。监测表明,蓟门桥站—站后区间大断面通过改善注浆后地面沉降较小,掌子面没有明显渗水,确保了复杂地层条件下隧道安全穿越。

7.3.2 控制地层沉降效果分析

选取蓟门桥站—站后区间左线大断面深孔注浆优化前、优化后两个阶段上方典型断面监测进行典型横断面沉降对比分析(图 7-23),深孔注浆工艺改良后较深孔注浆改良前沉降少 19.16mm,地层沉降控制效果明显,如图 7-24 所示。在后续施工过程中,蓟门桥站—站后区间风险总体可控。

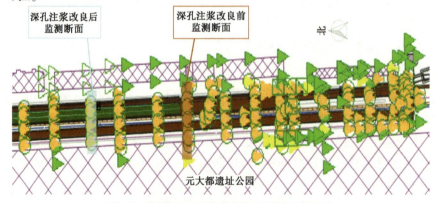

图 7-23 典型监测点时程沉降曲线点位布置示意图

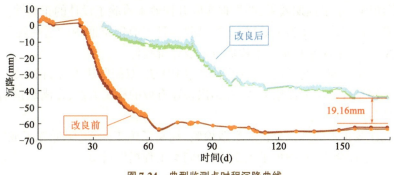

图 7-24　典型监测点时程沉降曲线

7.4　施工效果及评价

深孔注浆止水非常适合在区间隧道及有限空间条件下进行施工，占用空间小，对周边影响小，相对于降水施工减少了水资源浪费，同时比冷冻法造价低，施工周期短，具有明显的环保、技术和经济优势，主要有如下的特点：

（1）不影响地面交通、建（构）筑物等；
（2）施工噪声小，对环境影响小，文明施工程度高；
（3）施工精度高，技术先进，施工速度快；
（4）综合施工成本低；
（5）与降水施工相比占地面积小，减少了水资源浪费。

施工现场落实深孔注浆止水措施，做到先支护后开挖。前期深孔注浆地质改良效果不明显，深孔注浆后仍出现拱部坍塌、流泥等不利地质风险情况。通过采取优化浆液配合比、调整孔位分布及注浆角度、加强控制注浆压力等措施，地质改良效果得到明显改善，后续施工中拱部坍塌、流泥等不利地质风险明显减少，施工进度明显加快，如图 7-25 所示。

图 7-25　深孔注浆后开挖效果

依托本工程深孔注浆实践，研究富水砂卵石层中深孔注浆设计参数，通过对加固和止水作用区的区分（仰拱、掌子面注重止水，拱部兼具止水和加固），研究调整注浆浆液材料与配合比,分别达到了加固和止水预期效果,并根据实际开挖效果检验了设计的正确性。

解决了卵石层注浆成孔及施工效率问题;试验验证了有限空间内的适用性及卵石地层深孔注浆施工效率;确定了注浆止水效果检验方法及评价指标。

研究深孔注浆施工与区间开挖步序(台阶法、CRD法、双侧壁法等)的相互影响关系,确定了与区间暗挖工序结合最优的注浆方式,总结出快速有效的施工方法,在满足预期效果情况下达到了节省工期目的。

通过对深孔注浆止水的理论分析及实践检验,提高了施工效率,降低施工成本,减少水资源浪费,同时降低了社会影响,缩短了工期,可为同类工程提供借鉴。

第8章 矿山法下穿市政桥梁施工技术

学院桥位于北四环中路,处于交通要道,且桥区结构复杂。学院桥站—西土城站区间矿山法隧道近距离下穿学院桥桥区结构,隧道仰拱位于潜水(二)水位线以下,穿越地层土体主要为粉质黏土,隧道开挖宽度 6.58m、高度 6.92m,下穿过程风险较大。在本工程施工过程中通过采取桥梁支顶、洞内增设临时仰拱分层开挖、洞内深孔注浆预加固等多项主动保护措施,并辅以信息化技术指导现场施工,有效控制了隧道开挖对桥区结构的扰动,保证了工程按期完工。

8.1 工程概况

学院桥站—西土城站区间以学院桥站大里程端为起点,沿学院路向南敷设,下穿北四环学院桥、学院路、既有西土城站(M10)、小月河后,到达西土城站。

区间设计起终点里程为左线:ZK41+184.195~ZK42+494.749,右线:YK41+184.195~YK42+494.127,左线全长 1310.554m,右线全长 1309.932m,采用矿山法+盾构法施工。地面高程 48.3~52.4m,拱顶覆土 18.1~27.9m,底板埋深 24.9~33.9m。区间线路平面最小曲线半径 $R=1000$m,线间距为 9~17m,区间纵向为单面下坡设计,坡度为 6.2‰。

本段区间设置一座施工竖井和横通道、一座盾构始发井(简称盾构井)和盾构平移横通道(简称平移横通道)、一条出土通道以及两座联络通道,如图 8-1 所示。

8.1.1 工程地质水文条件

根据区域地质水文资料和现有的勘察资料,本区间主要赋存有三层地下水,其类型分别为上层滞水(一)、潜水(二)和层间潜水(三)。详细情况如下:

上层滞水(一):含水层岩性主要为杂填土①层、粉土填土$①_1$层、粉土$③_1$层,稳定水位高程为 41.18~43.46m,水位埋深为 5.2~7.4m。主要接受大气降水及地表水入渗、地下管道渗漏等方式补给，以向下垂直渗入补给潜水方式排泄。

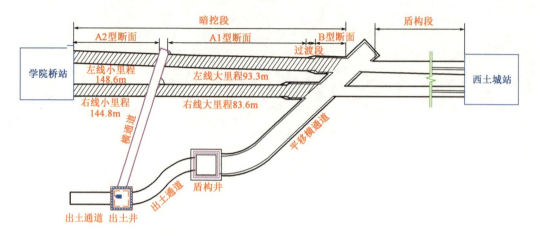

图 8-1　学院桥站—西土城站区间结构平面示意图

潜水（二）：含水层岩性主要为粉土③₁ 层、粉土④₁ 层、细中砂④₂ 层，稳定水位高程为 32.78～36.00m，水位埋深为 12.8～15.8m。主要接受地表水的垂直入渗、地下水侧向径流、越流及"天窗"渗漏补给，并以地下径流、越流为主要排泄方式。

层间潜水（三）：含水层岩性主要为卵石⑤层、细中砂⑥₂ 层、卵石⑦层、细中砂⑦₁ 层、细中砂⑧₂ 层、卵石⑨层，稳定水位高程为 19.06～19.28m，水位埋深为 29.3～29.6m。主要接受地下水侧向径流、越流及"天窗"渗漏补给，并以地下径流、越流及人工开采为主要排泄方式。

区间正线暗挖段地质纵剖面如图 8-2、图 8-3 所示。

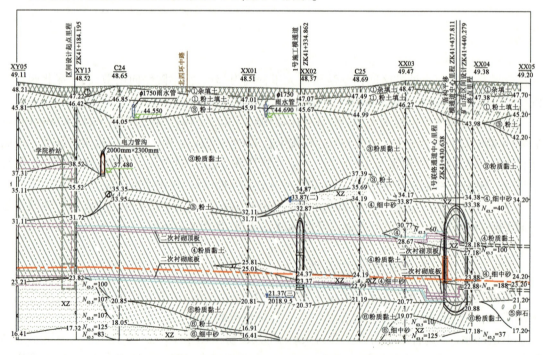

图 8-2　区间正线暗挖段左线地质纵剖面示意图（高程单位：m）

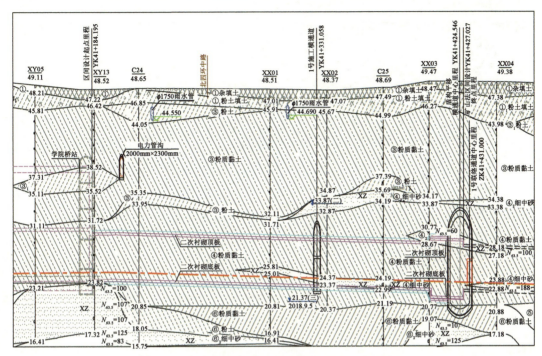

图 8-3 区间正线暗挖段右线地质纵剖面示意图(高程单位:m)

8.1.2 暗挖区间下穿学院桥概况

暗挖(矿山法)区间设计起终点里程为左线 ZK41+184.195~ZK41+440.279,右线 YK41+184.195~YK41+427.027,左线全长 256.084m,右线全长 242.832m。地面高程 49.6~52.4m,拱顶覆土 18.1~22.3m,底板埋深 24.9~29.2m。区间标准段隧道开挖宽度 6.58m,开挖高度 6.92m。区间线路平面曲线半径 $R=2500$m,线间距为 12~17m,线纵向为单面下坡设计,坡度为 6.2‰。

正线暗挖段在 K41+200.000~K41+315.000 下(侧)穿学院桥、1~6 号通道桥(含挡土墙)市政桥梁结构,左右线各下穿越一次,如图 8-4 所示。暗挖区间下穿学院桥(区)概况见表 8-1。

暗挖区间下穿学院桥(区)概况   表 8-1

序号	风险名称	里程	风险概述	风险等级
1	区间正线下穿学院桥(含挡土墙)	K41+241.000~K41+273.000	垂直下穿,拱顶位于桩底以上 6.55m,开挖边线与基础水平距离 3.63~7.89m	一级
2	区间正线下穿 5 号通道桥(含挡土墙)	K41+200.000	垂直下穿,拱顶与基础垂直 16.01m	一级
3	区间正线下穿 6 号通道桥(含挡土墙)	K41+315.000	垂直下穿,拱顶与基础垂直 16.75m	一级
4	区间正线侧穿 1~4 号通道桥(含挡土墙)	K41+200.000~K41+315.000	侧穿,拱顶与基础垂直距离 16.41~16.7m,开挖边线与基础水平距离 21.44~25.29m	三级

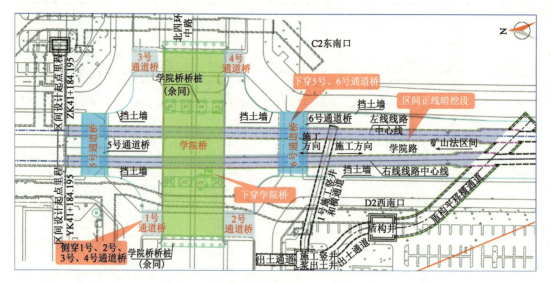

图 8-4　暗挖区间下穿学院桥(区)平面示意图

8.2　施工关键技术

学院桥—西土城站区间暗挖段 2 条隧道自学院桥南侧向北开挖,下(侧)穿学院桥区,且隧道位于潜水(二)水位线以下。该桥区为重要风险源,在施工前对桥梁结构进行检测评估,在施工过程中重点是处理好地下水并减少对土体的扰动,以控制好桥区结构的沉降。主要采取以下措施:

(1)下穿前施作桥梁支顶作为应急预案,当差异沉降达到预警值时,启动应急预案。
(2)对矿山法隧道采取深孔注浆的措施,进行堵水和土体加固,并辅以轻型井点降水的措施。
(3)隧道增加临时仰拱,分两层开挖,且上下层导洞开挖面保持至少 15m 的距离。
(4)左右线 2 条隧道同时开挖时,上层掌子面错开 15m 以上。

8.2.1　暗挖区间结构参数及施工方法

1)结构参数

正线暗挖段共分 3 类断面,分别为 A1 型、A2 型、B 型断面,如图 8-5 所示。

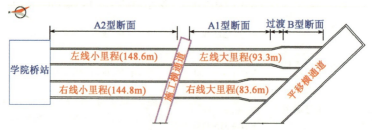

图 8-5　区间暗挖段隧道平面示意图

暗挖区间下穿学院桥结构为 A2 型断面,开挖宽度 6.58m,开挖高度 6.92m,设置一道 250mm 厚临时仰拱,断面结构参数见表 8-2 及图 8-6、图 8-7。

A2 型断面结构参数　　　　　　　　　　表 8-2

项目		材料及规格	施工参数
初期支护	超前深孔注浆	水泥-水玻璃双液浆	加固初期支护外 2m,内 0.5m;桥区初期支护外 3m,内 0.5m
	钢筋网	$\phi6.5$mm、150mm×150mm	单层铺设,四周铺设,搭接≥150mm
	喷射混凝土	C25 喷射混凝土	0.3m
	格栅钢拱架	$\phi25$、$\phi14$、$\phi10$ 钢筋	间距 0.5m
	纵向连接筋	$\phi22$ 钢筋	环距 0.5m,内外双层交错布置
	锁脚锚管	DN32×2.75mm 钢焊管;$L=2.0$m	每榀拱脚设 1 根
临时支护	钢筋网	$\phi6.5$mm、150mm×150mm	单层铺设,搭接≥150mm
	喷射混凝土	C25 喷射混凝土	0.25m
	格栅钢拱架	$\phi22$、$\phi12$、$\phi8$ 钢筋	间距 0.5m
二次衬砌结构	防水	Ⅱ级防水	2mm 土工布+1.5mm EVA 防水板
	混凝土	C40 P10	300mm 厚
	钢筋	$\phi20$、$\phi14$、$\phi10$ 钢筋	环向主筋 $\phi20@150$,纵向分布筋 $\phi14@150$,拉筋 $\phi10@150\times150$

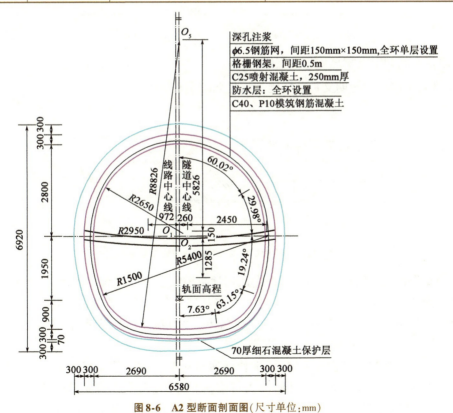

图 8-6　A2 型断面剖面图(尺寸单位:mm)

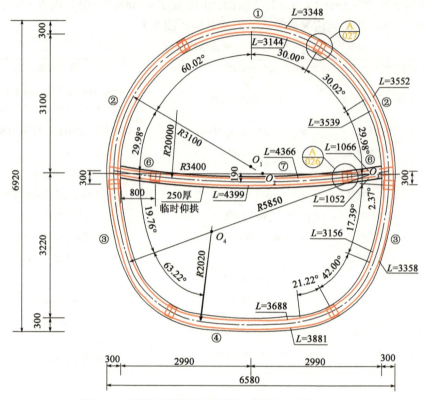

图 8-7 A2 型断面初期支护格栅总装示意图(尺寸单位:mm)

2）暗挖区间初期支护总体施工安排

暗挖区间主体结构初期支护总体施工流程如图 8-8 所示。

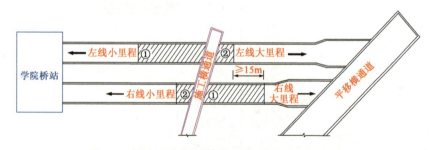

图 8-8 暗挖区间主体结构初期支护总体施工流程示意图

（1）根据设计图纸要求，左线小里程先达到学院桥站。拟以左线小里程、右线大里程同步开始初期支护施工，以右线小里程、左线大里程与相邻且与对侧正线隧道错开 15m 同时施工。

（2）学院桥站计划 2020 年 6 月 30 日完成端墙扶壁柱施工后具备贯通条件，小里程端到达学院桥站时间为 9 月 3 日，满足贯通工期需求。

（3）因大里程端与平移横通道斜交，平移横通道初期支护全部完成并变形收敛稳定后实施扩挖段（B 段），否则应在扩挖段开始前进行临时封端，直至平移横通道初期支护及结构变形收敛完成后再进行正线暗挖隧道开挖。（按实际施工组织情况保留一种即可）

3)隧道(A2型断面)下穿学院桥初期支护施工步序及方法

A2型断面隧道中间设置临时仰拱,分上下2层导洞,均采用上下台阶法开挖。因正线与横通道斜交,格栅马头门位置前三榀密排,从第四榀格栅开始渐变调整至标准步距。

(1)施工步序(表8-3)

施工步序 表8-3

序号	图示	施工程序
1	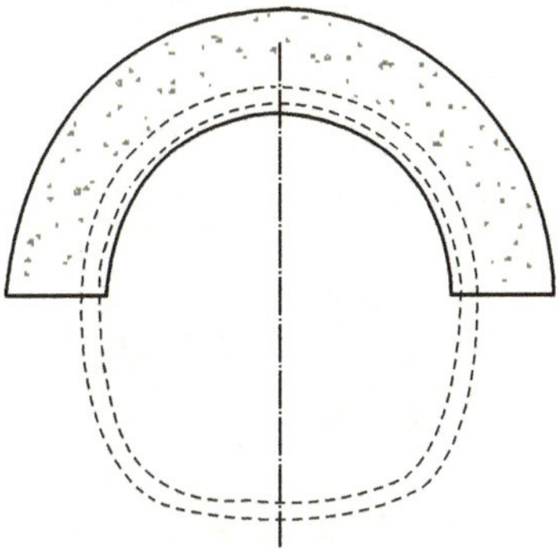	施工拱部深孔注浆加固地层
2	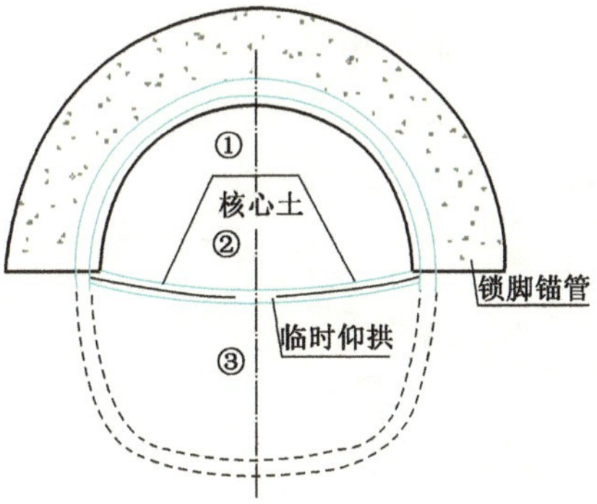	(1)开挖拱部土体①,保留核心土②,架立拱部格栅钢架,挂钢筋网,喷射混凝土,形成拱部初期支护; (2)开挖核心土②,施作临时仰拱
3	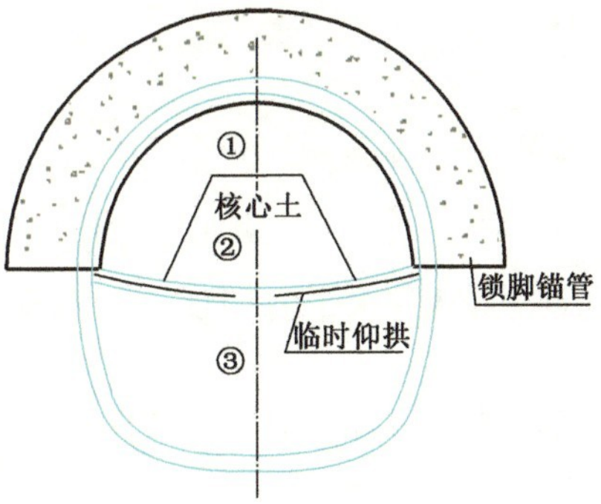	当上层导洞进尺不小于15m时,开挖下半断面③部土体,并施作边墙、仰拱,初期支护封闭成环。保持上下层导洞不小于15m的错距

(2)施工流程

施作拱顶深孔注浆→上半断面开挖,进尺一榀格栅间距→架立格栅钢架,挂钢筋网,喷混凝土→开挖核心土→施作临时仰拱→上下断面错距大于15m,进行下部断面开挖及支护,初期支护封闭成环→初期支护背后注浆→进入下一循环。

(3)暗挖正线与学院桥站接口施工方法

①区间正线暗挖段在接近车站10m处:封闭掌子面进行深孔注浆,验证注浆效果后进行开挖。

②区间正线与学院桥站主体结构接口处:初次衬砌密排3榀格栅,格栅主筋与学院桥站4号横通道格栅主筋焊接连接牢固。

台阶法开挖施工纵剖面图如图8-9所示,正线与横通道斜交格栅布置如图8-10所示。

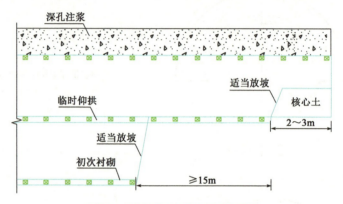

图8-9 台阶法开挖施工纵剖面示意图

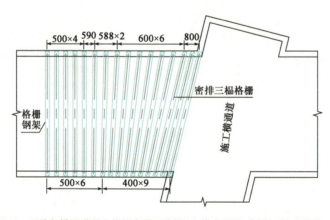

图8-10 正线与横通道斜交格栅布置示意图(左线小里程,余同)(尺寸单位:mm)

4)矿山法隧道止水施工方法

区间隧道透水夹层(细中砂层):采用深孔注浆加固,水平方向加固初期支护外2.0m,竖向加固透水层上下1.0m(局部1.5m)范围。

开挖过程中遇渗水等不利于施工的情况,采取注浆与真空引排相结合措施。

5)矿山法隧道二次衬砌施工方法

(1)施工流程

区间正线暗挖段标准断面采用二次衬砌台车施工(图8-11),共投入2套台车,先进行①

区施工,由大里程向小里程方向,①区完成后台车行至②区由小里程往大里程方向施工,最后施工③区(横通道内正线二次衬砌),每板二次衬砌结构强度达到 2.5MPa 后方可走行至下一板位置施工,施工完成后台车通过平移横通道和盾构井吊出。

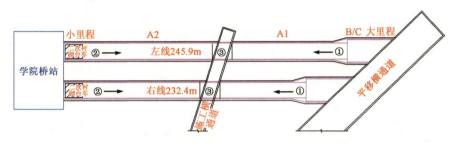

图 8-11 暗挖区间二次衬砌台车平面施工顺序

B 型断面二次衬砌在正线初期支护与平移横通道贯通后方可施工,待盾构区间完成后进行 C 型断面及 1 号联络通道结构施工,如图 8-11 所示。

正线暗挖段二次衬砌结构施工步序见表 8-4。

正线暗挖段二次衬砌结构施工步序(A1/A2 型断面)　　表 8-4

序号	图示	施工步骤说明
1		第一步:施工临时仰拱(在 A2 型断面施工前应将临时仰拱拆除)
2		第二步:施工剩余结构,每段长度 12m;二次衬砌注浆须在结构强度达到设计强度的 75% 后方可实施

(2)临时支护拆除

A2 型断面临时仰拱在初期支护结构变形稳定后一次性拆除。

施工破除过程中加强地面沉降及洞内拱顶沉降和收敛的监测,如遇沉降超出设计要求时,应及时停止拆除并采取加固措施,分析原因,调整拆除长度,必要时对破除混凝土的钢架回喷混凝土加固,确保初期支护结构安全稳定。

(3)施工段划分(图8-12)

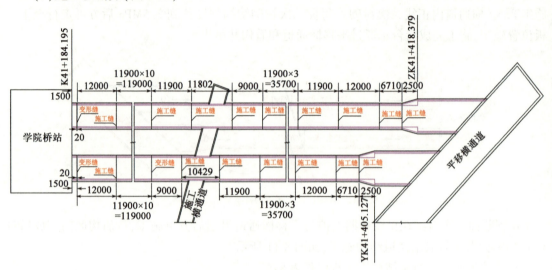

图8-12　暗挖区间正线施工缝及变形缝示意图(尺寸单位:mm)

8.2.2　下穿学院桥专项措施

学院桥站—西土城站区间下穿学院桥,环境风险等级为一级。学院桥修建于2000年,为三孔钢筋混凝土连续箱梁,孔径为33m+42m+33m,桥梁长108m,桥面宽35.7m。边跨基础为直径1.5m钻孔灌注桩,外侧桩长28m,内侧桩长33m,外侧桩桩底以上7m及内侧桩桩底以上8m范围为C25素混凝土桩;中跨基础为直径1.2m钻孔灌注桩,桩长25m,桩底以上6m范围为C25素混凝土桩,如图8-13所示。

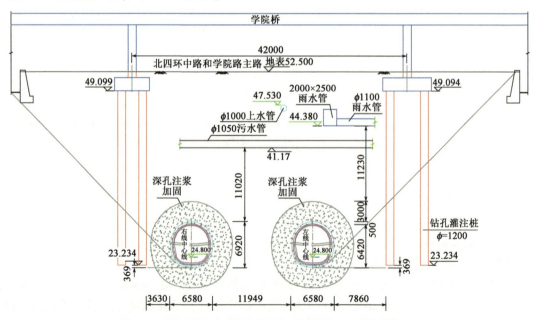

图8-13　区间正线下穿学院桥示意图(尺寸单位:mm;高程单位:m)

(1) 施工前根据产权单位要求对施工影响范围内的学院桥区结构进行检测和评估。
(2) 标准断面增加临时仰拱,分上下2层导洞施工,采用上下台阶法施工。
(3) 对开挖轮廓线外3m内0.5m范围地层采用深孔注浆加固。
(4) 先贯通上层导洞,从上层导洞临时仰拱对下导洞进行垂直注浆,上导洞注浆至临时仰拱以下1m处,减少下层导洞施工对桩基的二次扰动,区间隧道先开挖左线后开挖右线。
(5) 初期支护施工过程中及时跟进背后注浆,多导洞开挖时应多次补注浆,严格控制注浆压力和注浆量,保证注浆效果。

8.2.3 下穿5号、6号通道桥专项措施

区间在K41+200.000、K41+315.000下穿学院桥5号、6号通道桥及挡土墙(一级风险),学院桥5号、6号通道桥修建于2000年,桥梁为预应力混凝土简支T形梁,基础为重力式桥台,桥面宽35.7m,长12m,重力式桥台基础宽4.4m,高1.2m;桥台为底部宽1.6m,上部宽1.2m,高约3.7m,均为的C25钢筋混凝土,如图8-14所示。

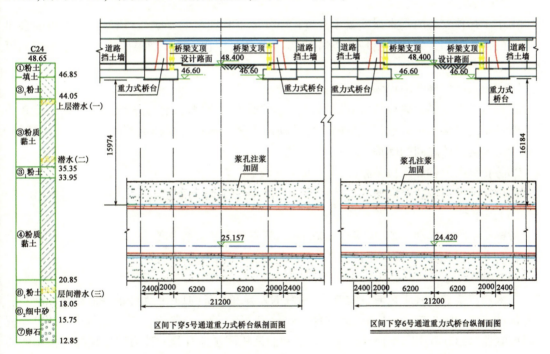

图8-14 区间正线下穿5号、6号通道重力式桥台纵剖示意图(尺寸单位:m;高程单位:m)

(1) 完成风险专项设计,专项施工方案审批后组织施工。
(2) 布设监测点,施工过程中加密监测频率,根据监测结果及时调整施工参数。
(3) 为了有效进行区间暗挖穿越市政桥梁动态主动保护,采用顶升技术。
(4) 施工前根据产权单位要求对施工影响范围内的学院桥区结构进行检测和评估。
(5) 标准断面采用上下台阶法施工,增加临时仰拱。
(6) 对拱部180°开挖轮廓线外3m内0.5m范围地层采用深孔注浆加固,纵向加固范围为K41+184.195~K41+226.000和K41+288.000~K41+326.000。

(7)初期支护施工过程中及时进行初期支护背后注浆,多导洞开挖时应多次补注浆,严格控制注浆压力和注浆量,保证注浆效果。

8.2.4 动态主动保护施工技术

1)顶升系统设计

桥梁支顶作为应急预案,在隧道开挖施工时,若桥梁沉降达到(或超过)预警值,通过顶升系统主动校正桥梁结构沉降值,保持桥梁结构形态稳定不变。该系统由以下几部分组成。

(1)反力支座

根据现场调查的情况,本桥桥台处台面至梁底高度为3~6cm,且不适宜设置反力支座架,拟采用将千斤顶直接安装在桥台上,利用桥台作为千斤顶的反力支座的方法。如千斤顶安装困难,可适当在桥台面安装千斤顶位置凿除混凝土,以满足安装高度。

(2)限位装置

由于千斤顶安装的垂直误差及顶升过程中其他不利因素的影响,在顶升过程中可能会出现微小的水平位移。为避免出现此类情况,需在各桥台位置设置平面限位装置,限制纵横向可能发生的位移。

①防止横向位移的限位装置。

在桥台处两端靠近梁板位置安装槽钢,用膨胀螺栓将槽钢固定在桥台位置,利用固定在桥台上的槽钢约束梁板顶升过程中可能发生的横向位移。槽钢与梁体混凝土接触面涂满黄油,以减少支架与梁体之间的摩擦。

②防止纵向位移的限位装置。

在桥梁伸缩缝位置竖向塞入2块钢板,利用桥台耳背墙约束顶升梁的纵向水平倾向位移。

(3)操作架

桥梁桥下均为机动车道,拟采用 ϕ50mm 钢管脚手架搭设操作平台,操作平台距梁底高度为1.5m,周边用 ϕ50mm 架管搭设1.0m高的护栏,以防操作人员坠落。

(4)控制系统

在采用传统的顶升工艺时,往往由于荷载的差异和设备的局限,无法消除液压缸不同步对顶升构件造成的附加应力,从而引起构件失效,具有极大的安全隐患。本工程所采用的可编程逻辑控制器(PLC)液压同步顶升技术。PLC控制液压同步顶升是一种力和位移综合控制的顶升方法,这种力和位移综合控制方法,建立在力和位移双闭环的控制基础上。由液压千斤顶,精确地按照桥梁的实际荷重,平稳地顶举桥梁,使顶升过程中桥梁受到的附加应力下降至最低,同时液压千斤顶根据分布位置分组,与相应的位移传感器组成位置闭环,以便控制桥梁顶升的位移和姿态,同步精度为±2.0mm。这样就可以很好保证顶升过程的同步性,确保顶升时盖梁、板梁结构安全。

(5)液压系统

①综合考虑减少对仪器的磨损,预留20%安全值。此次顶升使用的拜耳千斤顶111个(备用3个,共计114个),千斤顶本体高度480mm,行程150mm,外径207mm,内径115mm,顶

升吨位150t。本工程顶升采用双作用带机械锁的液压千斤顶,顶升系统应保证同步顶升,同步精度大于0.5mm。

②根据液压控制系统的性能,为便于顶升精度的控制,在桥台两侧分别布置两个位移传感器,每个桥墩中心位置两侧各布置一个位移传感器,以便更好地监测顶升姿态。根据位移信号,由主控室的PLC控制整个顶升过程。

③顶升液压缸由泵站控制,通过安装在盖梁两侧的位移传感器监测顶升姿态。

学院桥桥梁支顶现场做法如图8-15所示。

图8-15 学院桥桥梁支顶现场做法

2)预顶升

为了观察和考核整个顶升施工系统的工作状态以及对称重结果的校核,在正式顶升之前,应进行试顶升,试顶升高度10mm。

试顶升结束后,提供整体姿态、结构位移等情况,为正式顶升提供依据。

3)正式顶升

试顶升后,观察若无问题,便进行正式顶升,千斤顶最大行程为50mm,每一顶升标准行程为30mm。

顶升施工流程:顶升准备→顶升系统安装调试→预顶升、正式顶升(全程监控)→塞垫钢板。

正式顶升,须按下列程序进行,并做好记录:

(1)操作:按预设荷载进行加载和顶升。

(2)观察:各个观察点应及时反映测量情况。

(3)测量:各个测量点应认真做好测量工作,及时反馈测量数据。

(4)校核:数据汇交现场领导组,比较实测数据与理论数据的差异。

(5)分析:若有数据偏差,有关各方应认真分析并及时进行调整。

(6)决策:认可当前工作状态,并对下一步操作作出决策。

4)顶升监测

(1)监测内容

梁底的绝对高程(或位移)、顶升应力。

（2）测点布设

主梁底绝对高程测点：通过位移传感器和压力传感器读取顶升位移和压力值。

（3）日常巡视

①桥梁结构（构件）开裂、混凝土剥落（包括裂缝长度、宽度、深度、数量、走向、剥落体大小、发生位置、发展趋势等）。

②桥面有无因差异沉降过大引起的开裂。

③测点状态是否完好。

在顶升过程中，对桥梁状况进行现场巡视并记录，发现异常及时通知有关单位进行处理，并加大安全巡视频率。

（4）注意事项

①顶升施工时，项目人员全程驻守在施工现场，监测数据并实时进行分析，将测试数据及时提交给设计单位、业主及产权单位。

②当监测数据发生异常反应时，立即进行数据通报，暂停顶升施工，与设计、施工等单位共同查找、分析原因。异常情况包括如下：

a. 监测数据超出设计单位给出的各级控制值；

b. 监测数据回归呈非线性变化；

c. 监测数据有较大突变；

d. 裂缝宽度急剧增大，或突然出现多条新增裂缝；

e. 梁体突然发生异常变形、移位等。

5）动态调整

区间暗挖下穿桥梁期间，若发现桥梁下沉，测算出下沉量，若下层量接近标准规定的30mm时，应当减慢隧道的施工速度并采取相应措施，并且不间断对桥梁状态进行监测观察；当下沉量达到30mm时，应当进行顶升处理，确保桥梁形态稳定不变。

6）顶升作业中需要注意的内容

（1）施工进场时，首先对桥梁结构、现场高程及坐标进行现场核实，若与设计不符，应与设计单位，联系并确定最终支顶位置，避免对主梁结构的损伤。顶升前应将在桥台顶处连续的栏杆及桥面附属设施断开。

（2）地铁施工过程中，第三方监测单位应对监测结果进行及时分析，并与桥梁各项控制指标进行比对。当桥梁的基础变形超过桥梁控制指标时，及时上报地铁建设单位、桥梁监管单位等相关单位。同时，还要对桥梁的外观进行巡查，当桥梁裂缝宽度增加、有新增裂缝及其他影响桥梁结构安全的新增病害时，及时上报地铁建设单位、桥梁监管单位等相关单位。

（3）顶升支架采用45号ϕ406mm无缝钢管焊接，为$L=1.5m/2m$模数，现场根据实际高度进行现场拼装。上下设置法兰盘，并设置耳板，以方便栓接，各钢管之间用高强度螺栓连接，每组钢管之间则以角钢连接。将千斤顶放置于支架顶端法兰盘上，千斤顶液压缸鞍座上同心设置钢板，厚度30mm。

（4）顶升施工应制定应急预案，以应对突发事件。

（5）顶升系统应采用顶力、位移双控原则。顶力、顶升位移应根据实际沉降状况确定。

8.3 现场监控量测结果分析

区间暗挖下穿市政桥梁风险源：学院桥主桥、1~6号通道桥、区间正线暗挖段隧道。相关道路、管线等风险源在此处不体现。区间暗挖下穿市政桥梁平面如图8-16所示。

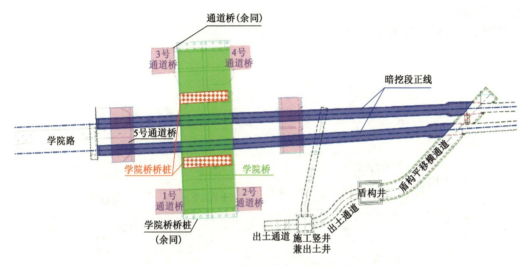

图8-16 区间暗挖下穿市政桥梁平面示意图

8.3.1 监控量测项目及监测频率

暗挖区间下穿市政桥梁监测项目及监测频率见表8-5。

暗挖区间下穿市政桥梁监测项目及监测频率　　　　表8-5

序号	监测项目	监测频率			备注
		1~15d	16~30d	31~90d	
1	地质及支护观察	开挖及支护后立即进行			
2	洞周收敛	2次/d	1次/d	2次/周	
3	拱顶下沉	2次/d	1次/d	2次/周	
4	地表沉降	2次/d	1次/d	2次/周	
5	底部隆起	2次/d	1次/d	2次/周	
6	管线沉降	2次/d	1次/d	2次/周	
7	桥桩沉降、倾斜	2次/d	1次/d	2次/周	

当监测数据发生异常情况时，增大监测频率，发生红色预警时监测频率应≥2次/d；监测数据趋于稳定后，监测频率宜为1次/30d；临时支撑拆除影响区域，监测频率应为1次/d，发生监测预警时监测频率应≥2次/d。

8.3.2 监测点布设

(1)按照设计图纸进行布设,遇到特殊原因不能布设,组织四方会议确定后调整。
(2)周边环境、初期支护结构体系测点应尽量布设在同一断面内。
(3)测点布置于能够反映施工影响的典型部位,能够切实反映出工程安全状态,遵循"近密远疏"的原则。

区间下穿学院桥监测点布设如图8-17所示。

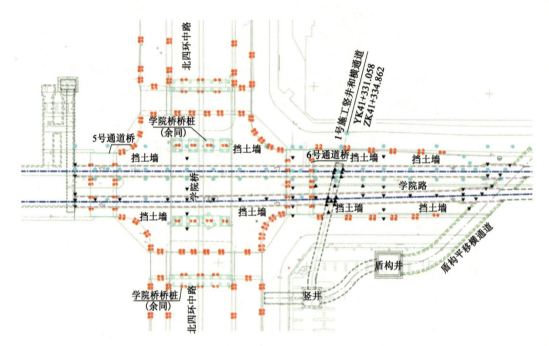

图8-17 区间下穿学院桥监测点布设平面示意图

8.3.3 监测目的及作用

区间暗挖施工中结构变形过大等情况均会对市政桥梁道路、建筑物、地下管线等周边环境造成不利,并产生社会影响,通过监控量测及数据分析工作指导施工,实现信息化建设,避免工程事故的发生。

8.3.4 监测预警分类及判定

(1)预警分为监测预警、巡视预警及综合预警三类。
(2)预警按严重程度由轻到重分为三级,即黄色预警、橙色预警和红色预警。
(3)监测预警是依据监测点的监测值与控制指标值进行对比,并根据其接近或超过控制指标值的程度确定预警等级,监测预警判定标准见表8-6。

施工监测三级警戒状态判定表 表8-6

预警级别	预警状态描述
黄色监测预警	实测位移(或沉降)的绝对值和速率值双控指标均达到极限值70%时,或双控指标之一达到极限值85%而另一指标未达到该值时
橙色监测预警	实测位移(或沉降)的绝对值和速率值双控指标均达到极限值85%时,或双控指标之一达到极限值而另一指标未达到时;或双控指标均达到极限值而整体工程尚未出现不稳定迹象时
红色监测预警	实测位移(或沉降)的绝对值和速率值双控指标均达到极限值时,还出现下列情况之一时:实测的位移(或沉降)速率出现急剧增长;基坑支护混凝土表面已出现明显裂缝,同时裂缝已开始流水

(4)巡视预警判定标准参照《北京轨道交通建设工程安全风险巡视管理办法》中巡视预警等级划分参考表。

(5)综合预警发布应依据工程部位安全风险状态进行综合分析判断,判定标准如下:

黄色综合预警:施工安全风险状态评价为存在风险。

橙色综合预警:施工安全风险状态评价为存在较高风险,严重程度或影响范围较小。

红色综合预警:施工安全风险状态评价为存在较高风险,严重程度或影响范围大。

8.3.5 各监测项目累计最大值

各监测项目累计最大值统计见表8-7。

各监测项目累计最大值统计表 表8-7

监测项目	累计变化最大测点	累计变化值(mm)	控制值		监测结论
			变化速率(mm/d)	累计值(mm)	
学院桥地表沉降	DB-113-03	-15.26	±2	±15	正常
学院桥管线沉降	SSG-104-09	-12.01	±2	±10	正常
学院桥建筑物沉降	JGC-15-12	-13.94	±2	±15	正常

8.3.6 监测总结

通过对学院桥站—西土城站区间矿山法隧道下穿学院桥桥区结构全施工过程进行监控量测,发现在隧道开挖过程中对桥区结构有一定扰动,总体沉降平稳,仅个别监测点沉降较大,通过桥梁支顶的措施及时进行了纠正;在二次衬砌施工期间,拆除临时支护时,再次出现轻微扰动,总体沉降未达到预警值;二次衬砌结构施工完成后,沉降趋于稳定,直至不再发生沉降。

通过监控监测结果来看,学院桥站—西土城站区间矿山法隧道下穿学院桥桥区整个过程中对桥梁结构的扰动始终处于可控范围内,未发生较大沉降。

该隧道，自主研究出相应施工方案和配套有针对性的保护措施：在桥桩采用套筒、洞内增设临时钢拱方法开挖、洞内深孔注浆预加固等，有效地减少了隧道施工对桥梁结构的扰动，并通过监控量测数据反馈及分析指导的信息化施工，工程如期完工，实现了市政桥梁结构安全稳定目标。

9.1 工程概况

9.1.1 设计概况

图 9-1　学清路站—上清桥站区间联络通道示意图

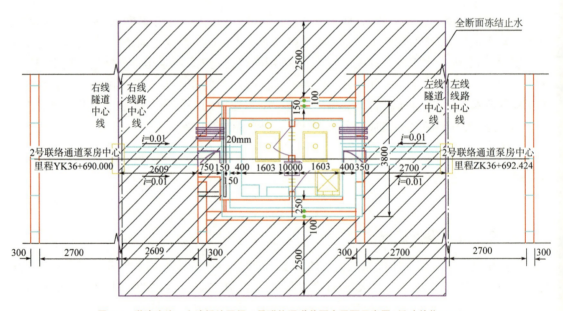

图 9-2　学清路站—上清桥站区间 2 号联络通道兼泵房平面示意图（尺寸单位：mm）

9.1.2　工程地质水文条件

2 号联络通道兼泵房下穿京藏高速公路辅路，拱顶埋深约 27.3m，主要穿越⑥粉质黏土层、⑥$_3$细中砂层及⑦$_4$粉质黏土层；承压水（三）水头高度为 8.5m，平均流速为 4.99m/d；2 号联络通道兼泵房拱顶位于承压水（四）水头下方约 3.75m 位置，平均流速为 4.54m/d。学清路站—上清桥站区间 2 号联络通道兼泵房地质剖面如图 9-3 所示。

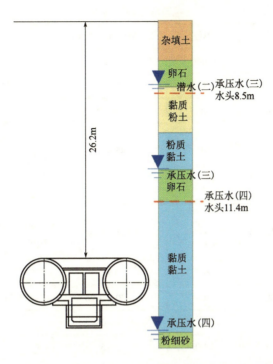

图 9-3　学清路站—上清桥站区间 2 号联络通道兼泵房地质剖面示意图

9.2　工程特点及难点分析

（1）2 号联络通道兼泵房拱顶位于承压水（四）水头下方约 3.75m 位置，流速较大，是冻结法控制的关键。

（2）已完成的区间隧道对变形控制要求高，且抗变形能力较差，施工过程须采取有效措施，严格控制钻孔、开挖及冻胀、融沉等，将对地层的扰动程度降至最低。

（3）联络通道施工区域富水，位于⑥$_3$细中砂层，冻结孔开孔及钻进过程易出现涌水、涌砂等施工风险，是施工管控的重点。

（4）联络通道下穿京藏高速公路辅路，避免因地表沉降过大，造成地面建筑发生损坏及变形。

9.3　冻结参数设计

9.3.1　主要冻结施工参数

主要冻结施工参数见表 9-1。

主要冻结施工参数   表9-1

序号	参数名称	单位	2号联络通道兼泵房	备注
1	冻土墙设计厚度	m	2.5	
2	冻土墙平均温度	℃	≤-12	冻结壁与管片交界面≤-5℃
3	冻土帷幕交圈时间	d	20~25	
4	积极冻结时间	d	45~50	实际冻结时间以监测结果和专家论证意见为准
5	冻结孔个数	个	109	
6	冻结孔终孔控制间距	m	1.1~1.3	泵房位置,多排孔处最大间距不大于1.4m
7	冻结孔允许偏斜	mm	150	
8	设计最低盐水温度	℃	-30~-28	冻结7d盐水温度达-18℃以下
9	维护冻结盐水温度	℃	≤-28	
10	单孔盐水流量	m^3/h	3~5	
11	去、回路盐水温差	℃	≤2	
12	冻结管规格	mm	$\phi 89 \times 8$	低碳无缝钢管
13	测温孔	个	8	无缝钢管$\phi 32 \times 3.5mm$和$\phi 89 \times 8mm$
14	泄压孔个数	个	4	无缝钢管$\phi 48 \times 3.5mm$
15	冻结孔总长度	m	740.784	—
16	冷冻排管长度	m	85	无缝钢管$\phi 48 \times 3.5mm$
17	冻结总需冷量	$10^4 kJ/h$	17.54	工况情况

9.3.2 冻结加固设计参数

1)冻结帷幕的加固范围及冻结指标

联络通道设计冻结壁厚度2.5m,开挖区外围冻结孔布置圈上冻结壁与隧道管片交界处平均温度不高于-5℃,其他部位设计冻结壁平均温度≤-10℃,相应的冻土强度的设计指标为抗压强度不小于4.0MPa,弯折强度不小于1.7MPa,抗剪强度不小于1.5MPa。

2)冻结孔布置

为了保证联络通道开挖时的安全,采用在两条隧道分别钻孔的方案。冻结孔按上仰、水平、下俯三种角度布置,共布置冻结孔109个(含透孔6个),其中冻结站一侧隧道布置67个(含透孔4个),冻结站对侧隧道布置42个(含透孔2个),总造孔工程量740.784m。冻结孔布置见图9-4。

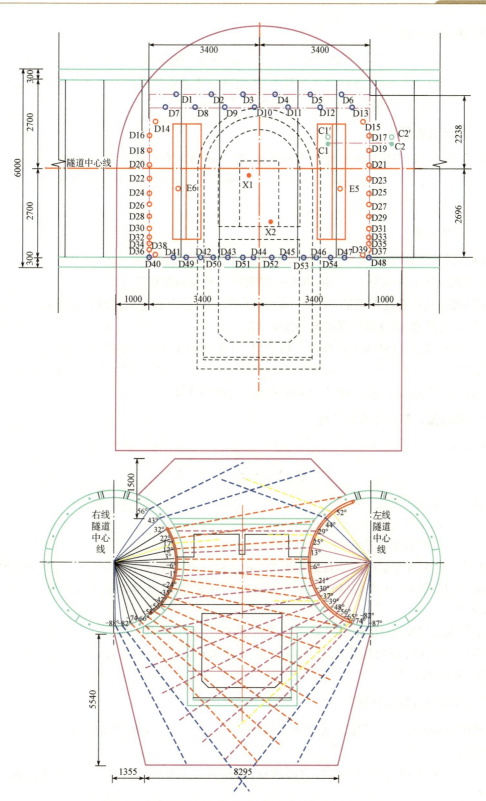

图 9-4　2号联络通道兼泵房冻结孔布置示意图(尺寸单位:mm)

3）测温孔布置

2号联络通道及泵房布置测温孔8个,其中冻结站一侧布设2个测温孔,对侧布设6个测温孔,以监测冻结壁厚度、冻结壁平均温度、冻结壁与隧道管片界面温度和开挖区附近地层冻结情况,以便综合采用相应控制措施,确保施工的安全。

4）卸压孔布置

在冻结帷幕封闭区域内布置4个卸压孔（联络通道左右线各布置2个卸压孔）。在卸压孔上安装压力表,以监测冻结帷幕内的压力变化情况。通过每日观测,及时判断冻结壁是否交圈,并释放冻胀压力。

5）冻结参数

（1）积极冻结期盐水温度为 $-30 \sim -28$℃,维护冻结期温度为 $-28 \sim -25$℃。

（2）积极冻结时间为 $45 \sim 50$d,维护冻结时间与开挖和结构施工相同。

（3）冻结孔单管盐水流量不小于 $5m^3/h$（在冻结过程中通过流量计对每组盐水流量进行测量,如流量不够,增设增压泵或增大盐水泵压力）。

（4）积极冻结7d盐水温度降至 -18℃以下；冻结15d盐水温度降至 -24℃以下；开挖时盐水温度降至 -28℃以下,去、回路盐水温差不大于2℃。如盐水温度和盐水流量达不到设计要求,应延长积极冻结时间,保证达到设计的冻结壁厚度及温度。

6）需冷量计算和冷冻机选型

冻结需冷量计算公式:

$$Q = 1.2 \cdot \pi \cdot d \cdot H \cdot K \tag{9-1}$$

式中:H——冻结总长度(m);

d——冻结管直径,取 $\phi 89$mm；

K——冻结管散热系数,取 $250 \sim 280$kcal/($m^2 \cdot h$)。

2号联络通道兼泵房冻结管总长度为740.784m,冻结管直径为89mm,盐水干管直径为159mm,长度为80m（去路40m,回路40m）,2号联络通道兼泵房的需冷量为 6.21×10^4kcal/h。

根据实际工况,选用SKDW136型冷冻机组3套（其中1套备用）,盐水温度为 -28℃,冷却水温度28℃时,每台机组的最大制冷量约为 8.6×10^4kcal/h,冷冻机组电机总功率为133kW,满足制冷要求。

7）冻结系统辅助设备

选用IS200-150-315型盐水循环泵2台（其中1台备用）,流量 $400m^3/h$,扬程32m,电机功率55kW。

现场选用55kW清水泵4台,两用两备,使用8台 $100m^3/h$ 冷却塔,冻结系统示意图如图9-5所示。

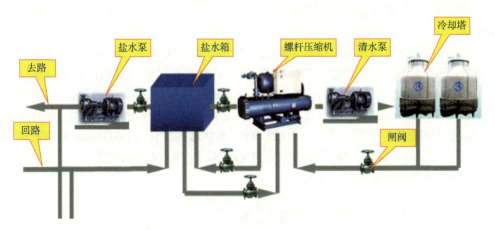

图 9-5 冻结系统示意图

8）管路选择

(1) 冻结管选用的 $\phi 89 \times 8$mm 低碳无缝钢管，单根管材长度以 $1.5 \sim 2$m 为宜，部分设置 1.0m 用于最后收尾，采用内接箍对焊连接。

(2) 供液管采用 $\phi 48$mm 塑料管。

(3) 测温管和卸压管选用中 $\phi 32 \times 3.5$mm 无缝钢管。

(4) 盐水干管和集配液管选用 $\phi 160$mm PE 管（即聚乙烯管），集、配液管与羊角连接选用 $\phi 50$mm 高压胶管。

(5) 冷却水管用 $\phi 160$mm PE 管。

(6) 冻结站对侧隧道的冷冻排管选用 $\phi 32 \times 3.5$mm 无缝钢管。

9）其他

(1) 冷冻机油：选用 N46 冷冻机油。

(2) 制冷剂：选用 R22 制冷剂。

(3) 冷媒剂：用氯化钙溶液作为冷冻循环盐水。盐水比重为 $1.260 \sim 1.265$。

9.4 关键施工技术

9.4.1 冻结法施工流程

1）冻结钻孔施工工艺流程

施工流程：定位开孔及孔口管安装→孔口装置安装→钻孔→测量→封闭孔底部→打压试漏。

2）冻结孔定位与管片开孔

依据施工基准点，按冻结孔施工图进行冻结孔孔位放线，孔位布置首先要依据管片配筋图和加强筋的位置,在避开主筋、管缝、螺栓的前提下可适当调整,冻结孔开孔位置误差不大于 100mm。

管片上冻结孔开孔采用 φ133mm 金刚石取芯钻。当开到深度 250mm 时停止钻进(管片要留厚 50mm 以上的保护层),用钢楔切断岩芯,取出后安装孔口管,孔口管用 φ133×3.5mm 钢管加工;混凝土管片上的孔口管头部加工 250mm 长的鱼鳞扣,安装时在鱼鳞扣外面缠绕麻丝,安装深度不小于 20cm;安装完成后孔口管与管片之间采用双快水泥磨平固定,并且采用不小于 5 个膨胀螺丝固定在管片上;装上 DN125 球阀,再将球阀打开,用 φ110mm 金刚石钻头从阀内开孔,一直将混凝土管片钻穿,如地层内的水砂流量大,须及时关好闸门。

孔口压紧装置示意图如图 9-6 所示。

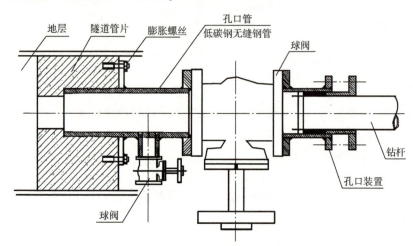

图 9-6 孔口压紧装置示意图

3) 冻结孔施工顺序

先施工穿透孔,根据穿透孔的偏差,进一步调整有关钻进参数;根据联络通道施工的孔位,按照由上向下的顺序进行施工,这样可防止因下层冻结孔施工引起上部地层扰动,减小钻孔施工时的事故发生率。

冻结孔开孔如图 9-7 所示。

冻结管钻孔完成后,利用孔口管预留旁通阀对孔口管与冻结管环形空间进行注浆。补偿注浆量根据钻孔时出砂情况及沉降监测数据进行调整,对每根冻结管充填量做好原始记录。

图 9-7 冻结孔开孔

4) 钻孔偏斜和终孔控制

冻结孔钻进深度应不小于设计深度,不大于设计深度 0.5m。

钻孔的偏斜应控制在 150mm 以内,在确保冻结帷幕厚度的情况下,单排冻结孔最大间距不得大于 1.4m,否则应补孔。

冻结孔测斜如图 9-8 所示。

5）冻结孔钻孔验收及不合格处理

冻结孔压力试验：冻结孔应逐一进行压力试验，试验压力为冻结工作面盐水压力的 1.5～2 倍，且不应低于 0.8MPa。经试验 30min 压力降不超过 0.05MPa，再延续 15min 压力保持不变为合格。

钻孔完成后打压试漏如图 9-9 所示。

图 9-8　冻结孔测斜

图 9-9　钻孔完成后打压试漏

不合格处理：试压不合格的冻结管必须进行处理，达到密封要求后方可使用，无法处理时应补孔。

（1）向下倾斜冻结管：可采用下入小直径冻结管的方法进行处理。小直径冻结管应采用低碳无缝钢管，内径不得小于 57mm，壁厚应为 3～4mm，且总数不得多于总数的 5%。

（2）向上倾斜冻结管：不适用采用下入小直径冻结管的方法处理，应采用补孔方式。

9.4.2　冷冻站布置

1）冻结站布置与设备安装

将冻结站设置在隧道内，靠近联络通道位置。冷冻站内安装设备主要包括冷冻机组、配电柜、盐水箱、盐水泵、冷却水泵、冷却塔及冷却水池。安装设备冻结站包括氟系统、盐水系统及冷却水系统。根据冻结施工方案要求，按照先设备后管路的安装程序技术要求，将三大循环系统分别安装完成，并且试压、检查验收。

2）管路连接、保温

供液管连接应牢固、严密，并应下放到距离冻结管管底 100mm 位置，供液管管端应留有断面面积不小于供液管断面面积的回水通道。

冻结管端盖和去、回路"羊角"的连接应牢固、严密，不得渗漏。

盐水管路经试漏、清洗后用聚苯乙烯泡沫塑料保温，保温层厚度为 50mm，保温层外面用塑料薄膜包扎。

冷冻机组的蒸发器及低温管路保温使用软质泡沫塑料。盐水箱、盐水干管和冷冻板表面用聚苯乙烯泡沫板保温。

冷冻排管应在冻结孔未穿透的隧道管片内表面敷设,以补充冻结壁与隧道管片交界面处的冷量损失,冷冻排管的内径不小于30mm,管间距不大于500mm,冷冻排管外侧用保温材料覆盖严实。

冻结区域保温及盐水管路保温见图9-10和图9-11。

图9-10　冻结区域保温

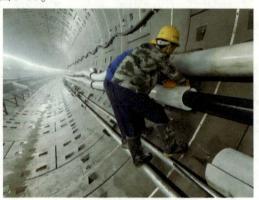

图9-11　盐水管路保温

9.4.3　积极冻结与维护冻结

1）积极冻结

设备安装完毕后进行调试和试运转。在试运转时,要随时调节压力、温度等各状态参数,使机组在有关工艺规程和设备要求的技术参数条件下运行。冻结系统运转正常后进入积极冻结。

此阶段为冻结帷幕的形成阶段,积极冻结期盐水温度为 $-30\sim-28℃$,设计冻结时间45d,视现场实际冻结效果,如不能按时达到冻结壁的设计要求,可延长积极冻结时间。

2）维护冻结

在积极冻结过程中,要根据实测温度资料判断冻结帷幕是否交圈和达到设计厚度,同时要监测冻结帷幕与隧道的胶结情况,通过测温判断冻结帷幕交圈达到设计厚度且与隧道完全胶结后,可进入维护冻结阶段。

维护冻结期温度为 $-28\sim-25℃$,冻结时间贯穿联络通道及泵站开挖和主体结构施工始终。

9.4.4　开挖前准备

1）隧道内工作平台搭设

按联络通道出口尺寸及施工需要,工作平台由施工平台和一个斜坡道构成。在联络通道开口处的隧道支撑架底梁上表面搭设工作平台,主要作为通道材料运输手推车换向之用,长16m,间距为2m的18号工字钢架,直接搭在混凝土管片上,台面用5cm厚木板铺盖而成。

2）隧道支撑安装

联络通道冻结壁交圈前需在通道开口处隧道中设置隧道支撑,以减轻联络通道开挖构筑施工对隧道产生不利的影响。在左、右线线隧道联络通道口两侧各架设两榀预应力隧道支架，即左线 4 榀、右线 4 榀。在联络通道两侧沿隧道方向对称布置。

管片临时支撑布置图见图 9-12。

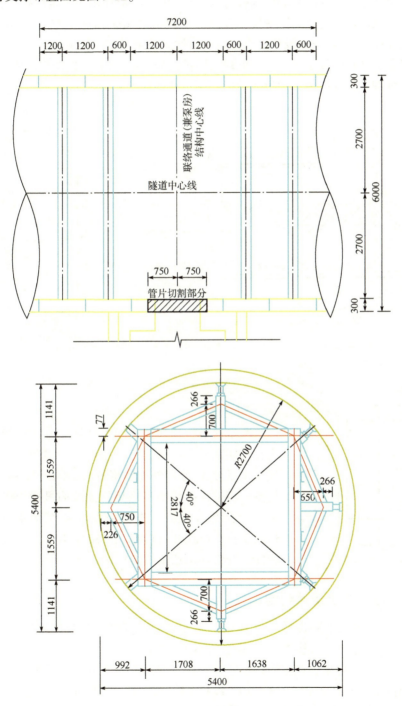

图 9-12　管片临时支撑布置示意图（尺寸单位：mm）

3）防护门安装

在开管片前,应在联络通道开挖侧预留洞口处安装密闭防护门。沿着防护门门框基础四周钢垫板预留孔中打入98根锚杆,锚杆打入深度200mm,锚杆用于固定防护门框。垫板与隧道管片直接缝隙用环氧树脂填充密实,并配备风量不小于$6m^3/min$的空压机为防护门供气。

防护门安设合格后,按照设计要求进行密封性试验及水密性试验。

当联络通道开挖时发生透水、冒砂事故,防护门应立即关闭,并向防护门内加压空气,使防护门内气压维持在设计压力。通道防护门安装示意图如图9-13所示。

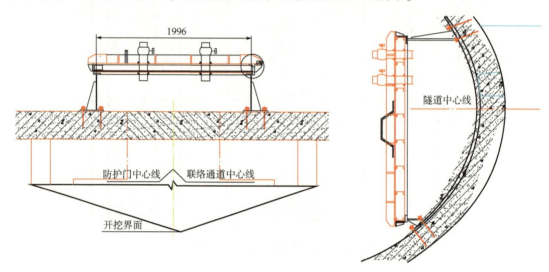

图9-13 通道防护门安装示意图(尺寸单位:mm)

图9-14 开管片示意图

4）开管片

联络通道管片开孔采用水钻钻孔方式进行切割,切割前先在要切割的管片面上打眼,探明管片背侧土体的含水量,如发现水量较大,则应补充注浆封水;水量不大时,再进行切割。切割前将管片的切割范围用红油漆明显标识出来;切割时严格按标识线,从上到下进行管片切割,分为4块;然后用千斤顶及手拉葫芦拉开,将切割下来的管片运出隧道;清理管片切割面。开管片示意图如图9-14所示。

9.4.5 开挖条件判定

(1)积极冻结时间达到设计要求(45d),并要求盐水温度达到设计最低盐水温度 -28℃(每个分组达到设计要求),盐水去、回路温差不大于2℃。

(2)因冷量比较集中,根据类似地层施工经验计算,该地层冻土发展速度平均按28~33mm/d计算,最大孔间距按1.3m(泵房1.4m)计算,联络通道交圈时间为20~25d,交圈后10~15d(卸压孔压力经过数次泄压)即可实现开挖。

(3)打开卸压孔阀门后不再有连续的带压泥水持续流出。

(4) 开挖前应在联络通道入口未冻区内管片上开设直径 80～120mm 的探孔,深度为进入土层不小于 500mm,检查孔内无泥水连续流出。

(5) 已安装防护门,确认防护门启闭功能正常,接好供气管道。

(6) 完成隧道支撑加固。

(7) 准备好水泥、水玻璃等应急材料与设备。

9.4.6 土方开挖及初期支护

根据工程结构特点,联络通道及泵站开挖,采取分区方式进行施工。将联络通道分为通道内和泵站两区进行开挖,即完成通道的开挖及初期支护、二次衬砌(通道部分为先开挖通道部分,然后开挖两侧喇叭口),再进行泵站开挖及初期支护、二次衬砌。

土方采用人工开挖,开挖的工具根据土体强度,可用风镐或手镐。开挖过程中,需注意对开挖面中心水平方向的冻结管的保护。在安装临时钢格栅时,需注意与支架的连接可靠,严格控制第一榀格栅与管片之间的焊接和固定,在管片上植筋,与格栅焊接牢固,保证格栅稳定。

联络通道兼泵房采用冻结法加固、矿山暗挖法施工,土方开挖分两步骤进行,第一步骤联络通道开挖,第二步骤泵房开挖。

1) 通道开挖及初期支护

联络通道兼泵房的通道开挖采用风镐全断面开挖,同时安装钢格栅。开挖进尺严格控制在 0.5m 内,及时安装格栅并喷锚支护,做到快挖快封闭。

土方开挖采用激光导向仪指引开挖,在拱顶及侧墙各设置一台激光导向仪,开挖时根据激光点确定开挖尺寸,开挖宽度在设计基础上考虑施工误差及沉降、收敛因素外放 5cm。

联络通道初次衬砌施工完毕后,割除右线隧道管片,清理场地,并将管片运至地面。

2) 泵房开挖及初期支护

待联络通道二次结构完成后,测量放线确定出泵房位置,开始开挖泵房,采用风镐开挖。泵房采用倒挂井壁法开挖,边开挖边支护,在初期支护中间加一道临时支撑,泵房按每循环进尺 0.45～0.5m,从上往下逐段开挖直至封底。

3) 土方开挖及初期支护的技术要求

(1) 土方开挖完成后,复核净空尺寸。净空检查合格后,及时架设钢格栅。钢格栅架设时必须严格按照测量放样高程和中线控制线进行。钢格栅安装时,应保证导洞初期支护格栅内外两侧钢筋混凝土保护层厚度满足规范要求。

(2) 喷射混凝土

格栅安装完成后及时喷射混凝土,完成初期支护的施工。采用预拌料进行喷射混凝土的施工,初凝后专人进行养护,当气温低于 5℃时不得喷水养护。

9.4.7 2号联络通道兼泵房防水施工

采用 1.5mm EVA 塑料防水板进行全包防水,土工布缓冲层,土工布保护层采用 400g/m² 的短纤土工布;细石混凝土保护层厚 7cm,强度等级为 C20。

联络通道(泵房)防水剖面如图 9-15 所示。

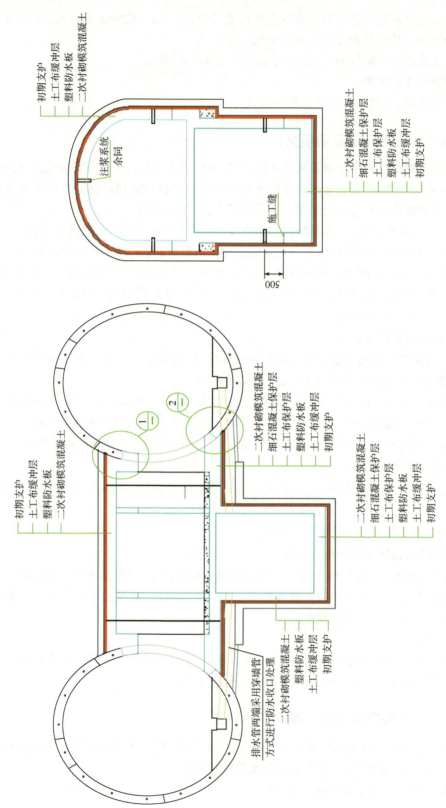

图9-15 联络通道(泵房)防水剖面示意图(尺寸单位:mm)

塑料防水板施工采用无钉孔铺设双焊缝工艺施工,一级设防采用2.00mm厚的EVA防水板,缓冲层和底板(仰拱)柔性保护层均采用400g/m² 的土工布。

(1)基层处理

铺设防水板的基面应基本平整,铺设防水板前应对基面进行找平处理,处理方法可采用喷射混凝土或1∶2.5水泥砂浆抹面的方法,一般宜采用水泥砂浆抹面的处理方法。

基面不得有尖锐的毛刺部位,特别是喷射混凝土表面经常出现较大的尖锐的石子等硬物,应凿除干净,或用1∶2.5的水泥砂浆覆盖处理,避免浇筑混凝土时刺破防水板。

基面上不得有铁管、钢筋、铁丝、等凸出物存在,否则应从根部割除,并在割除部位用水泥砂浆覆盖处理。

当仰拱初次衬砌表面水量较大时,为避免积水将铺设完成的防水板浮起,宜在仰拱初次衬砌表面设置临时排水沟。

(2)铺设缓冲层

铺设防水板前应先铺设缓冲层,用水泥钉(或膨胀螺栓)、铁垫片和与防水板相配套的塑料圆垫片将缓冲层固定在基面上,固定时钉头不得凸出垫片平面。固定点之间呈正梅花形布设,侧墙上的固定间距为80~100cm;二次衬砌上的固定间距为50~80cm;底板上的固定间距1000~1500cm;底板与侧墙连接部位的固定间距加密至50cm左右。所有塑料垫片均应选择基层凹坑部位固定。避免固定防水板时局部过紧。

缓冲层采用搭接法连接,搭接宽度为50mm,搭接缝可采用点粘法进行焊接或用塑料垫片固定。缓冲层铺设时应与基面密贴,不得拉得过紧或出现大的皱褶,以免影响防水板的铺设。

(3)铺设EVA塑料防水板

土工布衬垫铺设完毕后,经现场技术负责人会同监理验收合格后,方可铺设EVA防水板。

铺设防水板时,防水板的铺设方向以尽可能少出现手工焊缝为主,并不得出现十字焊缝,顶、底纵梁以及仰拱防水板、底板防水板宜采用沿隧道纵向铺设的方法。

防水板采用热风焊枪手工焊接在塑料圆垫片上,焊接应牢固可靠,避免浇筑和振捣混凝土时防水板脱落。焊接时严禁焊穿防水板。

防水板固定方法示意图如图9-16所示。

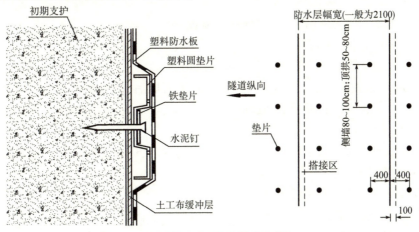

图9-16 防水板固定方法示意图(尺寸单位:mm)

防水板固定时应注意不得拉得过紧或出现大的鼓包,铺设好的防水板应与基面凹凸起伏一致,保持自然、平整、伏贴,以免影响二次衬砌灌注混凝土的尺寸或使防水板脱离圆垫片。

防水板之间接缝采用双焊缝进行热熔焊接,搭接宽度10cm。焊接完毕采用检漏器进行充气检测,充气压力为0.25MPa,保持该压力不少于15min,允许压力下降10%。如压力持续下降,应查出漏气部位并对漏气部位进行全面的手工补焊。

防水板搭接示意图如图9-17所示。

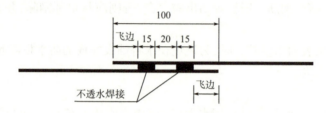

图9-17　防水板搭接示意图(尺寸单位:mm)

防水板铺设完毕后应对其表面进行全面检查,发现破损部位及时进行补焊,补丁应剪成圆角,不得存在三角形或四边形等尖角,补丁边缘距破损边缘的距离不得小于7cm。补丁应满焊,并采用塑料焊条补强焊缝,不得有翘边空鼓部位,以确保单焊缝的不透水性。

所有防水板甩槎均应超过预留搭接钢筋顶端最少40cm,也可将预留部分卷起后固定,并注意后期保护。

(4)铺设防水板保护层

底板防水板施工完毕后,设置有土工布保护层以及细石混凝土保护层。在上道工序验收合格后,应及时施工土工布保护层、细石混凝土保护层,以确保防水板不会因施工交通、材料搬运等原因而损伤。

9.4.8　二次衬砌施工

(1)结构施工

结构总的施工顺序为联络通道→泵站(含盖板)。

(2)联络通道混凝土浇筑

联络通道混凝土浇筑顺序为底板→侧墙及拱顶。

①联络通道(独立泵房上部结构)初期支护施工完成后,加强初期支护背后注浆,进行基面处理,施作防水层,施作底板及下部边墙二次衬砌结构,底板施工前预留出泵房开挖边线,预留钢筋、防水板接头。

②施作边墙及拱部防水层和二次衬砌,结构封闭成环,进行二次衬砌背后注浆。

(3)泵站混凝土浇筑

泵站混凝土浇筑顺序为底板→侧墙及盖板。

沿着泵房开挖边线破除原有初期支护结构,进行泵房的开挖和初期支护,进行基面处理,施作防水层,先施作底板,再施作侧墙结构及盖板。

9.4.9 二次衬砌背后注浆

二次衬砌侧墙混凝土局部施工难以达到密实,且由于混凝土的收缩易产生收缩裂缝,拱部结构是自防水薄弱环节,在二次衬砌背后与防水板间应予注浆填充密实。

背后回填注浆技术要求如下:

(1)停止冻结后 3~7d 内进行衬砌壁后充填注浆。注浆时要求完成冻结封孔施工,且衬砌混凝土强度达到设计强度的 75% 以上。

(2)衬砌壁后充填注浆采用水:水泥 =0.8:1 单液水泥浆。

(3)注浆压力一般不超过 0.5MPa,浆液扩散半径 2~3m,当注浆压力达到设计终压 0.5MPa 或相邻孔出现串浆时可结束注浆,注浆结束后,注浆孔应封堵密实。

(4)注浆时按横向及纵向均先低后高分次注浆。

9.4.10 停止冻结及割封冻结管

1)技术要求

(1)主体结构施工完成后,应依据冻结管割除和冻结孔封堵顺序,逐步关闭盐水干管分组阀门,直至冻结孔全部封堵完毕后冷冻机停机。

(2)隧道管片上割除孔口管深度要求进入管片不得小于 60mm。

(3)混凝土管片上割除孔口管或冻结管后留下的孔口应立即用速凝堵漏剂封堵,并预埋注浆管进行注浆堵漏。

(4)所有冻结孔应用压缩空气吹干管内盐水,用强度不低于 M10 的水泥砂浆或 C20 以上混凝土压实充填封孔,充填长度应不小于管口以内 1.5m。

(5)内侧充填硫铝酸盐微膨胀混凝土,充填剩余空间与混凝土管片内齐平。采用 4 根不小于 M12×80mm 后扩式机械锚栓,将 300mm×300mm×12mm 钢板与混凝土管片固定;钢板与混凝土管片之间的空隙应采用环氧树脂进行密实充填。钢板表面应涂刷与钢管片同材质的防锈漆。

测温管、泄压管、透孔开孔及割管封孔参照上述技术要求执行。

2)应急处理方法

(1)如割除后的孔口管和冻结管之间有流水、流砂现象,应用棉纱将此处空隙塞填密封后进行下一步施工。

(2)如割除后的孔口管和管片之间有漏水现象,也应在孔口管和管片之间填塞棉纱进行封堵,密封后进行下一步施工。

(3)如以上两种情况流水、流砂现象比较严重,可进行注双液浆或聚氨酯进行强制封堵。混凝土管片冻结孔封堵见图 9-18。

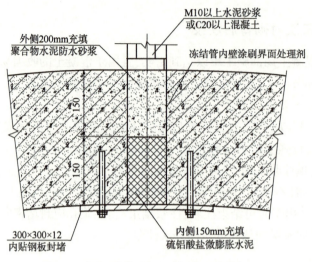

图9-18 混凝土管片冻结孔封堵图(尺寸单位:mm)

9.4.11 融沉控制

1）注浆要求

融沉注浆应根据设计要求,采用适当的注浆工艺、注浆材料及注浆工序。注浆过程中应遵照多点、少量、多次、均匀的循序渐进原则,并根据隧道、地面、管线以及建筑物的沉降和解冻温度场的监测,适时调整注浆量和注浆时间间隔,确保沉降稳定。注浆过程中填写的各项注浆记录表与质量抽检报告作为注浆加固质量验收依据。

2）注浆时机

根据测温情况及沉降监测情况选择融沉注浆时机,开始融沉注浆的时间为不大于停止冻结后15d,注浆的持续时间为3~4个月,融沉注浆采用以单液水泥浆为主,水泥-水玻璃双液浆为辅。水泥浆和水玻璃溶液体积比为1:1,其中水泥浆水灰比为1:1,水玻璃溶液采用B35~B40水玻璃,加1~2倍体积的水稀释。融沉注浆管按设计图纸明确的位置、管径等指标要求在初期支护过程中设置完成。

3）注浆原则及参数

融沉注浆应结合监测进行少量、多次复注。注浆压力为0.3~0.5MPa,不高于联络通道及隧道结构设计要求允许值。

4）注浆量

注浆总量一般参照冻土融化体积的15%计算,单孔单次注浆量根据注浆压力控制,单孔单次注浆量不大于$1m^3$。

5）注浆顺序

融沉注浆顺序由下而上,使浆液均匀由结构底部向上部扩展,提高注浆效果,改善结构受力状态。

6）注浆结束标志

融沉注浆根据地表或建筑物沉降监测值，适时跟踪注浆。融沉注浆结束时间为停冻后大约 3 个月。若连续半个月地面沉降量保持在 0.5mm 以内，累计沉降量小于 1mm，则地面变形基本保持稳定，可以结束融沉注浆。

9.4.12 冻结过程分析及实施

1）去、回路盐水测温及冻结过程分析

冻结施工期间去路温度、回路温度变化曲线见图 9-19。从图中可知，随着冻结时间的增加，温度呈逐渐降低的变化特征，其中，在 0~7d 内，冻结盐水温度下降速率加快，下降至 -20℃ 左右，在此阶段内去路温度与回路温度的最大温差达到 4℃，这是因为在冻结初期，土体内的热交换最为强烈，但如果温度下降幅度过快，则会影响冻结过程的热交换速度，因此在施工后期经过调整，将盐水温度下降速率调慢。当冻结至 15d 后，温度下降至 -25℃；冻结 45d 后，盐水温度性

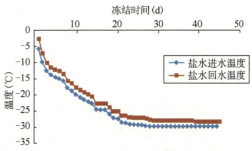

图 9-19 冻结施工期间盐水去、回路温度变化曲线图

降至 -30℃，随着冻结持续，土体内热交换程度逐渐放缓，去回路温差在逐渐变小并最终趋于稳定。冻结施工过程中盐水温度与设计温度变化过程有些出入，可能是由现场施工控制及施工环境影响所致，但是从整体上来看，冻结 30d 后，去路盐水温度基本稳定在 -30℃ 左右，而回路盐水温度也基本稳定在 -28℃ 左右，去路温度与回路温度的差值基本控制在 2℃ 左右，差值符合冻结设计要求。因此盐水温度控制相对来讲还是比较合理的。

2）测温孔测温并判断冻结帷幕厚度

2 号联络通道兼泵站正面（左线）布置 2 个测温孔，对面（右线）布置 6 个测温孔。

根据测温孔温度数据计算分析，通道冻结帷幕最小厚度为 3.5m（表 9-2），冻结帷幕最小厚度为 3.5m ≥ 2.5m（设计冻结帷幕厚度），满足设计要求。

冻结 45d 后冻土帷幕测点温度值及帷幕有效厚度推算　　表 9-2

位置	测点	温度（℃）	有效扩展半径（m）	冻结帷幕厚度（m）
左线右侧墙	C1	-14.1	2.23	4.46
左线左侧墙	C2	-12.8	1.75	3.5
右线右侧墙	C5	-14.6	2.31	4.62
	C6	-13.3	2.27	4.54
右线左侧墙	C7	-10.4	1.79	3.58
	C8	-14.7	1.86	3.72

3）冻结壁交圈

上清桥站—学清路站区间 2 号联络通道兼泵房共布设 4 个卸压孔，2021 年 8 月 26 日开始积极冻结，开始冻结时卸压孔的初始压力均为 0MPa。

卸压孔压力从2021年9月15日开始连续上涨,表明此时泄压孔布置区域内发生相变,相变会引起透水层水压增大,通道冻结帷幕开始交圈。2021年9月22日压力最大达到0.4MPa,开始逐步卸压。2021年10月9日打开泄压阀,仍然无水流出,表明冻结帷幕交圈效果良好。卸压孔曲线图见图9-20。

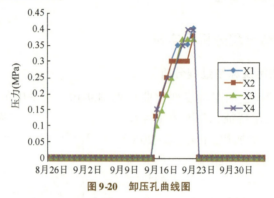

图9-20 卸压孔曲线图

9.4.13 冻结法典型地层模拟分析

冻结法施工过程中设计积极冻结期为45d。为观察联络通道冻结温度场发展规律,选取10d、25d、40d、45d冻结温度场云图进行分析,具体如图9-21所示。

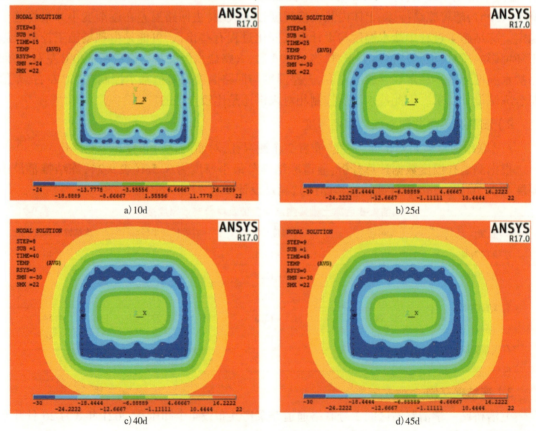

图9-21 冻结温度场云图(单位:℃)

(1) 冻结管壁上加上盐水温度荷载后，冷量由管壁传递到土层中，与外界土体发生复杂的热交换，距离冻结管越近土体温度下降越快，管壁周围形成环状冻土体，随着积极冻结天数的增加，环状冻土不断向外扩展。冻结 25d 后，冻结壁厚度向外发展速度变缓，主要原因是此时冻结管四周未冻土已降至冰点，未冻土转变冻土时将释放热量，因此土体降温速度减缓。直至冻结 45d，冻结壁厚度已达到 3.35m，冻结壁平均温度为 -12.9℃，冻结壁厚度与平均温度均满足冻结设计要求。

(2) 若 45d 后继续冻结将导致冻结孔内侧的冻结壁不断扩大，且冻结壁的强度也会随之提高，对后续的通道开挖造成一定的困难，影响工程施工效率。

(3) 冻结整个时期的温度场发展均是距离冻结管近的位置温度较低，距离冻结管较远的位置温度较高。冻结管传递的冷量使井筒冻结管内侧土体开始降温，当冻结至 45d 时，此时冻结管内侧的低温区域面积明显大于冻结管外侧的低温区域面积。

在设计冻结壁边界处设定测温点 C1，不同盐水温度条件下，其降温曲线如图 9-22 所示。可以看出，不同盐水条件下，测点降温趋势基本一致，测点降温速度随盐水温度降低而增快。盐水温度 -30℃、-27℃、-24℃条件下，测温点 C1 温度降至冰点所需时间分别为 21d、25d、31d；盐水温度从 -30℃上升到 -27℃时，C1 测温点降至冰点时间延长 4d；盐水温度从 -27℃上升到 -24℃时，C1 测温点降至冰点时间延长 6d。由此证明随着盐水温度升高，冻结壁发展速度显著降低。在工程实践中，为保障冻结效果，积极冻结期间盐水温度应在 -27℃以下。

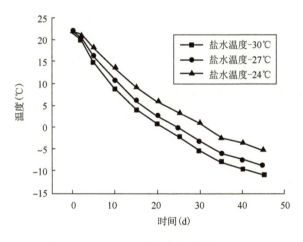

图 9-22 C1 测温点降温曲线

9.5 施工效果及评价

(1) 冻结法施工能够很好适应北京地区砂卵石地层和高水头承压水地质条件。

(2) 冻结法施工利用冻结加固技术在联络通道周围形成封闭的冻土帷幕，抵抗水土压力，在冻结土帷幕保护下施工联络通道，安全可靠性高，可有效隔绝地下水。

(3) 冻结法施工灵活性好，可以人为控制冻结体的形状和扩展范围，必要时可以绕过地下障碍物进行冻结。

(4)冻结法施工利用隧道内空间进行施工,对地表建(构)筑物、地下管线影响小(图9-23),并且对土体环境污染性小,满足岩土工程环境保护需求。

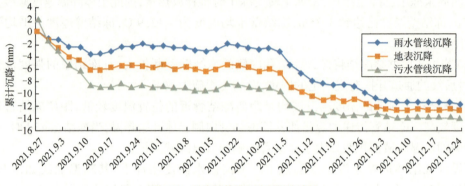

图 9-23　地表及管线累计沉降统计图

第10章 区间盾构补偿法侧向始发施工技术

学院桥站—西土城站区间盾构隧道沿路下穿学院路,周边建筑林立,交通繁忙,地面施工场地极其有限,不具备盾构正向始发的条件。通过盾构异形钢环补偿始发施工技术,实现了盾构机平移转体并在平移横通道内完成始发,保障了工期,有效解决了在狭小空间内盾构始发的难题。

10.1 工程概况

10.1.1 区间概况

北京地铁27号线二期(昌平线南延)工程学院桥站—西土城站区间以学院桥站大里程端为起点,沿学院路向南敷设,下穿既有西土城站(M10)后,到达西土城站。学院路规划宽度70m,已实现规划。区间主要下穿学院桥、三座人行天桥、学知桥、小月河桥、小月河、既有西土城站(M10)、侧穿北京联合大学应用文理学院9层楼房以及沿线直径1000mm上水管、直径1500mm污水管等。

学院桥站—西土城站区间共有2块临时施工占地,其中区间1号场地在线路西侧北航世宁大厦的停车场内,施工场地为L形(图10-1),宽度23m,边长73m,占地面积2950m^2。

区间2号场地在线路西侧,学院路与花园北路交叉路口南侧,施工场地面积1412m^2。

受狭小的地面场地限制,学西区间原设计方案为暗挖施工方案,分别在区间1、2号场地各设置一座施工竖井。项目进场后因矿山法隧道不能满足全线工期要求,将区间施工方案变更为"暗挖+盾构"的施工方案,取消区间2号场地施工竖井,在区间1号场地新增盾构始发井及平移横通道。盾构始发端设置在区间1号场地附近。

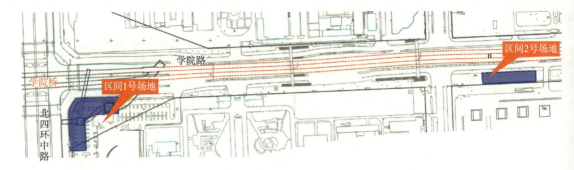

图 10-1 现场施工场地示意图

受地面场地影响,区间盾构始发端隧道位于学院路正下方,不具备常规盾构始发的条件,只能采取洞内始发的方案。同时,盾构接收端西土城站为暗挖车站,位于西土城路正下方且紧邻小月河,不具备盾构常规接收条件,采取洞内接收的方案。

10.1.2 盾构始发井概况

区间于里程 YK41+424.546 设置一座盾构始发井和平移横通道,盾构井始发井设于北航世宁大厦停车场内,地面高程 50.2m。盾构井采用明挖法施工,基坑平面开挖尺寸为 13.6m×13.2m,基坑深度约 30.73m,支护形式采用 $\phi1000@600mm$,局部 $\phi1000@550mm$ 咬合桩+内支撑,基坑安全等级为一级。主体侧墙厚度 0.9m,底板厚度 1.0m,考虑到结构受力和施工的需要,设置五道钢筋混凝土腰梁。盾构井南端接平移横通道,主体完成后进洞,平移横通道采用暗挖法施工。基坑底位于层间潜水(三)以下 1.904m,地下水处理采用咬合桩止水。盾构井为临时结构,施工完毕后按有关规定回填。

区间采用盾构侧始发工艺,盾构机下井后在平移通道内平移、转体。洞门与正线隧道存在 43°夹角,在洞门位置安装异形延伸钢环,盾构机进入钢环内就位后始发掘进。学院桥站—西土城站区间盾构侧始发平面如图 10-2 所示。

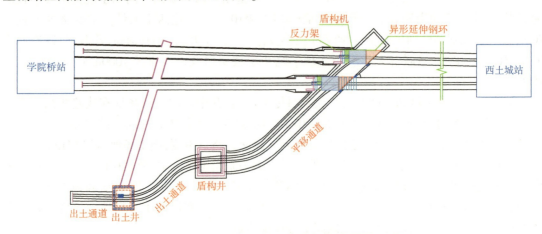

图 10-2 学院桥站—西土城站区间盾构侧始发平面示意图

10.1.3 盾构平移横通道概况

区间于里程 YK41+424.546 设置盾构平移横通道,平移横通道从北航世宁大厦停车场内的盾构井南端接出,横穿学院路,地面高程 50.2m。平移横通道为直墙拱形断面,全长约 100.91m,开挖宽度 11.3m,高度 13.37m/14.17m,初期支护厚度 0.35m,临时仰拱和临时中隔壁厚度 0.3m,二次衬砌厚度 0.8m,采用 CRD 法施工。

10.1.4 工程地质水文条件

1)工程地质

地质勘察资料表明:学院桥站—西土城站区间盾构始发井自上而下穿越地层依次为:基本土层,即杂填土①层、粉土填土①$_1$ 层,厚度为 1.80~5.40m;粉质黏土③、粉土③$_1$、粉细砂层③$_2$ 层,厚度为 9.30~16.30m;粉质黏土④、粉土④$_1$、细中砂④$_2$ 层,厚度为 5.70~14.50m;卵石⑤层,厚度为 4.00~15.20m,卵石最大粒径大于 12cm,一般粒径为 2~3cm,漂石最大粒径约为 30cm,该大层分布不连续,在盾构始发井部位地层缺失;粉质黏土⑥层、粉土⑥$_1$ 层、细中砂⑥$_2$ 层,厚度为 2.70~18.40m;卵石⑦层、细中砂⑦$_1$ 层,厚度为 2.00~23.80m;粉质黏土⑧层,本大层仅部分钻孔揭露;卵石⑨层,卵石最大粒径大于 18cm,一般粒径为 3~8cm,漂石最大粒径约为 30cm。现场工程地质剖面示意图如图 10-3 所示。

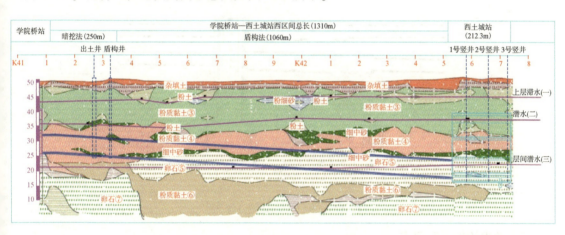

图 10-3 现场工程地质剖面示意图(高程单位:m)

2)水文地质

根据区域水文地质资料和现有的勘察资料,本区间主要赋存有三层地下水,其类型分别为上层滞水(一)、潜水(二)和层间潜水(三)。地下水详细情况如下:

上层滞水(一):含水层岩性主要为杂填土①层、粉土填土①$_1$ 层、粉土③$_1$ 层,稳定水位高程为 41.18~43.46m,水位埋深为 5.2~7.4m。分布较不规律,且受绿化灌溉、降水等外部环境的影响较大。其主要接受大气降水及地表水入渗、地下管道渗漏等方式补给,以向下垂直渗入补给潜水方式排泄。

潜水（二）：含水层岩性主要为粉土③$_1$层、粉土④$_1$层、细中砂④$_2$层，稳定水位高程为32.78～36.00m，水位埋深为12.8～15.8m。其主要接受地表水的垂直入渗、地下水侧向径流、越流及"天窗"渗漏补给，并以地下径流、越流为主要排泄方式。

层间潜水（三）：含水层岩性主要为卵石⑤层、细中砂⑥$_2$层、卵石⑦层、细中砂⑦$_1$层、细中砂⑧$_2$层、卵石⑨层，稳定水位高程为19.06～19.28m，水位埋深为29.3～29.6m。其主要接受地下水侧向径流、越流及"天窗"渗漏补给，并以地下径流、越流及人工开采为主要排泄方式。

学院桥站—西土城站区间从学院桥站往南纵向为单面下坡设计，坡度为6.2‰，区间南段底板进入层间潜水（三），为避免降水，南段采用盾构工法。

10.2 盾构始发方案比选

10.2.1 盾构常规始发方案研究

1）盾构常规始发方案

盾构机从侧向盾构工作井下井，通过始发横通道侧向平移到始发位置，盾构分体始发。区间掘进完成后，盾构机到达接收横通道，通过接收横通道侧向平移到接收竖井处，将盾构机吊装上井，最终完成区间盾构施工。盾构常规始发施工及流程如图10-4、图10-5所示。

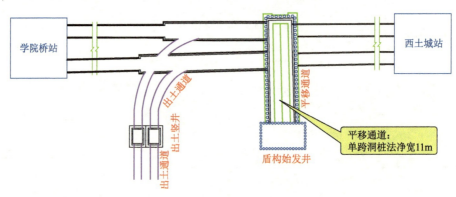

图10-4 盾构常规始发施工示意图

2）常规始发方案要点

（1）施工准备

①正线暗挖隧道混凝土始发导台的制作。因正线暗挖隧道为马蹄形，其暗挖空间相对狭小，无法满足盾构机托架摆放的要求，因此在正线始发暗挖隧道内需浇筑盾构始发导台。导台采用钢筋混凝土结构分两段制作，靠近洞门段长度为10m，靠近横通道段长度为9m，与暗挖隧道二次衬砌结构同步施工。

②横通道内铺砂、钢板、轨道安装。首先在横通道内铺设2cm厚中粗砂，再利用2cm厚钢板铺设2条钢板带，每条钢板带宽1.5m，钢板带间距为2m。钢板拼接采用电焊焊接。在横通道内铺设两条轨道，作为特制平移小车的行走轨道。

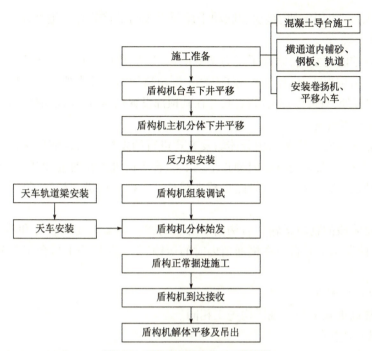

图 10-5　盾构常规始发施工工艺流程

③横通道内卷扬机及平移小车安装。卷扬机安装在竖井口,其中2台卷扬机作为特制平移小车向正线隧道内移动的动力牵引,另1台卷扬机作为特制平移小车向竖井处移动的动力牵引(图10-6)。特制平移小车采用型钢加工而成。

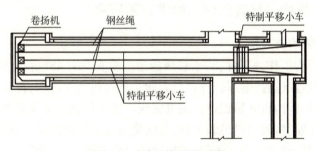

图 10-6　台车运输系统示意图

(2)盾构机台车下井平移

将台车安放并固定在特制平移小车上,利用卷扬机作为牵引,将特制平移小车及台车通过横通道运送到正线隧道与横通道交会处。

(3)盾构机主机下井平移

①施工准备。将盾构机托架利用地面起重机吊入横通道内的钢板上,并将其固定。

②盾构机主机平移。受横通道及盾构机自身结构条件限制,盾构机主机需采用"分体平移"的方式。首先,利用地面起重机将盾构机刀盘、前盾及中盾吊入横通道内的盾构机托架上,在托架上完成盾构机"前三件"的组装工作;然后,将盾构机与托架连接成一个整体,割除对托架的固定,在盾构机上焊接起顶装置,将盾构机及托架利用千斤顶顶起一定高度后,在托架下方安装两块4cm厚的滑板,在横通道内铺设的平移钢板上涂抹黄油,做好平移准备;最

后,盾构机"三大件"由固定块、垫块和联动千斤顶组成的平移装置实施平移。

(4)反力架安装

马蹄形的暗挖隧道空间,限制了反力架的结构形式,常规盾构反力架无法满足施工要求。根据暗挖隧道的结构形式,设计了适用于马蹄形隧道盾构施工反力架。反力架安装在导台施工时为其预留的位置处,每边设置两道斜撑,并在其顶部设置顶撑,顶撑顶到暗挖隧道的拱顶上。

(5)盾构机分体始发

①盾构机分体始发。盾构采用分体始发方式进行始发掘进。跟随盾构机掘进的主要为1号台车,其余台车摆放在暗挖隧道内静止不动。随着盾构机不断前进,前段盾构机与后方台车的距离也越来越远,所需要的连接管路也越来越长。根据盾构机总长度,预计分体始发掘进长度为60m。

②盾构始发阶段的物料运输。盾构始发阶段的物料运输主要是管片和渣土的运输,分两阶段完成,第一阶段为1号台车在横通道内时的运输,第二阶段为1号台车完全进入正线暗挖隧道后的运输。

(6)盾构机正常掘进

盾构机正常掘进施工与常规盾构施工相同。

(7)盾构机到达接收

接收洞门上打设米字形观察孔,探孔打设深度为2m。快速凿除洞门处的混凝土,盾构应尽快推进并拼装管片,尽量缩短盾构进洞时间。待洞圈特殊环管片脱出盾尾后,立即用弧形钢板将特殊管片与钢洞圈焊接成一个整体,并用浆液充填管片和洞圈的间隙,以减少水土流失。

10.2.2 盾构平移转体侧向始发方案研究

1)盾构平移转体始发方案

盾构机从侧向盾构工作井下井,将平移横通道由垂直改为45°角,盾构机下井后先进行转体,然后向前平移到始发位置,继续转体调整方向。盾构机始发之前,提前进行暗挖段的施工,暗挖区间施工完成后,盾构机开始掘进。掘进完成后盾构机到达接收横通道,通过接收横通道侧向平移到接收竖井处,将盾构机吊装上井,最终完成区间盾构施工。盾构机主机通过1号横通道平移转体平移到达盾构始发掌子面,盾构后备套台车通过2号横通道平移到位与盾构机主机相连接。盾构平移转体始发如图10-7所示。

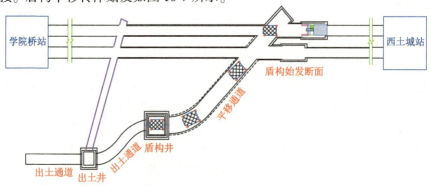

图10-7 盾构平移转体始发示意图

左线盾构先行吊装始发,在盾构始发竖井内实现前盾、中盾、后盾组装,利用盾构始发横通道作为盾构平移就位通道,使盾构平移进入暗挖段,预留洞内安装螺旋输送机的空间。盾构初始掘进阶段,采用盾构与第1节后配套在通道内就位始发,其余后配套及设备系统分置于地面,随初始段掘进75m以上,后配套设备可全部于隧道内安置并恢复常规盾构掘进方式。

暗挖出土通道与出土竖井组合作为左线盾构后备套下井、出土、管片运输等施工路径;左线后备套台车全部入洞后,右线盾构仍通过盾构始发井和始发横通道实现就位安装和始发,掘进时与左线保持200m以上距离。右线盾构施工阶段利用始发井和始发横通道作为盾构出土、管片运输路径,可采取竖向链式提升吊运、水平带式机械运输等侧向出土运输方式实现竖井、横通道内出土及材料运输。

2)盾构平移转体始发难点

(1)圆弧平移,盾构旋转平移比较困难。盾构主机在盾构竖井下井组装完成后经直线段平移后转入1号横通道45°曲线段转体平移。弧线段长20028mm,横通道净宽9000mm,盾构机在弧线段需要多次左右顶推及旋转才能实现将盾构机就位,空间有限,操作难度大。

(2)盾构机平移距离长,盾构自重大,克服摩擦力大。盾构机自重310t,需要克服平移时的摩擦力过大的困难。

(3)工期紧,平移时间长。

3)盾构平移转体始发方案

(1)盾构平移准备工作

①竖井、横通道场地准备。

暗挖结构施工完成后,清理横通道和区间暗挖正线垃圾,回填拱底至盾构机平移设计高程。在1号横通道和盾构竖井底板用C20混凝土回填,且在结构两侧预留50cm宽排水沟,回填高程满足安放始发托架、盾构机始发要求;在2号横通道和区间暗挖正线结构内回填高程需满足蓄电池车能顺利通过反力架,尽可能坡度平缓。

②钢板、轨道铺设。

盾构主机平移钢板、轨道铺设。首先在盾构井和1号横通道内用砂找平结构底板,在盾构井和1号横通道弧线段满铺20mm厚钢板,在直线段用50cm宽钢板铺设,钢板上面铺设43kg/m轨道。在横通道与正线相交处先用20mm厚钢板铺设相交区域,再铺设30mm厚钢板,并在30mm钢板上铺设轨道且与横通道轨道对接整齐。

2号横通道和区间正线轨道铺设。在盾构竖井东侧和2号横通道内铺设蓄电池车轨道、后备套台车轨道和转体平台。在横通道端头安装1台5t的卷扬机,用来平移后备套台车。

(2)盾构吊装下井

盾构机下井组装顺序:①1号横通道,中盾→前盾→刀盘→拼装机→尾盾→螺旋输送机;②2号横通道,桥架→1号台车→2号台车→3号台车→4号台车→5号台车→6号台车。

(3)盾构平移组装

①盾构主机平移。

盾体在履带式起重机吊入盾构竖井后,连接前盾、中盾刀盘和尾盾,在竖井处完成盾体的组装。

盾构主机平移分两个阶段进行:第一阶段通过始发基座从盾构井开始平移,通过直线平移,旋转平移,盾构机与1号横通道轴线重合;第二阶段盾构机通过焊接轮毂,在轨道上平移到达横通道与正线斜交处,通过旋转平台旋转盾体,使盾体与区间正线轴线重合,推动盾体到达始发导台。

盾构机轴线与横通道轴线重合时,固定始发托架,用液压千斤顶推动盾体缓慢离开基座,前盾脱离基座时在前盾两侧各焊接1个轮毂,轮毂在轨道上移动;继续推动盾体移动,依次在前盾后端两侧各焊接1个轮毂、中盾前后两侧焊接2个轮毂,尾盾前后两侧各焊接2个轮毂,直至盾体完全脱离基座。盾体在1号横通道段通过液压千斤顶顶推尾盾,在轨道上移动。盾构机平移38379mm,到达转体平台,盾构机在转体平台上完成旋转平移,使盾构机轴线与区间线路轴线重合,继续平移盾构机,到达始发位置。盾构机到达始发导台后逐个割除焊接在盾体上的轮毂且打磨光滑。

②后备套台车平移。

后备套台车在2号横通道通过5t卷扬机牵引在铺设轨道上移动,到达与正线斜交处。通过转体平台旋转45°,使台车中轴线与区间正线轴线重合,再通过蓄电池车牵引到暗挖正线内,与盾构机主机连接。

(4)盾构反力系统平移安装

在盾构机盾体平移到始发位置后,通过1号横通道将反力架用卷扬机分块运至安装位置。借助结构上部预留的吊点进行安装。

(5)后备套连接调试

反力架安装完成后,将进行盾构机后备套台车的组装。依次将连接桥架、1~6号台车和盾构主机连接起来,然后连接各种管线。

盾构机组装完毕后即可进行空载调试。空载调试的目的主要是检查设备是否能正常运转,主要对配电系统、液压系统、润滑系统、冷却系统、控制系统、注浆系统、管片拼装机、渣土改良系统进行调试,对各种仪表加以校正。另外,还要调试测量系统。

10.2.3 π型双横通道始发方案研究

1)π型双横通道始发方案

为满足盾构机在洞内旋转、平移、始发、拼装、掘进、出渣等需求,在左线北侧设置一处临时施工竖井并构建"π型双竖井与双横通道"。π型双竖井与双横通道平面布置如图10-8所示。

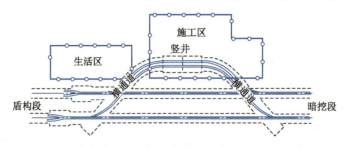

图10-8 π型双竖井与双横通道平面布置示意图(尺寸单位:m)

暗挖段施工竖井作为盾构始发井,暗挖施工周期较长,在后期与盾构存在交叉施工作业。竖井的主要作用:①满足暗挖与盾构同时平行作业,互不干扰;②作为盾构始发过程中的运输通道(运输管片和砂浆);③后期兼作联络通道及泵房。根据盾构始发吊装和竖井提升系统所需作业空间及暗挖施工的要求,设置为双竖井,可以保证机械设备的利用率,节约成本,方便施工。双竖井平面布置如图10-9所示。

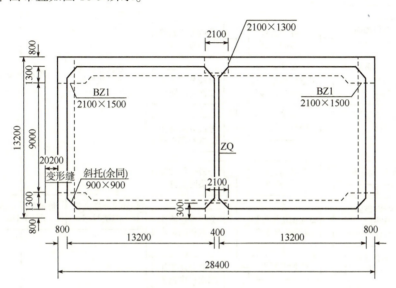

图10-9 双竖井平面布置示意图(尺寸单位:mm)

横通道设计需满足以下几个方面的要求。

(1)满足盾构始发的运输要求;

(2)作为暗挖段的作业面;

(3)竖井横通道施工的可操作性及工期。

横通道设计主要确定横通道与正线隧道的交叉方式,经过多种方案比选,综合考虑设置横通道主要是为盾构始发及暗挖平行施工的功能要求,最终确定在竖井两侧各设置一个横通道,两个横通道分别与正线隧道斜交呈 π 型。π 型双横通道高 14.2m,宽度 13.6m,横通道长度 74.27m,横通道与正线隧道成 45°角斜交。盾构机在左侧竖井中完成下井、组装,经横通道旋转、平移进入正线,再进行始发。

2) π 型双横通道始发施工流程

π 型双横通道始发施工流程如图 10-10 所示。

3) π 型双横通道始发施工重点

(1)横通道与区间正线斜交

横通道与区间正线斜交处平面示意图如图10-11所示,图中阴影部分为格栅斜交布置。

(2)盾构机吊装

①盾构吊装下井前,须完成盾构吊装作业位置的场地平整工作,并对吊装位置地面承载力进行检验,满足要求后方可进行吊装作业。

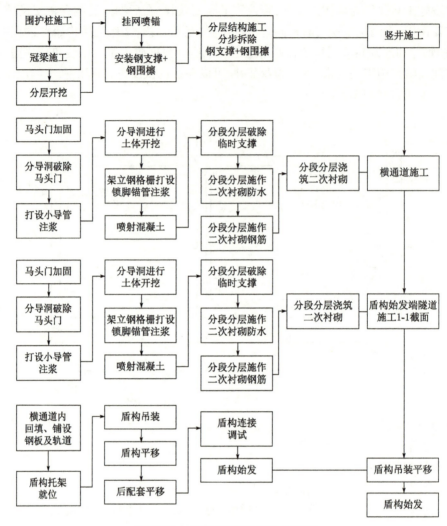

图10-10 π型双横通道始发施工流程图

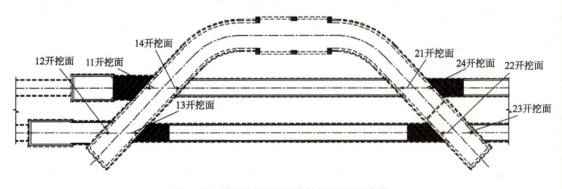

图10-11 横通道与区间正线斜交处平面示意图

②井下准备工作。准备工作包括扩大断面导台施工、1号横通道钢板铺设、2号横通道轨道铺设、始发基座安装。首先在盾构井和1号横通道内用黄砂找平结构底板（图10-12），再用

20mm 厚钢板在盾构井和 1 号横通道弧线段满铺，在直线段用 50cm 宽钢板铺设（图 10-13），钢板上面铺设 38 轨道。在横通道与正线相交处先用 20cm 钢板铺设相交区域，再铺设 30cm 厚钢板，并在 30cm 厚钢板上铺设轨道且与横通道轨道对接整齐。在盾构竖井东侧和 2 号横通道内铺设蓄电池车轨道、后备套台车轨道和转体平台。在横通道端头安装一台 5t 的卷扬机，用来平移后备套台车。2 号横通道轨道铺设如图 10-14 所示。

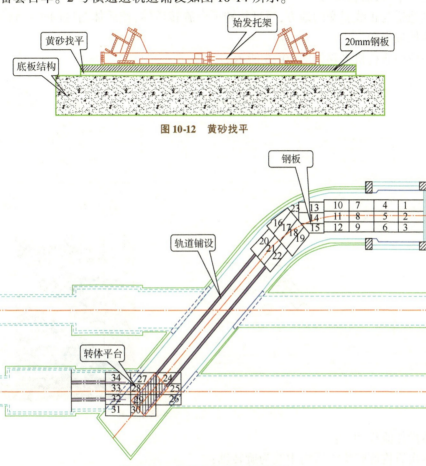

图 10-12　黄砂找平

图 10-13　1 号横通道钢板铺设示意图

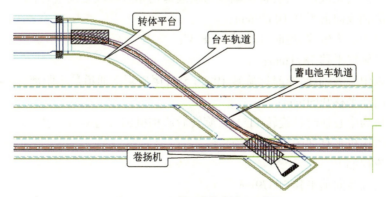

图 10-14　2 号横通道轨道铺设示意图

依次将盾构中体、前体、刀盘、拼装机、盾尾、螺旋输送机吊装下井,连接前盾、中盾刀盘和尾盾,在竖井处完成对盾体的组装。

(3)盾构机平移

盾构主机平移分两个阶段进行:第一阶段通过始发基座从盾构竖井下开始平移,通过平移—旋转—平移,盾构机与1号横通道轴线重合;第二阶段盾构机通过焊接轮毂,在轨道上平移到达横通道与正线斜交的地方,通过旋转平台旋转盾体,使盾体与区间正线轴线重合,推动盾体到达始发导台。

第一阶段盾构机平移如图10-15所示。

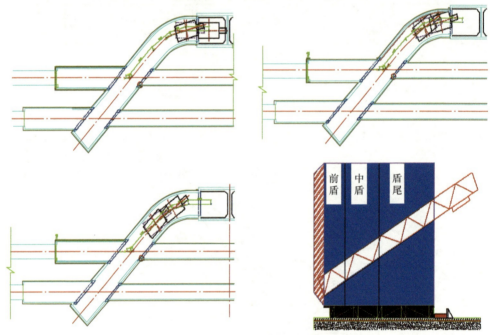

图10-15 第一阶段盾构机平移示意图

具体操作流程如下:

①本次盾构旋转均以盾构中线为旋转轴;

②盾构在竖井内完成吊装,盾构机轴线与横通道初始直线段轴线重合;

③盾构机沿轴线向前平移10639mm;

④盾构机以中心为轴线,逆时针旋转14°8′4″;

⑤盾构机沿轴线平移7871mm;

⑥盾构机以中心为轴线,逆时针旋转19°26′55″,尾盾距横通道最小距离为142mm;

⑦盾构机向前平移9950mm;

⑧以盾构机为中心逆时针旋转11°15′,旋转后盾构机轴线与横通道轴线重合。

第二阶段盾构机平移如图10-16所示。

具体操作流程如下:

①盾构机沿轴线向前平移38379mm;

②盾构机以中心为轴线顺时针旋转35.74°;

③盾构机沿轴线向前平移500mm；
④盾构机以中心为轴线顺时针旋转9.26°；
⑤盾构机沿轴线垂直方向前平移241mm；
⑥盾构机沿轴线方向平移17926mm，刀盘开始上到始发导台；
⑦盾构机沿轴线方向平移9960mm，盾体到达始发位置。

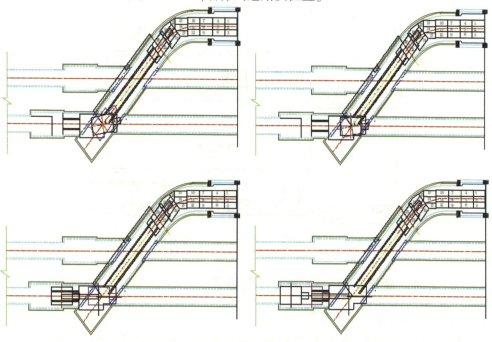

图10-16 第二阶段盾构机平移示意图

盾构机轴线与横通道轴线重合时，固定始发托架，用液压千斤顶推动盾体缓慢离开基座，前盾脱离基座1/3时，在前盾两侧各焊接1个轮毂，轮毂在轨道上移动（图10-17）；继续推动盾体移动，依次在前盾后端两侧各焊接1个轮毂、中盾前后两侧焊接2个轮毂，尾盾前后两侧各焊接2个轮毂，盾体完全脱离基座。盾体在1号横通道段通过液压千斤顶顶推尾盾，在轨道上移动。盾构机平移38379mm到达转体平台，盾构机在转体平台上完成旋转平移，使盾构机轴线与区间线路轴线重合，继续平移盾构机，到达始发位置。盾构机在上始发导台时逐个割除焊接在盾体上的轮毂且打磨光滑。

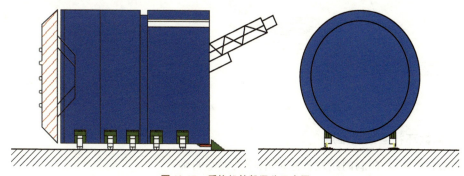

图10-17 盾构机轮毂平移示意图

(4) 后配套台车平移

后配套台车在 2 号横通道通过 5t 卷扬机牵引在铺设轨道上移动,到达与正线斜交处,通过转体平台旋转 45°,使台车中轴线与区间正线轴线重合,再通过蓄电池车牵引到暗挖正线内,与盾构机主机连接。后配套台车平移如图 10-18 所示。

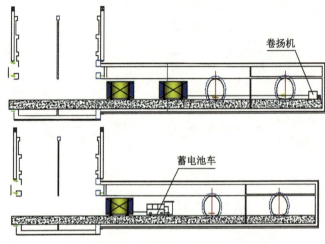

图 10-18 后配套台车平移示意图

10.2.4 延伸钢环补偿始发方案研究

1）延伸钢环补偿始发施工方案

区间施工采用盾构侧始发工艺,盾构机下井后在平移通道内平移、转体。洞门与正线隧道存在 45° 夹角,在洞门位置安装异形延伸钢环,盾构机进入钢环就位后始发掘进,如图 10-19 所示。

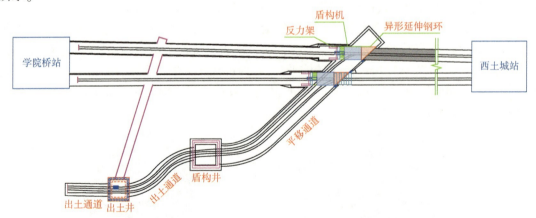

图 10-19 盾构延伸钢环补偿侧始发平面示意图

2）延伸钢环补偿始发难点

(1) 钢环为异形,在洞门始发掘进时钢环受力不明确;

(2)须进行钢环内填充材料特性研究;

(3)钢环位置管片后期须处理。

3)延伸钢环补偿始发难点解决方案

(1)进行有限元数值模拟仿真计算。

(2)填充料特性指标:填充材料采用膨润土、粉煤灰微膨胀砂浆等混合料,通过试配让其抗压强度、渗透性能和塑性与加固后的土体相近。

①无侧限抗压强度:不小于 0.8MPa。

②渗透系数:小于 1.0×10^{-6} cm/s。

③抗弯强度大于 0.5MPa。

④弹性模量小于 1500MPa。

填充材料配合比的试验确定:水胶比、胶凝材料用量、砂率、外加剂掺量等多种因素均对填充材料强度、塑性和渗透性等有影响,试验研究水灰比、胶凝材料用量、砂率、膨润土掺量、外加剂用量对混凝土抗压强度、塑性和渗透性能的影响,得出满足施工要求的最优配合比设计。

(3)保留钢环与支撑,反向隧道内的二次衬砌延伸进入平移通道与钢环内管片相连接,形成整体;平移通道的其他区域回填,能保证钢环位置管片两侧整体受力均衡。

4)延伸钢环补偿始发施工流程

延伸钢环补偿始发施工流程如图 10-20 所示。

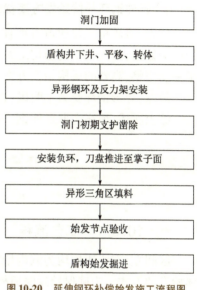

图 10-20 延伸钢环补偿始发施工流程图

10.2.5 不同始发方案比选分析

1)常规始发方案优缺点

优点:应用较多,工艺成熟。

缺点:

(1)工期长,洞桩法本身工期为 15 个月,平移通道完成后再开设反向隧道马头门,施作初期支护及二次衬砌,工期 6 个月,合计工期 21 个月。

(2)盾构井及平移通道只作为盾构拼装通道,掘进过程不能作为材料运输通道,利用率低,占用场地。

(3)受场地限制,反向隧道长 25m,盾构机后配套台车长 78m,需分体始发。

2)平移转体始发方案优缺点

优点:

(1)盾构由横移变为前移,平移通道净宽由 11m 优化为 9m,采用 CRD 工法,工期 9 个月;反向隧道由出土井施工,工期不在关键线路上。

(2)盾构井及平移通道可作为运输通道,解决了利用率低的问题。

(3)反向隧道长 85m,满足盾构整体始发要求。

缺点：

（1）平移通道二次衬砌完成后，再开设马头门，施作盾构始发断面，增加工期5个月。

（2）斜向开设马头门，开挖跨度13m，斜向安装格栅施工精度要求高，掌子面暴露时间长，施工安全风险大。

（3）马头门位置经平移通道及始发断面多次扰动，群洞效应明显，地层变形量大，桥梁安全风险高。

3）延伸钢环补偿始发方案优缺点

优点：将盾构平移通道由垂直角度调整为斜角，大大提高了盾构施工期间材料及渣土垂直运输的效率，解决了不均衡切削始发的问题，为地面场地受限等特殊情况下区间盾构施工提供了一套完整、高效的盾构始发方案。

缺点：异形钢环受力不明确，存在一定施工风险。

综上所述，最终选取延伸钢环始发方案，作为该工程的始发方式。

10.3 盾构补偿始发技术

10.3.1 工艺流程

区间左、右线盾构均为洞内始发，始发段结构净空长度满足盾构整体始发的要求，采用整体始发的方式。为确保始发时盾构姿态的控制，保证提供足够的反力，采用整环负环拼装。

盾构机组装与始发掘进施工流程见图10-21。

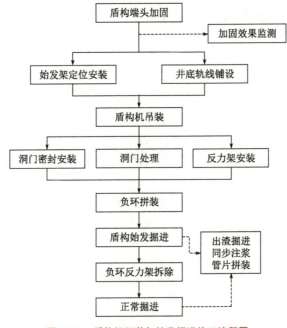

图10-21 盾构机组装与始发掘进施工流程图

施工过程中的参数调整见图10-22。

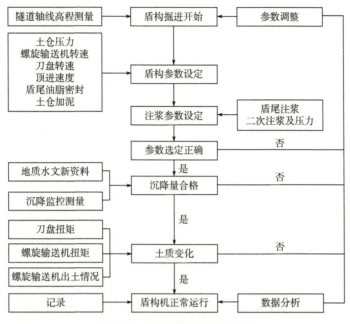

图10-22　盾构施工参数设定与调整

10.3.2　端头加固

在盾构始发、到达前需要进行端头加固处理,均采用深孔注浆加固,加固完毕后进行现场取芯试验,检测强度符合设计要求后方可始发、到达,以保证盾构施工安全。

注浆加固盾构轮廓外3m范围以内的土体,纵向加固长度10m,如图10-23～图10-26所示。

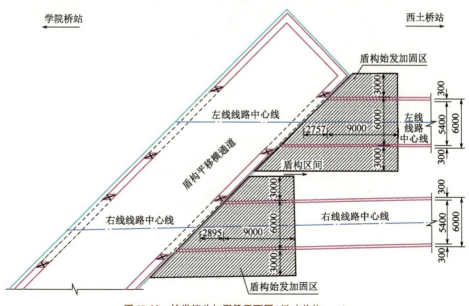

图10-23　始发端头加固段平面图(尺寸单位:mm)

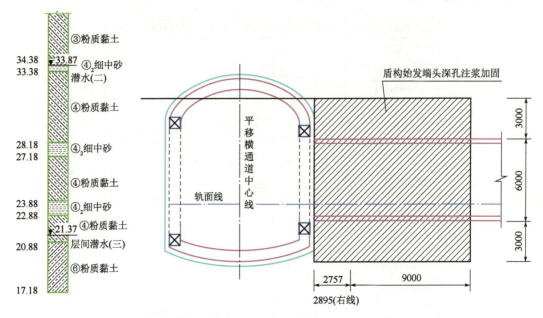

图 10-24　始发端头加固横断面图（尺寸单位：mm；高程单位：m）

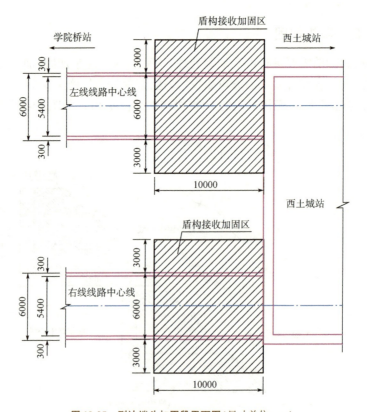

图 10-25　到达端头加固段平面图（尺寸单位：mm）

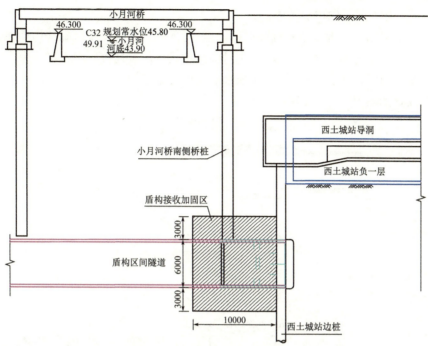

图 10-26　到达端头加固剖面示意图(尺寸单位:mm;高程单位:m)

10.3.3　轨道铺设及后配套就位

盾构机设计轨线间距 2080mm,蓄电池车设计轨线间距为 970mm。正线区间采用槽钢作为轨枕,始发阶段为了保持车站内轨面与正线区间一致,暗挖通道内采用工字钢作轨枕,间距 1m。

后配套拖车及编组列车均采用轮式移动平台(带轨道),通过盾构井下放到移动平台,然后在平移横通道内牵引行走至正线,将移动平台轨道与正线轨道对接,完成后配套台车和蓄电池车就位。转体平台小车构造如图 10-27 所示。

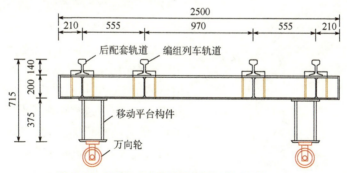

图 10-27　转体平台小车构造示意图(尺寸单位:mm)

10.3.4　反力架安装

1)反力架构造

反力架采用钢板焊接而成,反力架由 9 种构件组成,采用高强度螺栓连接,反力架总宽

6300mm，主要采用30mm钢板焊接而成。

反力架底部采用扩大混凝土基础预埋连接钢板，顶部与既有二次衬砌结构预埋钢板连接，同时反力架设置水平传力支撑，支撑与二次衬砌结构错台位置连接。因水平传力支撑较长，在水平支撑区域竖向设置两道连接立柱，加强水平支撑的稳定性。

反力架设置如图10-28～图10-30所示。

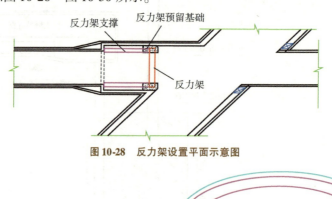

图10-28　反力架设置平面示意图

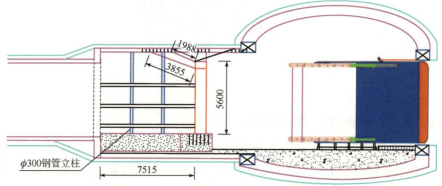

图10-29　反力架设置纵剖面示意图（尺寸单位：mm）

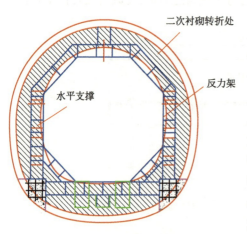

图10-30　反力架设置横剖面示意图

2）反力架安装

反力架形成的平面要与盾构机的推进轴线相垂直。反力架的横向和竖向位置需保证负环管片传递的盾构机推力准确作用在反力架上。安装反力架时，首先用全站仪测定水平偏角和位置，将反力架整体组装，并由手拉葫芦配合，校正其水平偏角和倾角，在定位过程中配合使用手拉葫芦和型钢等工具，最后经测量无误后将其焊接固定。两条立柱分别与底板处预埋钢板焊接。应满焊，检验焊缝外观质量，如咬边、表面气孔、表面裂纹、焊瘤等。为保证焊接质量，焊接人员须持证上岗，焊接前进行安全技术交底，焊接过程中安排专人配合，焊后安排检查人员对焊接质量进行探伤检测，并形成报告。

在安装反力架时，反力架左右偏差控制在±10mm之内，高程偏差控制在±5mm之内，前后偏差控制在±10mm之内。始发台水平轴线的垂直方向与反力架的夹角<±2‰，盾构姿态

与设计轴线竖直趋势偏差<2‰,水平趋势偏差<±2‰。

3)反力架的固定

反力架提供盾构机推进时所需的反力,因此反力架须具有足够的刚度和强度。将反力架放在始发竖井的坑中,调整好位置后,将反力架与预埋底板之间用构件支撑,另在反力架顶部采用构件支撑在结构中板预埋件上,反力架底部焊接在底板预埋件上。为保证盾构推进时反力架横向稳定,用30mm钢板对反力架的支撑进行横向固定。

4)反力架受力验算

本工程反力架总推力按最大50000kN计算。

5)反力架监测

为保证盾构始发的安全和反力架的稳定,安装反力架后在架体上布置位移监测点及应力监测点。监测点主要布置在架体的横梁和立柱背后,能准确反映架体的变形和应力变化情况,同时方便测取数据。

10.3.5 始发基座与盾构机主体同步就位

预拼装基座长10m、宽5.04m、高0.32m,将其吊装下井,作为盾构平移基座,平移基座上安装盾构机主体(刀盘、前盾、中盾、尾盾及螺旋输送机),待盾构平移、转体就位后固定始发基座,如图10-31~图10-33所示。

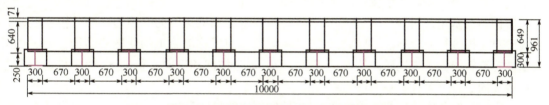

图10-31 始发基座纵剖示意图(尺寸单位:mm)

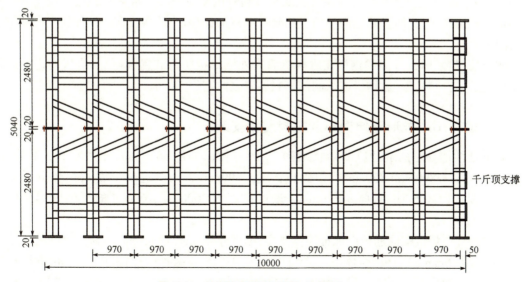

图10-32 始发基座平面示意图(尺寸单位:mm)

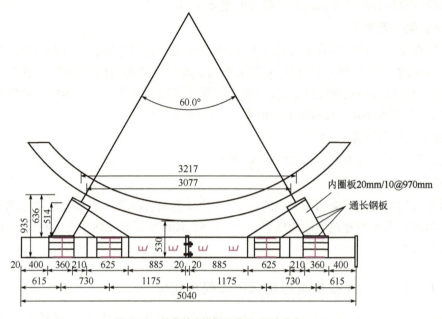

图 10-33　始发基座横剖示意图(尺寸单位:mm)

盾构机组装前,依据隧道设计中心轴线、洞门位置及盾构机的尺寸,然后反推出始发基座的空间位置。始发基座严格按照测量放样的基线就位并固定。

盾构始发基座采用钢结构,主要承受盾构机的重力和推进时的摩擦力。当盾构在组装时还需要对主机进行前后移动,结构设计还需考虑盾构前后移动施工的便捷和结构受力。在钢梁上设置钢轨作为盾构机导向轨道。基座就位后通过横向和斜向进行加固,两侧与始发台进行焊接加固。

在安装始发基座前进行测量放样工作,始发基座的整体高程(即盾构中心)比设计中心轴线高20mm。始发基座竖直趋势与设计轴线竖直趋势偏差应<2‰,水平趋势偏差应<3‰;在盾构机主机组装时,在始发基座的导轨上涂硬质润滑油,以减小盾构机在始发导轨上向前推进时的阻力。

防扭装置:采用3cm厚的钢板在盾构机盾壳外侧焊接防扭装置,避免盾构机在进洞过程中发生扭转,防扭装置在盾构机进入洞门密封装置之前割除。

10.3.6　异形延伸钢环及密封装置安装

异形延伸钢环是两端开口的筒状结构,钢环直径(内径)6620mm,分为上下2部分,钢环长为800mm/7899mm(800mm 为短侧边长度,7899mm 为长侧边的长度),筒体分成2节制作。钢板选择:Q235B,板厚 $\delta=20$ mm。底座高度为3600mm,与筒体的下半圆焊接成一个整体。

筒体的外周焊接横向筋板以保证筒体刚度,筋板厚20mm,高120mm。筒体之间的连接用法兰,法兰用40mm厚的板,筒体法兰之间均采用 M30、8.8 级螺栓连接,中间加8mm厚橡胶垫。钢环左右两侧及底部需通过焊接 H200 的型钢斜支撑,斜支撑间距1.5m/道,防止盾构机掘进时钢环发生位移。

1）异形延伸钢环安装

(1) 在开始安装钢环之前，首先在基坑里确定线路中心线，也就是钢环的中心线。钢环定位时要求钢环的中心线、线路中心线两条控制线重合。

(2) 在地面上先将钢环吊装下放到盾构井内，平移至始发位置，使钢环的中心与线路中心线重合，采取分段点焊的方式将延伸钢环与洞门预埋钢环焊接，使其稳固。

(3) 钢环安装完成后，连接螺栓按顺序紧固后需进行检查并复紧，对钢环位置进行复测，检查与盾构机到达的中心线是否重合。

(4) 钢环与洞门预埋钢环进行焊接连接，焊缝沿钢环一圈内外侧满焊。

(5) 钢环左右两侧及底部需通过焊接 H200 的型钢斜支撑，斜支撑间距 1.5m/道，防止盾构机掘进时钢环发生位移。

2）钢环两侧斜撑加固

钢环斜撑加固示意图如图 10-34 所示。

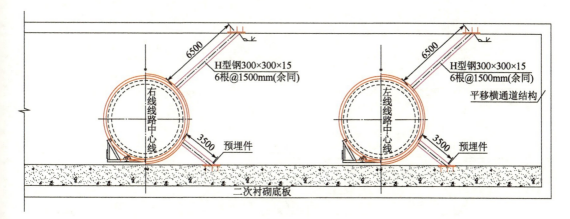

图 10-34　钢环斜撑加固示意图(尺寸单位：mm)

3）密封装置安装

(1) 密封装置

密封装置与钢环尾端钢板预留孔通过螺栓连接，采用折叶式密封压板密封，如图 10-35～图 10-37 所示。

(2) 安装步骤

①洞门防水密封施工前，先检查材料的完好性，尤其是帘布橡胶板是否完好，螺栓孔是否完好。

②安装前清理完洞口的渣土，疏通预埋钢板的孔并涂上黄油。

③用螺栓固定钢环尾端钢板。

④安装帘布橡胶板及圆环板，并用薄螺母固定在井壁上。

⑤将扇形压板套在装有薄螺母等的螺栓上。

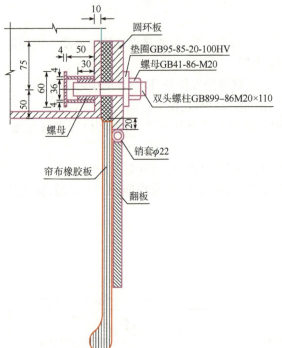

图10-35 折叶式密封压板(尺寸单位：mm)

图10-36 折叶式密封压板图片

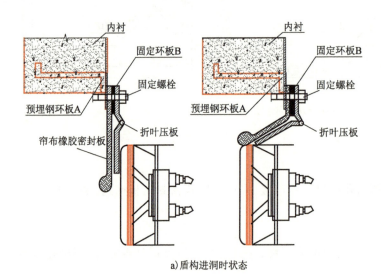

a) 盾构进洞时状态　　　　　　b) 管片拼装后的状态

图10-37 始发洞口密封示意图

（3）洞门处防水装置安装注意事项

①帘布橡胶板和扇形压板组合成的防水装置与管片的密贴，防止背后注浆时浆液外流，必须进行螺栓二次旋紧。

②防止安装扇形压板时损坏帘布橡胶板。

10.3.7 始发阶段皮带输送机出渣及管片运输

因始发阶段负环管片不能拆除,编组列车不具备轨行条件,始发阶段采用皮带输送机出渣,皮带输送机在既有隧道及施工横通道第一层内敷设,最终汇入施工竖井内土斗,通过门式起重机吊出,单线始发设置皮带输送机共计270m。

管片通过施工竖井调运至井底,在施工横通道第二层通过叉车水平运输至正线列车上,如图10-38、图10-39所示。

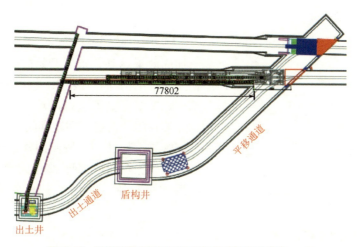

图10-38　始发阶段皮带输送机布置平面图(尺寸单位:mm)

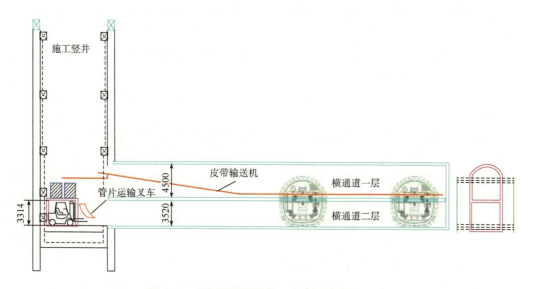

图10-39　始发阶段管片运输示意图(尺寸单位:mm)

10.3.8 洞门初期支护凿除

1）加固效果检验

在破除洞门前,对土体加固效果进行水平钻孔取样检查,同时对地下渗水情况进行判断,根据地下水的渗透情况做出是否进行二次注浆加固的决定;取芯检查试验报告合格,才能进行洞门凿除施工。洞门加固效果检查包括以下三项内容:

(1)加固体强度;

(2)加固体整体性、均匀性;

(3)地下水含量情况。

2）洞门凿除施工顺序

加固效果达到要求后开始破除平移通道350mm厚初期支护结构,洞门破除分为上下两层,先下后上,下部破除完毕后立即进行回填。延伸钢环敞口处采用砌体墙封闭。为保证回填期间砌体墙的稳定性,临时用钢管脚手架加固。按照同样顺序完成上半部分初期支护破除及回填,钢管脚手架待回填料达到自稳强度后方可拆除。初期支护凿除分块如图10-40所示。

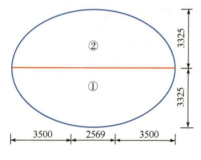

图10-40 初期支护凿除分块示意图
(尺寸单位:mm)

3）洞门凿除注意事项

(1)按照脚手架施工规范进行搭设脚手架施工。

(2)洞门凿除过程中,注意观察帘布橡胶板,避免混凝土渣直接掉落在钢环上,须采取缓冲措施。

(3)洞门凿除过程中须有专人旁站。密切注意凿除作业面土体情况,如有异常须立即撤离作业区所有人员,并立即报告。

(4)洞门破除时,及时检查掌子面的土质情况与设计是否一样,如不一样,及时反应并采取相应措施。

(5)洞门破除施工完毕后立即完成回填料回填,形成反压,避免开挖面暴露太久而发生失稳坍塌。

(6)在盾构始发位置的洞门凿除过程中,有可能出现漏水、漏砂现象,严重的可能引起地面塌方,危及周围管线。一旦发生涌泥、涌砂,地面沉陷立即向相关部门上报,并及时通知各管线单位;同时组织人员对洞门正面进行封堵,对工作井内淤泥进行清理,并对塌陷面进行回填处理。

10.3.9 异形延伸钢环内填料

盾构机向前推进至刀盘面板贴近洞门一侧掌子面后,通过钢环顶部预留孔向钢环内三角区填料,填料采用低强度配合比同步回填注浆料,通过试配让其强度和韧性的特性接近加固后的土体。回填料无侧限抗压强度控制1.0MPa左右。异形钢环填料如图10-41、图10-42所示。

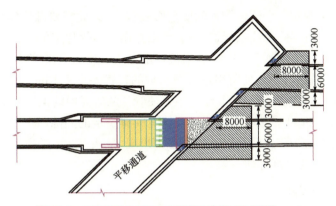

图 10-41　异形延伸钢环三角区填料示意图（尺寸单位：mm）

图 10-42　异形延伸钢环填料示意图

10.3.10　负环管片拼装

本标段采用正常始发，负环管片拼装提供盾构掘进的反力，因此负环管片采用正常隧道管片，负环共 11 环，采用错缝拼装，以提供更稳定的反推力，拼装定位为 1 点和 15 点。

1）负环管片支撑

负环管片拼装为直线拼装，拼装时遵循管片与反力架保持平行的原则。盾构机始发在反力架和洞内正式管片之间安装负环管片，均采用标准管片，依次安装在尾盾与反力架之间，并对管片进行底部支撑处理和螺栓复紧工作，以保证在传递推力过程中管片不会变位。

2）负环管片拼装

负环管片采用普通钢筋混凝土管片，管片厚度为 300mm，内径为 5400mm，外径为 6000mm。负环管片采用整环错缝拼装，根据平移横通道结构和反力架位置，综合考虑采用 11 环负环管片。负环管片拼装由管片拼装机在盾尾内按顺序拼装成型，用连接螺栓连接固定。

在安装负环管片之前，为保证负环管片不破坏尾盾尾刷、保证负环管片在拼装好以后能顺利向后推进，在盾壳内安装厚度不小于盾尾间隙的钢管，以使管片在盾壳内的位置得到保证。

由于负环管片的拼装精度将直接影响正式管片的拼装精度，因此尽可能地将负环管片拼装成真圆形。

第一环负环的位置对整个隧道管片的质量影响很大,因此需要准确定位,拼装负环时,第一块管片的位置可在盾尾画出线条标记,拼装手根据画线给管片定位。

第一环负环管片拼装成圆后,用4~5组液压缸完成管片的后移,管片在后移过程中,要严格控制每组推进液压缸的行程,使每组推进液压缸的行程差小于10mm,保证管片的端面与设计线路垂直。在管片的后移过程中,要注意不要使管片从盾壳内的钢管上滑落。

盾构出洞时,由于基准导轨与前方加固土体之间有一定的间隙(即盾构始发井内衬、围护结构厚度加施工间隙),为防止盾构前移的过程中出现"磕头"现象,在洞圈内安装两根导向接长轨道,安装倾角位置与基准导轨一致。

3)负环管片紧固保圆

每拼一环管片由千斤顶推出盾尾,在管片脱离盾尾时及时用木楔垫实管片与导轨之间的间隙,并用钢丝绳把负环管片与始发托架基座捆绑牢固,直至盾构处于出洞前位置。

10.3.11　尾盾油脂加注

在拼装负环前,应在盾尾三道密封刷均匀涂满密封油脂,以保护盾尾密封刷。拼装负环及始发掘进时,起到保护盾尾密封性的作用。

10.3.12　盾构始发验收

盾构始发准备工作完成后,由监理进行预验收,预验收通过后总监理工程师按照《北京市城市轨道交通建设工程关键节点施工前条件核查管理办法》(京建法〔2018〕1号)组织进行条件验收,验收通过后,方可进行盾构始发工作。

10.3.13　建立试验段

为保证学院站—西土城站区间盾构施工顺利,为盾构掘进提供试验数据,盾构区间共设置2段试验段,第一段为右线始发前50m(YK41+427.027~YK41+477.027),该段地层主要为粉质黏土,局部夹砂层,盾构区间下穿北京航空航天大学东门天桥、花园北路路口北天桥、直径1000上水管段地层与始发段基本一致,共用第一个试验段参数。第二段为右线 YK42+175.000~YK42+225.000 里程段,长度50m,该段地层主要为卵石层,局部拱顶夹砂层,盾构区间下穿既有10号线西土城站、学知桥(北三跨)、下穿小月河、ϕ500mm 燃气管段地层与第二试验段基本一致,共用第二个试验段参数。

通过试验段掘进进一步了解和认识本工程的地质条件,掌握该地质条件下盾构的施工方法,并在试验段开挖时加强地面监测;通过对试验段推进参数和监测数据分析,包括对掘进速度、掘进推力、刀盘转速、同步注浆量及压力、出土量、二次注浆量及压力、注浆配合比等参数分析,从而确定满足盾构区间盾构掘进工程的最佳掘进参数,并在试验段设置深层沉降测点。

10.3.14　盾构试掘进施工参数控制程序

在试验段根据初步设定的掘进参数进行掘进控制;加大监测频率,根据监测数据进行参数调整,对掘进参数进行总结,最终优化形成控制工程沉降的掘进参数。充分利用土压平衡原理减少盾构通过后地层的应力损失,始终维持开挖土量与排土量的平衡,以保持开挖面土体的稳定。

试掘进阶段每天掘进 8~10 环。掘进操作控制程序如图 10-43 所示。

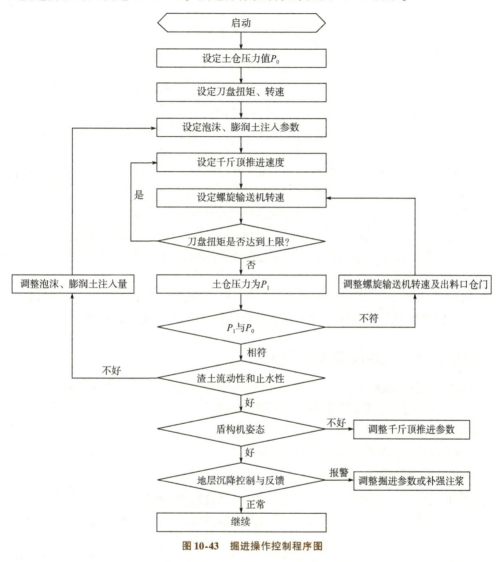

图 10-43 掘进操作控制程序图

10.3.15 试掘进阶段

在试掘进阶段,需结合地面监测数据反馈情况对掘进参数进行必要的调整,为后续的盾构掘进施工提供参考依据。试掘进阶段主要工作内容包括:

(1) 根据地质条件和试掘进过程中的监测结果,进一步优化掘进参数。

(2) 因盾构斜套筒始发受力复杂,刀盘切口进套筒至尾盾完全脱出套筒两环(前 8 环)施工参数控制尤为重要,该区段施工参数控制原则是:① 刀盘切口在套筒内至完全出套筒 2m,只土仓满仓推进,不建土压;②同步注浆尾盾在套筒内至完全脱出尾盾后两环注双液浆,并小压力注实,压力控制在 0.1MPa 即可。具体详细参数见表 10-1。

刀盘切口进套筒至尾盾完全脱出套筒两环(前8环)掘进参数　　表 10-1

上土压 (bar)	中部土压 (bar)	推力 (kN)	扭矩 (kN·m)	刀盘转速 (r/min)	推进速度 (mm/min)	注浆压力 (MPa)	注浆量 (m³)	出土量 (m³)
0.5	0.5	5000~10000	不大于1000	0.5~1.0	不大于30	0.1	4.0~4.5	44~45

正常推进阶段采用 50m(第 9~50 环)试掘进阶段掌握的最佳施工参数。通过加强施工监测,不断完善施工工艺,控制地面沉降。应采用均衡生产法控制施工进度。

(3)推进过程中,严格控制好推进里程,将施工测量结果不断地与计算的三维坐标相校核,及时调整。

(4)应根据当班指令设定的参数推进盾构,盾构推进出土与衬砌背后注浆同步进行。不断完善施工工艺,控制施工后地表最大变形量在 10mm 之内。

(5)盾构掘进过程中,坡度不能突变,隧道轴线和折角变化不能超过 0.4%。

(6)盾构掘进施工全过程须严格控制,工程技术人员根据地质变化、隧道埋深、地面荷载、地表沉降、盾构机姿态、刀盘扭矩、千斤顶推力等各种勘探、测量数据信息,正确下达每班掘进指令,并即时跟踪调整。

(7)盾构机操作人员须严格执行指令,谨慎操作,对初始出现的小偏差应及时纠正,应尽量避免盾构机走"蛇"形,盾构机一次纠偏量不宜过大,以减少对地层的扰动。

10.3.16　试验段掘进参数确定

盾构推进过程中,根据不同地质、覆土厚度、地面建筑情况并结合地表隆陷监测结果调整土仓压力,推进速度保持相对平稳,控制好每次的纠偏量,减少对土体的扰动,为管片拼装创造良好的条件。同步注浆量要根据推进速度、出渣量和地表监测数据及时调整,将施工轴线与设计轴线的偏差及地层变形控制在允许的范围内。

1)土仓压力 P 的确定

施工中通过设在刀盘和密封仓的压力计测定,结合地质、埋深和地面监控量测信息的反馈分析,适时优化调整土压力、推进速度、推进力及注浆量的设定值,以确保地面变形控制在规定的范围内。

P 值与地层土压力和静水压力相平衡。设刀盘中心地层静水压力、土压力之和为 P_0:

$$P_0 = \gamma \cdot h \tag{10-1}$$

式中:γ——土体的平均重度(N/m³);

h——刀盘顶部至地表的垂直距离(m)。

则:

$$P = K \cdot P_0 \tag{10-2}$$

式中:K——土的侧向静止侧压力系数,取 0.33。

具体施工时,根据盾构所在位置的埋深 18.1~27.9m、土层状况及地表监测结果,对土仓压力进行调整。

土压最小值：

$P_0 = \gamma \cdot h = 19800 \times 18.1 = 358380 (\text{Pa})$

$P = K \cdot P_0 = 358380 \times 0.33 \approx 1.18 (\text{bar})$

土压最大值：

$P_0 = \gamma \cdot h = 19800 \times 27.9 = 552420 (\text{Pa})$

$P = K \cdot P_0 = 552420 \times 0.33 \approx 1.82 (\text{bar})$

试掘进阶段时,根据现场掘进及地面监测情况调整土仓压力,设置范围为1.2~1.8bar。

2）刀盘扭矩确定

刀盘的驱动扭矩主要克服刀具的切削力矩、刀盘结构的摩擦力矩、刀盘结构的搅拌力矩和驱动组件的惯性及摩擦力矩等。

通常刀盘的扭矩计算可参照盾构隧道国家标准建议的土压平衡式盾构刀盘扭矩经验计算公式：

$$T_e = \alpha_1 \times \alpha_2 \times \alpha_0 \times D_0^3 \tag{10-3}$$

式中：T_e——刀盘装备扭矩(kN·m)；

D_0——盾构机外径(m)；

α_1——刀盘支撑方式决定系数,简称支撑系数(m)。其中,对于中心支撑式刀盘,$\alpha_1 = 0.8 \sim 1$；对于中间支撑方式刀盘,$\alpha_1 = 0.9 \sim 1.2$；对于周边支撑式,$\alpha_1 = 1.1 \sim 1.4$；

α_2——土质系数。对密实、泥岩而言,$\alpha_2 = 0.8 \sim 1$；对于固结粉砂、黏土,$\alpha_2 = 0.8 \sim 0.9$；对于松散砂,$\alpha_2 = 0.7 \sim 0.8$；对于软粉砂土,$\alpha_2 = 0.6 \sim 0.7$；

α_0——稳定掘削扭矩系数。其中,对于土压盾构,$\alpha_0 = 14 \sim 23 \text{kN/m}^3$；对于泥水盾构,$\alpha_0 = 9 \sim 18 \text{kN/m}^3$。

经计算可得该地层最大扭矩：

$T_e = \alpha_1 \times \alpha_2 \times \alpha_3 \times D_0 = 1.0 \times 0.9 \times 23 \times 6.28 \times 6.28 \times 6.28 = 5126.8 (\text{kN} \cdot \text{m})$

根据设计盾构机最大脱困扭矩是7200kN·m,满足地层掘进所需最大扭矩5126.8kN·m,试掘进阶段时,刀盘的扭矩控制不超过5200kN·m

3）出渣量的控制

1.2m管片每环理论出渣量(实方)约为37.15m³/环,考虑松散系数(松散系数考虑1.2),并结合施工经验,每环出土量在44.5m³左右,浮动渣量0.5m³,试掘进阶段出渣量控制在44~45m³。

4）推进速度

掘进速度应与同步注浆速度保持同步,保证管片壁厚空隙及时被浆液填充,保持盾构机匀速掘进与盾构机出渣速度相平衡,控制土仓压力保持稳定。根据施工的实际情况确定并调整掘进速度及推力,试掘进段速度控制在3~5cm/min。

5）盾构总推力

盾构机进入试验段施工时,设计推力不大于18000kN,减少对土体的扰动。

6）试验段掘进参数统计

盾构在试验段掘进具体参数设定值根据盾构埋深、盾尾间隙、盾构所在位置的土层状况、盾构始发和试验段掘进参数进行设定，并且其施工掘进参数需要根据监控量测情况动态调整优化。根据上述计算分析，初步拟定本标段盾构试验段掘进主要参数，见表 10-2。

盾构试验段掘进主要参数　　　　表 10-2

推力 （kN）	推进速度 （cm/min）	刀盘扭矩 （kN·m）	刀盘转速 （r/min）	中部土压力 （bar）	出土量 （m³）
10000~20000	3~5	1500~4000	1.0-1.6	0.8~1.0	44~45

10.3.17　试掘进段注浆参数确定

1）同步注浆参数确定

盾构始发后掘进 +3 环时开始进行同步注浆。

(1) 注浆方式

同步注浆使管片尽早支承地层，减少地表沉降，保证环境安全。在盾构机盾壳外设置 4 路同步注浆管，同步注浆系统配有 2 台液压驱动的双活塞注浆泵，注浆能力为 $2\times10^3\text{m}^3/\text{h}$，注浆面板有注浆量及压力显示器，可以实时观察注浆速度，保证同步注浆质量。注入点分为左上、左下、右上、右下注入点。每路砂浆注入口处均设有压力传感器。同步注浆如图 10-44、图 10-45 所示。

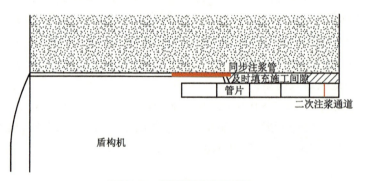

图 10-44　盾尾同步注浆示意图

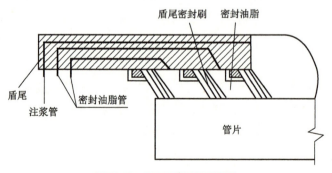

图 10-45　同步注浆管路示意图

(2)主要注浆参数

盾尾注浆压力主要是受地层的水土压力的影响,注浆压力的设定以能填满管片与开挖土层的间隙为原则。注浆压力的计算可参考规范中的公式,并在施工过程中通过测试和试验来调整优化注浆参数,注浆压力及其注浆效果直接影响地面沉降,因此对注浆量及注浆压力都有较高的要求。

①注浆压力。

根据注浆目的要求,同时避免过大的注浆压力引起地表有害隆起或破坏管片衬砌,并防止注浆损坏盾尾密封,同步注浆压力需要根据实际情况确定,原则为压力控制在对周边土体造成影响最小。试验段掘进,上部压力控制在1~1.5bar,下部压力控制在1.5~2bar,根据地表监测数据动态调整注浆压力。

②注浆量。

盾构机开挖$\phi6.28m$,管片外径$\phi6m$。

理论注浆量$V = \pi \times [(6.28 \div 2)^2 - (6 \div 2)^2] \times 1.2 = 3.24(m^3)$。

考虑浆液损失,注浆量达到理论注浆量的1.2~1.8倍,即3.89~5.83m^3。

③注浆速度。

同步注浆速度应与掘进速度相匹配,按盾构完成1环1.2m的掘进时间内完成当环注浆量,来确定其平均注浆速度。

④设备配置。

同步注浆系统:配备液压注浆泵、盾尾注入管口及其配套管路。

浆液运输系统:8m^3砂浆运输车一辆,有自动搅拌功能和砂浆输送泵,随编组列车一起运输。

⑤注浆停止控制标准。

采用注浆压力和注浆量双指标控制标准,即当注浆压力达到设定值时,则注浆量达到设计值的80%以上时,即可认为达到质量要求。对本设计参数还需通过监控量测进行优化,使注浆效果达到更佳。

2)二次注浆参数确定

同步注浆系统有一定的合理使用范围。盾构机的推进速度相对较快,自动注浆孔分布位置存在盲区,浆液注入后很难形成单独固化体,尤其是在中下部,形成局部注入盲点。对于注浆系统另外配置了一套人工管片壁后注浆设备,在注浆管理上采用自动与人工注浆相结合,用人工管片壁后注浆系统来填充自动注浆设备无法进行注浆施工的某些地质敏感区域。施工时根据地表沉降监测反馈信息,结合洞内采用其他手段探测管片衬砌背后有无空洞的方法,综合判断是否需要进行二次注浆。

二次注浆部位在管片脱出盾尾6~8环进行,考虑到现场实际并根据地表监测情况,进行补充二次注浆,二次注浆在试验段时采用水泥浆,必要时采用水泥-水玻璃双液浆。

(1)浆液性能

二次注浆采用双液浆作为注浆材料,能对同步注浆起到进一步补充和加强作用。同时对管片周围的地层起到充填和加固作用。

(2)注浆设备

双液注浆泵系统(由1个压力泵站、2个浆液桶和1个注浆机组成)、小型浆液拌和桶1个、注浆阀6个、三通1个、冲击钻一台等。

(3)注浆压力

二次注浆压力为3.5~4.5bar,≤5bar。

(4)注浆结束标准

二次注浆量根据地质及注浆记录情况,分析注浆效果,结合监测情况(一般以控制注浆压力为准),达到设计注浆压力则结束注浆,注浆压力不得高于5bar。

3)掘进中的渣土改良

渣土改良主要是通过盾构机配置的渣土改良装置向刀盘面或土仓内注入添加剂,利用刀盘的旋转搅拌或土仓搅拌装置搅拌使添加剂与渣土混合,将开挖面开挖下来的土体在压力仓内调整成一种"塑性流动状态",从而最大程度上增加开挖土体的流塑性,将盾构掘进中喷涌、结泥饼、开挖面失稳、排土不畅等因为渣土改良效果不佳导致的施工故障发生的可能性降到最低,并减少刀盘对周边土体的扰动及刀具的磨损。

渣土改良选择泡沫、膨润土作为主要添加剂,根据不同地层选择添加合适数量的添加剂以及合理的注入工艺。

(1)渣土改良的主要技术措施

本区间隧道所穿越的地层主要为黏土及砂卵石地层,在盾构掘进过程中,主要通过向土仓内加入膨润土及泡沫等添加剂来进行渣土改良,以减少砂卵石地层对刀具的磨损,从而避免刀具更换。

穿越风险较大的构建筑物时,渣土改良应根据试验段数据或者现场实际情况对改良剂用量的进行调整,确保出渣顺畅、不超方。

(2)膨润土、泡沫注入装置

本线路盾构机配置1台膨润土泵、6台泡沫泵。刀盘配置中心1个注入孔、辐条6个注入孔,共计7个注入孔,在本区间推进过程中,采用刀盘中心1路和辐条1路膨润土管路注入膨润土,辐条5路泡沫管路注入泡沫进行渣土改良。

渣土改良装置由膨润土箱(泡沫箱)、泵、压力表、流量仪、注入管路、手动球阀等构成。把注入泵泵送的膨润土(泡沫)注入刀盘前面。

膨润土浆液在地面完成拌制,静置24h以上,检测比重、黏度、含砂量等性能指标合格后,泵送至盾构机上的膨润土罐内。推进过程中由两台挤压式注入泵加注到渣土之中,通过刀盘的搅拌作用与渣土均匀混合,从而改善渣土的流塑性。

(3)膨润土、泡沫注入工艺

根据不同添加剂的改良机理及实际工况,合理选择各注入孔注入的添加剂类型。对于刀盘中心注入孔,应选择注入膨润土;对于螺旋输送机筒体上的注入孔,如有必要,应优先选择加入膨润土浆液;此外,其他孔应根据注入量的大小进行选择,确保每种浆液均能够均匀注入土仓及开挖面内。

对于单一地层,同一注浆孔应避免频繁更换添加剂类型,如果确实需要更换,用清水将管路完全清洗干净后,方可进行更换。

盾构推进前,首先加入泡沫,转动刀盘,待刀盘扭矩正常稳定后,再向前推进,同时加入泥浆。每环推进完成后,先停止加泥,转动刀盘3min左右再停止加泡沫。

(4)泡沫添加量

对于砂卵石及黏土层,暂定使用浓度为3%～5%的泡沫原液,发泡体积膨胀率一般为8～10倍;对于地层泡沫注入率一般为5%～50%,根据经验,对于卵石层泡沫注入率为25%。则每环泡沫剂的用量如下:

$V_{卵} = 1.2 \times 3.14 \times 3.14 \times 3.14 \times 0.25/(8 \times 0.03) = 38.69(L)$

同时注入膨润土浆液,配合比为水:膨润土 = 8:1,黏度不小于20s,比重1.05,其注入压力比盾构的土仓压力略高。膨润土浆液掺量以满足底层内细颗粒含量不小于20%为宜,约为出土量的5%～20%。考虑到地层的渗漏损失,对于砂卵石地层,暂定掺入量为12%。每环膨润土浆液用量如下,具体使用量根据盾构掘进的实际情况进行调整。

$V = 1.2 \times 3.14 \times 3.14 \times 3.14 \times 0.12 = 4.45(m^3)$

膨润土浆液和泡沫的流量根据每环设计用量和掘进速度确定:

理论流量 = 每环设计用量 × 掘进速度/1.2

在加入膨润土浆液和泡沫过程中,由于土仓的土压会平衡一部分管道的压力,所以操作时浆液和泡沫流量参数设定应略高于理论值,并根据土压力变化和螺旋输送机的出渣状况及时调整。每环膨润土浆液、泡沫添加量见表10-3。

每环膨润土浆液、泡沫添加量　　　表10-3

地层	膨润土		泡沫	
	浓度	每环添加量(m³)	浓度	每环添加量(L)
砂卵石层	1:8	5～15	2.5%、8倍发泡	38.69

10.3.18　洞门封堵

盾构推进至钢环内后,每进尺一环进行一次注浆封堵,直至盾体穿过钢环区域,该阶段采用双液浆注浆,通过管片预留注浆孔注浆,不带压注浆,旨在填充钢环与管片之间间隙,同时减少同步注浆对钢环的挤压。

1)注浆位置及频率

每环六个注浆点位,即每环所有管片吊装孔位置全部注浆。

2)施工设备

洞门封堵注浆设备见表10-4。

洞门封堵注浆设备　　　表10-4

设备名称	数量
双液注浆机	1台
搅拌桶	1台
注浆管	若干

3）注浆浆液配合比

水灰比:0.8(质量比)，水玻璃(35Be′):水 =1:4。将两种浆液按1:1比例注浆。

4）注浆压力及注浆量

二次注浆的注浆压力为接近0MPa，能输出浆液的最小压力，流量为10~20L/min，使浆液能沿管片外壁较均匀的渗流，避免形成团状加固区而影响注浆效果。

10.4 现场监控量测结果分析

10.4.1 钢套筒预埋锚板焊缝应力分析

为了便于对现场监测数据进行整理与分析，试验过程中将应变片安装于盾构洞门接缝处，用于监测洞门焊缝处在掘进过程中的应力变化。在盾构掘进过程中典型测点的应力变化如图10-46、图10-47 所示。

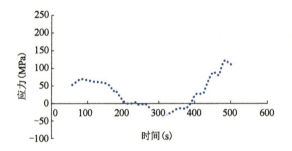

图10-46 钢套筒筒身测点 TF-1 应力趋势图　　图10-47 钢套筒筒身测点 TF-2 应力趋势图

从图10-46、图10-47 对比可以发现，由于填充的固化土与原状土力学性能存在差异，导致盾构掘进过程中产生偏压，钢套筒预埋锚板焊缝存在压应力。洞门焊缝处测点 TF-1 在盾构掘进过程中最大拉应力约为 125MPa，最大压应力约为 -38MPa，最大拉应力及最大压应力均未超过 180MPa，洞门焊缝测点 TF-1 连接稳定。洞门焊缝测点 TF-2 在盾构掘进过程中最大拉应力约102MPa，最大压应力约为 -51MPa，最大拉应力及最大压应力均未超过 180MPa，洞门焊缝在测点 TF-2 连接稳定。在掘进过程中盾构机停机调整，相应的钢套筒预埋锚板焊缝应力逐渐降低，当盾构机再次运行时，钢套筒预埋锚板焊缝应力又逐渐增大。

10.4.2 钢套筒筒身应力分析

钢套筒筒身测点 TF-1、TF-2 应力趋势见图10-48、图10-49。

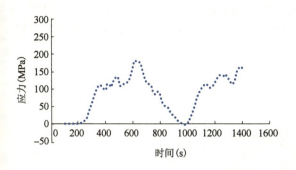
图 10-48　钢套筒筒身测点 TF-1 应力趋势图

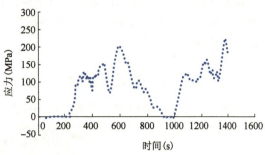
图 10-49　钢套筒筒身测点 TF-2 应力趋势图

由图 10-48、图 10-49 可以发现，钢套筒筒身测点 TF-1 在盾构掘进过程中最大应力约为 186MPa，未超过屈服强度 235MPa；钢套筒筒身测点 TF-2 在盾构掘进过程中最大应力约为 220MPa，未超过屈服强度 235MPa，钢套筒筒身受力安全稳定。在掘进过程中盾构机停机调整，相应筒身应力逐渐降低，当盾构机再次运行时，筒身应力又逐渐增大。

10.4.3　螺栓轴力分析

螺栓轴力监测见图 10-50。

由图可以发现，螺栓在盾构掘进过程中承受拉力且随着盾构的掘进螺栓受力逐渐增大，螺栓在掘进过程中承受最大拉应力为 120kN，未超过螺栓轴力预警值 201kN，平均值在 100kN 附近保持稳定，螺栓连接安全稳定。

10.4.4　钢套筒土体受力分析

钢套筒土压力监测点布置如图 10-51 所示，各测点土压力见表 10-5。

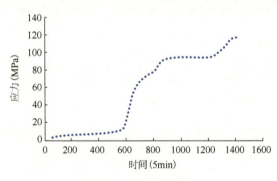
图 10-50　螺栓轴力监测

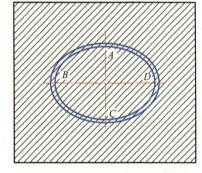
图 10-51　钢套筒土压力监测点布置图

钢套筒各测点土压力　　　　　　　　　　　表 10-5

测点	A	B	C	D
土压力（kPa）	108.9	101.5	129.1	134.3

由图 10-51、表 10-5 可知，压力盒所测得的土压力与常规方法计算土压力有所不同，埋深较大处土压力并非最大，填充固化土与原土层接触点 D 测得的土压力最大，为 134.3kPa，接触

点 B 的土压力最小,为 101.5kPa。由于原地层在盾构始发前进行了土体加固,而填充固化土相较于加固土体力学性能稍差,导致盾构掘进过程中产生偏压,因此原地层加固土侧土压力较大,填充固化土侧土压力相对较小。

10.4.5 地表沉降分析

洞门处地表沉降监测点布置见图 10-52。

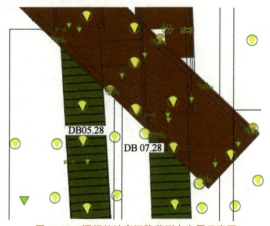

图 10-52 洞门处地表沉降监测点布置示意图

(1)洞门处地表沉降分析(图 10-53、图 10-54)

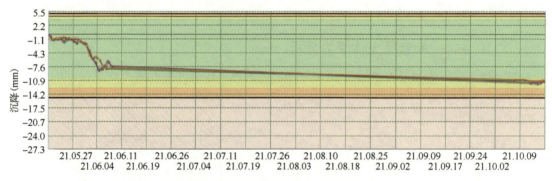

图 10-53 洞门处测点 DB07-28 沉降历时曲线

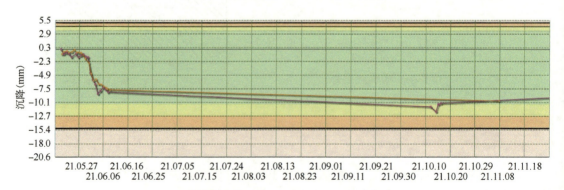

图 10-54 洞门处测点 DB05-28 沉降历时曲线

由图 10-53、图 10-54 可以看出,盾构开始始发时洞门处地表沉降速率较快,随着盾构的掘进,洞门处管片安装完成并进行注浆,洞门处地表沉降速率逐渐降低,盾构掘进一段距离后对洞门处的影响逐渐减小,洞门处的地表沉降逐渐趋于稳定。盾构掘进过程中洞门处的地表沉降未超过地表允许沉降 -15mm。

(2) 洞门处隧道轴向地表沉降分析

洞门处隧道轴向地表沉降监测点布置见图 10-55,洞门处隧道轴向地表沉降曲线见图 10-56。

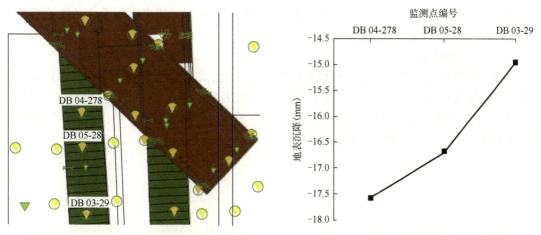

图 10-55　洞门处隧道轴向地表沉降监测点布置图　　　图 10-56　洞门处隧道轴向地表沉降曲线

由图 10-55、图 10-56 可以看出,洞门处地表沉降较大,随着距洞门距离的增大,地表沉降逐渐减小。由于监测数据为盾构始发后稳定阶段的数值,此时由于施工扰动及地面荷载的影响,地表产生工后沉降,因此较盾构始发时沉降值大。

(3) 洞门处及周边地表沉降分析

洞门处及周边地表沉降监测点布置见图 10-57,洞门处隧道周边地表沉降曲线见图 10-58。

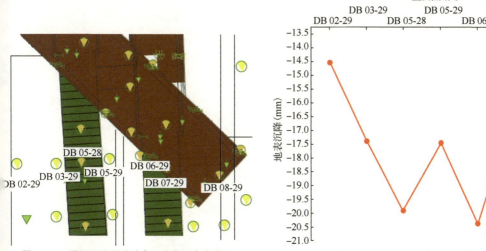

图 10-57　洞门处及周边地表沉降监测点布置图　　　图 10-58　洞门处隧道周边地表沉降曲线

由图 10-58 可以看出,洞门处隧道周边地表沉降呈"W"形,由于两隧道间隔一段距离,隧道顶部沉降最大,隧道周边沉降最小,两隧道中间沉降较小。由于盾构侧向始发,因此产生了楔形土体,隧道两侧不对称,所以楔形土体侧沉降较大,隧道洞口处地表沉降也呈现出非对称"W"形沉降槽。

10.5 施工效果及评价

在施工空间受限的条件下,盾构延伸钢环补偿侧向始发施工技术解决了北京地铁昌南线工程学院桥站—西土城站区间隧道盾构侧向始发问题,避免了降水施工,保护了北京市地下水资源,具有良好的社会效益。

采用异形延伸钢环补偿进行盾构侧向始发相比传统的常规暗挖侧向始发和平移转体侧始发可提高运输通道利用率,极大缩短施工工期,具有显著的经济效益。据测算可节省工期 5.5 个月,节约施工成本、人工成本共计 2270 万元,该技术为繁华城区不具备盾构正线始发条件的盾构隧道施工提供了经验借鉴,具有推广意义。

第11章 区间盾构洞内解体接收施工技术

学院桥站—西土城站区间盾构接收端位于新建西土城站北端、西土城路及西土城沟(小月河)下方,地面场地不具备盾构常规接收条件,综合考虑西土城站和学西区间施工筹划,最终采取了在盾构接收端隧道内完成接收,然后在隧道内将盾构机拆解并将拆解后的部件通过盾构隧道运回盾构井吊出的施工方案。本章主要介绍了区间盾构机洞内解体接收施工技术。

11.1 工程概况

学院桥站—西土城站区间以学院桥站大里程端为起点,沿学院路向南敷设,下穿既有西土城站(M10)后,到达本区间终点西土城站小里程端。区间设计起终点里程为:左线 ZK41+184.195~ZK42+494.749,右线 YK41+184.195~YK42+494.127,左线全长1310.554m,右线全长1309.932m,采用矿山法+盾构法施工。地面高程48.3~52.4m,拱顶覆土厚度18.1~27.9m,底板埋深24.9~33.9m。区间线路平面最小曲线半径 $R=1000$m,线间距为9~17m,区间纵向为单面下坡设计,坡度为6.2‰。本区间设置一座施工竖井和横通道、一座盾构始发井、盾构平移横通道及出土通道,两座联络通道,如图11-1所示。

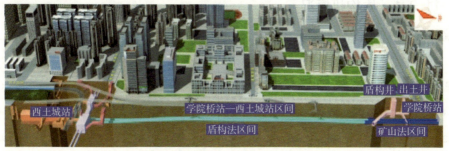

图11-1 学院桥站—西土城站区间平面透视图

盾构在平移横通道内采用异形钢套筒始发，向南掘进到达西土城站后，因到达端接收井不具备接收条件，采用洞内解体方式接收，盾构到达西土城站后，刀盘穿过西土城站围护桩进入主体结构范围，前盾前沿与西土城站主体结构外轮廓线重合，如图11-2所示。

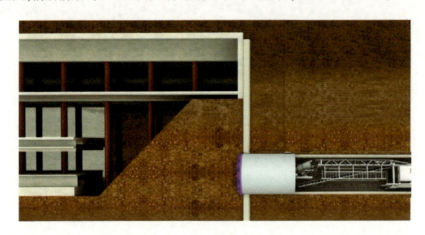

图11-2　盾构到达停机位置示意图

根据西土城站的施工安排及结构设计，2台盾构机到达车站接收端后，均只能采用弃壳后洞内拆解，然后拉回盾构井吊出，盾构井位于学院路站东区场地内。

盾构井基坑东侧邻近学院路，与学院路辅路最小水平距离约9.88m，与学院路挡土墙最小水平距离约21.10m；西侧邻近北航世宁大厦，与其地下室水平距离约29.76m。地面上周边环境主要关注高压线路，其他因素对盾构机吊拆无影响。

盾构始发洞门拱部位置细中砂④$_2$层厚度为1.3~1.7m，拱部以下为粉质黏土④层。

（1）昌平线南延学院桥站—西土城站区间从上至下地层分别为杂填土、粉土填土、粉质黏土、粉细砂、卵石、细中砂、粉质黏土。

（2）昌平线南延学院桥站—西土城站区间隧道洞身主要穿越地层有粉质黏土、粉细砂、卵石。

11.2　洞内解体接收方案

11.2.1　盾构机概况

学院桥站—西土城站区间盾构机外形尺寸、质量见表11-1。

盾构机拆解后主要组件参数　　　　表11-1

序号	名称	外形尺寸（长×宽×高）(mm)	质量(t)
1	刀盘	6280×6280×1665	约50
2	前盾	6250×6250×3630	约90

续上表

序号	名称	外形尺寸(长×宽×高)(mm)	质量(t)
3	中盾	6240×6240×2580	约95
4	尾盾	6230×6230×3680	约28
5	管片拼装机	3500×5000×3900	约22
6	管片拼装机托梁	5740×2500×2150	
7	连接桥	12650×4900×3450	约18
8	管片小车	5300×4900×3450	约3
9	1号拖车	10475×4550×3550(包括外侧走台宽600)	约22
10	2号拖车	9470×4500×4400(包括外侧走台宽600)	约39
11	3号拖车	9450×4350×4350(包括外侧走台宽600)	约22
12	4号拖车	9450×4350×4350(包括外侧走台宽600)	约22
13	5号拖车	9450×4550×4350(包括外侧走台宽600)	约20
14	6号拖车	13500×4670×4350(包括尾架)	约20
15	螺旋输送机	13100×1500×1600	约21
16	主驱动	ϕ2870×2300	约34

11.2.2 工程特点与难点

盾构机台车及连接桥等由隧道运至盾构吊出井较困难,且刀盘孔的封堵及主驱动的拆解难度较大。

11.2.3 盾构到达施工工艺

因到达端不具备接收井接收条件,采用洞内解体方式接收,盾构到达西土城站后,刀盘穿过西土城站围护桩进入主体结构范围,前盾前沿与西土城站主体结构外轮廓线重合。

盾构到达前需完成端头加固、小月河河底铺防水衬砌、小月河桥桩桩基托换及冲突桩截桩工作。

结合盾构计划到达日期以及西土城站当前施工进度,区间右线到达时,西土城站尚未开挖,左线达到时,西土城站已完成负一层结构施工。盾构到达时,刀盘前方均为现状土体,上方覆土厚度最小为6.4m,满足1倍洞径覆土要求。

盾构到达车站断面示意图见图11-3。

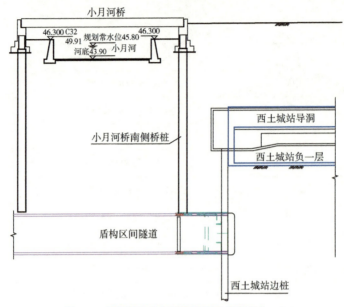

图 11-3　盾构到达车站断面示意图（高程单位：m）

11.2.4　洞内解体控制要点

1）到达段盾构机姿态控制

区间隧道左线到达里程为 ZK42+494.749，右线到达里程为 YK42+494.127，主体结构厚 800mm，围护结构厚 1000mm，即盾构机刀盘里程到 ZK42+494.749 时刀盘进入车站加固区域内。为保证盾构机顺利拆解，必须准确控制管片姿态及盾构机达到姿态。盾构机及管片纠偏幅度严格遵守"少量多次"的纠偏原则，严禁盾构机姿态突变。

在盾构推进至距离西土城站 50 环时，为了保证盾构轴线与隧道轴线一致进行定向测量。测量方式为连续测量，与正常推进相比频率加密，根据盾构实际姿态与设计轴线偏差比较，进行逐步调整，以确保盾构能够从预定位置出洞。

2）到达段掘进参数的控制

为了保证接收段土体的稳定和盾构顺利接收，在盾构将到达西土城站时，根据地面沉降监测的数据的分析，对盾构推进参数和注浆参数做相应的调整，得到适合的掘进参数和注浆量，直至盾体完全进入车站加固区域内。

3）加固区掘进

在盾构机机头进入加固区时，及时降低土仓压力，根据经验土仓压力在 0.02~0.05MPa 之间，同时对掘进速度必须严格控制，要严密注视刀盘油压及扭矩的变化；另外要派专人对西土城站端头边桩的倾斜情况进行监测，避免推力过大对端头边桩造成过大变形。当刀盘油压及扭矩过大、有继续上升的趋势时，及时降低掘进速度并在刀盘前的切削面和土仓内加注泡沫或水以降低刀盘油压，改良刀盘受力状况。同时密切关注每环的出土量，避免超挖和欠挖。

当盾构距终点处 10 环时，进行管片纵向拉紧联系梁的安装，拉紧联系梁采用槽钢 14b，拉紧条预埋件与注浆孔预埋件共用，采用 M36 螺栓进行连接，直至洞内解体完成，盾壳内二次衬砌以及洞口后浇环梁浇筑完成且混凝土达到设计强度后方可拆除。

4）盾构磨桩

（1）掘进速度控制

在推进至桩基6m左右时放慢速度，推进速度控制在25mm/min左右，以减少磨桩对桩基础的影响。

（2）加强同步注浆和二次注浆

要求实际每环注浆量控制在$4.7m^3$以上，注入率180%以上，注浆压力在0.35MPa左右。根据建筑物沉降情况，及时进行二次注浆，确保壁后空隙填充饱满，减少地面沉降。

（3）盾构机磨桩时盾构姿态控制

盾构机磨桩施工时为防止盾构机偏移，可适当增加局部千斤顶推力，并充分利用铰接液压缸，使盾构姿态与设计线路相吻合。盾构机磨桩施工时刀盘扭矩大，滚动角可以通过改变刀盘旋转方向调节。

（4）加强盾构机在掘进中的保护

利用数据监控和采集系统随时将掘进过程中的数据参数反馈到地面，以便指挥中心及时发出调整掘进参数的指令。加强设备巡检、维修保养，使设备处于良好的工作状态，确保盾构机磨桩施工顺利进行。

（5）加强在施结构的变形监测

在西土城站受影响范围的结构增加沉降及变形监测点，根据监测点管理基准和变形变化速率控制要求综合判断结构的安全状况，及时回馈指导施工，调整施工参数，达到安全、快速、高效施工的目的。

11.2.5 盾构机洞内拆解施工步序

1）拆机前支护准备

（1）盾构拆机前将尾盾后30环管片壁后补充注浆，最后10环管片用拉紧装置连接拉紧，如图11-4所示，同时用7字板将管片与尾盾固定，如图11-5所示，防止因千斤顶顶力释放后管片环间缝隙增大，引起环缝漏水。

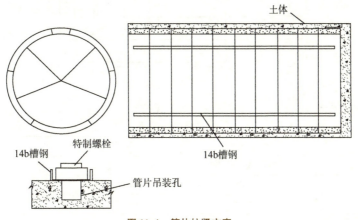

图11-4 管片拉紧方案

(2)在盾壳和盾尾刷处管片注浆填充,使盾壳和土体结为一体。
(3)刀盘周边土体加固。

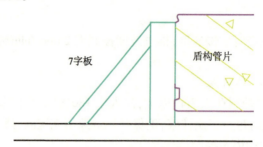

图 11-5　管片止退方案

刀盘到达西土城站时接收端已采用了端头加固处理,均采用深孔注浆加固,加固完毕后进行现场取芯试验,检测强度符合设计要求。

注浆加固盾构轮廓外 3m 范围土体,纵向加固长度 10m。

与此同时刀盘在停机后对土仓进行填充,填充方式为回填砂浆和水泥浆,回填时控制土仓压力稳定在 0.3bar,水泥浆比例为 1∶1,确保回填后土仓内的渣土得到很好的固化,为拆除主驱动和螺旋输送机做准备。

2)洞内通风装置

拆机过程中利用隧道外设置一台 $2\times37kW$ 轴流风机,通过风袋将外部新鲜空气送入中盾、前盾及土仓内,在隧道内通过上部安装一台 $2\times37kW$ 外排风机,在风袋的作用下将拆机过程中产生的烟尘排出洞外,且在工作面安放 2.2kW 轴流风机进行排风,使洞内空气符合要求。洞内通风措施如图 11-6 所示。

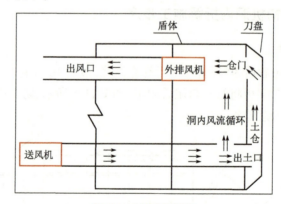

图 11-6　洞内通风措施

轴流风机参数见表 11-2。

轴流风机参数表　　　　　　　　　　表 11-2

型号	T1-L1-N010	额定电流	38A/75A
风量	750~1550m³/h	额定电压	380V
风压	800~1500Pa	电机型号	YDS250M
额定功率	$2\times37kW$	额定转速	960r/min

3）洞内拆解施工流程

洞内拆解施工流程见表11-3，盾构机洞内拆解流程图见图11-7。

洞内拆解施工流程　　　　　　　　　　　　　　　表11-3

工作阶段	步序	注意事项
准备工作	瓦斯检测	拆解前对瓦斯浓度进行检测,确认瓦斯浓度满足安全施工要求
	检查通风设备及照明	拆解前检查通风及照明设备,确认设备满足安全施工要求
	采用隧道照明电路供电,并在主机部位安装高压汞灯或高功率LED灯	
	拆解前现场布置	拆解前现场布置主要指洞外现场的存放规划及起吊设备的布置
	拆解物料准备	拆解前所需的工装、工具及物料
	设备停机前最终位置确定	管片拼装机的抓取头旋转到12点位置处,并将其固定;管片与尾盾固定
拆解工作	拆除1号拖车挡车机构,并铺设轨道	在掘进方向铺设小车行走轨道,轨距900mm
	拆卸管片小车并运出隧道外	
	支撑加固危险源,对设备上可移动部位提前固定	管片机液压缸、双梁行走机构等的固定
	拆除隧道后部走台	隧道后部走台的拆除可提前进行
	排放设备中的液压油、齿轮油、水等	
	拆卸设备管线同时悬挂标识	
	拆除铰接液压缸和推进液压缸	铰接液压缸拆除时应焊接中盾和尾盾;推进液压缸拆除前应紧固管片
	拆除后配套拖车,并将其运出隧道外,用门式起重机吊出	与推进液压缸铰接液压缸拆除同时进行
	整体拆除螺旋输送机	在井口用门式起重机吊出
	整体拆除管片拼装机	拼装机拆除时应提前对拼装机进行固定支护;在井口用门式起重机吊出
	拆除中盾处的工作平台	拆除前,确认工作平台处可拆的其他零部件
	拆除米字梁,并运出	拆除H架时,根据实际情况对中盾、盾尾部分进行加强支护;在井口用门式起重机吊出
	拆除人舱,并运出	在井口用门式起重机吊出
	拆除主驱动,并运出	主驱动拆除过程中要注意设备及人员的安全,在井口用门式起重机吊出
	刀盘分割封堵	
收尾工作	清理现场,工作人员安全撤离	

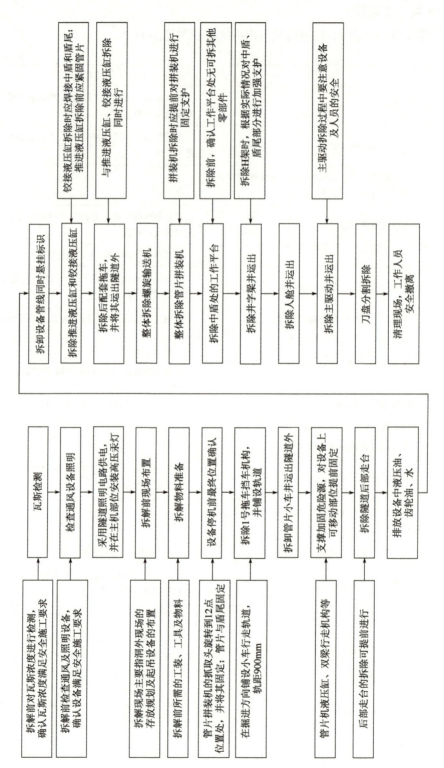

图 11-7 盾构机洞内拆解流程图

4）盾构机电气拆解

(1) 拆解原则

安全、明确、有序的原则。

(2) 拆解要求

①所有电缆拆下前必须要有明确的电缆标识，对没有标识和标识模糊的电缆，用油性记号笔重新标识或在电缆上贴标签纸并用透明胶带缠绕处理。

②所有电缆拆下后均须用自封袋包装并用扎带捆扎密封，防止进水和受潮。

③所有电缆拆下的一端收回盘好，并固定到电缆的另一端头的设备或端子盒上。

④在拆电磁阀，传感器等控制回路的电缆时，必须先断电，以免烧坏 PLC 模块。

⑤380VAC 动力回路电缆在拆除前，必须先断电后挂禁止合闸警示牌，然后进行拆除工作。

⑥拆解步骤：主机到控制室→主机到配电柜→控制室到配电柜→配电柜到台车。

⑦停电步骤：在确认主机部位设备不再工作后断开控制电，只保留配电柜的照明供电、插座箱回路供电以及空压机回路供电，高压电断电后拆除配套。

⑧拆解过程中做好拆解记录。

(3) 拆解过程

①检查各控制柜的接线方式与图纸中比较，如有改动，在图纸上标明。

②将控制室和配电柜内的所有断路器拨至断开状态（每个台车照明回路和插座箱以及空压机供电回路暂时保留），并挂禁止合闸警示牌。

③拆除盾体内控制盒到主控室的控制电缆：拆线时将盾体内控制盒的进线电缆拆除，用油性记号笔标识或用标签纸标识并用宽胶带缠绕好电缆，用自封袋包好电缆头，以防受潮；然后将电缆收回到主控室外走道盘好并绑扎固定（拆线原则：拆端子盒和控制箱端的电缆，不拆主控室端的电缆）。

④拆除盾体内动力设备到配电柜的动力电缆：将盾体内动力设备端的电缆拆除并收回到配电柜外盘好固定[电缆保护方式同③]。

⑤拆除管片拼装机到控制室的控制电缆，将端子盒端的电缆拆除并收回到控制室外盘好固定[电缆保护方式同③]。

⑥拆除盾体内传感器和电磁阀到控制盒的电缆，收回到控制盒端盘好并固定[电缆保护方式同③]。

⑦待设备桥和后配套整体向后平移后，拆除拖车动力设备到配电柜间电缆和主控室到配电柜间的电缆（拆除原则：从控制室的供电控制的，收回并盘好固定在控制室外；从配电柜供电的电缆，收回并盘好固定在配电柜外）。

⑧等主机拆卸外运后准备外运后配套台车时，断掉高压回路，断掉照明回路供电和空压机的供电断路器，拆除空压机到配电柜的动力电缆，电缆从空压机端拆除收回到配电柜外盘好并固定。拆除各台车照明回路和插座箱回路的电缆到配电柜外盘好并固定。

⑨挂警示牌拆除高压电缆，用自封袋包严电缆头，扎带扎紧，盘好并固定在台车上。

注：拆解顺序根据机械部分拆解顺序来具体安排。

5）液压流体管线拆解（可与主机零件的拆除同时进行）

(1) 拆解原则

检查管线标识，做好标记；能不完全拆除的保留在机器上，并做好防护和封堵；需要完全拆除的,封堵并做好标识。

(2)拆解过程

①将回油管内的液压油引入油箱,油箱内的液压油必须完全放出,用油桶装好吊装运出。

②将主驱动箱内齿轮油完全放出。

③水系统内的水必须完全放出,包括水泵、减速机、过滤器、换热器、空压机水冷器、电控柜冷却器、流量计等内部的水。

④盾体内需要拆卸的油脂管、液压管必须用堵头将油管、油口堵塞,防止脏物进入油脂系统和液压系统,并将软管固定在盾体上。拆分点两端必须挂上同一编号的标牌。

⑤从连接桥直接连接到盾体内的液压管、流体管从盾体端拆卸,并将液压管、油脂管用堵头封堵,水管、气管用塑料纸扎封。软管自由端固定在连接桥上,防止运输吊装过程中甩动。

⑥连接桥架与1号拖车连接的软管,将连接桥端拆卸,并将液压管、油脂管用堵头封堵,水管、气管用塑料纸扎封。软管自由端固定在1号拖车上,防止运输吊装过程中甩动。

⑦拖车之间连接软管,将前端拆卸,并将液压管、油脂管用堵头封堵,水管、气管用塑料纸扎封。软管自由端固定在拖车上,防止运输吊装过程中甩动。

⑧油脂泵、液压泵、液压阀需要用塑料布包裹,防止雨水或其他物质对元件造成损坏。

⑨注浆管路的钢管、软管、卡箍需拆下,单独装箱打包吊装运出。

6)后配套拆卸

(1)拖车拆除

①拆除连接桥及1~6号拖车顶部的皮带输送机、风机、风筒起吊架并通过蓄电池车运至反向隧道,最后通过平移通道转运至盾构井吊出。

②拆除连接桥及1~6号拖车拉杆、连接销,拆除各拖车之间水、气、液压等管路,并对接头采取保护措施。

③将渣土车送至6号拖车框架中间位置,用4个50t千斤顶将拖车顶起,将200mm H型钢放到渣土车合适位置,缓缓卸下千斤顶,将拖车平稳降置于渣土车上,如图11-8所示将其运至反向隧道内。

图11-8 后配套拆解示意图

④按照上述方法依次将 5~1 号拖车运送至隧道外。可根据蓄电池车编组、运载能力及各后配套拖车重量,合理安排每次运输拖车的数量。

⑤将拖车拉至盾构井,采用 160t 汽车起重机进行台车的垂直吊装。根据表 11-1 可知,2 号拖车最重约 39t。

(2)连接桥拆除

①安装连接桥工装。

②使用渣土车和管片车托运连接桥,渣土车上沿焊接 H 型钢作为扁担支撑连接桥后部,管片车焊接支撑连接桥前部。

③按照电气设备、液压装置拆解要求拆除连接桥和主机之间的所有管线,并进行固定;拆除连接桥与拼装机连接的拖拉液压缸销轴。

④用 4 台千斤顶将连接桥顶起,将 H 型钢放到管片车底板合适位置,缓缓卸下千斤顶,并将连接桥平稳降置于管片车底板上,将其运至隧道外。

连接桥拆解示意图如图 11-9 所示。

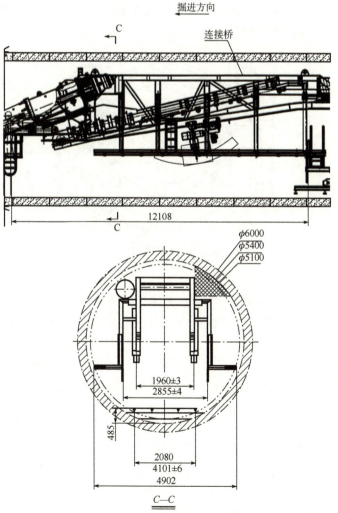

图 11-9 连接桥拆解示意图(尺寸单位:mm)

7）主机内附件拆卸（可与台车拆解同步进行）

（1）盾体内的阀组、多头泵等附属部件拆除

①拆除阀组、多头泵等元器件的信号线、电缆并进行标识；小件装箱（附清单）。

②拆除连接阀组、多头泵等元器件的管线，并进行封堵和标识。

③对阀组、多头泵进行标记，然后拆除并用手拉葫芦倒运到平板车上运出洞外。

（2）铰接液压缸的拆除

①将铰接液压缸后端（以掘进方向为前）的销轴拆掉，如果不易拆掉，可以将液压缸座割除，使用手拉葫芦通过吊耳固定在盾尾上，另外一端使用钢丝绳固定在铰接液压缸尾端。

②手拉葫芦将铰接液压缸固定好后，将前端销轴拆下，如果不易拆掉，可以将液压缸座割除，然后手拉葫芦将铰接液压缸下放到盾尾底部并装车运出洞外。

8）拆除螺旋输送机

（1）前移拼装机、底部液压缸收回、螺旋输送机驱动部拆除

管片拼装机停到最前端位置，拆除管片拼装机 V 形梁及走道，避免拆解螺旋输送机时产生摩擦碰撞，如图 11-10 箭头处所示。

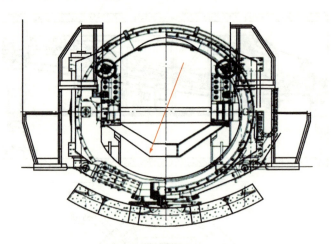

图 11-10　拆除管片拼装机

将盾体底部的液压缸收缩到位，做好管线拆除的准备，拆除螺旋输送机驱动。

（2）管线拆除

完全收回螺旋输送机螺杆，然后断开设备桥与主机的所有电器、流体、液压线路并妥善绑扎放置。将管线标示清楚后，拆除主机与后配套之间的连接管线，并做好管线连接处的保护，妥善将其放置在合适的位置。

（3）制作螺旋输送机吊装架

为方便拆解操作、降低作业风险，需加工制作 2 个移动式吊装架，吊装架搭建在平板车上，可沿轨道前后移动，同时需在拼装机纵梁上加工制作一个固定吊装架。平板小车与电机车头相连接，电机车熄火制动，另外放下防溜车装置，并对电机车轮子和平板小车轮子加塞铁鞋固定。螺旋输送机吊装架示意图如图 11-11 所示。

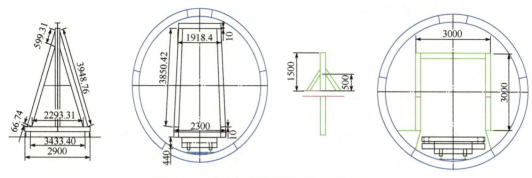

图 11-11　螺旋输送机吊装架示意图(尺寸单位:mm)

(4)螺旋输送机拆除步骤

第一步:拆除螺旋输送机并前移 1m

①将两辆平板车推至最前端,在后端平板车上拼装 1 号移动支架,安装吊点吊具,采用 2 台 10t 手拉葫芦连接螺旋输送机上 1 号吊耳。

②在拼装机纵梁悬臂 2.5m 处拼装固定支架,安装吊点吊具,采用 1 台 10t 手拉葫芦连接螺旋输送机上 2 号吊耳。

③在铰接液压缸处安装 2 台 10t 手拉葫芦,并连接螺旋输送机上 3 号吊耳(螺旋输送机重心位置)。

④在人舱底部安装 1 台 5t 手拉葫芦,并连接螺旋输送机 6 号吊耳。

⑤以上 4 个位置葫芦链条处于稍受力状态后,再拆除螺旋输送机与前盾连接螺栓、拆除螺旋输送机与米子梁连接销。拆解连接螺栓时,应先将全部螺栓拆松 1~2mm,然后再在左上和右上对称预留 4~6 颗螺栓,其余螺栓全部拆掉。拆解连接螺栓的过程中时刻注意观察 4 个吊点的受力状况及螺旋输送机状况,并适时做调整,避免螺旋输送机突然摆动移位或手拉葫芦受力过载。

⑥利用拼装机纵梁上固定支架另一侧安装 1 台 10t 手拉葫芦,并连接螺旋输送机上 4 号吊耳。

⑦螺旋输送机前移 1m。将 1 号吊耳、4 号吊耳、6 号吊耳处的手拉葫芦逐渐收紧,并同时逐渐释放 2 号吊耳、3 号吊耳处的手拉葫芦,使螺旋输送机逐渐外移且平放,前移 1m 左右。

螺旋输送机第一步拆解示意图如图 11-12 所示。

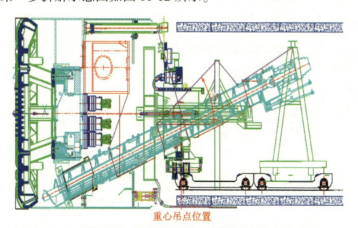

图 11-12　螺旋输送机第一步拆解示意图

第二步:螺旋输送机再次前移 1m

①拆除 2 号吊耳处手拉葫芦。

②在前端平板车上拼装第二台临时移动吊装架,安装吊点吊具,采用 2 台 10t 手拉葫芦连接螺旋输送机上 4 号吊耳和 2 号吊耳。

③拆除 4 号吊耳处固定支架上的手拉葫芦,并连接至 5 号吊耳处。

④将 1 号吊耳、4 号吊耳、5 号吊耳处的葫芦逐渐收紧,并同时逐渐释放 3 号吊耳、6 号吊耳处的葫芦,使螺旋输送机逐渐外移且平放,前移 1m 左右拆除管片安装机横梁上的 V 形梁。在中盾、尾盾内适当位置焊接吊耳,提供稳固悬挂的前端吊点,在后端搭设门形架,提供后端吊点。

螺旋输送机第二步拆解示意图如图 11-13 所示。

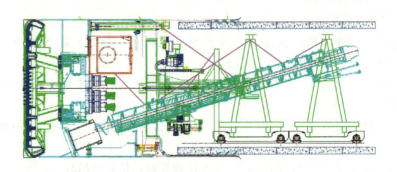

图 11-13　螺旋输送机第二步拆解示意图

第三步:螺旋输送机平移 1.2m

①拆除 5 号吊耳处固定支架上的手拉葫芦并连接至 4 号吊耳处。

②拆除 4 号吊耳处第二台移动支架上的手拉葫芦连接至 5 号吊耳处。

③拆除 2 号吊耳处第二台移动支架上的手拉葫芦。

④拆除 3 号及 6 号吊耳处手拉葫芦后再拆除 4 号吊耳处固定支架上手拉葫芦。

⑤此时螺旋输送机由两台活动支架吊住,利用蓄电池车牵引平板车前移至合适位置,采用活动支架上手拉葫芦,使螺旋输送机落放在平板车上并固定。

螺旋输送机第三步拆解示意图如图 11-14 所示。

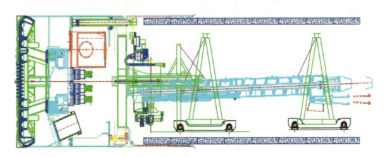

图 11-14　螺旋输送机第三步拆解示意图

螺旋输送机拆除完成后及时采用钢板对前闸门处进行封堵,防止土仓内渣土和水流出。

9）管片拼装机拆卸运输

(1)管片拼装机在拆解前须旋转180°,使其抓取头在12点位置处,并将其固定,如图11-15所示。

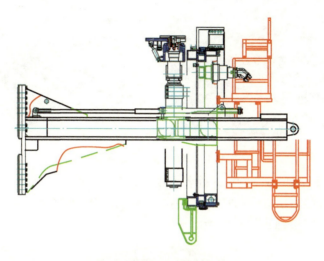

图11-15 拼装机拆解前定位示意图

(2)拆除工作平台、管路支架(包括内部拖链油管等)以及拼装机大吊耳,如图11-16所示。

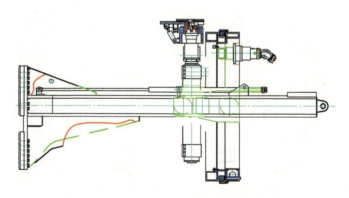

图11-16 拼装机拆解示意图(一)

(3)安装拆解支架并拆除管片拼装机,如图11-17所示。
注意事项:
①拆除前须将轨道铺设至所需位置;
②拆除前须将管片机拆解支架安装好,并将拼装机固定牢固;
③拆除前须在管片上悬挂手拉葫芦对管片机进行预拉紧,以方便拆除螺栓。

10）井字梁拆除

(1)井字梁拆除前,确认管片拼装机及盾体上的工作平台拆除完毕,并预备好平放井字梁的支撑(2600mm长200mm H型钢两根)。

图 11-17 拼装机拆解示意图(二)

(2)在尾盾顶部 1000mm、2000mm 处各焊接 10t 吊耳一个。

(3)使用中盾铰接液压缸座,通过 10t 手拉葫芦将井字梁预拉紧。

(4)气割拆除井字梁,如图 11-18 所示。

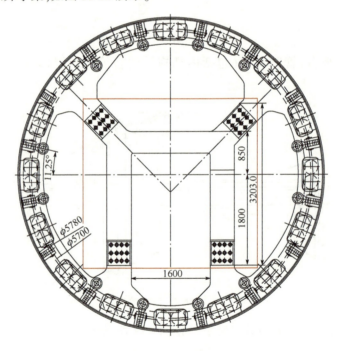

图 11-18 井字梁割除示意图(尺寸单位:mm)

(5)通过 3 个 10t 手拉葫芦(中盾铰接液压缸座处 2 个、尾盾 2000mm 处 1 个)将井字梁放置在运输车上将其运出,如图 11-19 所示。

11)人舱拆除

(1)在前盾人舱两侧筋板处各割两个吊装孔,各分别安装 5t 手拉葫芦 1 个,对人舱进行预拉紧。尾盾顶部 2000mm 位置焊接 1 个 5t 吊耳。

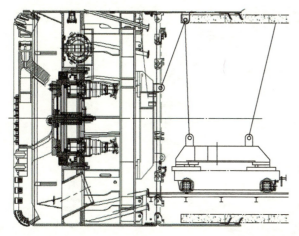 

图 11-19 手拉葫芦布置示意图

（2）拆除与人舱连接的螺栓。

（3）因人舱下方主驱动电机减速机未拆解，人舱拆解时需要通过前盾筋板处用 4 个 5t 手拉葫芦、中盾铰接液压缸座处 2 个 5t 手拉葫芦及尾盾 2000mm 处 1 个 5t 手拉葫芦配合向后移动 1500mm 后放下。

（4）通过手拉葫芦将人舱倒运到运输车上运出，如图 11-20 所示。

 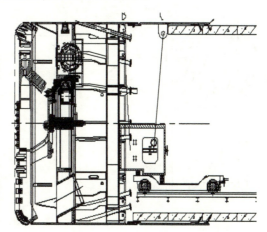

图 11-20 人舱割除示意图

12）主驱动拆卸方案

（1）主驱动拆机前准备。

①检查前盾及中盾主驱动直径范围内的遮挡物，超出部分需割除。

②主驱动拆除前需对土仓内的渣土进行清除，同时对刀盘背部及刀盘与前盾的缝隙处用钢板进行封堵，防止土层内的水流入土仓内。

③中盾井字梁四个支臂需要沿图 11-21 所示线路进行切割，以腾出主驱动拆卸空间。

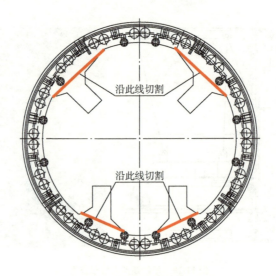

图 11-21　井字梁支臂切割示意图

(2) 刀盘与前盾进行刚性连接(图 11-22)。

刀盘背面与前盾切口环间隙 30mm,采用钢条塞满后焊接牢固,整圈焊接 8 处长度 200mm,16 块 δ40mm 筋板,将前盾与刀盘焊接,确保刀盘与整个盾体结构形成刚性整体(注意焊接前将前盾切口环耐磨堆焊层刨掉)。

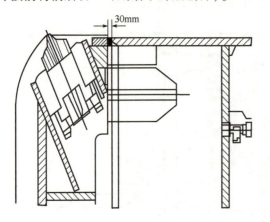 

图 11-22　刀盘与前盾进行刚性连接示意图

(3) 拆除驱动单元及中心回转接头、8 台减速机、电机。

每拆下一台减速机,就使用盲板压盖将减速机安装孔盖严,避免杂质进入驱动内部;主驱动回转接头拆除后状态如图 11-23 所示。

(4) 将牛腿从安装法兰根部切割断开。

(5) 在前盾胸板下方切割方孔。

(6) 通过切割的方孔延伸平板车至土仓内。

(7) 将平板车移到主驱动下部,将主驱动支撑固定在平板车上,用手拉葫芦辅助吊在盾体上;割除主驱动与土仓隔板的连接,将拆除后的主驱动整体运送出洞外。

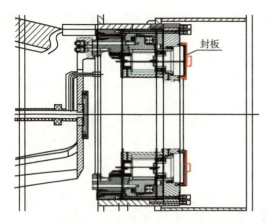

图 11-23　盾构机主驱动拆除后状态

13）盾体内部筋板、法兰割除

(1) 盾体内部筋板割除前确认，拆除隔板上球阀、蝶阀、土压传感器等零部件，附清单装箱。
(2) 盾体内部筋板及法兰按照从后到前（尾盾、中盾、前盾）、先上后下的顺序进行割除。
(3) 拆除筋板及法兰时，根据实际情况对前盾、中盾、尾盾部分进行加强支护。
(4) 中盾与前盾连接法兰割除后及时焊接连接处。

注意：将直径 5600mm 范围法兰及筋板全部割除，盾体间法兰板需要焊接加固。

盾体内部筋板割除示意图如图 11-24 所示。

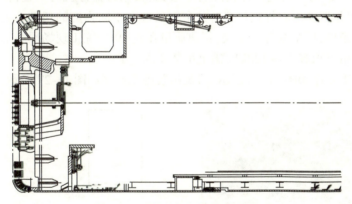

图 11-24　盾体内部筋板割除示意图

14）推进液压缸的拆除

(1) 焊接吊耳，并用手拉葫芦对拆除的推进液压缸进行固定。
(2) 拆除推进液压缸油管并排油，然后用盲板封堵。
(3) 用割枪对推进液压缸固定位置进行气割，然后用手拉葫芦对推进液压缸进行拆除。

15）盾构刀盘拆解（图 11-25）

(1) 盾构刀盘构造

盾构刀盘宽度为 650mm，拆除部位共计 8 根辐条+1 内圆周，刀盘与前盾有 5cm 间隙，采用 Q235、厚度 $d=20$mm 矩形钢板在刀盘内弧面焊接。

图 11-25　盾构刀盘拆解及封堵示意图

（2）刀盘拆解前工作

进行刀盘切割前，主机盾壳范围内二次衬砌混凝土结构完成（距离刀盘背面 1000mm）同时西土城站负三层土方开挖完成后，方可进行刀盘切割。

（3）刀盘拆解施工

根据现场拆机条件，为了拆解主驱动，需对刀盘 4 个牛腿进行切割，保留刀盘和主驱动连接法兰盘。由于车站不具备吊出条件，在主体结构土方开挖完成后，对刀盘进行切割，从隧道运输至盾构始发井吊出。切割时保留原有中心圆，根据刀盘停机时位置，保留一根完整的辐条，根据具体停机位置在原有焊接位置对其余辐条进行不同程度的切割。为了施工安全并结合现场实际运输条件，切割共分为 7 块，每块质量在 3～9t。施工现场预埋吊点为双拼 φ25 圆钢，共 5 组，每个吊点承载力约 120kN，满足吊装要求。

刀盘拆解施工步序如图 11-26 所示，刀盘吊装施工步序如图 11-27 所示。

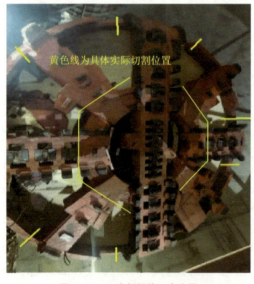

图 11-26　刀盘拆解施工步序图

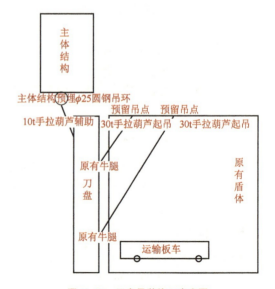

图 11-27　刀盘吊装施工步序图

11.3 现场监控量测结果分析

11.3.1 监测结果分析

(1) 各监测项目累计最大值统计表(表11-4)

各监测项目累计最大值统计表　　　　表11-4

监测项目	累计变化最大测点	累计变化值（mm）	控制值		监测结论
			变化速率（mm/d）	累计值（mm）	
地表沉降	DB-153-02	-6.08	±2	±10	正常
管线沉降	WSG-11-41	-2.64	±1.5	±10	正常
建筑物沉降	JGC-017-01	-5.42	±2	±15	正常

(2) 各监测项目典型测点历时沉降曲线图

① 盾构接收影响区域周边地表沉降最大测点(DB-153-02)历时沉降曲线,见图11-28。

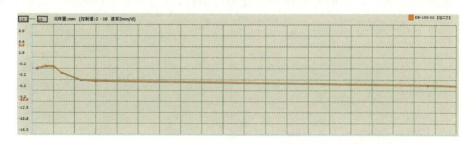

图11-28　地表沉降最大测点截图(DB-153-02)历时沉降曲线截图

② 盾构接收影响区域周边建筑物沉降最大测点(WSG-11-41)历时沉降曲线,见图11-29。

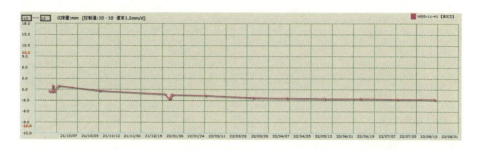

图11-29　建筑物沉降最大测点截图(WSG-11-41)历时沉降曲线截图

③ 盾构接收影响区域周边建筑物沉降最大测点(JGC-017-01)历时沉降曲线图,见图11-30。

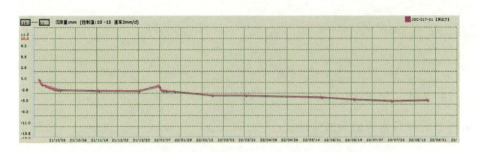

图 11-30　建筑物沉降最大测点截图（JGC-017-01）历时沉降曲线截图

（3）监测结果总结

学院桥站—西土城站区间盾构接收影响区域对上方地表、管线及构筑物扰动影响较小；接收影响区域内测点沉降稳定，当前该区域风险处于安全可控状态。

11.3.2　总结评价

西土城站因地面场地限制，盾构接收端不具备盾构常规接收条件，盾构机洞内接收、解体方案成功应对了该特殊环境。经过实践证明，盾构机洞内接收解体的方案在本标段工程筹划上具有较大的工期优势和施工组织优势，同时相关盾构机拆解技术的应用保障了盾构洞内解体的效率和安全性，具有较强的适应性和较好的经济性，可为北京地区类似工程的实施提供借鉴。

第12章 小半径近距离盾构叠落接收施工技术

小曲线半径叠落盾构隧道施工风险较高,其安全控制是工程界亟待解决的难题。依托某叠落盾构工程,通过数值模拟,研究了夹层土注浆,据此提出安全可靠的控制方案,并结合现场监测数据对安全控制效果进行评估。研究结果表明:相比于夹层土无加固措施方案,夹层土注浆加固能够提高夹层土的强度,有效减小管片上浮程度,两种方案结合能够有效保持断面形状。

12.1 工程概况

12.1.1 设计概况

上清桥站—学清路站区间采用盾构法施工,区间起止里程为 K35+897.683~K37+701.895,长1804.2m,两台盾构由学清路站始发,由南向北先后穿越学清路、北五环、清河、京藏高速公路西辅路、清河中学,最后到达上清桥站解体吊出。区间左右线以上下叠落隧道形式进入上清桥站,右线在上,左线在下,长393m,隧道竖向净距3.4m。学清路站—上清桥站区间平面位置见图12-1。区间隧道为两条单洞单线圆形隧道,线间距0~12m,区间含5段曲线,其中最小圆曲线半径为400m。

到达段区间概况:左右线的平面线形均为 $R=400$m 圆曲线,曲线长度39.737m;左右线的竖向线形均为2‰上坡;左线埋深约26.2m,区间右线埋深约17.3m;区间393m长为叠落段,右线在上,左线在下。学清路站—上清桥站区间接收端平面及剖面见图12-2。

接收端位于上清桥站南端,围护结构采用地下连续墙,厚1000mm,深度为46.56m,地下连续墙钢筋笼主筋采用 $\phi32$ 螺纹钢,间距100mm,分布筋采用 $\phi22$ 螺纹钢,间距150mm,具体如图12-3所示。接收端洞门钢环内径为6730mm,盾构开挖直径6290mm。

图 12-1　学清路站—上清桥站区间平面位置示意图

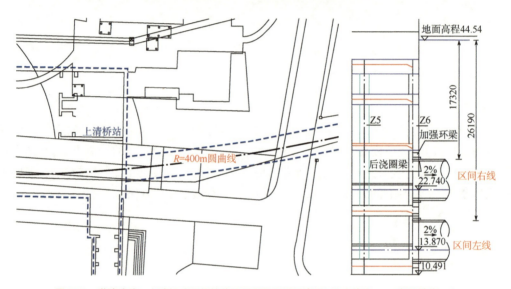

图 12-2　学清路站—上清桥站区间接收端平面及剖面示意图（尺寸单位：mm；高程单位：m）

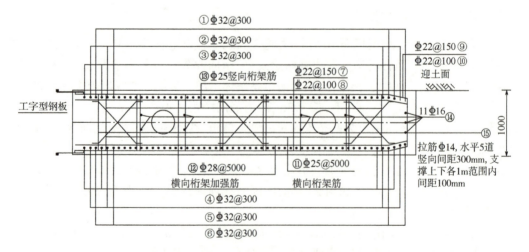

图 12-3　上清桥站接收端地下连续墙配筋示意图（尺寸单位：mm）

接收端地面上周边建筑主要为垃圾楼,垃圾楼尺寸为 9.6m×10.5m,条形基础,距基坑边的距离为 6~6.7m。接收端地面情况见图 12-4。

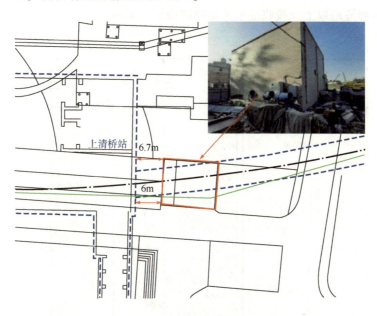

图 12-4 接收端地面情况平面示意图

上清桥站结构施工过程中采用基坑内水平深孔注浆方式对垃圾楼预加固,加固范围为建筑物条形基础下 500mm,注浆深度约 8.5m,加固宽度 16.9m。垃圾楼注浆加固示意图见图 12-5。

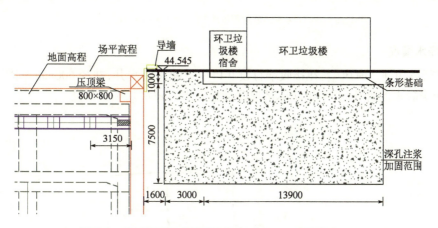

图 12-5 垃圾楼注浆加固示意图(尺寸单位:mm;高程单位:m)

12.1.2 工程地质水文条件

1)水文地质

盾构接收端位于粉土④$_2$层、粉质黏土④层、粉细砂④$_3$层、卵石圆砾⑤层及粉质黏土⑥层,区间接收范围内主要存在三层水,其中潜水(二)的埋深为 6.20~12.20m,水位高程为 33.04~

37.08m,位于区间隧道以上;承压水(三)水头埋深为14.80~20.45m,水头高程24.85~30.44m,盾构区间穿越该层水;承压水(四)的水头埋深为28.40~29.10m,水头高程14.28~16.60m,位于区间隧道以下。接收端水文地质剖面见图12-6。

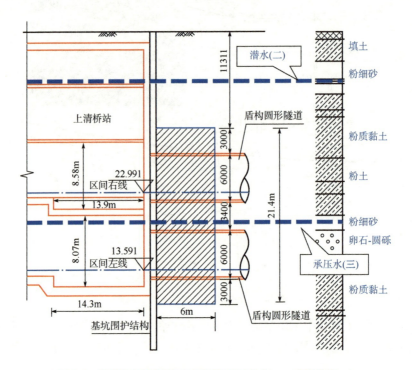

图12-6 接收端水文地质剖面示意图(尺寸单位:mm;高程单位:m)

2)降水情况

为降低盾构到达时风险,在接收端打设9口应急减压降水井,井径600mm,间距6m,井深39m,采用无砂水泥管井,并根据实际情况降低地下水。降水井平面布置见图12-7。

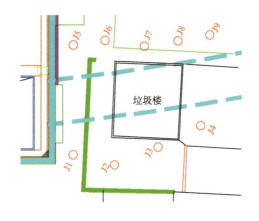

图12-7 降水井平面布置示意图

12.1.3 周边管线情况

接收端范围主要有通信、雨(污)水、燃气等3种类型管线,接收端管线平面见图12-8,接收端管线情况见表12-1。

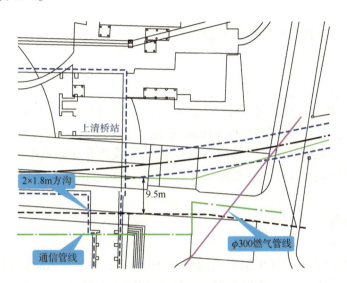

图12-8 接收端管线平面示意图

接收端管线情况表 表12-1

管线编号	管线名称	管线材质	管线规格	管线埋深(m)
1	燃气管线	钢	$\phi 300$	1.5
2	雨(污)水管线	混凝土	2.0m×1.8m	3.08
3	通信管线	不详	8条	4.01

12.2 工程特点及重难点

(1)上清桥站—学清路站区间距上清桥站393m处,左右线叠落设置,左线在下,右线在上,隧道竖向净距仅3.4m;隧道到达段位于$R=400m$圆曲线上,盾构机小曲线进洞对盾构机的姿态、测量控制及钢套筒的安装定位等精度要求高,是盾构施工的重难点、高风险区段。

(2)接收端地面上有垃圾房建筑物及地下管线,盾构接收期间需采取措施,降低出现涌水、涌砂等施工风险,避免地表沉降过大而造成地面建筑及管线发生损坏及变形。

(3)盾构接收位于富水砂卵石层中,地层渗透性大,盾构穿越地下连续墙时对洞门密封性要求高。

(4)由于盾构区间地层较为复杂(区间左线位于粉细砂④$_3$层、卵石圆砾⑤层及粉质黏土⑥层)、埋深较大(区间左线埋深26.2m),且区间左线穿越承压水(三),盾构接收存在较大的涌水、涌砂隐患，左线盾构采用了钢套筒接收措施。

12.3 关键施工技术

12.3.1 钢套筒接收施工技术

1）前期准备

（1）上清桥站接收位于曲线段上，钢套筒下半部定位安装前，确定隧道洞门实际位置，钢套筒中心轴线应与隧道设计轴线一致（误差不大于1cm），同时需要兼顾盾构机进洞姿态，高程按盾构中心高与洞门实际安装高程+10mm控制。

（2）根据钢套筒底部托架尺寸及洞门中心高程，在接收井底部施作钢套筒底座的混凝土基础（根据底板实际高程计算），在底座位置的混凝土基础上铺设2cm厚钢板，作为钢套筒下半部托架底座。

2）钢套筒安装

（1）钢套筒介绍

钢套筒全长12100mm，其中钢套筒筒体长10000mm，外径7040mm，内径6840mm，分为A1、A2、A3、A4四段，每段长度均为2500mm，每段又分为上下两半圆。筒体材料采用20mm厚的钢板，每段筒体的外周焊接纵、环向筋板以保证筒体刚度，筋板厚20mm，高120mm，间隔约550mm×600mm。每段筒体的端头和上下两半圆结合面均采用焊接圆法兰连接，法兰用40mm厚的钢板，上下两半圆以及两段筒体之间均采用M30的高强度螺栓连接，中间加10mm厚橡胶垫，在筒体底部制作底部托架，将托架和下部筒体焊接连成一体。钢套筒示意图如图12-9所示。

为确保接收顺利，需根据线路曲线半径定制一个过渡环，见图12-10，过渡环的直径同钢套筒直径，宽度为800~1520mm。洞门钢环与过渡环间采用焊接法，保证钢套筒与洞门钢环间的密闭性。

本工程钢套筒设置两个人舱，一个位于过渡环上，另一个位于后端盖板上。

（2）主体部分连接

经复测确认中心线无误后，将洞门预埋钢环与过渡环进行焊接，随后依次组装钢套筒。钢套筒法兰盘中间安装密封垫板，密封垫板和钢环之间涂抹密封胶。

（3）后端盖连接

钢套筒上部全部组装完成后安装后端盖，后盖板与筒体之间加橡胶板，用高强度螺栓紧固在钢套筒后法兰上。

（4）支撑安装

在每块钢套筒标准块下半圆两侧各安装2根20型钢斜撑和横撑，过渡环安装1根20型钢斜撑和横撑，与钢套筒焊接成一个整体，两侧支撑在侧墙或上翻梁上，防止因盾构掘进时扭矩过大引起套筒扭转及侧移。支撑安装示意图见图12-11。

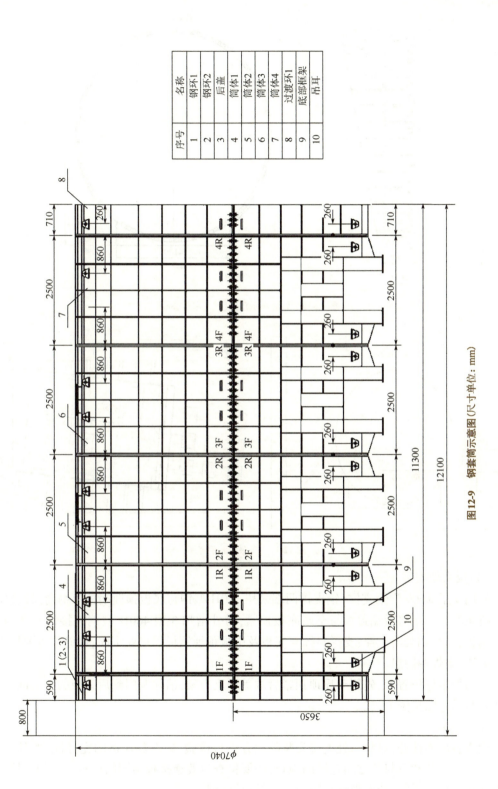

图12-9 钢套筒示意图（尺寸单位：mm）

序号	名称
1	钢环1
2	钢环2
3	后盖
4	筒体1
5	筒体2
6	筒体3
7	筒体4
8	过渡环1
9	底部框架
10	吊耳

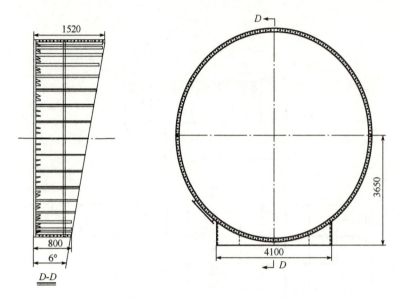

图 12-10 过渡环示意图(尺寸单位:mm)

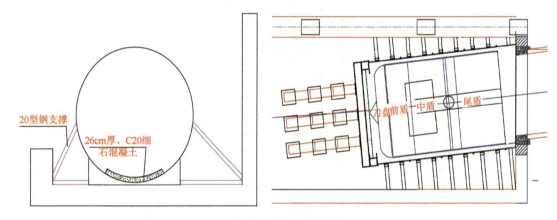

图 12-11 支撑安装示意图

(5)反力架安装

使用 9 根 φ609 型钢支撑(钢支撑两端采用 400H 型钢与底板预埋钢板及钢套筒连接)+4 根双拼 40b 工字钢将后端盖板与车站底板顶紧,另外增加 3 根 400H 型钢连接钢支撑与负三层结构板,防止钢套筒上浮;支撑斜撑与底板及中板预埋钢板焊接要牢固;焊缝位置要检查,确保无夹渣、虚焊等隐患。

反力架定好位置后,先用千斤顶顶紧后端盖和反力架,消除洞门到后盖板的安装间隙。反力架安装示意图见图 12-12。

(6)复检

检查各部连接处,对每一处连接安装的地方进行检验,确保其连接的完好性,尤其对于钢套筒的上下半圆和节与节之间连接的检查,还要检查过渡连接板与洞门环板之间的焊接,查看是否存在点焊或浮焊,若发现存在隐患,及时进行处理。

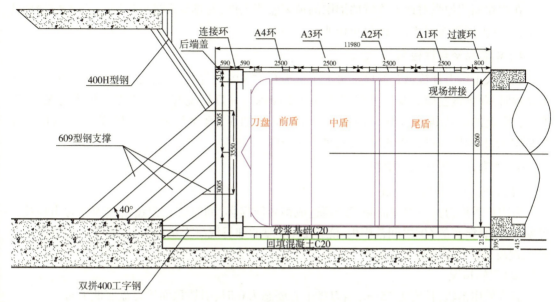

图12-12 反力架安装示意图（尺寸单位：mm）

3）洞门凿除

因接收端1000mm地下连续墙采用螺纹钢筋，为确保盾构机顺利接收，进入洞门前先进行地下连续墙凿除，洞门凿除采用人工凿除，凿除深度800mm，剩余200mm采用盾构机刀盘磨墙推进。

凿除前需打水平探孔（9个），进行破除洞门的水量以及流砂检测。探孔主要分布在盾构范围边缘处，水平探孔直径为50mm，孔深1.2m，并在孔口位置安装球阀，防止打穿地下连续墙发生涌水、涌砂。

地下连续墙凿除深度：洞门采用人工凿除，在钢套筒下部安装完成后（盾构机刀盘顶进至地下连续墙前方），凿除厚800mm地下连续墙，割除背土面的钢筋，清理洞门凿除产生的钢筋及混凝土，安装钢套筒上半部分。凿除施工前先在端墙上按设计尺寸画出洞门轮廓线，将洞门划分为9个部分，凿除时按编号顺序先上后下、先中间后两侧进行作业。地下连续墙凿除施工步序见图12-13。

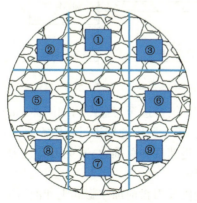

图12-13 地下连续墙凿除施工步序示意图

在凿除期间加强对地下连续墙周围的地表监测工作,安排专人进行巡视,关注洞门墙面的情况,一旦出现明显湿迹,立即停止作业。

4)钢套筒密封性检测

根据水土压力计算钢套筒底部最大土压为0.17MPa,根据1.5倍安全系数标准,在套筒压力试验时,要求钢套筒试验压力能够达到0.26MPa。一旦发现有漏气或焊缝脱焊情况,立即通过套筒上的球阀进行卸压,处理完成后再重新加压,直至没有漏点出现且压力稳定在0.26MPa,2h内压力没有降低时,方满足接收条件。

5)钢套筒内部垫层及填料

(1)钢套筒内部垫层浇筑

为防止盾构刀盘与钢套筒碰撞摩擦造成钢套筒损坏,同时防止刀盘出加固体时出现扎头现象,在钢套筒底部60°之间范围内,浇筑26cm厚的细石混凝土垫层(当刀盘中心姿态角度为0时,混凝土面比刀盘底低1cm)。

(2)引轨情况

引轨采用钢轨,长度为75cm,当刀盘中心姿态为0时,引轨顶面比刀盘底低1cm。

(3)钢套筒内填料

为确保盾构接收安全,钢套筒检查完毕后,用填料将整个钢套筒内填充密实。填料主要采用盾构机掘进产生的渣土与膨润土、水配制而成。

6)盾构到达掘进参数控制

盾构进洞段的推进施工分四个阶段。

(1)第一阶段:盾构机刀盘进入加固体前,见图12-14。

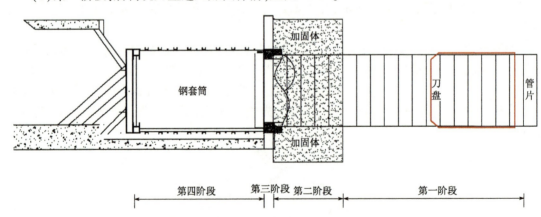

图12-14 盾构机刀盘进入加固体前位置示意图

盾构机自贯通剩余20环开始,推进至刀盘距离加固体1m时,盾构机停止掘进,检修盾构机,使盾构机处于最佳状态。在第一阶段的推进过程中需要注意以下事项:

①推进过程中严格控制推进速度和总推力,避免刀盘进刀量过大引起同步注浆分布不均匀,确保二次注浆时形成封闭环。

②在刀盘转动过程中土仓内及刀盘前加注膨润土和泡沫进行刀具润滑和土体改良。

③严格把握二次注浆时间、注浆压力和注浆量,防止盾尾固结。

④合理分布注浆孔,以保证二次注浆均匀。

⑤施工参数。刀盘转速:0.8~1.2r/min;总推力:12000~18000kN;掘进速度:20~30mm/min;盾构姿态:轴线偏差控制在20mm范围内。

(2)第二阶段:盾构机刀盘进入加固体,见图12-15。

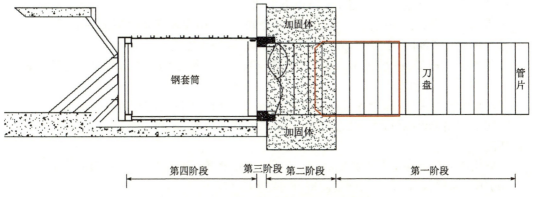

图12-15　盾构机刀盘进入加固体位置示意图

当盾构机掘进至加固体时,倒数第20环开始进行二次补浆,二次补浆时严格控制注浆孔位置和注浆压力及注浆量。在第二阶段的推进过程中需要注意以下事项:

①推进过程连续均匀,均衡施工,保证土仓内一定土压,防止盾构机抬头上浮。同时严格控制推进速度和总推力,避免刀具贯入度过大引起刀盘被卡。

②推进过程中加强盾尾油脂的压注,防止盾尾漏浆。

③控制盾尾间隙,保证盾尾间隙均匀,必要时安装转弯环管片进行调节。

④盾尾注浆:每一环施工完成立即进行盾尾后续管片的二次双液注浆,形成止水环箍。期间严格控制二次注浆孔位和注浆压力、注浆量,既要保证闭水环的质量,又要保证盾尾刷不被击穿。

⑤施工参数。刀盘转速:1.0r/min;总推力:8000~15000kN;掘进速度:10~15mm/min;盾构机姿态:水平±15mm,垂直10~20mm之间。

(3)第三阶段:盾构机磨过地下连续墙,见图12-16。

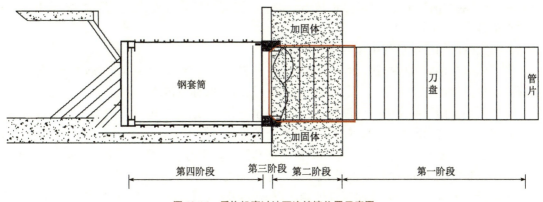

图12-16　盾构机磨过地下连续墙位置示意图

通过计算,掘进至1501环,东侧刀盘开始磨墙,西侧刀盘距离地下连续墙为839mm。刀盘开始磨墙时,先低速转动刀盘,根据扭矩情况,增加刀盘转速,最大转速 1r/min。推进时,先推进 3~4mm 后,停止伸长千斤顶,继续转动刀盘,待扭矩变小后,打开仿形刀 1~2mm,继续转动刀盘,直至推进到 5mm,待扭矩变小后,再伸长千斤顶 3~4mm,重复以上动作,直至磨穿墙体。要求:推进速度小,刀盘转速小,贯入度小。

在第三阶段的推进过程中需要注意以下事项:

①盾构机在磨墙掘进过程中,要确保与外界联系,密切观察钢套筒顶部的情况,一旦发现变形量超量或有渗漏时,必须立即停止掘进,及时采取补救措施。

②预备好 30m 200H 型钢、18m 400H 型钢、40m 25 工字钢等钢材,如果推进过程中钢套筒变形,立即对其进行加固。

③现场准备好风炮、螺栓等材料设备,当钢套筒抖动时及时对螺栓进行再次复紧。

④在接收端中板梁位置布设监测点,监测梁体变形情况;钢套筒布设上浮点,监测钢套筒上浮情况。

⑤盾构机刀盘磨穿地下连续墙后,及时对盾尾后第五环进行二次注浆,形成止水环箍。

(4)第四阶段:盾构机进入钢套筒掘进,见图 12-17。

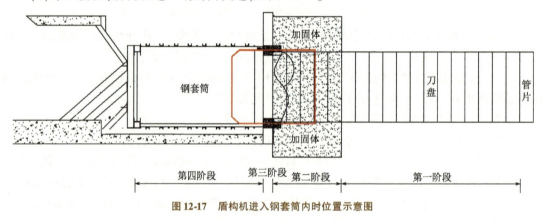

图 12-17　盾构机进入钢套筒内时位置示意图

先切割盾构东侧刀盘钢筋,后切割盾构西侧钢筋,按照 70mm + 22mm + 32mm(保护层厚度 + 分布筋直径 + 主筋直径)计算,当盾构东侧刀盘进入钢环前,盾构西侧进入地下连续墙内 330mm,满足割除钢筋条件,可以停止转动刀盘。刀盘通过导轨进入砂浆垫层时,转动刀盘,防止盾头抬升。

在第四阶段的推进过程中需要注意以下事项:

①盾构机在钢套筒内掘进过程中,要确保与外界联系,密切观察钢套筒顶部的情况,一旦发现变形量超量或有渗漏时,必须立即停止掘进,及时采取补救措施。

②根据钢套筒顶部压力表的读数,及时调整推进压力,避免推进压力过大。当压力过大、钢套筒密封处出现渗漏时,打开钢套筒后板盖上的排浆口卸压。

③进套筒时姿态控制:必须以实际测量的钢套筒安装中心线为准控制盾构机姿态,要求中心线偏差控制在 ±20mm 之内。盾构机在进入钢套筒内之后,要注意姿态控制。

④从管片上预留的注浆孔向管片外侧注双液浆,及时施作环箍,有效封堵开挖土体与管片外壳之间的渗漏通道,防止盾尾后的水进入盾尾前方。

⑤盾构机推到位置并完成洞门密封后,在刀盘不转情况下,清出空仓内回填物。

7）洞门密封及钢套筒拆除

（1）洞门密封

盾尾完全进入钢套筒后，需立即向临近钢环的前 10 环管片外侧注入双液浆，直到无水从预留的注浆管、过渡连接筒上预留的注浆孔流出，标志着洞门密封完成。

（2）钢套筒拆除

①钢套筒拆除前期准备工作。

a．盾构机筒体推到位置并完成盾尾密封后，在刀盘不转情况下，清出空仓内回填物。

b．打开钢套筒底部的排浆管，排出剩余的浆液，并检查筒体的漏浆情况。在盾尾双液浆凝固且安全的情况下，开始拆除钢套筒。

②钢套筒拆除工序流程。

盾构机完全进入钢套筒，注浆凝固后，检查确保安全的条件下，分别拆解接收钢套筒和盾构机，并吊出转场。

拆解吊出顺序：割除后支撑→拆除钢套筒后端→拆除钢套筒上半圆部分→盾构机拆解吊出→钢套筒下半圆吊出。

12.3.2 盾构叠落段施工技术

1）叠落段隧道管片

叠落段下层（左线）采用特殊型（多孔管片）隧道管片，在除 K 块外的所有管片上增设两个注浆孔，对叠落段隧道土体进行注浆加固。对叠落段管片配筋进行加强，内外侧主筋（三级螺纹钢）由直径 20mm 增加为直径 22mm。叠落段隧道管片见图 12-18。

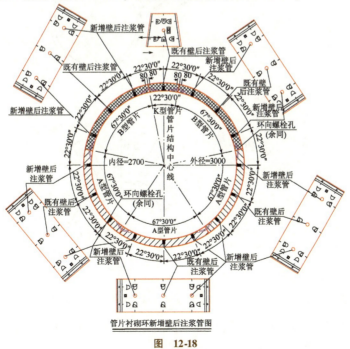

图 12-18

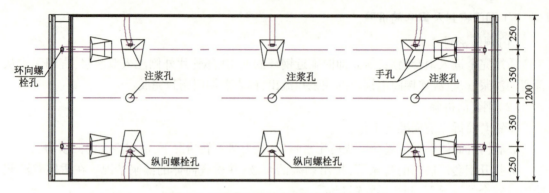

图 12-18 叠落段隧道管片示意图(尺寸单位:mm)

2)叠落段注浆加固措施

(1)注浆范围

为避免上洞(右线)施工时破坏夹层土体的强度从而发生失稳、下沉现象,需要对下线(左线)隧道夹层土体进行注浆处理。夹层土体注浆加固如图 12-19、图 12-20 所示。

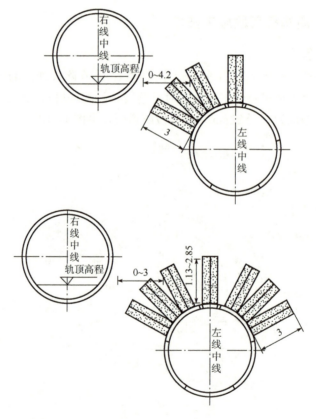

图 12-19 过渡段注浆(左侧:拱部 80°注浆;右侧:拱部 150°注浆)(尺寸单位:m)

此段施工所用管片需增设注浆孔,每环增设至 16 孔,对下层(左线)隧道拱部先期通过钢花管向地层进行径向注浆,以提高土体强度。

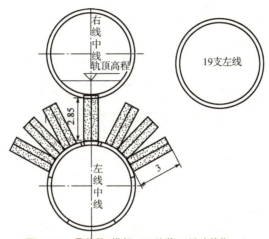

图12-20 叠落段(拱部150°注浆)(尺寸单位:m)

(2)注浆参数

注浆时机:在距离盾尾5~10环,同步注浆、二次注浆完成后开始洞内径向注浆。

注浆参数:注浆加固深度3m,扩散半径为0.5m;浆液采用普通水泥-水玻璃双液浆,按照水泥浆和水玻璃浆1:1(体积比)用双液注浆泵泵送,在混合器中混合,然后注入。采用普通硅酸盐水泥,强度等级不低于32.5;水玻璃模数系数2.2,浓度40Be′。注浆压力为0.4~0.5MPa。

(3)施工方法

利用增设注浆孔对隧道壁外3m范围内土体进行注浆加固。操作平台搭设于皮带输送机上方,皮带输送机位于盾构附近,满足脱出盾尾打设要求。

(4)钢花管的制作。

钢花管采用$\phi 25 \times 2.5$mm钢管加工而成,单根长度1m,分三节打入,管节之间采用丝扣连接。管壁设置梅花形出浆孔,间距150mm,直径5mm,考虑管片结构厚度300mm以及同步注浆厚度,靠近花管注浆头端1m范围内不设置出浆孔,注浆管前端采取砸扁贴合、磨尖处理。

(5)注意事项

①钻孔前,需对钻孔部位安装球阀,在球阀内开孔施工。开孔时按照轻加压、慢速度、给水多的操作要点施工。

②注浆过程中需对地表及建筑物抬升情况进行监测,及时调整注浆压力,防止注浆压力过大,对建筑物造成损害。

③注浆完成及时封孔,封孔之前先试打开球阀,如浆液已经凝固且无渗漏水现象,则拆除球阀,割除露在管片外面的钢花管,拧紧孔盖。

3)叠落段隧道接收措施

上层(右线)隧道盾构机接收前,需对上清桥站负三层中板与底板之间采用钢支撑+型钢进行中板加固,确保施工安全。钢支撑型号为$\phi 609$,$t=16$mm,顶部采用双拼45b工字钢纵梁,剪刀撑采用16槽钢。钢支撑顶部通过可伸缩活动端支撑调节钢支撑高度,保证加固体系与车站中板密贴,并合理施加活络头预紧力,使钢支撑加固达到预期效果。下层结构钢支撑支顶布置见图12-21。

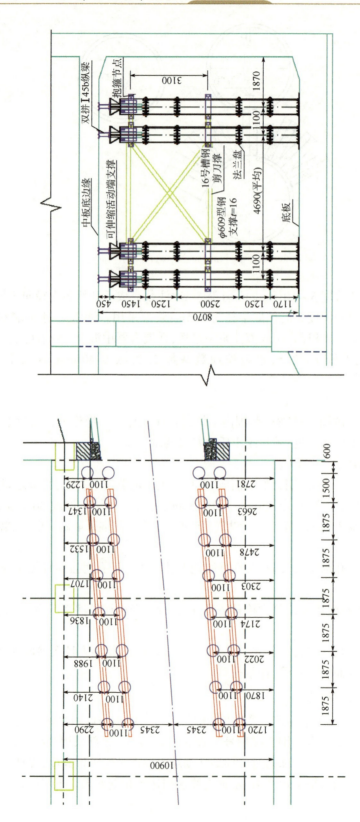

图12-21 下层结构钢支撑支顶布置示意图(尺寸单位:mm)

12.4 施工效果及评价

(1) 全套筒密闭接收施工可以很好适应北京地区砂卵石地层和高水头承压水条件。

(2) 钢套筒接收受地层影响较小,盾构机全套筒密闭接收施工技术能够保证盾构到达的安全接收。

(3) 盾构接收中通过调整盾构掘进姿态及掘进参数,采取定制过渡环、加强监控量测等措施,顺利完成盾构小半径曲线接收。

(4) 盾构接收中钢套筒环向应力、纵向应力、反力支撑应变量稳定在 $20 \sim 35 \times 10^{-6}$ 之间且变形量均未超控制值,钢套筒变形稳定,安全可控。钢套筒应力监测点最大变形值统计见图 12-22。

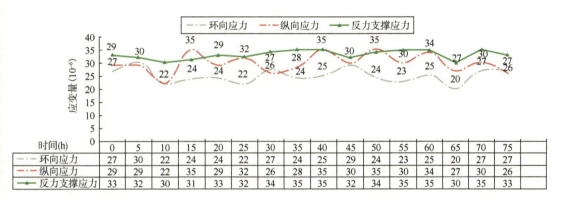

图 12-22 钢套筒应力监测点最大变形值统计图

(5) 叠落段隧道通过采用"先下后上"的施工顺序,选用加强型管片,夹层土注浆加固,接收时下层结构支撑等措施,有效控制了沉降的二次叠加,减少上层(右线)盾构掘进对先成型隧道结构的不利影响。

(6) 叠落段下层(左线)隧道在上层(右线)隧道施工期间,拱顶沉降变形量最大值为 -4.18mm,平均约 -1.7mm;洞内收敛变形量最大值为 2.82mm,平均约 -1.5mm;地表沉降变形量最大值为 -4.02mm,平均约 -2.5mm,且总变形量均未超控制值。经对监控量测数据的统计分析:叠落段隧道变形较小,满足设计及规范要求。盾构叠落段下层隧道洞内收敛最大变形值统计见图 12-23,盾构叠落段下层隧道拱顶沉降最大变形值统计见图 12-24,盾构叠落段地表沉降最大变形值统计见图 12-25。

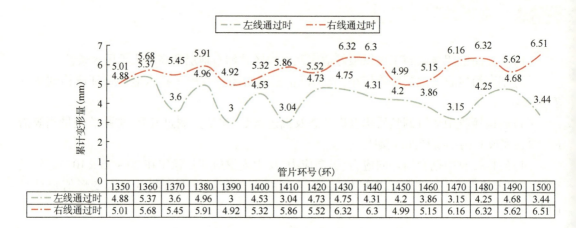

图 12-23　盾构叠落段下层隧道洞内收敛最大变形值统计图

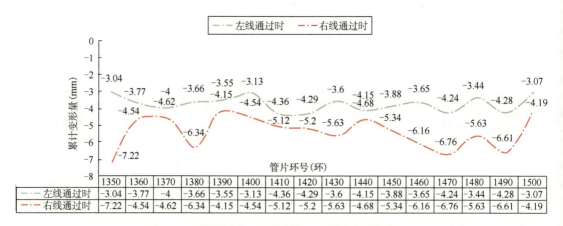

图 12-24　盾构叠落段下层隧道拱顶沉降最大变形值统计图

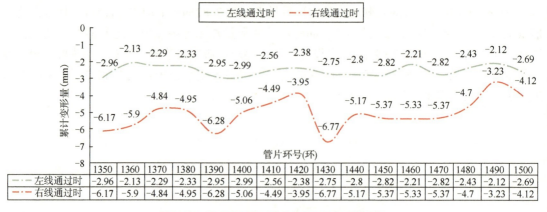

图 12-25　盾构叠落段地表沉降最大变形值统计图

第13章 盾构小曲线叠落式始发施工技术

本章以昌南线上清桥站—小营西路站区间盾构始发工程为例,在场地及周边环境限制的条件下,采用了小曲线半径叠落式盾构始发技术,通过实施夹层土注浆加固、架设内支撑、调整始发顺序等关键施工技术,有效控制了地表变形,保证了隧道结构安全,取得了良好的社会效益。通过技术总结,为叠落式始发技术的创新发展奠定基础,为类似工程建设提供借鉴。

13.1 工程概况

13.1.1 设计概况

昌南线上清桥站—小营西路站区间为小曲线叠落盾构区间,采用土压平衡盾构法施工,最小平曲线半径为350m,竖曲线半径为5000m。始发端左线中心线埋深为29.35m,右线中心线埋深为20.5m,始发端左右线竖向净距为2.8m,水平净距为1.1m。本工程具有仿形刀超挖、隧道轴线控制、叠落施工的特点,该特殊工况下引起的地表变形、隧道结构变形及轴线控制是施工管控重点。

清河站—小营西路站—上清桥站区间采用盾构法施工,右线总长2147.35m,左线总长2206.55m。盾构区间覆土4.25~26.8m,区间设置联络通道两处,如图13-1所示。

13.1.2 工程地质水文条件

小营西路站—上清桥站主要穿越地层:粉质黏土④层,粉细砂⑤$_2$层;局部穿越卵石圆砾⑤层,中粗砂⑤$_1$层及粉土④$_2$层。区间范围内赋存三层地下水,地下水类型分别为潜水(二)、承压水(三)、承压水(四)。小营西路站—上清桥站区间水文地质如图13-2所示。

图 13-1　清河站—小营西路站—上清桥站区间平面示意图

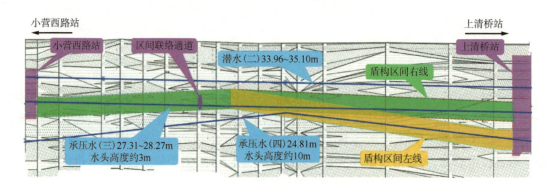

图 13-2　小营西路站—上清桥站区间水文地质示意图

盾构区间左右线始发相对位置关系如图 13-3 所示。

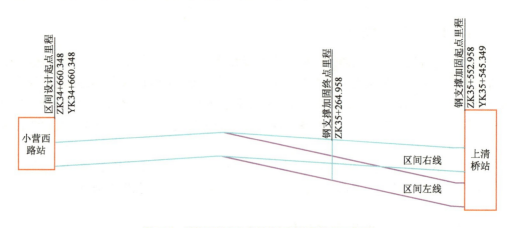

图 13-3　盾构区间左右线始发相对位置关系示意图

盾构区间左右线均从上清桥站北端盾构井始发,向清河站方向掘进,沿小营西路向西并掘进通过小营西路站(小营西路站主体未施工,盾构先行过站),沿小营西路继续向西掘进,下穿小营西路下拉槽挡土墙,区间左线在预留横通道内接收,经平移后由盾构井吊出;区间右线在预留暗挖段洞内接收,自横通道平移至盾构井吊出。本区间采用 2 台盾构机施工,先后施工左右线。

13.2 工程重难点

根据工程筹划,在叠落段下层完成左线始发,待负一层中板结构完成后实施右线始发。始发过程中,在小曲线叠落始发中,控制地表变形、实现盾构隧道轴线控制、保证隧道变形受控及结构安全是重难点。

13.3 关键施工技术

13.3.1 左线盾构掘进

13.3.1.1 洞口围护结构处理

1)洞门凿除的条件

(1)盾构机下井并安装调试验收合格。
(2)端头井加固完成,加固效果满足设计要求。
(3)洞门探孔情况良好,无水、砂流出。
(4)始发验收通过。

2)盾构始发、接收洞门破除施工

洞门凿除的原则:合理分块,快速凿除,确保安全,洞门凿除采用高压风镐结合人工修凿方式,由上至下进行凿除,洞门共分为 12 块,最大分块面积应小于 $4m^2$。

(1)盾构始发洞门破除应在盾构始发前 5d 进行,分为 4 个步骤进行破除:
①破除地下连续墙背土面 120mm 混凝土,割除内侧钢筋。
②凿除 360mm 素混凝土。
③凿除 200mm 素混凝土,直至露出地下连续墙外侧钢筋。
④待始发盾构调试完毕,利用刀盘磨除外侧钢筋,破除剩余混凝土。

(2)盾构接收洞门破除在盾构机距接收井 20 环位置时进行破除施工,施工步骤与始发洞门破除相同,但在进行最后一步破除前,应根据盾构机推行速度,盾构机刀盘处在距接收井 30cm 位置。

3)盾构始发、接收洞门破除施工

盾构始发、洞门破除施工工艺流程如图 13-4 所示。

4)水平观察孔探孔

洞门围护结构凿除前应打水平探孔,安装单向阀,排除洞门的水量,并进行流砂检测。洞门水平观察孔宜进入土体 2m,以便确认围护结构与加固体之间的隔水情况。若发生透水现象,须采取封堵加固等措施,确保始发时无地下水。水平抽芯检测方法:在凿除洞门前应先用水钻打孔机由水平方向钻取 9 个观察孔(图 13-5),孔径为 50mm,深度进入加固体 0.5m,检查洞门加固情况。

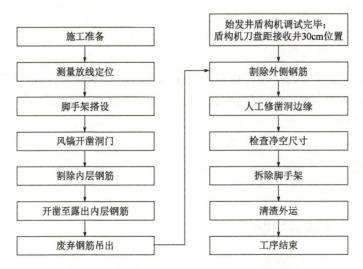

图 13-4　盾构始发、洞门破除施工工艺流程示意图

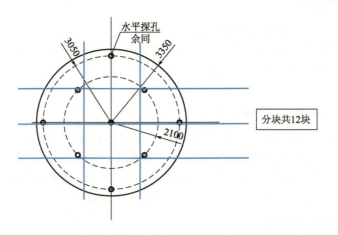

图 13-5　水平观察孔(尺寸单位:mm)

如果加固区存在渗漏现象,则需采取注浆加固措施。注浆可采用地面预留袖阀管的方式,采用 φ68 双液浆进行补注浆,注浆位置:在围护结构和加固体之间的间隙内打入注浆管,自洞门 3m 以下向上注浆,注浆先两边后中间,间隔注入,从而达到防水并固结洞圈内部土体的效果。注浆加固体应具有均质性、自立性,无侧限抗压强度不小于 0.8MPa,渗透系数应在 8~10cm/s。

5) 始发洞门混凝土凿除顺序

在进洞防水装置设置完成后,凿除盾构范围内围护结构,始发井、接收井地下连续墙厚度均为 1000mm。

始发洞门混凝土凿除前,端头混凝土必须到达设计要求的强度、渗透性等技术指标,探孔无漏水流砂、土体加固效果达到设计要求、盾构机安装调试验收完毕、负环管片已拼装,其他准备工作完成的前提下开始凿除洞门。为保证凿除安全,此次洞门凿除分 4 次进行,具体如下所述。

第 1 次凿除:车站内侧结构混凝土保护层,露出内排钢筋。凿除采用自上而下粉碎性凿除,凿除厚度为 120mm。

第 2 次凿除:凿除内外排钢筋中间时距离外排钢筋保持 200mm,凿除采用自上而下粉碎性凿除,凿除厚度为 560mm(围护 1000mm 中间 760mm),距离外排钢筋剩余约 200mm。

第 3 次凿除:采用自上而下粉碎性凿除。凿除厚度为 200mm,凿除至外排钢筋,安装止水帘布。

第 4 次凿除:割除外排钢筋,凿除剩余部分,凿除采用自下而上粉碎性凿除,凿除厚度为 120mm。

13.3.1.2 洞口密封装置安装

进洞时防止泥水从盾构机外壳涌出,同时保证注浆效果,需要在洞口安装橡胶帘布。

盾构初始掘进前预先将橡胶帘布用丝杆挂在洞口预埋钢环上,在钢环外安装可折叠的扇形钢板。当盾构机刀盘进入洞口时,调整扇形钢板至盾构机外壳的距离为 10mm 左右,盾构机的壳体将橡胶帘布及扇形钢板顶入并向内弯曲;当盾尾钢丝刷刚进入洞口露出管片时,再调整扇形钢板,使其落在管片上;待初始掘进完成后拆除橡胶帘布。

13.3.1.3 盾构始发基座安装

在盾构始发井结构施工完成后,安装盾构始发基座。基座采用钢结构,外形尺寸(长×宽×高)为 9.7m×4.5m×0.76m,基座位置按设计轴线准确放样后安装。盾构机在吊入始发井组装后,须确保盾构始发时的正确姿态。

始发基座安装工艺流程:测量放线→托架下井→托架安装→位置粗调→复核测量→托架位置细调→测量再次复核→托架固定焊接。

(1)依据隧道的设计轴线定出盾构始发姿态的位置,然后反推出始发台的位置,并做好标记。

(2)基座运至施工现场后,采用 45t 起重机吊装下井组装。

(3)调节托架位置,使托架中线与隧道线路中心线重合。存在高差时用钢板垫找平,避免扭曲。

(4)粗调完成后进行复核,根据测量结果进行细调,符合安装要求后进行焊接固定。

(5)安装完成后,对安装位置进行最后检查,确保轴线精度。

(6)为避免盾构始发时"栽头"现象,将始发托架前端抬高 10mm;盾体组装时,在始发基座的轨道上涂硬质润滑油,以减小盾构机始发推进时的阻力。

(7)始发架安装完成后,为防止盾构始发时基座移位,在始发架两侧及前后用 200 型钢支撑至侧墙墙角处。

13.3.1.4 反力架安装

1)盾构反力架安装

反力架预制成形后,按轴线位置及高程进行加固。安装完毕后保证反力架和盾构推进轴线垂直。

2)盾构反力架安装步骤

在盾构主机与后配套连接之前,开始进行反力架的安装。盾构始发反力架为拼装式全钢架结构,是由左右两根竖梁、上下两根横梁、四角四根八字梁组成(图13-6),3~6号支撑点的斜支撑采用钢管制作,各支撑均与盾构井结构连接处预埋的30mm钢板进行焊接,形成整体。

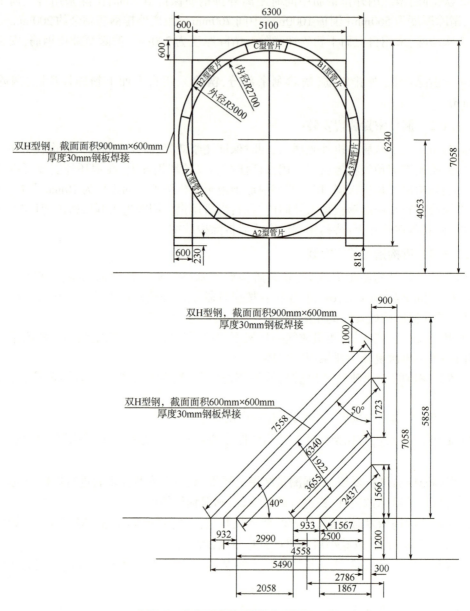

图13-6 反力架剖面示意图(尺寸单位:mm)

13.3.1.5 盾构组装验收

盾构组装流程:铺设轨道→6~1号台车下井→设备桥→中盾底块下井→前盾底块下井→米字梁下井→主驱动下井→中盾左部块下井→前盾左部块下井→中盾右部块下井→前盾右部块下井→中盾上部块下井→前盾上部块下井→刀盘下井→盾尾底块下井→管片拼装机下井→螺旋输送机下井→盾尾左部块下井→盾尾右部块下井→盾尾顶部块下井。

盾构机调试包括空载调试和负载调整,主要调试内容包括:
(1) 盾构设备整体安装就位后进行调试、试运转工作。
(2) 确认每台电机的接线情况,各种管路、信号线路的连接情况。
(3) 确认机内各种紧急按钮是否有效。
(4) 确认液压油箱的油位和各个变速箱的油位。
(5) 确认液压泵运转是否正常。
(6) 排除各活塞泵内的空气。
(7) 接通电源,确认各部分电压是否符合要求。
(8) 确认各漏电保护开关是否有效。
(9) 检查各电动机的转向是否正常。
(10) 排除润滑油管路内空气,并确认转换压力和各油路分配阀运行情况是否良好。
(11) 依次对每台液压泵进行无负荷运转,直到泵内无空气混入的声音为止。
(12) 通过操作盘启动各液压油泵和刀盘电机,看运转是否正常。
(13) 随时观察各种管路是否漏油。
(14) 对千斤顶进行全位伸出、回缩,排净其内部的空气。
(15) 结束后将所有千斤顶都缩回至原位。
(16) 对管片拼装机进行运行确认:
①对拼装机的控制系统(即有线操作和无线操作)进行确认;
②对旋转马达进行运转,看是否灵活可靠,并将其内的空气排净;
③对拼装机伸缩、提升、支撑千斤顶的动作加以确认,并排净其内部的空气;
④检查拼装机上各种连接油管,查看是否有漏油现象。
(17) 对螺旋输送机进行空载试车:
①对螺旋输送机液压马达进行试运转,查看是否灵活可靠;
②检查各条管路有否漏油;
③检查各种操作线路连接是否可靠有效。
(18) 进行排土门运行试验:
①对排土门液压千斤顶进行确认并排净内部空气,查看是否灵活可靠;
②对排土门蓄能、蓄压进行确认;
③利用蓄能、蓄压器对排土门进行开启、关闭试验,查看是否运行可靠。
(19) 在操作台对刀盘进行旋转试验;进行刀盘正、反方向旋转,查看是否正常。
(20) 皮带输送机的调试:
①检查皮带输送机的转向;
②检查各滚轮转动是否灵活可靠;
③检查输送皮带有无裂纹和撬渣;
④调整输送皮带在滚筒上的位置;
⑤对盾构设备进行一次最后的全面检查及局部调整。
(21) 对盾构机自带导向系统进行调试并与人工测量数据对比,精度满足要求。

13.3.1.6 建立环境及施工监测系统

盾构始发前,按设计及第三方监测单位要求在盾构施工影响范围内布设监测点,监测点平面布置图,测定这些项目的初始信息值,并随工程进展情况实施跟踪监测。盾构施工期间,对可能受施工影响范围内的地下管线及建(构)筑物周边设置裂缝、倾斜、沉降、位移等监测项目。

13.3.1.7 初始掘进

(1)盾构隧道所用盾构机的机身长度为12.35m,整体的长度是84m。为了提高掘进效率,将初始掘进的长度确定为120m。台车为气动制动方式。

(2)初始掘进安排。初始掘进阶段盾构机连同后续台车一起前进,盾构出土和运输管片通过台车运输,这样能减少台车转换工序,加快施工进度,掘进到112m,具备拆负环管片条件。

(3)初始掘进流程。盾构初始掘进工艺流程见图13-7。

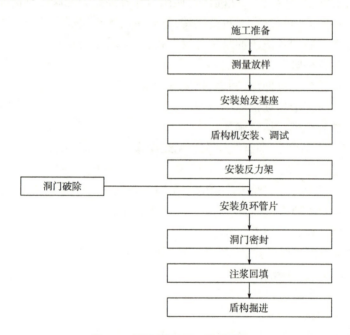

图13-7 盾构初始掘进工艺流程图

13.3.1.8 负环管片拼装

负环管片也称为临时管片。盾构始发时,盾构机的后端是一个反力架,盾构机向前推进时需在千斤顶与盾构机之间安装负环管片,为盾构机掘进提供向前推进的作用力,直到盾尾进入洞口。

(1)负环管片环数确定

根据盾构机始发状态及盾构井结构特点,盾构始发负环管片环数取10环,从 -1 ~ -10 环,如图13-8所示。

(2)负环管片安装

负环管片由10环1.2m的标准管片组成,管片安装采用"3+2+1"方法:一块封顶块C、两块邻接块B1、B2和三块标准块A1、A2、A3。为防止负环管片失圆,采取通缝拼装,其拼装施工工序如下:

①测量人员精确放样,标记管片的位置。
②将盾尾安装部位的垃圾和积水清理干净。
③拼装-10环管片,即负环第一环,必须注意管片整圆度和管片与隧道轴线的垂直度。
④采用通缝拼装,继续拼装负环管片。
⑤-9~-1环管片安装。

管片的拼装顺序为先安装拱底块,再拼装两侧B块,接着拼装邻接块B1、B2,最后插入C,每块拼装完成后及时将纵横向连接螺栓插入拧紧。在-10~-1环管片只粘贴环缝与纵缝的弹性密封垫,不使用防水材料。

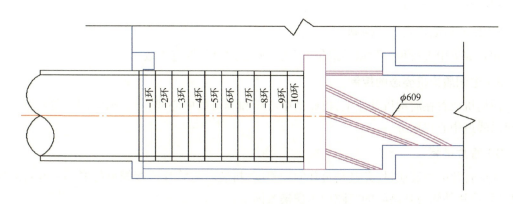

图13-8　盾构负环管片拼装示意图(尺寸单位:mm)

13.3.1.9　盾尾回填注浆

回填注浆除防止地面沉降外,还有增强防水和限制管片变形的作用。为了降低施工风险和提高洞门封堵质量,采用双液浆封堵洞门。注浆系统输出端均配有流量计、压力传感器,实时监控泵源流量,反馈到主操控室。

注浆系统特点如下:
(1)采用注浆压力与注浆量双控指标,以确保注浆质量;
(2)控制方式为自动和手动,此系统管路主要由注入、清洗管路组成;
(3)盾构机推进至+3环后开始同步注浆,盾尾脱出6环后开始回填注浆。

13.3.1.10　土方及管片运输

盾构外径为6.16m,每环的掘进长度为1.2m,日进15环,掘进每环的原状土方量根据盾构机尺寸为35.74m³,土方松散系数以1.3计算,每环需要运输的计算土方量为35.74×1.3=46.47(m³)。加入的泥浆和泡沫在实际工作中每环的土方运输量按50m³/环计算。隧道开挖土方采用蓄电池车运输至始发井后吊出,临时存放于集土坑内,再装载至封闭式运土车外弃。后备套由蓄电池车和7个平板车组成,其中4个运送土箱,2个运送管片。土方由平板车上的土箱装载,每个土箱的容积约为14m³,土箱由5mm厚钢板、角钢和加劲钢板焊接而成。盾构机及蓄电池车(含平板车)行走在隧道内铺设的轨道上。轨道铺设断面示意图见图13-9。

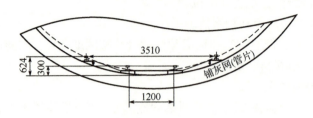

图 13-9　轨道铺设断面示意图(尺寸单位:mm)

13.3.1.11　初始掘进控制

1）始发时盾构姿态的控制

初始掘进中进行相关数据的采集及分析,确定适合的掘进参数。

2）进洞盾构机姿态的控制

盾构机放置在盾构机基座上,机座的中心线和隧道的中心线一致,加强测量复核,保证盾构机沿隧道中心线掘进。

3）管片拼装

保证管片的拼装质量,尤其是负环的圆整度,拼装时将管片连接螺旋拧紧,并及时用紧线器拉紧,管片外侧与基座间的空隙用木楔楔紧固定。

4）控制出土量

单环出土量为 $43m^3$,选择 4 个 $14m^3$ 的渣土斗运输渣土,在渣土斗全部盛满的情况下可以满足单环出土要求,才能保证一环的出土量不至于超挖,地面不会发生沉降。

5）注浆量

盾构机尾部进入土体第 2 环至第 3 环时,加大注浆量,并且采用早强注浆材料进行注浆,以保证洞口的地面沉降在允许值内。

13.3.1.12　渣土改良

通常在黏土、粉质黏土中掘进时,加泥的数量不需要太多,土的黏性不大时不需加泡沫即可使土体的流塑性得到较大幅度改善,保证掘进的正常进行;在砂层或卵石层中掘进时,由于地层的空隙率较大,且自身不具有造泥性,通常在掘进时应适当地加大泥浆的浓度,并适当加入泡沫,可以较好地改善土体的流塑性。

盾构掘进时观察排出土的状态,对泥浆、泡沫的加入量进行调节控制,通过渣土改良,始终使刀盘及螺旋输送机处于正常的工作状态,保证盾构掘进顺利进行。

13.3.1.13　同步注浆

盾尾推进 100mm 后时开始进行同步注浆。根据实际的推进速度确定注浆量,根据推进速度及需要注入的总量对其进行调整。当盾尾推进至 1100mm 左右(即距一环推进完成还差 100mm)时,停止同步注浆,进行管路冲洗。

同步注浆压力要根据盾构机参数范围确定,确保注浆效果和成洞质量。

13.3.1.14 管片拼装

1）管片拼装质量控制措施

（1）管片首次生产应进行水平拼装检验,验收合格后方可批量生产,正常生产期间,每生产 200 环进行水平拼装检验 1 次。第 1 环管片的拼装质量对整条隧道具有基准的作用,因此其拼装质量必须达到或高于精度要求。

（2）现场拼装前检查环面平整度并完成管片表面处理(弹性橡胶密封垫入槽),控制拼装机的旋转速度,防止管片碰撞导致边角的破裂或脱落而产生渗水现象。

（3）必须加强盾构姿态控制,掘进时轴线误差≤50mm。

（4）在管片吊运、拼装、掘进过程中须采取适当措施,严防管片缺角、损边及顶裂。

2）拼装椭圆度控制及纠偏

管片拼装成环后,应及时用钢卷尺或插尺量测管片外壁和盾壳内壁之间的间隙,检查其椭圆度,衬砌环直径椭圆度小于 5‰D（D-隧道内径）。根据测量成环管片的椭圆度可采取以下措施：

（1）利用拼装千斤顶对短轴向的管片施加压力,进行整圆处理。

（2）紧固短轴和长轴向的环向螺丝。

（3）拼装前查看前一环管片与盾尾间隙,结合前环成果报表,确定本环纠偏量和措施。

（4）管片拼装要防止出现内外张角、踏步和前后喇叭,保证衬砌的拼装精度。

竖曲线段掘进时,应计算上下左右的超前量,选择竖向凹、凸楔形衬砌纠偏。

3）环向和纵向螺栓的多次固紧

加强管片拼装后的螺栓一次拧紧,采用风动扳手进行二次复紧,以及贯通后的再次复拧紧工作,以减少管片拼装的张角和喇叭口。每次衬砌拼装完毕,须及时顶靠千斤顶,防止盾构机后退。

13.3.1.15 二次补注浆

为防止同步注浆出现未能完全填充管片外空隙的情况,需要通过管片上的注浆孔对管片外侧进行二次补注浆,管片脱离盾尾适当位置(一般为 6 环),及时进行二次补注浆(双液浆),每隔 1 环进行补浆,注浆压力不超过 0.35MPa,注浆孔位置选择在管片水平中心线以上的部位,以更好地对外部间隙进行填充。

13.3.2 叠落段加固

清河站—上清桥站区间叠落段两台盾构掘进按照先左线后右线顺序施工,在左线施工完成前,完成左线管片径向注浆加固及型钢支撑,注浆加固时间为下层盾构通过后,距离盾尾 5~10 环时；型钢支撑架设时间为上层区间盾构机及后备套下井调试前,左线径向注浆完成后。型钢支撑范围要与右线施工速度相匹配,并保证右线盾构机施工掘进范围前后 5m 距离内的左线管片受到型钢支撑。当左线掘进至小营西路站后,架设钢支撑,施作盾构吊装孔处中板,结构施工中不影响左线继续掘进。钢支撑平面布置如图 13-10 所示。

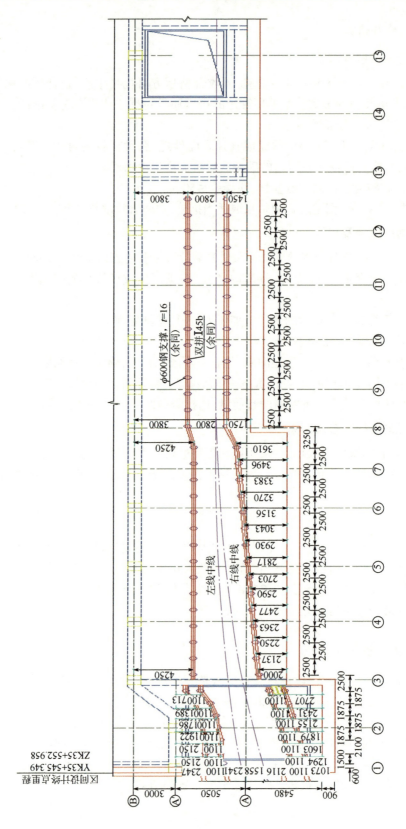

图13-10 钢支撑平面布置示意图(尺寸单位:mm)

13.3.2.1 注浆加固

1）注浆范围

叠落段左右线间土体径向注浆加固范围:区间里程右线 YK35+257.349~YK35+335.349 及左线 ZK35+264.958~ZK35+342.958(加固长度 78m),如图 13-11 所示,布设注浆管,下层盾构管片 B2、A1 各预留两个注浆孔,上层盾构管片 A3 预留三个注浆孔,A2 预留一个注浆孔。在右线 YK35+335.349~YK35+425.349 及左线 ZK35+342.958~ZK35+432.958(加固长度 90m)范围内,如图 13-12 所示,布设注浆管,下层盾构管片 B2 预留三个注浆孔,A1、C 各预留一个注浆孔,上层盾构管片 A3 预留三个注浆孔,A2 预留两个注浆孔。在右线 YK35+425.349~YK35+545.349 及左线 ZK35+432.958~ZK35+552.958(加固长度 120m)范围内,如图 13-13 所示,布设注浆管,下层盾构管片 B1、B2 各预留三个注浆孔,C 块预留一个注浆孔,上层盾构管片 A2 预留三个注浆孔,A1、A3 各预留两个注浆孔。增设壁后注浆孔管片加工前,由掘进施工单位根据管片排版确认。注浆管长度及角度可根据不同区间里程隧道位置关系进行调整,调整前须经设计同意。A1~A3、B1、B2、C 详见图 13-14。

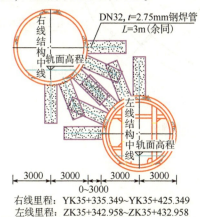

图 13-11 叠落段径向注浆布置图(一)(尺寸单位:mm)

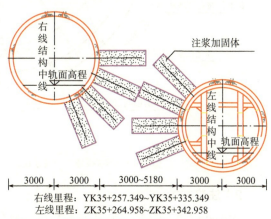

图 13-12 叠落段径向注浆布置图(二)(尺寸单位:mm)

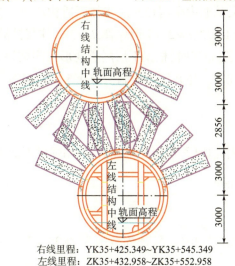

图 13-13 叠落段径向注浆布置图(三)(尺寸单位:mm)

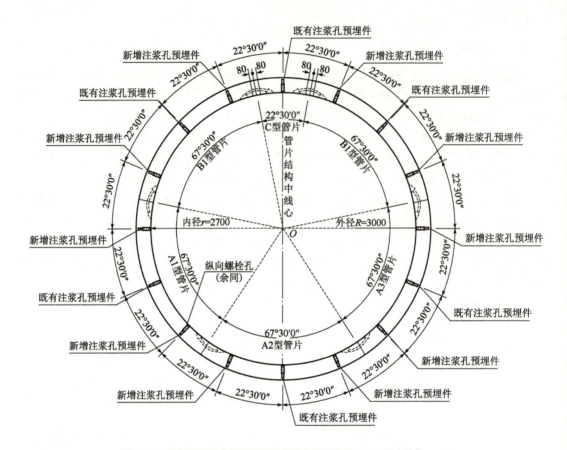

图 13-14　盾构隧道洞内增设预留注浆孔布置示意图(四)(尺寸单位:mm)

2)注浆方式

在左线隧道(下层)吊装孔及管片拱部预留注浆孔中设置注浆管,深入地层中,下层盾构通过后,距离盾尾 5~10 环,从洞内采用径向注浆加固盾构隧道与挡土墙基础间的土体,以提高土体的强度;注浆管采用 DN32,$t=2.75$ 钢焊管,$L=3m$,注浆扩散半径 0.5m,浆液为水泥-水玻璃双液浆;右线隧道(上层)施工时,根据下层隧道变形监测结果,在上层隧道内利用径向注浆孔对土体进行补强注浆加固。注浆压力控制值为 0.5~0.8MPa,注浆过程中结合监测结果,及时调整注浆压力。

3)完成后封堵

叠落段隧道间土体加固完成后,取出注浆孔套管,用强度不低于 C50 混凝土封堵注浆孔。

13.3.2.2　型钢支撑加固

1)型钢加固范围

在下层盾构内设置钢支撑支护体系,加固范围为 ZK35+264.958~ZK35+552.958,总长度 288m。

2）技术参数

根据型钢支撑安装速度预计，洞内拆除运输及安装15环支撑需要3d，盾构平均施工速度为15环/d，故支撑长度最少需要60环。设计纵向15环管片为一施工循环单元，共设4个循环单元，钢支撑总长按60环设置。

两榀钢支撑环(榀距400mm)为一组，每环管片设置一组，每组支撑环间距为1200mm。

叠落段钢支撑布置如图13-15所示，钢支撑剖面如图13-16所示，钢支撑布置横、纵剖面如图13-17所示。

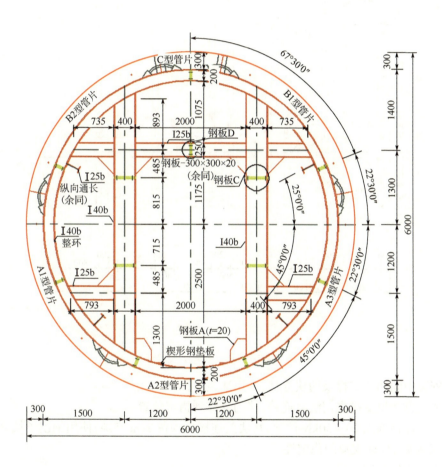

图13-15 叠落段钢支撑布置示意图(尺寸单位：mm)

3）施工流程

型钢支撑安装施工流程如图13-18所示。

4）型钢支撑安装

（1）左线盾构机掘进时最下方轨枕已经铺设完成。

（2）安装左下方、右下方支撑，并用法兰与最下方轨枕连接。

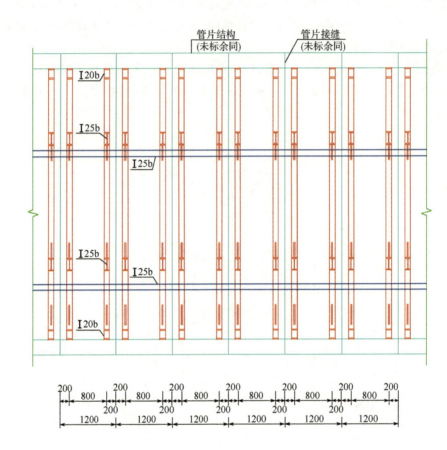

图 13-16 钢支撑剖面示意图(尺寸单位:mm)

(3)安装中间两块支撑及两块立柱,并用法兰连接。

(4)最上方 2 块支撑先用法兰连接,移动支撑到指定位置。

(5)对千斤顶施加 20~30kN 预顶力,法兰连接板预留 2cm 空隙,使用钢楔子填充,使型钢支撑与管片密贴,保证支撑的稳定性。

(6)纵向连接型钢支撑。

5)型钢支撑拆除及运输

拆除型钢支撑时,从上至下实施,通过蓄电池车运输至下一个单元安装。

13.3.3 右线盾构掘进

右线盾构掘进各项参数及工艺流程同左线,详见 13.3.1 左线盾构掘进。

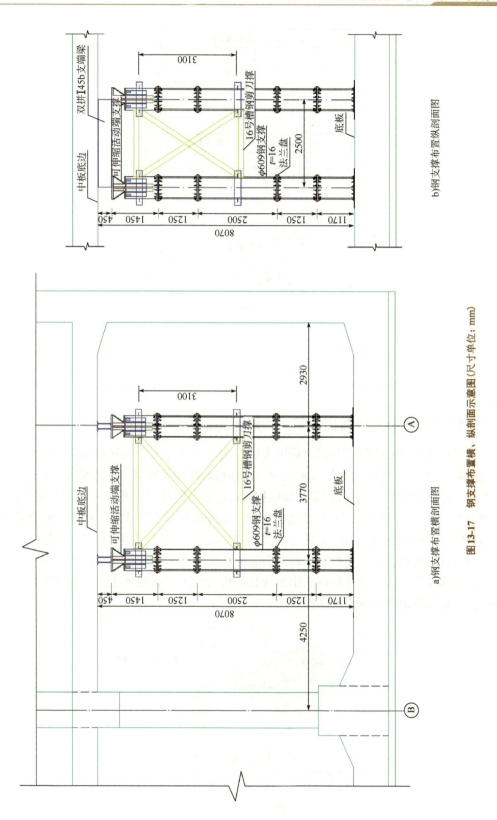

图13-17 钢支撑布置横、纵剖面示意图(尺寸单位:mm)

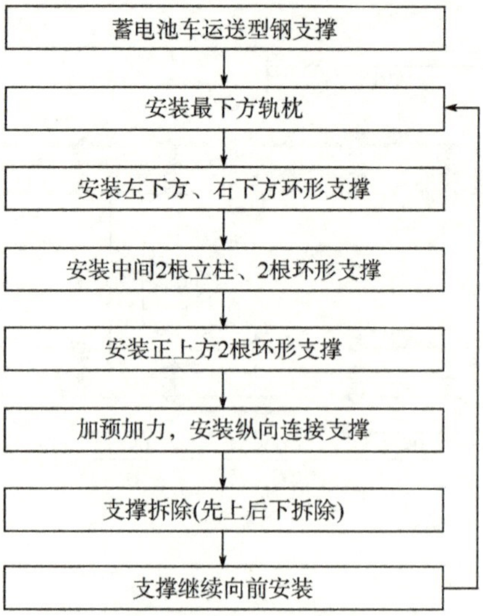

蓄电池车运送型钢支撑
安装最下方轨枕
安装左下方、右下方环形支撑
安装中间2根立柱、2根环形支撑
安装正上方2根环形支撑
加预加力，安装纵向连接支撑
支撑拆除(先上后下拆除)
支撑继续向前安装

图 13-18 型钢支撑安装施工流程图

13.4 施工效果及评价

13.4.1 小半径曲线叠落盾构隧道施工力学模型的建立

小半径曲线叠落盾构隧道开挖对周围地层的扰动主要分为盾构开挖面附加推力、盾尾同步附加注浆压力、盾壳摩阻力和地层损失率。曲线段地层损失模型分为两部分:第一部分为开挖面及盾壳范围内的地层损失,此部分地层损失由超挖刀开挖时因开挖尺寸大于盾壳而产生;第二部分为盾尾处管片脱壳导致的地层沉降,为超挖轮廓与盾尾地层损失轮廓叠加,如图 13-19所示。其中盾构附加推力、盾尾同步附加注浆压力、盾壳摩阻力和盾尾脱空部分的地层损失通过计算得出。曲线超挖脱空部分引起的地层损失采用随机介质法进行计算,超挖横截面考虑半圆筒形状。分别计算两条小曲线叠落盾构施工引起的地表沉降,采用叠加法得到小曲线叠落盾构隧道引起地表沉降曲线。

盾壳
横截面1
开挖面
盾尾脱空
盾尾脱空注浆体
内侧超挖脱空
内侧超挖注浆体
管片

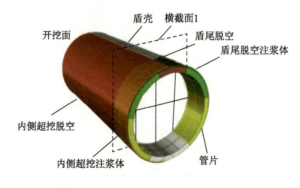

图 13-19 断面 1 钢管柱竖向应力曲线

13.4.2 小半径曲线叠落盾构施工地表变形计算

以左线隧道（下行）施工为例，选取盾构区间前 80m 为研究对象，在隧道轴线附近布设地表沉降监测点，监测点布置如图 13-20 所示，地表横断面变形曲线如图 13-21 所示。

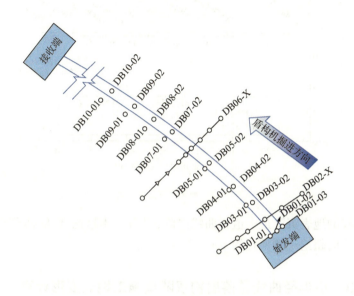

图 13-20　监测点布置图

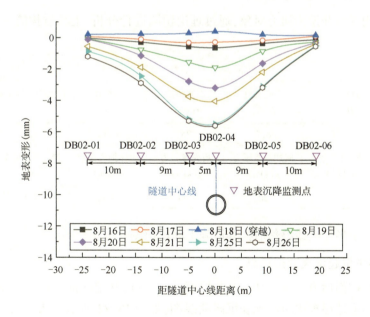

图　13-21

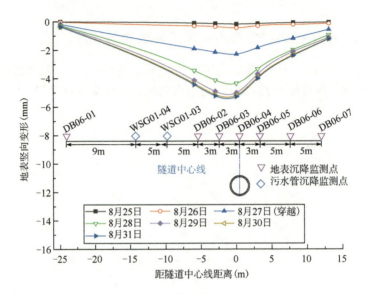

图 13-21　地表横断面变形曲线

盾构施工引起的地表沉降最大值在曲线内侧，因为土体超挖，曲线两侧土体损失不均匀，导致沉降槽中心线向超挖一侧偏移约 1m。

13.4.3　小半径曲线叠落盾构双隧道施工地表变形计算

13.4.3.1　工程概况及参数选取

以双线盾构隧道开挖为研究对象，通过理论预测进行分析，上行盾构隧道（右线）计算参数见表 13-1。

上行盾构隧道（右线）计算参数表　　　　表 13-1

转弯半径 R_0(m)	刀盘直径 D(m)	盾壳长度 L(m)	内侧超挖 σ(mm)	泊松比 v	摩擦力差异系数 n	刀盘埋深 H(m)
350	6.16	8.7	25	0.32	0.9	20.39
剪切模量 G(MPa)	附加推力 q(kPa)	附加注浆压力 p(kPa)	盾壳摩阻力 f(kPa)	土体损失参数 g(mm)	推力差异系数 m	单环管片长度 a(mm)
11.7	120	20	100	40	1.1	1.2

13.4.3.2　小半径曲线叠落盾构隧道施工理论预测分析

1）地层损失引起地表变形计算

分别计算开挖面后方（$y=-10$m），开挖面（$y=0$m），开挖面前方（$y=10$m）地表变形量，得到叠落盾构隧道地层损失引起地表沉降曲线图，如图 13-22 所示。从开挖面后方到开挖面前方的地表沉降规律为地表沉降逐渐减小，由于上行隧道地表沉降较大，整体沉降槽曲线偏向左侧。

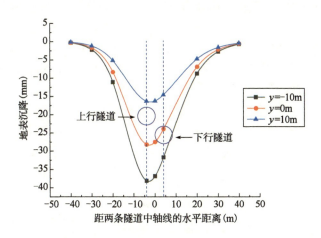

图 13-22 叠落盾构隧道地层损失引起地表沉降对比

2)地表横向沉降影响因素分析

在 $y=0$ 处,分析引起叠落盾构隧道沉降各因素对于地表沉降的影响,横向地表沉降曲线如图 13-23 所示。各因素引起的沉降与单线小半径曲线盾构隧道的规律相似。地层损失引起的沉降最大,其次是盾壳摩阻力,开挖面附加推力和盾尾注浆压力引起的沉降较小,沉降槽最大值整体偏向左侧。

3)不同垂直间距横向地表沉降计算

双线隧道不同垂直净距下的地表沉降曲线如图 13-24 所示。

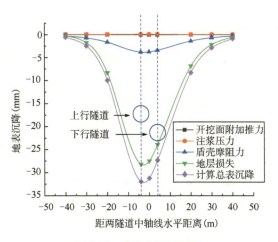

图 13-23 横向地表沉降曲线

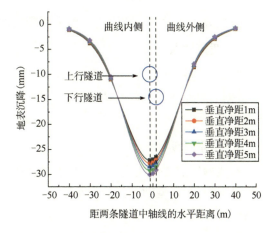

图 13-24 双线隧道不同垂直净距下的地表沉降曲线

4)不同水平间距横向地表沉降计算

不同 L 时的横向地面沉降曲线如图 13-25 所示。在其他参数保持不变的情况下,取 $y=0$ 研究理论计算下的不同水平净距规律,可以看出随着水平间距的逐渐增大,地表沉降的最大数值逐渐减小,而且形状从 peck 曲线形状变为非对称的 W 形。沉降槽逐渐偏向上行线一侧即超挖一侧。随着间距的增大,沉降槽在竖直方向上的影响范围变小,在水平方向上的影响范围逐渐增大。

理论计算与数值模拟值进行对比分析。取上行埋深26m,下线埋深29m,双线隧道不同水平净距下的地表沉降曲线如图13-26所示,水平间距从−3m、−1.5m、0m、1.5m、3m,地表沉降槽逐渐从左向右偏移,整体规律与数值模拟结果相类似。

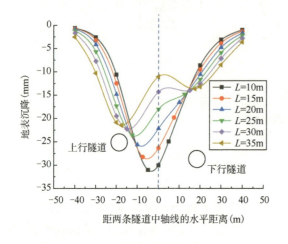 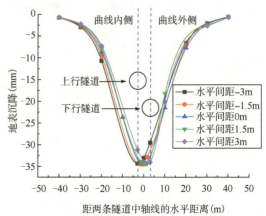

图13-25 不同 L 时的横向地面沉降曲线　　图13-26 双线隧道不同水平净距下的地表沉降曲线

13.4.4 区间叠落盾构隧道施工分析与评价

13.4.4.1 安全方面

盾构叠落始发施工范围内主要采用径向注浆和钢环支撑的方式。

1)盾尾注浆

左线推进完成后在距离盾尾5~10环位置径向注浆,每环预留8个注浆孔,右线推进完成后,根据下层左线检测数据结果,对下层土体进行注浆,并根据实际情况,调整注浆压力,保证加固效果。

2)型钢支撑

右线始发前在左线隧道内安装支撑加固,每环安装两个钢环支撑,在盾构机机头前后30环架设支撑,每环型钢支撑分为4块组装而成,并且随右线盾构机推进而支撑跟进,有效避免盾构机机体过重导致的下层土体及隧道大幅度沉降,且支撑钢环为拼装式,便于安拆。

13.4.4.2 环境方面

车站四周为清河中学与清河医院,东侧为京藏高速公路,四周多为重要建筑物,施工场地面积受限,采用叠落始发,大大降低了对周边建筑的影响,取得了良好的社会效益。

13.4.4.3 工程造价方面

盾构叠落始发,减小了上清桥站建造面积,降低了工程造价。

13.4.4.4 空间利用率

盾构叠落始发,整个上清桥站施工占地面积仅为 1.1 万 m^2,且可作昌南线及 19 号线换乘车站,提高了土地的空间利用率。

综上所述,本工程盾构叠落始发技术在安全、环保、工程造价及空间利用率方面较传统的始发工法有明显的优势。

第14章 盾构水下接收施工技术

本章以昌南线19号线支线区间盾构接收为例，对盾构水下接收各阶段工序、风险和控制参数进行分析，总结了相应的风险控制措施。盾构水下接收参数控制及监测数据表明：①全水中接收盾构井灌水高度在实测水位以上0.5~1m，可有效控制盾构接收涌水涌砂情况；②接收期间适当调整注浆量、推进速度与推力，可安全顺利地完成盾构接收；③沉降发生主要有两个阶段，即刀盘出洞及盾尾脱出阶段，盾尾脱出影响大于刀盘出洞影响。本次盾构水下接收顺利完成，可为北京地区类似工程提供参考。

14.1 工程概况

14.1.1 设计概况

昌南线工程19号线支线区间盾构接收井位于北京市八家郊野公园内，场区内无管线，主要为绿地。区间盾构接收井为三层双跨框架结构形式，由中隔墙将接收井分为左右两个洞室。洞室结构净空尺寸长14.50m、宽11.40m、高19.26m，左右尺寸相同，左右线分别进行接收。为防止回灌水左右互通，接收时采用砌砖临时封堵防水门，并采用工字钢支顶，增强隔水能力。区间盾构接收井位于永定河冲积扇平原，土层划分为人工堆积层、第四纪冲洪积层。接收区域地层为粉质黏土、粉细砂、卵石圆砾层，接收井地质剖面见图14-1。接收区域地层参数自上而下描述见表14-1。

接收段赋存三层地下水，地下水类型分别为潜水（二）、承压水（三）、承压水（四）。根据区域地质资料分析，观测深度范围以下的砂土层、粉土层、卵石层普遍呈饱和状态，均应视为含水层。隧道底部及接收井底板均进入承压水（四）。地质勘察报告显示，场区附近承压水（三）的平均流速为7.70m/d。地下水特征见表14-2。

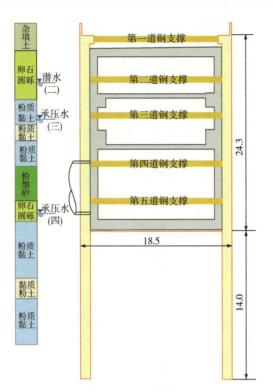

图 14-1　接收井地质剖面示意图(尺寸单位：m)

接收区域地层参数　　　　　　　　　　　　　　　　　　　　　　　表 14-1

地层类型	天然重度 （kN/m³）	内摩擦角 φ （°）	黏聚力 c （kPa）	孔隙比 e
杂填土	16.0	8.0	0.0	—
卵石圆砾	20.5	38.0	0.0	0.44~0.50
粉质黏土	19.5	12.0	30.0	0.785
黏质粉土	20.2	27.0	14.0	0.610
粉质黏土	19.5	12.0	30.0	0.785
粉细砂	20.2	30.0	0.0	0.54~0.67
卵石圆砾	20.5	40.0	0.0	0.44~0.50
粉质黏土	19.8	15.0	26.0	0.548

地下水性质及水位埋深　　　　　　　　　　　　　　　　　　　　　表 14-2

地下水性质	水位埋深（m）	水头高度（m）
潜水（二）	5.78~6.57	—
承压水（三）	10.95	0.80~2.00
承压水（四）	21.46~22.17	2.10~4.78

14.1.2 工程参数

盾构区间衬砌采用钢筋混凝土预制管片,管片外径6400mm,内径5800mm,厚度300mm,管片长度1.2m。盾构接收井采用明挖法施工,基坑采用钻孔灌注桩+止水帷幕+内支撑的围护结构形式。接收洞门端头围护桩采用玻璃纤维筋代替普通钢筋,玻璃纤维筋长度为9.4m(盾构隧道直径6.4m+上下各1.5m),玻璃纤维筋与普通钢筋主筋搭接长度为2.2m,采用U形扣件连接。

盾构机采用2台土压平衡盾构机,盾构机主要参数见表14-3。

盾构机主要参数　　　　　　　　　　　　　　　　表14-3

序号	位置	项目名称	参数
1	适应工作条件	地层土质种类	粉质黏土/砂层和卵石层
		最小转弯曲线半径	300m
		最大爬坡能力	50‰
2	盾构整体	总长	约85m
		总质量	约500t
		开挖直径	6680mm
		盾体外径	6650mm
		装备总功率	1829kW
		最大掘进速度	80mm/min
		最大推力	40860kN
		盾尾密封	3道
		土压传感器	数量5,位于土仓壁
		主轴承寿命	10000h
3	刀盘	结构形式	辐条式
		开口率	40%
		最大转速	3.35r/min
		扭矩	7070kN·m
		脱困扭矩	8160kN·m
4	管片安装机	类型	双梁式,机械抓取
		抓取能力	120t
		转动扭矩	270kN·m
		回转速度	0~1.8r/min
		径向行程	1200mm
		轴向行程	2000mm
5	推进液压缸	最大推力	40860kN
		行程	2100mm
		数量	22根

续上表

序号	位置	项目名称	参数
6	输送机	最大通过粒径	340mm×560mm
		最大扭矩	210kN·m
		最大输送	420m³/h
7	皮带输送机	运输量	696m³/h
		运送速度	3m/s
		皮带宽度	800mm
		驱动形式	变频电机驱动

14.2 工程特点及难点分析

14.2.1 工程特点

本区间接收段地层位于承压水(四),承压水(四)分布于区间隧身范围⑤层卵石圆砾、⑤₂层粉细砂层中。承压水(四)水位/水头高程在 12.38～18.38m 范围,水位/水头埋深在 22.58～30.11m,水头高 2.10～4.78m。本区间接收端隧顶覆土埋深 16.48～17m。

为防止或控制在盾构接收过程中地下水及不良地层从洞圈中大量涌出而发生工程险情,利用接收井内外水压力平衡可控制渗透的机理,主动将盾构接收井用水回灌,而后在水压力平衡情况下再将盾构安全推入接收井。

14.2.2 难点分析

(1)接收井结构完成后,对接收井中隔墙门洞进行砖砌抹灰封堵,确保无其他与之连通的结构,避免水回灌时漏水,使接收井成为一个封闭结构。

安全管控措施:

①中隔墙门洞砌砖墙封堵完成后对其墙体背侧另一面打设型钢+钢板支撑,防止井内回灌水时墙体冲塌回灌至另一侧接收端。

②在盾构区间接收期间,一旦发现中隔墙门洞出现渗漏或冲塌现象,立即采取相应的封堵措施,或对其另一侧接收井内进行井内水回灌,保证井内外水压平衡,确保区间安全接收。中隔墙封堵如图 14-2 所示。

(2)附近准备好充足的水源(24h 内回灌完成),盾构出洞前井内回灌水利用接收井周边降水井里抽排的水进行回灌;根据现场实际水平探孔取芯情况,实际水位在区间隧道中线以上区域,水位高程 24～28m。

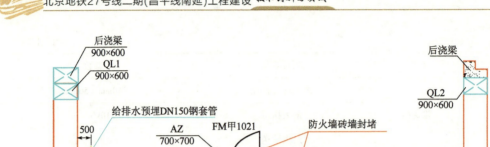

图 14-2 中隔墙封堵示意图(尺寸单位:mm)

14.3 关键施工技术

盾构全水中接收施工流程如图 14-3 所示。

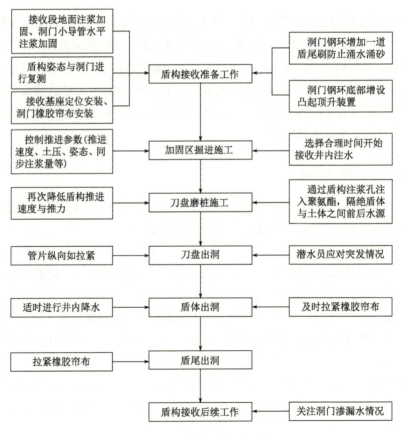

图 14-3 盾构全水中接收施工流程

14.3.1 接收准备阶段

盾构接收过程中的主要风险有盾构推进方向与设计方向偏差超限、刀盘出洞时易发生涌水涌砂、盾构机出现栽头等。为了保证盾构能够安全顺利接收,接收前采取了以下技术措施,应对可能出现的风险。

(1)为避免盾构推进方向超限,接收前对盾构姿态与洞门进行复测,校核位置关系,为制定接收姿态控制参数提供参考,将盾构姿态偏差控制在±20mm以内。

(2)为应对可能发生的涌水涌砂,首先进行地面注浆加固,洞门采用小导管水平注浆,加固接收端土体;其次安装洞门橡胶帘布与扇形压板作为止水装置;最后增加一道洞门钢刷,加强对水土流失的控制。

(3)在洞门下方增设一个凸起,主动抬高盾构机头部,同时对接收基座进行定位安装。

(4)施工现场在接收井四周增设24口应急降水井,作为应急使用,特殊状况下开启,以降低接收井井外水头高度,降低突涌风险。

在盾构接收时,为了防止洞内水和回填注浆沿着盾构机外壳向洞口方向流出,在内衬墙上的盾构机出口洞圈周围安装环形密封橡胶板止水装置。该装置在内衬墙出口洞圈周围安装有M20螺孔的预埋板,用螺栓将帘布橡胶板、圆环板和扇形压板栓连在预埋环板上。

当盾构机沿推进方向掘进时,带铰接的扇形压板被盾构机带动向顺时针方向转动,并支撑密封橡胶板,封闭在$\phi6650mm$的盾体外径处,止住水向接收井内流入;当盾体通过洞门密封装置后,橡胶帘布紧缩,压住扇形压板,防止水流沿管片外径向接收井内流入,同时也防止同步注浆浆液外溢;在盾构机出洞后可将圆环板、扇形压板、密封橡胶帘布和螺栓拆除。

洞门密封装置安装时,需注意橡胶帘布及扇形压板的安装方向;橡胶帘布端头的凸起方向与盾构掘进方向相同;采用电动葫芦对帘布拉紧;盾构机进入预留洞门前在外围刀盘和帘布橡胶板外侧涂润滑油,以免盾构机刀盘刮破帘布橡胶板而影响密封效果。

洞门止水装置如图14-4所示。

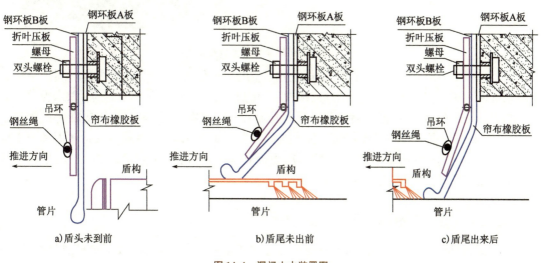

图14-4 洞门止水装置图

14.3.2 加固区掘进阶段

加固区掘进阶段主要风险为:①盾构推进速度过快、土仓压力过大造成接收洞门受压较大;②受施工影响加固区土体不密实,形成流水通道;③盾构姿态偏差超限。

针对以上风险,盾构端头加固区掘进技术控制点:①降低盾构推进速度,控制在 20 ~ 15mm/min,降低土仓压力,减小对洞门压力;②加强同步注浆,控制浆液凝结时间在 3 ~ 10h,凝结后浆液的强度不小于 2.0MPa,注浆压力控制在 0.4 ~ 0.5MPa,同时洞内多次注浆,既补充土体间隙,又起到封堵止水作用,达到控制地表沉降目的;③推进过程中控制盾构机姿态,避免出现较大偏差,姿态偏差控制在 ±20mm 范围内。

在刀盘抵桩后,接收井内开始回灌水。回灌水量根据周边水位观测情况进行确定,回灌水位高于井外水位 0.5 ~ 1.0m。接收井内回灌水位见图 14-5。

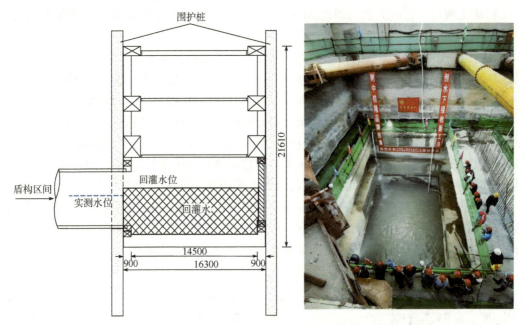

图 14-5　接收井内回灌水位(尺寸单位:mm)

利用管片二次注浆孔进行注浆,施作止水环(止水环位置位于盾构抵达洞门围护结构后盾尾后 3 环处)注浆从下到上左右对称、多次、少量进行,二次注浆采用双液浆,以水泥浆为 A 液、水玻璃为 B 液,A、B 液混合后的凝结时间控制在 60s 左右,双液浆配合比应在每次施工前进行试验调整,根据试验结果确定实际配合比。浆液材料选用 42.5 普通硅酸盐水泥和波美度 35Be′的水玻璃,由管片注浆孔注入。控制压力为 0.4 ~ 0.5MPa,注浆量 0.2m³/孔;堵塞盾尾后方过水通道。止水环开孔注浆如图 14-6 所示。

14.3.3 刀盘磨桩阶段

刀盘磨桩期间主要风险为:如果盾构推力过大或推进速度过快,造成围护桩过早折断,可能造成洞门出现大量水土流失。

图 14-6 止水环开孔注浆示意图

磨桩过程中技术控制主要包括：

(1) 控制盾构推进速度及推力，推进速度 <10mm/min，推力 <6000kN；

(2) 待刀盘切削围护桩一半桩体后，通过径向注浆对盾体范围进行聚氨酯注浆止水，隔绝盾体与土体之间的水流。

14.3.4 刀盘出洞阶段

刀盘出洞阶段主要风险为：①出洞时易在桩间或螺旋输送机出土口内部出现涌水涌砂；②磨桩后大块的围护桩碎块卡在刀盘与接收基座之间，导致无法继续推进；③盾构推进反力减小，不足以压紧管片防水密封。当刀盘通过围护桩后，刀盘前方提供给盾构机反力骤减，接收段管片在失去后盾管片支撑后会松弛，导致管片环缝增大，影响防水效果，进而对隧道结构或周边环境产生不利影响。

为防止可能出现的洞内外涌水涌砂，采取的施工措施有：①接收前对接收段地层进行注浆加固；②在洞门钢环上安装一道洞门钢刷；③合理控制接收井内回灌水位；④采用关闭螺旋输送机出土口后磨桩推进，防止发生喷涌。

洞门水平注浆选用 DN32×2.75mm 焊接钢管，$L=2m$，隧顶部分导管注浆位置在其洞门范围内的围护桩与桩中间部位，沿洞门钢环位置环向各布设 3 个孔位，共 12 个注浆孔。洞身范围内导管注浆位于其洞门范围内的围护桩与桩中间部位（洞门钢环顶以下 1m、2m 位置），布设两排，共 6 个注浆孔；小导管注浆水平倾角 5°~15°；粉细砂层采用改性水玻璃双液浆，配合比及注浆压力根据现场注浆试验情况确定，必要时采用化学浆液，注浆压力 ≤0.5MPa；超前小导管打设以不扰动原卵石地层为原则，可适当调整长度及间距，待注完浆后根据现场实际情况可拆除隧道顶部以下 1m 位置的小导管。小导管注浆孔位和数量可根据现场实际打设困难程度适当调整。洞门水平注浆加固如图 14-7 所示。

为防止大块围护桩碎块卡在刀盘与接收基座托架之间，采取的施工措施有：①接收基座满铺钢板，消除接收基座上的间隙，保证掉落围护桩碎块伴随刀盘向前移动；②配备潜水员，处理可能影响推进的围护桩碎块。

接收基座钢板满铺示意图见图 14-8。

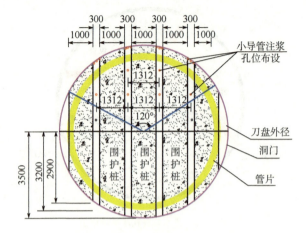

图 14-7　洞门水平注浆加固示意图(尺寸单位：mm)

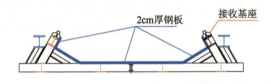

图 14-8　接收基座钢板满铺示意图

防止盾构推进反力减小的应对措施：在纵向螺栓紧固时，严格控制管片间隙在2mm之内，并在后续推进过程中复紧3~4次，保证管片连接紧密；同时在接收段管片拼装完成后洞口前6~8环用型钢连接拉紧，在防水材料三元乙丙橡胶增设遇水膨胀止水条，并多次补浆。

14.3.5　盾体出洞阶段

盾体出洞阶段的风险点有：①无法顺利到达接收基座上；②出现涌水涌砂；③盾构机上浮。

为确保盾构机顺利推入接收基座，首先在接收前对基座进行加固；其次防止盾构机出洞时机头栽头，接收基座的轨面高程除适应于线路情况外，适当降低2cm，以便盾构机顺利上基座。在洞门钢环底部增设一个凸起的顶升装置，使盾构机出洞时机头上仰，避免刀盘顶在接收基座上。

新增凸起顶升装置相较于混凝土导台，焊接施工更加便捷，且拆除简单；施工成本较低，经济上更为合理。洞门增设凸起顶升装置见图14-9。

为避免洞门出现涌水涌砂，当盾体通过洞门密封装置后，及时拉紧橡胶帘布，防止接收井外地下水沿盾壳流入接收井内。本次接收过程中出现围护桩桩间喷锚网片卡在盾体与橡胶帘布之间，造成橡胶帘布封闭不严导致漏水情况，经现场人工清除钢筋网片，同时针对漏水部位进行洞内注浆止水，最终顺利完成接收。

为避免接收井内浮力增加而造成盾构机出现上浮，在盾构机出洞的同时进行接收井内水的抽排，降水的同时观察洞门橡胶帘布密封严密情况，如有异常，暂停推进，及时进行洞内注浆封堵，问题解决后继续推进。

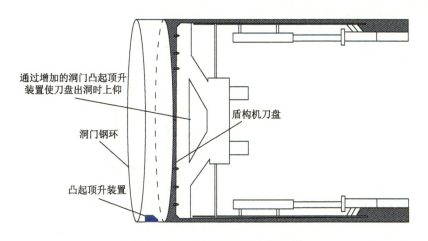

图14-9　洞门增设凸起顶升装置示意图

14.3.6　盾尾出洞阶段

盾尾出洞阶段主要风险为洞门的涌水涌砂。采取的主要措施是当盾体通过洞门密封装置完全进入接收井后,再次拉紧扇形压板,使橡胶帘布与盾构管片密贴,防止水流沿管片外径向接收井内流入,同时也防止同步注浆浆液外溢。盾构机出洞后在洞内多次注浆,填充土体间隙,控制地表沉降。

14.3.7　盾构接收后续工作

盾构井内回灌水在盾构机出洞同时进行抽排,盾构机完全出洞后,完成抽排工作,之后进行盾构机的拆解吊出,完成接收基座吊出及杂物清理,施作洞门环梁。在此过程中,应关注洞门在承压水作用存在渗漏的风险,因此需要加强关注,如有异常,进行注浆封堵。

14.4　施工效果及评价

14.4.1　盾构接收过程参数控制

在盾构接收过程中,为避免盾构土仓压力过大造成洞门破裂,盾构机进入加固区后逐步降低盾构土仓压力。经过对现场实际施工参数进行分析,盾构土仓压力到达加固区前正常推进段控制在0.8~1.2bar,接近洞门约6环开始降低至0.5bar左右,在刀盘开始磨桩时降为0.1~0.2bar(图14-10)。

盾构接收过程中,推进速度同样不能过快,盾构实际施工过程中,正常推进段与加固区段控制在26.9~46.5mm/min,刀盘磨桩期间控制在3.9~5.1mm/min,左右线均控制在施工设定值(10.0mm/min)内(图14-11)。

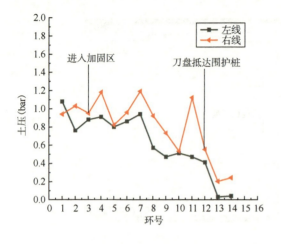

图 14-10 盾构土仓压力

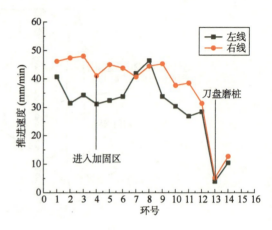

图 14-11 盾构推进速度

在接收过程中盾构对接收井洞门产生影响的最直观表现为盾构推力,洞门推力反映了洞门受到的压力,根据施工方案刀盘磨桩期间总推力应小于6000kN。实际施工过程中,当接近接收井围护桩2环位置,推力开始逐渐上升,最高升至20000kN(图14-12),磨桩期间总推力控制在 9000~14000kN,超过了施工设定值。

根据盾构设备尺寸及开挖直径大小计算,理论上同步注浆量控制在每环 $5 \sim 5.5 m^3$,实际施工注浆量每环 $4.9 \sim 6.9 m^3$(图14-13)。同时洞内进行了多次二次注浆施作止水环,二次注浆采用水泥-水玻璃双液浆,凝结时间控制在60s左右。浆液材料选用42.5普通硅酸盐水泥和波美度35°Bé的水玻璃,由管片注浆孔注入;控制压力为 $0.4 \sim 0.5 MPa$,注浆量 $0.2 m^3$/孔,达到封堵盾尾后过水通道要求。

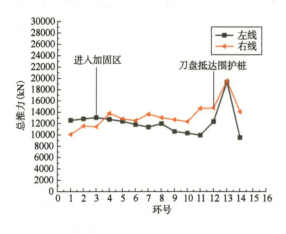

图 14-12 盾构推进总推力

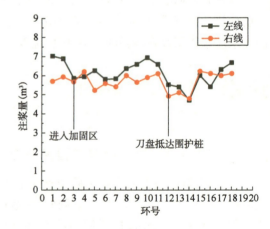

图 14-13 盾构同步注浆量

14.4.2 变形监测情况

选取洞门上方两个地表测点进行数据分析,根据现场监测结果,盾构在接收过程中洞门部位上方地表最大沉降为 -5.59mm(图 14-14),地表未出现异常。

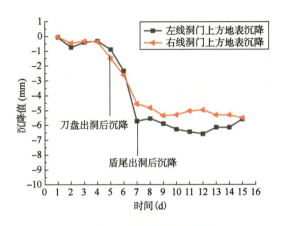

图 14-14 接收洞门处地表沉降

结合盾构施工进度与沉降数据,在盾构刀盘出洞后,洞门上方地表有少量沉降,沉降量为 -0.9~1.5mm,盾尾出洞后出现明显沉降,沉降量为 -4.0~4.8mm,盾构机出洞后,地表沉降逐渐收敛,趋于平稳,出洞期间未发生涌水涌砂情况,洞门未出现大范围的水土流失。

14.4.3 结论及建议

该项目在地层存在粉细砂不良地层、地下水位位于隧道顶附近的条件下成功完成,接收过程未出现风险事件,最终完成双线接收。本次全水中接收各项施工控制方式可作为后续水中接收施工参考依据,形成结论如下:

(1) 为应对盾构水下接收风险,除采取常规措施外,还采取了洞门上部地层水平注浆加固、关闭螺旋输送机出土口后磨桩、洞门下方增设凸起的顶升装置、接收基座钢板满铺等专项措施。

(2) 通过观测地下水位确定接收井内回灌水位,灌水高度在实测水位高度以上 0.5~1m 位置,可有效避免接收端涌水涌砂,确保施工安全。

(3) 在接近洞门时,严格控制盾构掘进参数,土仓压力从接收前 15 环正常掘进状态逐渐下降至抵桩前的 0,同步注浆量提高至理论值的 1.25 倍,推进速度控制在 10mm/min 以内,推力控制在 20000kN 以内,洞内注浆形成多道止水环,控制地下水流动。

(4) 接收部位地表最大沉降为 -5.59mm,刀盘出洞沉降占 -0.9~1.5mm,盾尾出洞占 -4.0~4.8mm;对桩后土体的影响,盾尾出洞要大于刀盘出洞。

建议类似工程接收井采用地下连续墙结构并在接收部位采用玻璃纤维筋,避免本案例中桩间喷混凝土碎片卡入盾壳与橡胶帘布之间导致渗漏水,并且重点控制盾尾脱出时地层及管线变形,防止土体流失过多而产生破坏。

第 15 章 机械法施工联络通道技术

目前,北京地铁盾构区间富水地层的联络通道主要采用矿山法+降水或者冷冻法进行施工。因降水施工日益受限、冷冻法施工周期长,采用机械法顶管施工成为新的趋势。与传统矿山法相比,机械法施工的优势在于极大地缩短了联络通道施工工期,同时无须进行大面积的地层加固,并且避免冻结加固后期融沉对结构造成破坏以及对周边环境的影响。本章结合昌南线19号线支线清河站南侧区间联络通道的工程实例,对北京富水地层地质条件下联络通道施工采用机械法施工联络通道技术进行总结分析,为后续类似施工提供借鉴。

15.1 工程概况

15.1.1 设计概况

昌南线工程19号支线两侧区间为预留工程,与昌南线清河站南侧区间同期实施,远期19号线支线建成后可以在昌南线及13号线清河站换乘。19号线支线清河站南侧盾构区间起于箭亭桥东南、北五环及清河南侧,止于小营西路盾构始发井,该区间5号、6号及7号联络通道采用机械法施工,见图15-1。

15.1.2 地质水文条件

本次勘察水位观测孔观测最大深度50m,在勘察深度范围内赋存三层地下水,地下水类型分别为潜水(二)、承压水(三)、承压水(四)。根据区域地质资料分析,观测深度范围以下的砂土层、粉土层、碎石土层普遍呈饱和状态,均应视为含水层,地下水情况统计见表15-1。

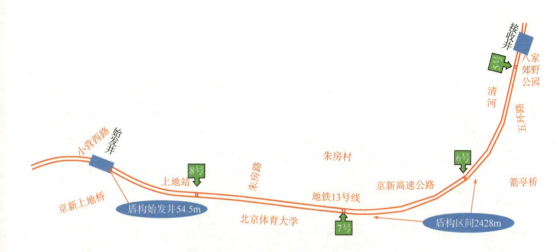

图 15-1 清河站南侧盾构区间线路示意图

地下水情况统计表 表 15-1

地下水性质	水位/水头埋深（m）	水位/水头高程（m）	含水层及其特征	备注
潜水（二）	5.21~8.62	33.87~35.39	中粗砂③₃层、卵石圆砾③₄层	无
承压水（三）	10.7~11.06	29.90~31.80	粉质黏土砂质黏土④₂层、细中砂④₃层	具有承压性，水头高0.8~2m
承压水（四）	22.58~30.11	12.38~18.38	卵石圆砾⑤层、中粗砂⑤₁层、粉细砂⑤₂层、黏质粉土砂质粉土⑤₃层	具有承压性，水头2.10~4.78m

上层滞水主要接受大气降水、河水、管道渗漏，以蒸发、向下越流补给的方式排泄。潜水含水层为中粗砂③₃层、卵石圆砾③₄层，该层水透水性好，主要接受侧向径流及越流补给，以侧向径流、越流方式排泄。承压水（三）含水层为黏质粉土砂质粉土④₂层、细中砂④₃层，承压水（四）含水层为卵石圆砾⑤层、中粗砂⑤₁层粉细砂⑤₂层、黏质粉土砂质粉土⑤₃层。承压水主要接受侧向径流及越流补给，以侧向径流和人工开采的方式排泄。

15.1.3 联络通道概况

（1）5 号联络通道：区间在里程 YK3+000.000（ZK3+000.000）处设置 5 号联络通道，主隧道轨面高程 18.347m，地面高程约 41.11m，衬砌顶覆土厚度为 15.6m，最小覆土厚度约 14.93m；线间距约 13m；区域主要位于⑤卵石圆砾层和⑥粉质黏土层，见图 15-2。

（2）6 号联络通道：区间在里程 YK3+587.048（ZK3+595.000）处设置 6 号联络通道，主隧道轨面高程 12.066m，地面高程约 40.68m，衬砌顶覆土厚度为 23.5m，线间距约 15.3m；区域主要位于⑥粉质黏土层和⑥₂黏质粉土砂质粉土层，见图 15-3。

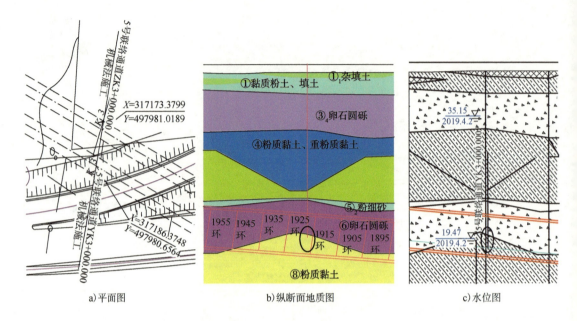

图 15-2 5 号联络通道平面图、纵断面地质图、水位图（高程单位：m）

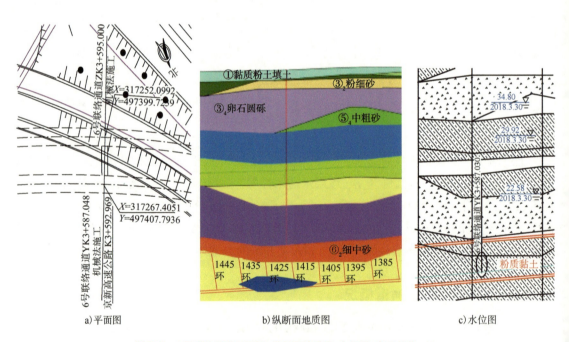

图 15-3 6 号联络通道平面图、纵断面地质图、水位图（高程单位：m）

（3）7 号联络通道：区间在里程 YK4+158.963（ZK4+180.000）处设置 7 号联络通道，主隧道轨面高程 22.36m，地面高程约 42.63m，初次衬砌顶覆土厚度为 15.16m，最小覆土厚度约 15.45m，线间距约 15.45m；区域主要位于⑤卵石圆砾层、④粉质黏土重粉质黏土和⑤$_2$粉细砂层，见图 15-4。

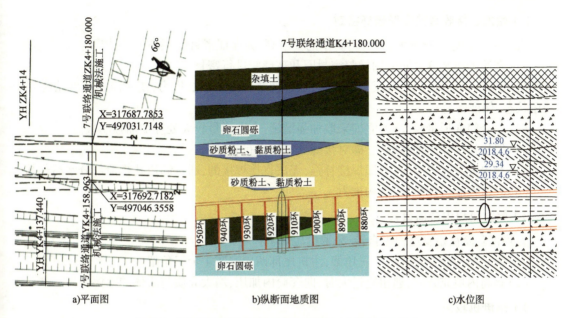

图 15-4　7 号联络通道平面图、纵断面地质图、水位图（高程单位：m）

15.2　工程特点及难点分析

15.2.1　工程特点

三个联络通道主要位于承压水(三)、承压水(四)，穿越地层为卵石圆砾、粉细砂、黏质粉土等地层，且近几年北京地下水位上涨导致该联络通道地下水流速大，采用冻结法，冻结工期较长且冻结效果难以保障，所以采用机械法施工联络通道技术。

机械法施工联络通道技术具有如下特点：
(1) 微加固：采用可切削洞门和特殊结构设计，实现微加固施工。
(2) 全封闭：套箱始发、接收，实现施工过程全封闭，提高安全性。
(3) 强支护：采用机械化支撑体系，确保施工全过程结构安全。
(4) 集约化：全机械化施工实现狭小空间安全施工。

15.2.2　难点分析

1）始发轴线与钢套筒安装轴线偏差

由于始发要求定位精确，需减小始发轴线与钢套筒安装轴线的偏差，采取措施如下：
(1) 提前量测联络通道洞门，计算推进线路。
(2) 始发套筒前端姿态按照推进线路的轴线定位。
(3) 水平方向按照推进计划线轴线确定钢套筒安装轴线，高程方向按照计划线上仰2‰确定钢套筒安装轴线，并在盾构进入钢套筒内前调整好轴线。

2）始发、接收套筒变形破坏密封

由于本工程施工难度大,对隧道防水的要求高,为保证密封性,采取措施如下：

(1)套筒的拼装缝之间采用橡胶密封圈和玻璃胶进行密封。

(2)沿套筒接缝方向设置反力液压缸,通过调节反力液压缸推力,使套筒连接处始终处于受压状态,保证密封完好。

(3)遇套筒变形量较大时,立即采取加强措施,在变形量较大处补加加强肋板。

(4)螺栓接缝处出现渗漏,立即对接缝处螺栓进行复紧。

(5)对出现渗漏焊缝处,立即焊接补强,无法直接焊接的,通过卸压孔排泄部分水后焊接。

(6)严格控制刀盘扭矩、盾构推力。

3）始发过程中套筒自转

为防止套筒在始发过程中自转,采取措施如下：

(1)钢套筒两侧各安装 2 个三角架,主机尾部四周安装 4 个三角架。

(2)套筒内填充介质,遇扭矩过大时,向套筒内加压,增大介质与盾体的摩擦力。

4）掘进机栽头

在掘进机施工过程中,如果发生栽头的情况,掘进机很难调整,故为避免此类事情的发生,须采取措施如下：

(1)始发钢套筒内设置导轨,导轨延伸至切口部位,不可妨碍刀盘转动。

(2)为防止掘进机栽头,套筒轴线定位较推进线路轴线设 2‰仰角(8.5mm),但刀盘中心应当对中洞门中心。

(3)加强掘进参数的调整和姿态的控制,避免盾构到达姿态不佳。在姿态不佳的情况下,则通过径向注浆孔局部注浆调整姿态。

5）螺旋输送机喷涌

为解决螺旋输送机喷涌,采取措施如下：

(1)向土仓内注入膨润土,改善土体和易性,使螺旋输送机排土连续。

(2)保持螺旋输送机闸门小开口出土,保持土仓压力及螺旋输送机压力稳定。

(3)出现喷涌现象时,加注高效聚合物,防止喷涌,必要时接驳保压泵送渣土装置。

6）始发套筒后端密封失效

始发套筒后端需加强密封,以避免水土流失,采取如下措施：

(1)套筒内设 3 道钢丝刷,涂抹盾尾油脂,腔内填充盾尾油脂。

(2)套筒后端于地面组装,焊接尾刷后涂抹油脂,然后将盾体置入套筒内整体吊装下井。

(3)掘进过程中间歇性向腔内注入盾尾油脂,并实时监控腔内压力,保持静止压力大于套筒内压力。

(4)备足优质聚氨酯作应急注入介质。

7）套筒拆除时水土流失

拆除套筒时,如洞门封堵不密实,易产生水土流失的情况,采取措施如下：

(1)通过洞门处预留注浆孔及通道衬砌预留注浆孔注入双液浆,封堵空隙。

(2)套筒拆除前,需打开洞门钢环位置的注浆孔,并装上止水阀;检查封堵情况,若出现漏水、漏泥现象,则重新对该孔进行注浆,直至洞门处第一环所有注浆孔均不出现漏水现象。

(3)套筒拆除时,螺栓不可直接拧落,应确认洞门封堵有效后拆除。

(4)拆除过程中,做好注浆准备,一旦发生渗漏,立即注浆封堵。

8)洞门注浆止水

洞门注浆止水的质量是本工程的重点,采取如下措施:

(1)严格按照制定的注浆施工方案和有关注浆的规范进行施工。

(2)浆液拌制均匀,合理的浆液强度配置及参数设定能使注浆后地表及隧道变形得到明显控制。

(3)注浆前必须做好充分的注浆准备,注浆一经开始应连续进行,避免中断。

(4)每次注浆结束后,要及时清洗浆管,避免堵塞;要及时更换沉积凝固严重的注浆管。

15.3 机械选型

目前机械法联络通道分为盾构法和顶管法两种工艺,在装备形式和通道结构方面略有不同,不能满足不同工程情况下的联络通道施工。具体而言,顶管法能够适应常规联络通道的长度(6~10m)的直线通道施工,具有设备造价较低、功效高、施工成本低的特点,但同时存在无法适应长距离或小曲线等复杂工况的局限性。盾构法技术具有适应性强,能够满足任意长度和极小半径(约200m)甚至有高差等复杂工况下的联络通道施工要求。

本区间3个联络通道最大线间距15.3m,其中掘进距离长度为10.926m,经综合对比分析,本区间联络通道使用土压平衡式盾构机设备,采用顶管法施工工艺。

本区间采用开挖直径为3290mm的土压平衡式盾构设备。该设备由刀盘系统、主驱动系统、盾体系统、渣土输送系统、后配套系统、推进系统、泡沫系统、密封润滑系统、循环水系统、工业空气系统、注浆系统、液压系统、动力供电系统、PLC控制系统及数据采集、导向系统、消防系统、通信照明与监视系统组成,整机布置如图15-5所示,主要性能参数见表15-2。

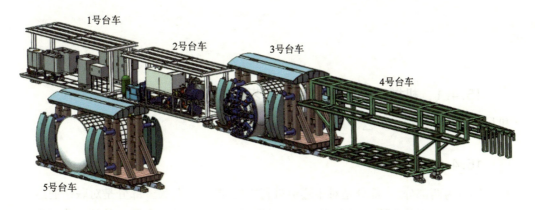

图15-5 土压平衡式盾构机设备整机布置示意图

土压平衡式盾构机主要性能参数表　　　　表 15-2

序号	项目	参数
1	开挖直径	3290mm
2	前盾直径	3280mm
3	尾盾直径	3280mm
4	最大推进速度	20mm/min
5	最大推力	10500kN
6	额定扭矩	860kN·m
7	设计工作压力	5bar
8	刀盘开口率	50%
9	中心鱼尾刀	长度 L 为 220mm；1 把
10	切刀	长度 L 为 150mm；28 把
11	边刮刀	长度 L 为 150mm；8 把
12	撕裂刀	26 把
13	保径刀	8 把
14	大圆环保护	耐磨复合钢板＋8 把保护刀
15	螺旋输送机	350mm×3855mm
16	出渣能力	23m^3/h
17	驱动功率	55kW
18	渣土改良注入口	3 个
19	支撑体系结构质量	91t
20	立柱顶升液压缸	8 个
21	液压缸行程	1400mm

15.4　关键施工技术

15.4.1　机械法施工联络通道工艺流程

机械法施工联络通道工艺流程如图 15-6 所示。

15.4.2　微加固

微加固分为两部分，一部分是对主隧道进行二次加固注浆，另一部分是对联络通道开洞处进行加固注浆。施工前对联络通道前后 5 环及联络通道开洞处 3 环进行注浆（图 15-7），确保联络通道始发洞门处土体加固效果。

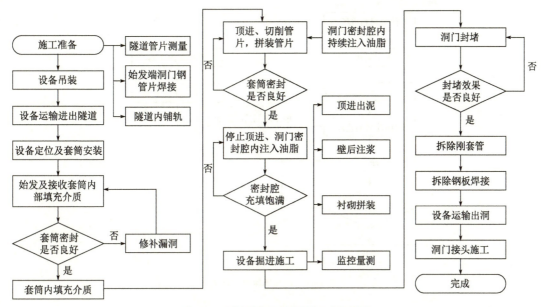

图15-6 机械法施工联络通道工艺流程图

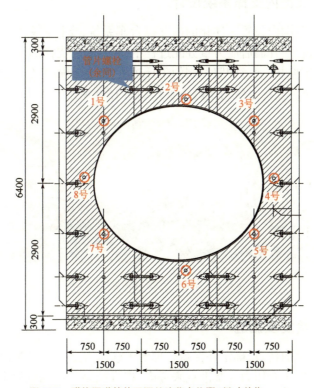

图15-7 联络通道管片开洞处注浆点位图(尺寸单位:mm)

微加固注浆流程如图15-8所示。

设计配合比:水泥浆(按质量配合比)水:水泥＝1:1;玻璃液(按体积配合比)水:水玻璃＝1:1;双液浆(按体积配合比)水泥浆:玻璃液＝1:1。

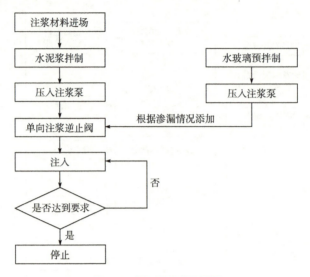

图 15-8　微加固注浆流程图

15.4.3　设备内支撑系统设计

始发及接收影响范围内设置一体化的内支撑台车系统,支撑体系长约7m,收缩状态下外径5.1m,在正线隧道管片开洞后应力重分配过程中,起到临时支撑的作用,可以保护正线隧道管片,支撑系统由液压控制,通过伺服控制的千斤顶支撑,达到施工全过程隧道结构保护的目的,确保管片结构安全。支撑系统与主隧道管片如图15-9所示。

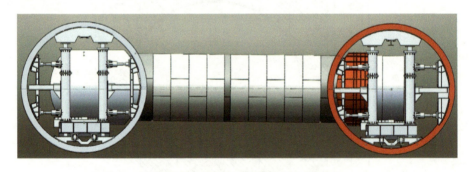

图 15-9　支撑系统与主隧道管片示意图

15.4.4　始发及掘进

根据土压平衡工况的特点,确定并保持合理的土仓压力是关键因素。因此,土压平衡工况中掘进参数的确定是以土仓压力为基准点来考虑,掘进控制程序也应以土仓压力的保持为目的,同时根据北京地层的实际情况,在施工过程中增加了一道盾尾刷。

出渣的控制是保证掘进安全顺利的关键。出渣速度与掘进速度相匹配且出渣量与掘进行程相匹配,才能保证稳定适当的土仓压力以及正常的掘进。通常情况下,出渣的速度由螺旋输送机的转速来衡量;掘进速度通过千斤顶液压缸的顶进速度来衡量,千斤顶的平均行程即掘进行程。在土压平衡机械法隧道施工中,渣土出运采用轨道式蓄电池车拖一定数量的渣斗。出渣量实行重量测量和体积测量双控制:重量测量采用吊运渣土的门式起重机称重;体积测量是通过测定渣斗的数量及其容量得到所出渣土的总体积。

1) 始发钢套筒安装

联络通道采用钢套筒法始发,盾构主机与始发套筒间存在 65mm 间隙,主机进洞后联络通道管节与始发套筒间存在 70mm 间隙,采用 2 道钢丝刷+盾尾油脂进行密封,保证始发过程中接口临时密封,处于 $③_{1b}$ 砂性土则采用 3 道钢丝刷。始发套筒密闭试验内容与接收时一致。

盾构机初始姿态通过套筒的位置确定,始发钢套筒与实测联络通道轴线应保持在一条轴线上,须保证:

(1) 精准测量通道轴线

测量拼装好的特殊管节,拟合洞门圆心,结合该处管节高程偏差、水平偏差、管节自转,设计联络通道计划轴线。

(2) 套筒洞门钢环按轴线焊接

套筒前端依据联络通道计划轴线及洞门圆心,调整其角度、自转,使套筒姿态拟合联络通道计划轴线。

(3) 台车就位及套筒与洞门钢环连接

套筒后端依据已安装的套筒前端的角度、自转、高程确定其安装姿态,并在安装过程中调整好套筒后端及盾构机的姿态,避免台车进入隧道后调整姿态。套筒如图 15-10 所示。

图 15-10 套筒

2) 始发、掘进参数确定

联络通道盾构机采用套筒密封,切削洞门混凝土始发。始发掘进参数见表 15-3,正常掘进参数见表 15-4。

始发掘进参数控制表　　　表 15-3

推力 (kN)	扭矩 (kN·m)	推进速度 (mm/min)	土仓压力 (bar)	渣土改良
<4000	<800	1~3	2.0	膨润土/改良材料

正常掘进参数控制表 表15-4

推力 (kN)	扭矩 (kN·m)	推进速度 (mm/min)	土仓压力 (bar)	渣土改良
<4000	<300	20	1.9	膨润土/改良材料

3）壁后注浆

(1) 注浆范围

因盾尾未设置同步注浆管路，为填充管节壁后的减阻间隙，在3号台车上设置1台双液注浆泵。通过管节预留的注浆孔，人工注入水泥-水玻璃浆液，注入点位为4个点，压力控制在0.2~0.3MPa，注入位置为当前环后4环。

(2) 二次注浆

在盾构机接收且完成洞门接口安装后，为填充浆液收缩产生的空隙及封堵渗漏点，在完成掘进后应进行二次注浆，浆液采用水泥-水玻璃双液浆。

(3) 施工工艺

①检查注浆系统是否处于正常工作状态，压力表是否正常。

②用手电钻打通吊装孔底部250mm厚的混凝土，在吊装孔上安装连接阀，将混合阀与连接阀连接，然后再次检查管路连接的密封性。

③在浆液搅拌筒中按设计的水灰比进行双液浆（水泥浆与玻璃液）拌制，严禁浆液中存在结块，以免注浆管堵塞。

设计水灰比如下：

水泥浆（按质量配合比）水：水泥=1:1。

玻璃液（按体积配合比）水：水玻璃=1:1。

双液浆（按体积配合比）水泥浆：玻璃液=1:1。

④注入过程中应严密监视压力情况，控制注浆压力在0.5MPa以内。

⑤注浆时，起动注浆泵，然后先打开水泥浆控制阀（进出洞口以及出现严重渗漏时，应待水泥浆液流量稳定后，再打开水玻璃浆液控制阀）。

⑥注浆结束标准以注浆压力与注浆量进行双重控制，正常情况下要求每环注浆量为$1m^3$，每孔每次控制在$0.3m^3$左右。以下情况应例外：

a. 在开孔时发现注浆孔内有大量水喷出，应增加注浆量直至注浆压力达到上限；

b. 当每孔注浆量未达到设计值而注浆压力达到规定压力的上限时，应停止注浆；

⑦注浆结束后，对每一个注浆孔进行密封，以防渗水。

(4) 注浆注意事项

①注浆前进行浆液配合比等注浆参数的现场试验，确定最优参数后实施注浆作业。

②注浆人员要严格按照浆液设计配合比，搅拌后对要求位置进行注浆。

③注浆结束后应立即对注浆设备及管路进行清洗。

④注浆应按先下后上的顺序，尽量利用管节注浆孔进行对称交错注浆。

⑤注浆应先压注空隙较大的一侧，或软弱地层和节理裂隙较发育的一侧。

4）衬砌环拼装

（1）管节拼装

①防水材料粘贴。

管节防水材料粘贴在地面完成，用黏结剂将橡胶圈牢固粘接在防水材料凹槽处并充分风干，下井前对橡胶圈粘贴完成后逐一检查，以不翘边、不脱落为合格。

②管节进场检验。

管材进场后，逐节检查核对质量证明文件，对外观质量、橡胶圈粘贴、木衬垫粘贴质量进行逐根检查。

③管节安装。

管节分块拼装，由上下两部分组成，上部对应150°范围内管节，先拼装下部，后拼装上部，见图15-11。

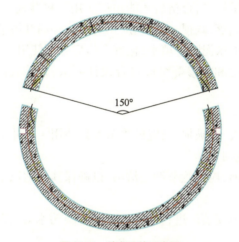

图15-11　管节分块示意图

下部管节通过单梁运输放置于导轨上，然后将上部管节运输至与下部管节同一平面位置，调整适当的角度与下部管节拼接，完成整环组装。在管节放置导轨时，管节应缓慢吊放到导轨上，严禁冲击导轨。然后再利用吊机，在导轨上进行转角调整。

主千斤顶向前缓慢推进，将后面管节外螺纹管接头插入上一环管节的内螺纹管接头内。插入过程中安排专人进行监护，防止快速接头对偏。衬砌环拼装施工现场见图15-12。

图15-12　衬砌环拼装施工现场

(2) 管节拼装质量控制

钢管节拼装指标及要求：

①整环拼装检验允差－相邻环环面间隙≤1mm；

②纵缝相邻块块间间隙≤0.1mm，对应的环向螺栓孔不同轴度≤0.1mm；

③纵肋板及加筋肋板落料长度允差±0.2mm，且须与环板顶紧焊接；

④制作后，背板和环板、端板的外漏表面均需涂无溶剂超厚膜型环氧涂料；

⑤钢管节内弧面在除锈后则需先涂702环氧富锌底漆20μm，待固化后再涂无溶剂超厚膜型环氧涂料1100μm。

混凝土管节拼装指标及要求：

①整环拼装检验允差－相邻环环面间隙≤1mm；纵缝相邻块块间间隙≤0.1mm，对应的环向螺栓孔不同轴度≤0.1mm；拼装成环后各分块间的高差≤2mm。

②管节必须经严格质量检验，合格后才能出厂。用于拼装前，应以严格检查，密封垫沟槽两侧及平面转角处不得有剥落、缺损，大缺角应用管片修补剂补填平，密封垫沟槽两侧、底面的大麻点应用107号胶结剂加水泥腻子填平，检查合格后方可使用。

③钢筋混凝土管节强度和抗渗等级应符合设计要求，管片表面应光洁、平整，无缺棱、掉角、漏筋。

(3) 安装管节注意事项

①严格进场管节的检查，有破损、裂缝的管节严禁使用。下井吊装管节和运送管节时应注意保护管节和止水条，以免损坏。

②止水条及衬垫粘贴前，应将管节彻底清洁，以确保其粘贴稳定牢固。施工现场管节堆放区应有防雨设施。

③管节安装前应对管节安装区进行清理，清除污泥、污水等，保证安装区及管节相接面的清洁。

④严禁非管节安装位置的推进液压缸与管节安装位置的推进液压缸同时收缩。

⑤管节安装时必须运用管节安装的微调装置，将待装的管节与已安装管节块的内弧面纵面调整到平顺相接，以减少错台。调整时动作要平稳，避免管节碰撞破损。

5) 渣土外运

由于机械法施工联络通道技术的特殊性，无法使用常规出土方式出土，在施工时，需使用渣土管将渣土装至台车上渣斗，再由主隧道蓄电池车外运，特制作了渣土运输及出渣量控制的渣斗，按照本工程地质情况，顶管法推进一环一般产生 $8.6 \sim 8.8 m^3$ 渣土；渣土运至井口后由门式起重机吊出，将渣土存放于集土箱中，再统一安排渣土车出渣土。

6) 洞门止水注浆

洞门止水注浆的质量是盾构机安全、顺利出洞的关键，也是本工程实施的重点。

注浆采用多点位、多批次注浆的原则，先采用水泥浆进行填充，后根据注浆效果补充注浆，注浆孔位见图15-13。

单孔施工工艺流程：

孔位选择→安装管路→打开临近球阀（泄压）→泵送双液浆→泄压阀冒浆→关闭泄压

阀→泵送双液浆→注浆→关闭球阀→移孔注浆。

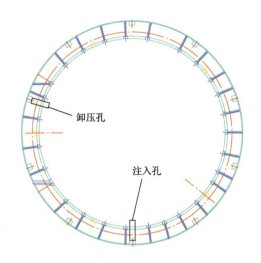

图 15-13　注浆孔位示意图

顶管始发到达洞门处、成型隧道有渗漏水处，注浆浆液均采用双液浆。材料采用 42.5 号复合硅酸盐水泥、水及水玻璃，浆液基本配合比分为 A 液、B 液浆液配合比，浆液设计配合比分别见表 15-5、表 15-6。

A 液浆液设计配合比　　　　表 15-5

材料	水（kg）	水泥（kg）	备注
设计配合比（水灰比）	1	1	

B 液浆液设计配合比　　　　表 15-6

材料	水泥浆（L）	水玻璃（L）	备注
设计配合比（体积比）	1	1	

施工时，根据以上基本浆液水灰比进行试验，得出一批现场实施性较强的浆液配合比，见表 15-7。

实施性浆液配合比汇总　　　　表 15-7

| 配合比 | A 液 | B 液 | A 液:B 液 | 试验凝结时间（s） | 适用范围 |
	水泥浆	水玻璃			
配合比 1	1:1	2:1	1:2	248	同步注浆
配合比 2	1:1	1:1	1:0.7	38	洞门止水注浆
配合比 3	1:1	1:1	1:1	51	
配合比 4	1:1	2:1	1:1	82	隧道渗漏注浆

通过现场试验,该浆液水灰比越大,初凝时间越长;水玻璃体积越小,初凝时间越短。根据使用范围选择浆液配合比进行现场浆液作业。

现场施工配合比:

每桶搅拌桶注水约 $0.25m^3$,拌制水泥 6 袋,搅拌 3min 后注入 A 液桶备用;水玻璃抽至 B 液桶按配合比备用。

注浆参数控制:

(1)注浆时间

注浆的施工时间须根据洞门渗漏、地面及隧道沉降监测情况进行控制。注浆应连续进行,力求避免中断。

(2)注浆量

注浆施工时采取少注多次的方法进行,始发、接收段近 3 环全环进行环箍止水注浆。注浆量每孔约 $0.3m^3$,根据注入压力、洞门探孔及地表沉降情况进行控制。浆液流量控制在 10 ~ 15L/min,以使浆液能沿管节外壁较均匀的渗流,而不致劈裂土体,形成团状加固区,影响注浆效果。

(3)注浆压力

注浆压力值须在综合考虑地基条件、管节强度、浆液性能和土压力的基础上进行确定,一般控制在 0.2~0.3MPa。

(4)注浆位置

各部位注浆情况如下:

①始发、接收洞门止水环箍注浆,每处 2 环,每环 10 孔,共计 20 孔;

②壁后注浆,每环 2 孔;

③隧道渗漏处,根据渗漏位置进行封堵注浆。

注浆孔位示意如图 15-14 所示。

(5)注浆质量控制

①严格按照制定的注浆施工方案和有关注浆规范进行施工。

②浆液拌制均匀,合理的浆液强度配置及参数设定能使注浆后地表及隧道变形得到明显控制。

③注浆前必须做好充分的注浆准备,注浆一经开始应连续进行,避免中断。

④每次注浆结束后,要及时清洗浆管,避免堵塞;要及时更换沉积凝固严重的注浆管。

15.4.5 到达及接收

1)接收套筒安装

接收前须完成接收套筒的安装。接收与始发同样可能出现涌水涌砂情况,为保障施工安全,选用套筒接收。经过测量复测定位后,将套筒与主隧道管片焊接,套筒与台车进行加固连接,避免套筒移位。套筒连接到位后,且支撑体系加载完成后,需要在外圈对其进行加固,加固采用 20 工字钢(或钢板拼接)沿套筒轴向及环向进行支撑,支撑一端焊接于套筒外弧,另一端支撑在管节或外部支撑环。接收套筒加固方式如图 15-15 所示。

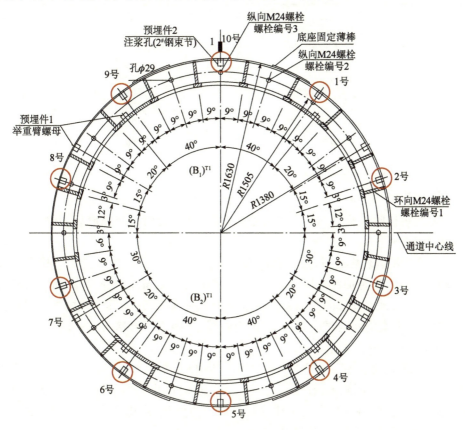

图 15-14 注浆孔位示意图

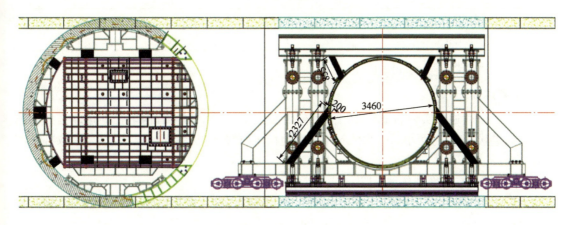

图 15-15 接收套筒加固方式(尺寸单位：mm)

2）支撑体系加载

套筒焊接完成后，调试 4 号台车支撑体系，支撑体系动作及信息传递无故障后，进行分级加载，加载步骤按表 15-8 进行，每级加载须间隔 5min。

接收台车支撑体系分级加载步骤　　　　　　　表 15-8

加载步	上下支撑（kN）	上下支撑（bar）	侧部支撑（kN）	侧部支撑（bar）
1	0.0	0.0	50.0	52.6
2	100.0	18.8	50.0	52.6
3	200.0	37.7	50.0	52.6
4	300.0	56.5	50.0	52.6
5	400.0	75.4	50.0	52.6
6	500.0	94.2	50.0	52.6

3）钢套筒填仓

(1) 在刀盘距接收端管节 500mm 时，停止掘进，在钢套筒组装完成后，开始填充钢套筒，填充材料为改良塑性土。

(2) 钢套筒初步填仓之后，打开钢套筒上预留的 2 个卸压口，顶部泄压口接入注浆管，采用高速自动压浆台车进行加泥加压注浆，加压注浆压力 0.25MPa，浆液为膨润土浆液，注入前密切关注仓内压力，观察色套筒内压力不少于 0.25MPa，维持 5min 压力不降即可，压力损失不大于 0.05MPa，接收套筒密封试验完成；若出现渗漏，立即组织封堵，再持续进行保压试验，直到压力 0.25MPa 满足要求为止。

(3) 完成密封试验后密切关注套筒内压力变化，安排专人值守。当套筒内压力小于 0.20MPa 时，立即组织拌制浆液，补充压力至 0.25MPa 时停止。切削管节之前，做好保压注浆的准备工作，刀盘切削过程中，密切关注接收套筒压力变化，当压力小于 0.20MPa 时，立即组织补浆，保压注浆浆液配合比见表 15-9。

保压注浆浆液配合比　　　　　　　表 15-9

材料	水（kg）	膨润土（kg）
设计配合比	1	1

接收套筒注浆口立面如图 15-16 所示。

4）到达掘进

(1) 到达前，通过实际测量计算出刀盘碰混凝土管片的里程。盾构机在到达此里程即进入到达掘进状态，以每两小时一次的频率监测地面的沉降情况，并根据监测数据，采取补浆等措施。

(2) 削切管节前推进参数设置：

在盾构机刀盘未接触到混凝土管节以前，必须注意盾构机掘进参数的选择，防止纠偏过急以及通过正确的管节选型，保证盾构机碰壁时处于良好的顶管姿态。

①参数设置：在即将碰壁之前，速度不大于 3mm/min，推力小于 4000kN；到碰壁前 50cm 时，速度减小到 2mm/min；推力减小到 3000kN 以下；刀盘转速在 1.0～1.5rad/min。

②姿态控制：为了防止出洞时盾构机栽头，要求盾构机机头姿态高于轴线 20～30mm，呈略抬头向上姿势；水平姿态处于 ±20mm 以内。

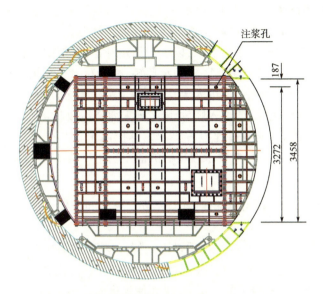

图 15-16　接收套筒注浆口立面示意图(尺寸单位:mm)

③渣土改良:少量注入泡沫改良渣土或注入膨润土浆液,以出土顺畅为标准。

(3)钢套筒内掘进参数设置:

①参数设置:推速<5mm/min;推力<2000kN,视实际推力大小,以不超过此值为原则;在钢套筒内掘进采用掘进模式,刀盘转速控制在0.5~1.0r/min,刀盘转动前,要与钢套筒外部进行联系,确认人员及设备安全后,才能进行掘进模式。盾构机在钢套筒内掘进过程中,要确保与外界联系,密切观察钢套筒的情况,一旦发现变形量超量或有渗漏时,必须立即停止掘进,及时采取补救措施。

②进套筒时姿态控制:必须以实际测量的钢套筒安装中心线为准控制机姿态,要求中心线偏差控制在2cm之内。盾构机在进入钢套筒内之后,要注意姿态控制的适时调整。

③停止推进目标值:当最后一环管节拼装完成,测量员复核完停机里程确认无误,此时视为接收完成。为防止因施工误差、精度控制不准导致刀盘抵制套筒端部,液压缸行程还剩10cm时,应严格控制推进速度1mm/min,根据接收端值班人员实际复核液压缸行程判断,刀盘是否抵制套筒端部。具体液压缸行程应以最新实测管节里程计算为准。

15.4.6 减阻泥浆

1)渣土改良

膨润土在水介质中能分散呈胶体悬浮液,这种悬浮液具有一定的黏滞性、触变性和润滑性,它和水、泥、砂等细琐屑物质的掺合物有具可塑性和黏结性。膨润土在水化时,钠离子连接各层薄片,同时挤占与之接触的土颗粒之间的间隙,积聚于土壤与泥水的接触表面,形成不透水的可塑性胶体,从而形成泥膜。在富水圆砾层的盾构机掘进中使用膨润土,可提高圆砾的含泥量,补充土体的微细颗粒组分,使土体的内摩擦角变小,增加开挖土体的流动性和不透水性。渣土改良施工特点如下:

(1) 减小土体的渗透系数,使其具有较好的止水性,以控制地下水流失。
(2) 可有效提高土体的保水性,防止渣土离析、沉淀板结。
(3) 使渣土具有较好的土压平衡效果,以利于稳定开挖面,控制地表沉降。
(4) 使土体具有较低的内摩擦角,降低刀盘扭矩,减少对刀具和螺旋输送机的磨损。
(5) 使切削下来的渣土顺利快速进入土仓,并利于螺旋输送机顺利排土,提高掘进速度。

切削管片时,以固定速度持续注入膨润土或泡沫剂降压改良渣土,膨润土浆液配合比为1:12,同时螺旋输送机出渣,出渣过程中需要专人盯控出土量。在正常段掘进时使用泡沫剂进行土体改良,必要时加入分散剂,要求改良后的渣土坍落度为120～140mm,便于出泥。

2) 减摩注浆

减摩注浆采用钠基膨润土,主要起到减少管节与土体间摩擦力的作用。减摩注浆施工特点如下:

(1) 配合比:钠基膨润土:水 = 1:8(质量比),搅拌均匀,静置12h。
(2) 注浆压力:注浆压力不宜太高,控制在20～50kPa,压力太高了容易冒浆;同时,过高的压力作用在管上时,会增加管周边的正压力,反而使顶进时的顶力增大。
(3) 注入量:压浆量原则上控制在管节外理论空隙的2～3倍。

15.4.7 浆液置换

1) 注浆范围

因盾尾未设置同步注浆管路,为填充管节壁后的减阻间隙,在3号台车上设置1台双液注浆泵。通过管节预留的注浆孔,人工注入水泥-水玻璃浆液,注入点位为4个点,压力控制在0.2～0.3MPa,注入位置为当前环后4环。

2) 二次注浆

在盾构机接收且完成洞门接口安装后,为填充浆液收缩产生的空隙及封堵渗漏点,在完成掘进后应进行二次注浆,浆液采用水泥-水玻璃双液浆。

3) 施工工艺

(1) 检查注浆系统是否处于正常工作状态,压力表是否正常。
(2) 用手电钻打通吊装孔底部250mm厚的混凝土,在吊装孔上安装连接阀,将混合阀与连接阀连接,然后再次检查管路连接的密封性。
(3) 在浆液搅拌筒中按设计的水灰比进行双液浆(水泥浆与玻璃液)拌制,严禁浆液中存在结块,以免注浆管堵塞。

设计水灰比如下:
①水泥浆(按质量配合比)水:水泥 = 1:1;
②玻璃液(按体积配合比)水:水玻璃 = 1:1;
③双液浆(按体积配合比)水泥浆:玻璃液 = 1:1。

(4) 注入过程中应严密监视压力情况,控制注浆压力在0.5MPa以内。
(5) 注浆时起动注浆泵,然后打开水泥浆控制阀(进出洞口以及出现渗漏严重时,应待水泥浆液流量稳定后,再打开水玻璃浆液控制阀)。

(6)注浆结束标准以注浆压力与注浆量进行双重控制,正常情况下要求每环注浆量为 $1m^3$,每孔每次控制在 $0.3m^3$ 左右,以下情况应例外:
①在开孔时发现注浆孔内有大量水喷出,应增加注浆量,直至注浆压力达到上限;
②当每孔注浆量未达到设计值而注浆压力达到规定压力的上限时,应停止注浆。
(7)注浆结束后,对每一个注浆孔进行密封,以防渗水。

4)注浆注意事项

(1)注浆前进行浆液配合比等注浆参数的现场试验,确定最优参数后实施注浆作业。
(2)注浆人员要严格执行浆液设计配合比,搅拌后对要求位置进行注浆。
(3)注浆结束后应立即对注浆设备及管路进行清洗。
(4)注浆应按先下后上的顺序,尽量利用管节注浆孔进行对称交错注浆。
(5)注浆应先压注空隙较大的一侧,或软弱地层和节理裂隙较发育的一侧。

15.4.8 洞口环梁

1)套筒前端割除

补充注浆检验合格后,利用专用工具脱离负环与正环连接,进行负环的拆除,负环整体拆除后随同台车运输出洞。砂浆凿除采用人工手持风镐施工,凿至套筒根部及洞门内钢板完全出露,清理干净,再进行密封套筒割除。套筒割除过程中应留存上下沿部分套筒(图15-17),充当混凝土浇筑外模。

2)防水钢板焊接

防水钢板采用Q235B钢,水密性焊缝,遵循"先上下焊接,后左右焊接"的原则。焊接采用E43XX型焊条。焊接完成后应铲平表面,并进行100%磁探伤。焊接破坏后的防腐涂层均应再次涂刷无溶剂超厚型环氧涂料2道。洞门防水钢板如图15-18所示。

图15-17 套筒留存部分示意图

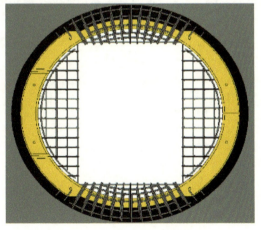

图15-18 防水钢板示意图

3)绑扎钢筋

钢筋在加工车间进行加工,要保证主筋圆弧准确、圆顺;运至工作面进行绑扎、焊接,可临时焊接固定钢筋;靠近模板的钢筋要浇筑混凝土,形成混凝土预制块,以保证混凝土保护层厚度,以免发生漏筋现象。洞门钢筋如图15-19所示。防水条安装前须涂刷2道缓膨剂,并采用钢筋及胶水固定。

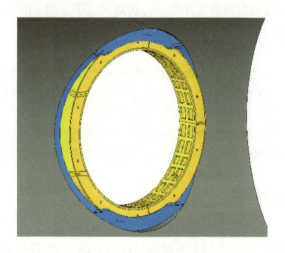

图 15-19　洞门钢筋三维图

4)立模、浇筑混凝土

模板采用现场制作的覆塑竹胶合模板,确保洞口的尺寸精度,混凝土表面光洁、美观。所有洞门采用现浇混凝土结构施工,混凝土等级 C40,抗渗等级 P10。主筋保护层厚度为 40mm,上下环梁主筋间距为 100mm,腰部立柱主筋间距为 150mm。洞门以侵入主隧道范围负偏差进行控制,宽度不小于 200mm。模板、钢筋、防水层等经检查验收达到设计、规范要求后,即开始浇筑混凝土;采用商品混凝土,坍落度控制在 180~200mm,人工接驳入模,分层浇筑,插入式振捣器捣固,确保封顶混凝土充填密实。模板安装见图 15-20。

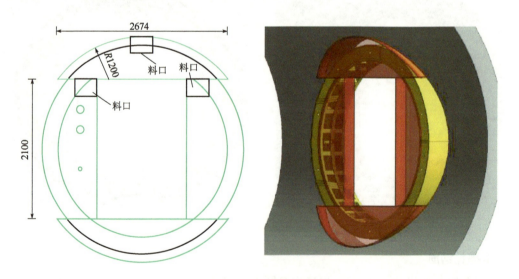

图 15-20　模板安装示意图(尺寸单位:mm)

15.5 施工效果及评价

15.5.1 机械法联络通道在施工过程中的参数控制

施工过程参数见图 15-21,由图可知:①各联络通道的土压控制均满足设定值≤1.8bar;②刀盘转速均小于设定值 1.5r/min;③盾构推力大于设定值 <4000kN;④推进速度大于设定值 5mm/min。

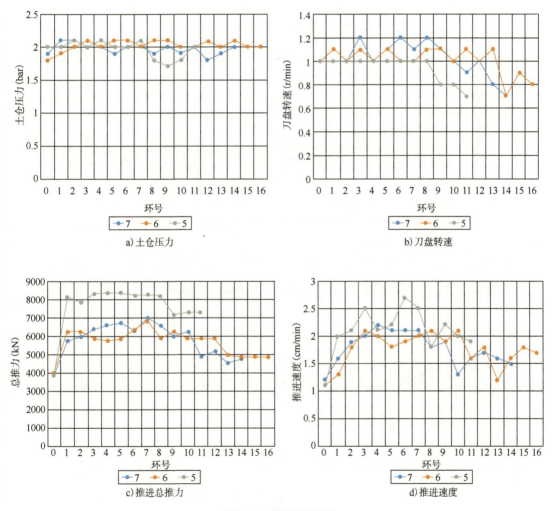

图 15-21 施工过程参数

15.5.2 地表变形数据

联络通道施工对周边环境影响较小,施工过程中未发生监测预警。

7号联络通道上方测点变形量介于-2.4~+3.8mm,地表沉降时程曲线见图15-22。

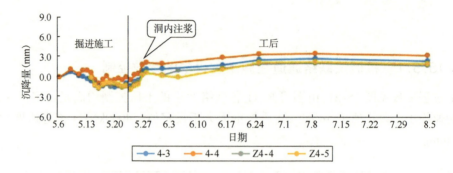

图15-22 7号联络通道地表沉降时程曲线

6号联络通道上方测点变形量介于-2.0~+2.9mm,地表沉降时程曲线见图15-23。

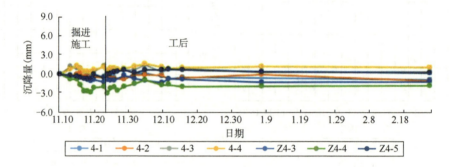

图15-23 6号联络通道地表沉降时程曲线

5号联络通道上方测点变形量介于-2.6~+1.9mm,地表沉降时程曲线见图15-24。

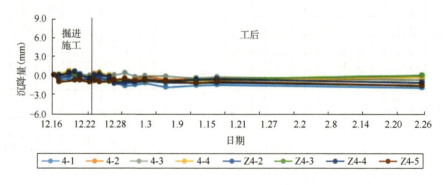

图15-24 5号联络通道地表沉降时程曲线

由上述曲线可见:①顶管施工对上方地表影响较小,施工过程中较稳定,最终沉降均在控制范围之内;②顶管完成后,减阻泥浆固结后易发生泥水分离,会造成地层沉降,故需要进行置换注浆,控制泥浆固结过程中沉降,同时起到防止渗漏水的作用,置换注浆过程地表测点有少量上浮。施工期间无巡视预警,洞内及上方地表无异常。

15.5.3 结论及建议

机械法施工联络通道作为一种创新性技术,以安全、优质、高效、环保等技术优势,将成为城市轨道交通盾构隧道联络通道施工新的技术。该技术具有可拓展性,可以在交通、市政、水利工程盾构隧道连接工程中推广应用。经过 3 个联络通道施工,形成如下结论:

(1)精准定位联络通道里程位置,确保联络通道里程较差满足设计要求。

在盾构始发前,对联络通道里程进行管片预排版,此阶段主要做好每环管片环宽设计(粘贴 1.5mm 传力衬垫,可按照 88% 厚度计算),并结合井接头尺寸准确定位,要求联络通道里程在设计里程 ±60cm 以内,左右线联络通道相对位置在 ±15cm 以内。

(2)监控主隧道管片拼装自转情况,确保联络通道管片安装满足机械法施工要求。

为保证顶管法联络通道预留洞口不存在上下左右偏移,减小小隧道盾构机始发姿态调整量,保证姿态可控施工安全,需在主隧道负环第 1 环拼装起,控制旋转度不大于 0.15°(自转控制在 10mm 以内),同时根据联络通道位置,主隧道施工方每 50 环对旋转度进行测量并记录,保证管片拼装旋转度不超限。

(3)准确预控盾构姿态,确保成型管片轴线偏差满足要求。

为保证盾构施工安全,主隧道盾构到达联络通道前 30 环,须根据盾构机和管片复测数据,推算出预先保持的盾构姿态,按照设计要求盾构姿态控制 ±50mm 以内,确保主隧道盾构到达联络通道前后 7 环管片成型姿态在 ±25mm 以内。同时控制主隧道左右线管片成型轴线偏差保持一致。

(4)机械法施工一个联络通道周期约 45d,具有工期优势。

洞门止水注浆是本工程的重点工序之一,针对复杂施工环境,确定合理的注浆参数是降低联络通道施工风险的关键。

盾构下穿既有地铁车站施工技术

学院桥站—西土城站区间盾构双线垂直下穿既有地铁 10 号线西土城站主体结构,垂直距离仅 3.2m,且下穿期间既有地铁 10 号线西土城站处于正常营运状态。如何降低盾构下穿过程中对既有车站的扰动影响,控制沉降始终在可控范围内是本工程最大的难点。本章基于上述工程实例,介绍了盾构下穿既有地铁车站的施工关键技术。

16.1 工程概况

16.1.1 区间设计概况

学院桥站—西土城站区间以学院桥站大里程端为起点,沿学院路向南敷设,穿越学院路、北土城西路、人行天桥、学知桥、小月河(桥)、既有西土城站后,到达西土城站小里程端,采用洞内解体接收。本区间共设置 2 座联络通道。区间设计起终点里程为左线 K41+164.195~K42+494.749,左线全长 1310.554m,右线全长 1309.932m,采用矿山法+盾构法施工。盾构段起止里程为左线 ZK41+440.279~ZK42+494.749,右线 YK41+427.027~YK42+494.127,左线全长 1054.470m,右线全长 1067.100m,如图 16-1 所示。

区间到达端车站为西土城站,西土城站为地下三层岛式站台车站,四导洞 PBA 工法施工,地下水采用管井降水。

区间始发端因地面限制不具备垂直始发条件,利用已完工的区间暗挖段及专用平移通道进行侧向始发,盾构机下井后在平移通道内平移、转体到达正线,在洞门位置安装异形延伸钢环,盾构机进入钢环就位后始发掘进。区间共采用两台盾构机施工,同时就位组装,右线全部完成后进行左线始发掘进施工。

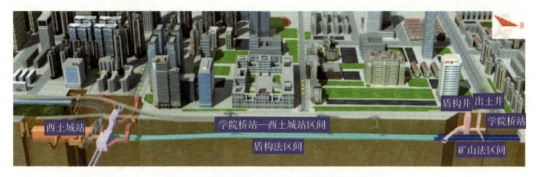

图 16-1 学院桥站—西土城站区间平面透视图

1）区间线路平面

盾构区间隧道为两条单洞单线圆形隧道,线间距9~16m,区间左线含4段曲线、右线含5段曲线,由始发到接收左线曲线半径分别为2000m、1500m、1000m、1000m,右线曲线半径分别为2500m、2000m、1500m、1000m、1000m。其中最小圆曲线半径为1000m。

2）区间线路纵面

盾构区间左线线路自学院站至西土路站为连续下坡,最大坡度6.204‰,依次为:6‰下坡,长759.721m;6.204‰下坡,长294.749m。

盾构区间右线线路自学院站至西土路站为单面下坡,坡度6.2‰,长1067.1m。

16.1.2 工程地质水文条件

本区间主要赋存三层地下水,其类型分别为上层滞水（一）、潜水（二）和层间潜水（三）。地下水详细情况如下:

上层滞水（一）:含水层岩性主要为杂填土①层、粉土填土①$_1$层、粉土③$_1$层,稳定水位高程为41.16~43.46m,水位埋深为5.2~7.4m;主要接受大气降水及地表水入渗、地下管道渗漏等方式补给,以向下垂直渗入补给潜水方式排泄。

潜水（二）:含水层岩性主要为粉土③$_1$层、粉土④$_1$层、细中砂④$_2$层,稳定水位高程为32.78~36.00m,水位埋深为11.8~15.8m;主要接受地表水的垂直入渗、地下水侧向径流、越流及"天窗"渗漏补给,并以地下径流、越流为主要排泄方式。

层间潜水（三）:含水层岩性主要为卵石⑤层、细中砂⑥$_2$层、卵石⑦层、细中砂⑦$_1$层、细中砂⑧$_2$层、卵石⑨层,稳定水位高程为16.06~16.28m,水位埋深为28.3~28.6m;主要接受地下水侧向径流、越流及"天窗"渗漏补给,并以地下径流、越流及人工开采为主要排泄方式。

水文地质剖面如图16-2所示。

16.1.3 下穿既有10号线西土城站概况

区间盾构隧道位于学院路下方,拱顶距离路面21.2m。学院路为城市主干路,规划红线宽为70m,交通较为繁忙。掘进过程中需下穿多条上水管、雨水管和污水管,同时穿越学院路、北土城西路、北京航空航天大学东门天桥、花园北路路口北天桥、北京联合大学西门天桥、学知桥、小月河（桥）、既有10号线西土城站主体结构和B出入口。盾构下穿10号线西土城站风险源清单见表16-1。

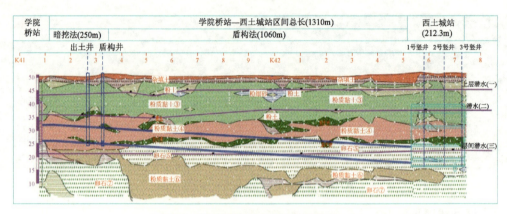

图 16-2　水文地质剖面示意图（高程单位：m）

盾构下穿 10 号线西土城站风险源清单　　　　　表 16-1

序号	风险源名称	里程	风险概述	风险等级
1	下穿既有 10 号线西土城站 B 东北出入口	ZK42+378.637（左线 774~790 环）（右线 785~801 环）	左线拱顶距离既有 B 出入口垂直距离为 24.7m	一级
2	下穿既有 10 号线西土城站主体结构	ZK42+431.170~ZK42+461.543、YK42+439.842~YK42+459.058（左线 825~850 环）（右线 843~860 环）	拱顶与基础垂直距离 3.233m	特级

1）下穿 10 号线西土城站 B 出入口概况

区间在里程 ZK42+378.637 下穿既有 10 号线西土城站 B 东北出入口，影响里程为 ZK42+369.000~ZK41+388.000（左线 774~790 环/右线 785~801 环），长度为 19m，垂直距离为 24.7m。盾构下穿 10 号线西土城站 B 出入口平面示意图如图 16-3 所示。

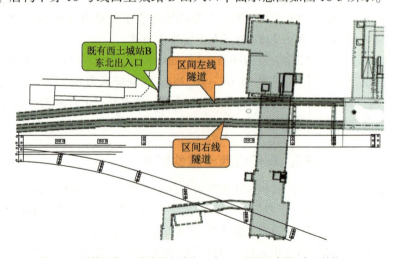

图 16-3　盾构下穿 10 号线西土城站 B 出入口平面示意图（高程单位：m）

B出入口明挖段为平顶直墙结构,采用C30钢筋混凝土,顶板厚700～950mm,侧墙厚700～800mm,底板厚800～1100mm,如图16-4所示。

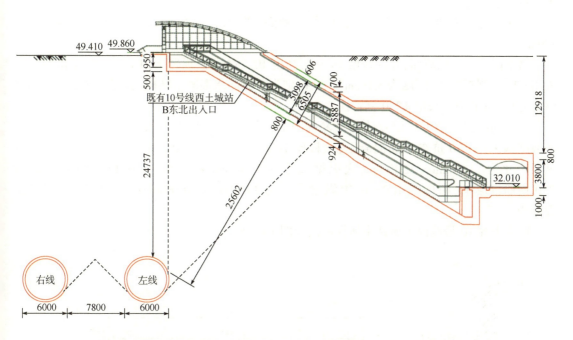

图16-4 盾构下穿10号线西土城站B出入口剖面示意图(尺寸单位:mm;高程单位:m)

2)下穿10号线西土城站主体结构概况

区间在里程ZK42+431.170～ZK42+461.543(左线825～850环)、YK42+439.842～YK42+459.058(右线843～860环)下穿既有地铁10号线西土城站主体结构(极重要),垂直距离仅3.2m。盾构下穿10号线西土城站主体平面示意图如图16-5所示。

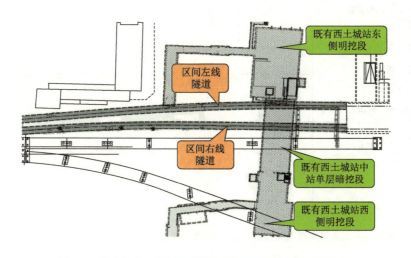

图16-5 盾构下穿10号线西土城站主体平面示意图(高程单位:m)

西土城站建于 2005 年,车站两端为三层明挖中部为单层暗挖结构。西土城站车站总长 176.6m,总宽 19.7m,暗挖施工的主体结构拱顶面埋深约在自然地面以下 14m,车站共设 4 个出入口、2 座风亭。

西侧明挖段为地下三层双跨(局部)箱形断面,宽 21.3~23.7m,高 20.08m,顶板覆土约 3.0m。

暗挖段为双连拱断面,开挖跨度 19.9m,高度 10.284m,拱顶覆土约 14m。暗挖初期支护采用 C25 早强混凝土,厚度为 350mm;二次衬砌为 C30 防水混凝土结构(抗渗等级 S10),标准厚度为 600mm;中柱采用 $\phi850$ 钢管柱。

东侧明挖段为地下三层双跨箱形断面,标准宽 30.3m,高 20.08m,顶板覆土约 3.0m。外墙结构采用 C30 抗渗钢筋混凝土,顶板厚 1000mm,侧墙厚 800mm,底板厚 1100mm,顶纵梁尺寸为 1100mm×2200mm,底纵梁尺寸为 1100mm×2800mm;中板及中纵梁采用 C30 钢筋混凝土,中板厚 400mm,中纵梁尺寸为 1100mm×1000mm;中柱采用 C50 钢筋混凝土。

盾构下穿 10 号线西土城站主体纵剖面如图 16-6 所示。

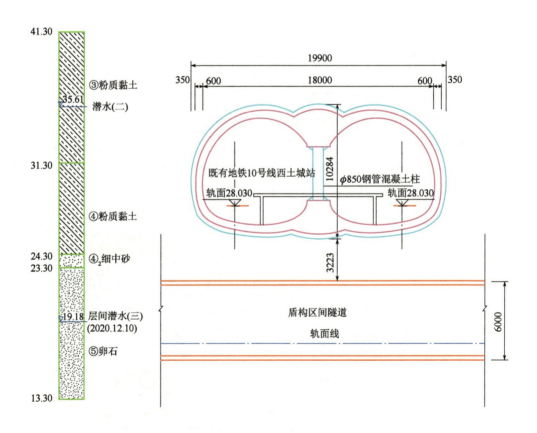

图 16-6　盾构下穿 10 号线西土城站主体纵剖面示意图(尺寸单位:mm;高程单位:m)

16.2 施工关键技术

16.2.1 盾构穿越10号线西土城站试验段

1）试验段设置

为保证学院桥站—西土城站区间盾构顺利通过10号线西土城站,原则上每个特一级风险源实施前均要设置试验段,因本盾构区间面临的风险源较多且局部连续穿越,计划将每个风险源的前一处风险源下穿参数作为后一处风险源施工前的试验段参数。右线始发掘进10m后的50m段(YK41+437.027~YK41+487.027,第950环)为第一段试验段,该段地层主要为粉质黏土,局部夹砂层,主要用于直径1000mm上水管、直径500mm燃气管段地层以及北京航空航天大学东门天桥的风险试验段。此后在盾构机进入下列风险源受影响范围前的50m掘进段作为该处风险源的试验段,主要风险源为花园北路路口北天桥、北京联合大学西门天桥、既有10号线西土城站主体结构。

此外,要重点分析盾构机在下穿每个重大风险源过程中的掘进参数和监测数据,为盾构机下穿下一个试验段或者风险源提供参考。

通过试验段掘进进一步了解和认识本工程的地质条件,掌握该地质条件下盾构的施工方法,并在试验段掘进时加强地面监测。每段试验段至少设置2个深层沉降监测点用于反映地层的变化。通过对试验段推进参数和监测数据分析,包括对掘进速度、掘进推力、刀盘转速、同步注浆量及注浆压力、出土量、二次注浆量及注浆压力、浆液配合比等参数的分析,从而确定满足盾构区间盾构掘进工程的最佳掘进参数。

2）试验段盾构掘进参数控制程序

根据初步设定的掘进参数进行试验段掘进控制,加大监测频率,根据监测数据进行参数调整,对掘进参数进行总结,最终优化形成控制工程沉降的掘进参数。充分利用土压平衡原理,减少盾构通过后地层的应力损失,始终维持开挖土量与排土量的平衡,以保持开挖面土体的稳定。

试掘进阶段每天掘进8~10环。掘进操作控制流程如图16-7所示。

3）试验段掘进控制

本工程设置试验阶段,将结合地面监测数据反馈情况对掘进参数进行必要的调整,为后续盾构掘进施工提供参考依据。其主要内容包括:

(1)根据地质条件和试掘进过程中的监测结果进一步优化掘进参数。

(2)因盾构斜套筒始发受力复杂,刀盘切口进套筒至盾尾完全脱出套筒两环的(前8环)施工参数控制尤为重要,该区段施工参数控制原则是:①刀盘切口在套筒内至完全出套筒2m土仓满仓略欠压推进;②同步注浆盾尾在套筒内至完全脱出盾尾后两环注双液浆,并小压力注实,压力控制在0.1MPa即可。

(3)推进过程中,严格控制好推进里程,将施工测量结果不断地与计算的三维坐标相校核,及时调整。

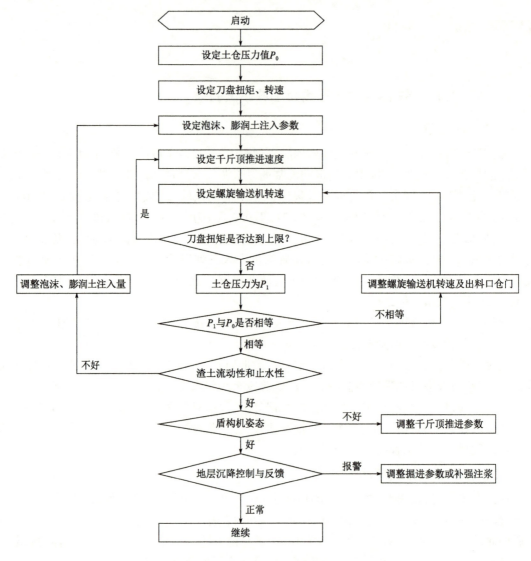

图 16-7　掘进操作控制流程图

（4）应根据当班指令设定的参数推进盾构机，掘进出土与衬砌背后注浆同步进行。不断完善施工工艺，控制施工后地表最大变形量在 10mm 之内，桥梁、建筑物及既有线结构沉降控制在 2mm 之内。

（5）盾构机掘进过程中，坡度不能突变，隧道轴线和折角变化不能超过 0.4%。

（6）盾构掘进施工全过程须严格控制，工程技术人员根据地质变化、隧道埋深、地面荷载、地表沉降、盾构机姿态、刀盘扭矩、千斤顶推力等各种勘探、测量数据信息，正确下达每班掘进指令，并即时跟踪调整。

（7）盾构机操作人员须严格执行指令，对初始出现的小偏差应及时纠正，应尽量避免盾构机走"蛇"形；盾构机一次纠偏量不宜过大，以减少对地层的扰动。

4）试验段掘进参数确定

盾构机推进过程中，根据不同地质、覆土厚度、地面建筑情况并结合地表隆陷监测结果调整土仓压力，推进速度保持相对平稳，控制好每次的纠偏量，减少对土体的扰动，为管片拼装创造良好的条件。及时调整同步注浆量要根据推进速度、出渣量和地表监测数据，将施工轴线与设计轴线的偏差及地层变形控制在允许的范围内。

(1) 土仓压力 P 的确定

第一段试验段地层为粉质黏土层，围岩等级为Ⅵ级。施工中通过设在刀盘和密封仓的压力计测定，结合地质、埋深和地面监控量测信息的反馈分析，适时优化调整土压力、推进速度、推进力及注浆量的设定值，以确保地面变形控制在规定的范围内。

P 值与地层土压力和静水压力相平衡，设刀盘中心地层静水压力、土压力之和为 P_0，则：

$$P_0 = \gamma \cdot h \tag{16-1}$$

式中：γ——土体的平均重度（kN/m^3）；
  h——地层压力计算高度（m）。

$$P = K \cdot P_0 \tag{16-2}$$

式中：K——土的侧向静止侧压力系数，取 0.2。

具体施工时，根据盾构所在位置的埋深、土层状况及地表监测结果进行调整。

土压最小值：

$P_0 = \gamma \cdot h = 19800 \times 16.1 = 358380(\text{Pa})$

$P = K \cdot P_0 = 358380 \times 0.2 \approx 0.71(\text{bar})$

土压最大值：

$P_0 = \gamma \cdot h = 19800 \times 27.9 = 552420(\text{Pa})$

$P = K \cdot P_0 = 552420 \times 0.2 \approx 1.1(\text{bar})$

试掘进阶段时，根据现场掘进及测量地面监测情况调整土压，设置在 1.2～1.8bar。

(2) 刀盘扭矩确定

刀盘的驱动扭矩主要克服刀具的切削力矩、刀盘结构的摩擦力矩、刀盘结构的搅拌力矩和驱动组件的惯性力矩及摩擦力矩等。

盾构机设计最大脱困扭矩是 7200kN·m，结合以往类似施工经验参数，试掘进阶段时，刀盘的扭矩不超过 2000kN·m。

(3) 出渣量的控制

1.2m 管片每环理论出渣量（实方）约为 37.15m^3/环，考虑松散系数（松散系数考虑 1.2），并结合施工经验，每环出土量在 44.5m^3 左右，浮动渣量 0.5m^3，试掘进阶段出渣量控制在 44～45m^3。

(4) 推进速度

掘进速度应与同步注浆速度保持同步，保证管片壁后空隙及时被浆液填充，保持盾构机匀速掘进，与盾构机出渣速度平衡，控制土仓压力保持稳定。根据施工的实际情况确定并调整掘进速度及推力，试掘进段速度控制在 3～5cm/min。

(5) 盾构总推力

盾构机进入试验段施工时，设计推力不大于 10000kN，减少对土体的扰动。

(6) 试验段掘进参数统计

盾构在试验段掘进具体参数设定值根据盾构埋深、盾尾间隙、盾构所在位置的土层状况、盾构始发和试验段掘进参数进行设定,并且其施工掘进参数需要根据监控量测情况动态优化和调整。根据上述计算分析,初步拟定本标段盾构首段试验段掘进主要参数,见表 16-2。

盾构试验段掘进主要参数 表 16-2

项目	推力 (kN)	推进速度 (cm/min)	刀盘扭矩 (kN·m)	刀盘转速 (min^{-1})	土压力 (bar)	出土量 (m^3)
试掘进	5000~10000	3~4	500~1500	1.0~1.4	0.8~1.1	44~45

5) 试掘进段注浆参数确定

(1) 注浆方式

同步注浆使管片尽早支承地层,减少地表沉降,保证环境安全。在盾构机盾壳外设置 4 路同步注浆管,同步注浆系统配有 2 台液压驱动的双活塞注浆泵,注浆能力为 $2 \times 10 m^3/h$,注浆面板有注浆量及压力显示器,可以实时观察注浆速度,保证同步注浆质量。注入点为左上、左下、右上、右下,每路砂浆注入口处均设有压力传感器。盾尾同步注浆、同步注浆管路分别如图 16-8、图 16-9 所示。

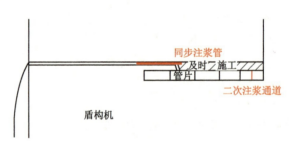

图 16-8 盾尾同步注浆示意图

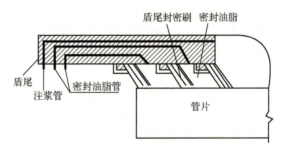

图 16-9 同步注浆管路示意图

(2) 主要注浆参数

盾尾注浆压力主要受地层的水土压力的影响,注浆压力的设定以能填满管片与开挖土层的间隙为原则。注浆压力的计算可参考规范中的公式,并在施工过程中通过测试和试验来确定和优化参数。浆液及其注入的效果直接关系到地面沉降,因此对注浆量及注浆压力都有较高的要求。

①注浆压力:

根据注浆目的的要求,同时避免过大的注浆压力引起地表有害隆起或破坏管片衬砌,并防止注浆损坏盾尾密封,同步注浆压力控制需要根据实际情况确定,原则为压力控制在对周边土体造成影响到最小的程度,试验段掘进,上部压力控制在1~1.5bar,下部压力控制在1.5~2bar,根据地表监测数据动态调整注浆压力。

②注浆量:

盾构机开挖直径:6.28m;管片外径:6m。

每推进一环的建筑空隙为:

理论注浆量:$V = \pi \times [(6.28 \div 2)^2 - (6 \div 2)^2] \times 1.2 = 3.24(m^3)$。

考虑浆液损失,注浆量达到理论注浆量的1.2~1.8倍,即3.89~5.83m³。

③注浆速度:

同步注浆速度应与掘进速度相匹配,按盾构完成1环1.2m的掘进时间内完成当环注浆量来确定其平均注浆速度。

④设备配置:

同步注浆系统:配备液压注浆泵、盾尾注入管口及其配套管路。

浆液运输设备:8m³砂浆运输车一辆,有自动搅拌功能和砂浆输送泵,随编组列车一起运输。

⑤注浆停止控制标准:

采用注浆压力和注浆量双指标控制标准,即当注浆压力达到设定值,注浆量达到设计值的80%以上时,即可认为达到质量要求。对本设计参数还需通过监控量测进行优化,使注浆效果达到更佳。

(3)二次注浆参数确定

同步注浆系统有一定的合理使用范围,盾构机的推进速度相对较快,自动注浆孔分布位置存在盲区,浆液注入后很难形成单独固化体,尤其是在中下部,形成局部注入盲点。对于注浆系统另外配置了一套人工管片壁后注浆设备,在注浆管理上采用自动与人工注浆相结合,用人工管片壁后注浆系统来充填自动注浆设备无法进行注浆施工的某些地质敏感区域。施工时根据地表沉降监测反馈信息,结合洞内采用其他手段探测管片衬砌背后有无空洞的方法,综合判断是否需要进行二次注浆。

二次注浆部位在管片脱出盾尾6~8环进行,考虑到现场实际并根据地表监测情况,进行补充二次注浆。二次注浆在试验段时采用水泥浆,必要时采用水泥-水玻璃双液浆。

①浆液性能。二次注浆采用双液浆作为注浆材料,能对同步注浆起到进一步补充和加强作用,同时也对管片周围的地层起到充填和加固作用。

②注浆设备。双液注浆系统1个(由1个压力泵站、2个浆液桶和1个注浆机组成),小型浆液拌和桶1个,注浆阀6个,三通1个,冲击钻一台等。

③注浆压力。二次注浆压力为3.5~4.5bar,≤5bar。

④注浆结束标准。根据地质及注浆记录情况,分析注浆效果,结合监测情况,控制二次注

浆量。注浆结束时刻一般以注浆压力控制为准,达到设计注浆压力则结束注浆,注浆压力不得高于5bar。

(4)掘进中的渣土改良

渣土改良主要是通过盾构机配置的渣土改良装置向刀盘面或土仓内注入添加剂,利用刀盘的旋转搅拌或土仓搅拌装置搅拌使添加剂与渣土混合,将开挖面开挖下来的土体在压力舱内调整成一种"塑性流动状态"。渣土改良从最大程度上增加开挖土体的流塑性,将盾构掘进中喷涌、结泥饼、开挖面失稳、排土不畅等发生的可能性降到最低,并减少刀盘对周边土体的扰动及刀具的磨损。

渣土改良选择泡沫、膨润土作为主要添加剂,根据不同地层选择添加合适数量的添加剂以及合理的注入工艺。

①渣土改良的主要技术措施。

本区间隧道所穿越的地层主要为黏土及砂卵石地层,在盾构掘进过程中,主要通过向土仓内加入膨润土及泡沫等添加剂来进行渣土改良,以减少砂卵石地层对刀具的磨损,从而避免刀具更换。

穿越风险较大的建(构)筑物时,应根据试验段数据或者现场实际情况对渣土改良剂用量进行调整,确保出渣顺畅,不超方。

②膨润土、泡沫注入装置。

本线路盾构机配置1台膨润土泵、6台泡沫泵。刀盘配置中心1个注入孔、辐条6个注入孔,共计7个注入孔,在本区间推进过程中,采用刀盘中心1路和辐条1路膨润土管路注入膨润土,辐条5路泡沫管路注入泡沫进行渣土改良。

渣土改良装置由膨润土箱(泡沫箱)、泵、压力表、流量仪、注入管路、手动球阀等构成。把注入泵泵送的膨润土(泡沫)注入刀盘前面。

膨润土浆液在地面完成拌制,静置24h以上,经检测比重、黏度、含砂量等性能指标合格后,泵送至盾构机上的膨润土罐内。推进过程中由两台挤压式注入泵加注到渣土之中,通过刀盘的搅拌作用与渣土均匀混合,从而改善渣土的流塑性。

③膨润土、泡沫注入工艺。

根据不同添加剂的改良机理及实际工况,合理选择各注入孔注入的添加剂类型。对于刀盘中心注入孔,应选择注入膨润土;对于螺旋输送机筒体上的注入孔,如有必要,应优先选择加入膨润土浆液;此外,其他孔应根据注入量的大小进行选择,确保每种浆液均能够均匀注入土仓及开挖面内。

对于单一地层,施工过程中同一注浆孔应避免频繁更换添加剂种类。如果确实需要更换,则应利用清水将管路清洗干净后,方可进行更换。

盾构推进前,首先加入泡沫,转动刀盘,待刀盘扭矩正常稳定后向前推进,同时加入泥浆。每环推进完成后,先停止加泥浆,转动刀盘3min左右再停止加泡沫。

④泡沫添加量。

对于砂卵石及黏土层,暂定使用浓度为3%~5%的泡沫原液,发泡体积膨胀率一般为8~10倍,地层泡沫注入率一般为5%~50%,根据经验,卵石层中泡沫注入率为25%,则每环泡沫剂的用量如下:

$$V_{卵} = 1.2 \times 3.14 \times 3.14 \times 3.14 \times 0.25/(8 \times 0.03) = 38.69(\text{L})$$

同时注入膨润土浆液,配合比为水:膨润土 = 8:1,黏度不小于20s、比重1.05,其注入压力比盾构的土仓压力略高。膨润土浆液掺量以满足底层内细颗粒含量不小于20%为宜,约为出土量的5%~20%。考虑到地层的渗漏损失,对于砂卵石地层,暂定掺入量为12%。每环膨润土浆液用量如下,具体使用量根据盾构掘进的实际情况进行调整。

$$V = 1.2 \times 3.14 \times 3.14 \times 3.14 \times 0.12 = 4.45(\text{m}^3)$$

膨润土泥浆和泡沫的流量根据每环设计用量和掘进速度确定:

$$理论流量 = 每环设计用量 \times 掘进速度/1.2$$

在加入膨润土泥浆和泡沫过程中,由于土仓的土压会平衡一部分管道的压力,所以操作时泥浆和泡沫流量参数设定应略高于理论值,并根据土压力变化和螺旋输送机的出渣状况及时调整。

16.2.2 盾构穿越10号线西土城站掘进施工方法

1)盾构机姿态控制

(1)盾构穿越10号线西土城站掘进时值班工程师根据盾构机姿态、盾尾间隙、液压缸行程等做好管片选型工作(当盾尾间隙小于30mm、液压缸行程差大于50mm时必须进行调整),掘进时控制好盾构姿态,保证平稳推进,减少纠偏。如果存在姿态纠偏的情况时,每环的姿态纠偏量不能超过5mm/环,"少量多次",防止纠偏量过大造成管片错台和破损。

(2)根据试验段掘进管片姿态情况,综合考虑管片在脱出盾尾后垂直姿态上浮量。盾构穿越10号线西土城站时,该段地下水相对较丰富,盾构机垂直姿态控制:盾尾控制在-30mm左右,刀盘控制在-20mm左右。

2)盾构掘进控制

(1)在施工时采取必要的技术措施,保证盾构机连续匀速掘进,包括做好盾构机的维修保养工作,避免在穿越10号线西土城站和桥梁施工过程中停机检修或更换刀具。

(2)盾构推进由操作司机在中央控制室内进行。开始施工时,打开出土闸门,依次开启皮带输送机、螺旋输送机和转动刀盘,推进千斤顶,调整好各千斤顶的油压,此时刀盘切削土体,盾构前进。盾构机根据设定的正面土压力自动控制出土速度或掘进速度。盾构机的行程、六个区域千斤顶压力、螺旋输送机转速、盾构扭转、俯仰等参数将在显示屏上显示,盾构司机及时做好参数记录,并参照仪表显示以及其他人工测量和施工经验调整盾构机姿态和各项施工参数,使盾构机始终按设计的轴线推进。

(3)盾构应根据当班指令设定的参数推进,推进出土与注浆同步进行。在盾构穿越10号线西土城站桥梁工程施工中要分析监测信息,及时调整平衡压力值的设定,同时根据推进速度、出土量和地层变形的监测数据,及时调整注浆量,从而将轴线和地层变形控制在允许的范围内。

(4)盾构掘进过程中,推进坡度要保持相对平衡。严格控制好推进里程,将施工测量结果及时与计算的三维坐标校核,及时调整。对初始出现的小偏差应及时纠正,应尽量避免盾构机走"蛇"形,控制每次纠偏量,盾构机一次纠偏量不宜过大,以减少对地层的扰动,并为管片拼装创造良好的条件。

(5)本工程盾构掘进基本上在粉质黏土中,掘进过程中要随时根据渣土效果调整泡沫比例,保证渣土流塑性,避免土仓结泥饼。

（6）为防止盾构掘进时地下水及同步注浆浆液从盾尾窜入隧道,须在盾尾钢丝刷位置压注盾尾油脂,确保施工中盾尾与管片的间隙内充满盾尾油脂,以达到盾构的密封功能。施工中须不定时地进行集中润滑油脂的压注,保持盾构机各部分的正常运转。

（7）掘进中的沉降监控严格按监测方案执行,并根据沉降情况进行适当调整。

（8）施工人员应逐项、逐环、逐日做好施工记录,记录内容包括盾构掘进姿态、管片拼装、同步注浆、隧道渗漏水情况等。

3) 出土量控制

（1）出土量管理是盾构掘进控制沉降的根本,是保证控制地层损失率的最直接、最有效的手段。出土量控制必须以渣土体积控制为主,重量复核为辅。盾构施工中,对掘进所排出的渣土样本进行分析,判断地质情况,根据地质情况,确定出土量。

（2）盾构推进过程中,每天及时检查对应的地面是否存在异常；当出土量超标时,须加大检查频率,对出渣量超标进行原因分析。严格保证开挖渣土充满土仓,并应使排土量与开挖土量平衡。

（3）出土量控制：盾构在穿越期间,严格控制出土量,出土量严格控制在44m^3以内。

4) 同步注浆控制

利用盾构机自身设备,对掘进中在管片外形成的空洞进行注浆。通过加强盾尾同步注浆,确保管壁后空隙充满,减少隧道围岩径缩、地层沉降。同步注浆材料应选择和易性好、泌水性小,且具有一定强度的浆液,并应及时、均匀、足量地压注,确保盾尾空隙得到及时和足量的充填。本工程采用预拌砂浆,其配合比见表16-3。

预拌砂浆配合比　　表16-3

材料	水泥 P.O 42.5	粉煤灰	膨润土 （钠基）	天然细砂	减水剂 （聚羧酸）	用水量
用量	130kg/t	280kg/t	65kg/t	525kg/t	0.85kg/t	49kg

该配合比预拌砂浆流动度15s,表观凝结时间4h,初凝时间6h,结石率98%。

（1）注浆压力

注浆压力的选择一方面要求注浆材料能充分填充盾构施工产生的地层空隙,避免由此引起的地表沉陷；另一方面要避免过大的注浆压力引起地表的有害隆起或破坏管片衬砌,影响工程的安全。

理论上注浆压力应略大于地层土压和水压,以达到对环向空隙的有效充填而不是劈裂注浆,其最佳值应在综合考虑地层条件、管片强度、设备性能、浆液特性和土仓压力的基础上来确定,根据施工实际,一般注浆压力控制在0.2～0.4MPa。

（2）注浆量

注浆量受盾尾与土层间隙大小、注浆压力等因素的影响：

①浆液劈裂到周围地层中；

②盾构纠偏则会增大盾尾与土层的空隙；

③注浆材料本身体积的变化；

④盾构外壳黏结的泥皮。

考虑浆液损失,在穿越10号线西土城站施工中注浆量应达到理论注浆量的2倍,即$6.48m^3$,同时结合每日监测数据及时分析,优化参数。

(3)注浆速度

注浆速度由注浆泵的性能和单环注浆量确定,但应与掘进速度相适应。

(4)注浆结束的标准

同步注浆结束标准为注浆压力达到设计压力,注浆量达到设计注浆量的80%以上。对注浆不足或注浆效果不好的地方进行补强注浆,以增加注浆层的密实性,提高防水效果。

5)二次注浆控制

根据反馈的地表沉降数据,在管片脱离盾尾6~8环应及时对壁后进行二次补浆。

(1)注浆材料、配合比

注浆材料采用双液浆,即水玻璃+水泥砂浆(水泥:P.O42.5,水玻璃:30°Bé)。浆液配合比及其相关参数指标见表16-4。盾构机上配备二次注浆设备,可以通过管片预留注浆孔向管片外侧注入水泥-水玻璃液浆。

二次注浆材料及配合比　　　　　　　　表16-4

注浆材料	配合比	备注
水泥液浆(A液)	水灰比=1:1	水泥采用P.O42.5,单液浆
水玻璃液浆(B液)	30°Bé	根据凝固时间调整

根据施工经验以及相关试验,得出A、B液注入比例为A液:B液=8:1~12:1(体积比)。

(2)注浆设备

双液注浆系统1个(由1个压力泵站、2个浆液桶和1个注浆机组成),小型浆液拌和桶1个,注浆阀6个,三通1个,冲击钻1台等。

(3)注浆施工

①注浆顺序。

二次注浆宜在盾构通过6~8环之后进行,同一环管片严格按"先拱顶后两腰,两腰对称"的方法注入。

②注浆压力。

二次注浆压力控制在0.45MPa左右。

③二次注浆开孔。

采用隔环开孔、每环开三个孔(12点、3点、9点位置)的方式进行二次注浆,开孔深度以打穿同步注浆层为宜,约45cm。

④二次注浆施工工艺。

在注浆前先选择注浆孔位,装上注浆单向逆止阀后,用电锤钻穿吊装孔位保护层厚度,钻孔深度以不低于45cm为宜,接上三通及水泥浆管和水玻璃管。注双液浆时,先注纯水泥浆液1min后,打开水玻璃阀进行混合注入,终孔时应加大水玻璃的浓度。在一个孔位注浆结束后应等待5~10min后将该注浆头打开疏通查看注入效果,如果水很大,应再次注入,直至有较少水流出时可终孔。

二次注浆施工注意事项:

a. 防止注浆过程中发生注浆管堵塞。
b. 防止因注浆压力过大使地层和管片发生隆起和变形。
c. 防止注浆过程中出现某环管片与地层之间充填不密实。
d. 防止注浆过程中出现漏浆。
e. 在注浆过程中主要通过观察压力表值,查看指针波动情况。观察压力值是否过高、注浆量是否达到设计的注入量(同步注浆量的30%),以此来判定注浆效果。

6)渣土改良控制

渣土改良主要是通过盾构机配置的渣土改良装置向刀盘面或土仓内注入添加剂,利用刀盘的旋转搅拌或土仓搅拌装置搅拌,使添加剂与渣土混合,将开挖面开挖下来的土体在压力仓内调整成一种"塑性流动状态",从而最大程度上增加开挖土体的流塑性,将盾构掘进中喷涌、结泥饼、开挖面失稳、排土不畅等发生的可能性降到最低,并减少刀盘对周边土体的扰动及刀具的磨损。

渣土改良选择泡沫、膨润土作为主要添加剂,根据不同地层选择添加合适数量的添加剂以及合理的注入工艺。

(1)渣土改良的主要技术措施

在盾构掘进过程中,主要通过向土仓内加入膨润土(水)及泡沫等添加剂来进行渣土改良。

(2)膨润土、泡沫注入装置

盾构机配置两台膨润土泵、两台泡沫泵。刀盘配置中心一路、辐条六路,共计7个注入孔,在本区间推进过程中,采用鱼尾刀中心一路和辐条一路膨润土管路注入膨润土,辐条两路泡沫管路注入泡沫进行渣土改良。渣土改良装置由膨润土箱(泡沫箱)、泵、压力表、流量仪、注入管路、手动球阀等构成。把注入泵泵送的膨润土(泡沫)注入刀盘前面。

膨润土浆液在地面完成拌制,静置24h以上,检测比重、黏度、含砂量等性能指标,合格后,泵送至盾构机上的膨润土罐内。推进过程中膨润土浆液由两台挤压式注入泵加注渣土之中,通过刀盘的搅拌作用与渣土均匀混合,从而改善渣土的流塑性。

(3)膨润土、泡沫添加量

膨润土泥浆和泡沫的流量根据每环设计用量和掘进速度确定:理论流量 = 每环设计用量 × 掘进速度/1.2。在加入过程中,由于土仓的土压会平衡一部分管道的压力,所以操作时泥浆和泡沫流量参数设定应略高于理论值,并根据土压力变化和螺旋输送机的出渣状况及时调整。膨润土、泡沫每环添加量见表16-5。

膨润土、泡沫每环添加量　　　　表16-5

地层	膨润土		泡沫混合液	
	浓度	添加量(m^3/环)	浓度	添加量(L/环)
粉质黏土	1:8	—	3%、10倍发泡	30
粉质黏土、中粗砂等混合地质		—		30
粉质黏土、卵石		1~2		38
卵石		3~6		70~80

7）管片拼装控制

管片拼装注意事项和质量保证措施：

（1）在进行线路拟定和施工纠偏时，后续环的选择应综合线路走向、盾尾间隙等因素，在保证线路中心偏差满足要求的情况下，尽量选择封顶块位于隧道上半部的拼装组合方式。

（2）直线段宜采用标准环，且按封顶块位于隧道上半部分的工况拼装，尽量采用封顶块位于隧道竖直中心线左右45°附近的位置拼装。

（3）管片拼装点位以满足隧道线形为前提，重点考虑管片安装后盾尾间隙要满足下一环拼装要求，确保有足够的盾尾间隙，以防管片紧贴盾壳对盾尾刷造成损害。管片拼装前根据盾尾间隙、推进液压缸行程选择拟安装管片的点位。

（4）盾构掘进到预定距离，且推进液压缸行程大于1.8m时，盾构机停止掘进，进行管片拼装。

（5）为保证管片拼装精度，管片安装前需对管片前后端面进行清理。

（6）管片拼装时从隧道底部开始，然后依次拼装相邻块，最后拼装封顶块。每拼装一块管片，随即安装管片连接螺栓并紧固。

（7）管片拼装到位后，应及时伸出相应位置的推进液压缸顶紧管片，然后方可移开管片拼装机。

（8）管片环脱离盾尾后要及时进行管片连接螺栓的再次紧固。

（9）拼装管片时采取有效措施，避免损坏止水密封条，并应保证管片拼装质量，减少错台，保证其密封止水效果。管片拼装后顶出推进液压缸，紧固连接螺栓。

8）盾尾密封控制

为防止盾构推进时，地下水及同步注浆浆液从盾尾窜入隧道，须在盾尾钢丝刷位置注盾尾油脂，以达到盾构的密封功能。为了能安全并顺利地完成隧道的掘进任务，须配备良好的盾尾密封系统并切实地做好盾尾油脂的压注工作。本工程采用的盾构机盾尾密封系统具有良好的可靠性和耐久性，施工过程中可在各道密封刷之间利用自动供给油脂系统压注高止水性油脂，确保高水压作用下的止水可靠性。

（1）保持好盾构姿态，控制好盾尾间隙。

（2）采用耐磨性能较好的材料制作盾尾钢刷，提高盾尾钢刷的耐用性。

（3）采用优质的盾尾油脂，保证较好的盾尾密封性能。

（4）准备聚氨酯备用。

（5）盾构始发前安装止浆板，避免砂浆进入盾尾刷，造成密封失效。

（6）做好每环掘进时盾尾油脂注入压力及注入量记录，根据每个仓位的油脂注入压力及时调整油脂注入量，确保盾尾密封油脂注入效果。

9）停机检修措施

为确保匀速顺利穿越风险源，避免因设备故障造成不必要停机，在进入风险源影响范围前30m进行停机检修，确保穿越期间盾构机及后配套设备的正常运转。

（1）设备检修内容

①对盾构机设备推进系统、泡沫系统、推进系统、管片拼装系统、同步注浆系统、油脂注入

系统、二次注浆系统、螺旋输送机及皮带输送机输送系统、双轨梁、管片小车等进行全面检查及保养,主要针对各系统控制程序、油管及线路接头、油泵运转、润滑效果、轴承密封等易出现故障的部位进行检查,及时排查设备故障隐患。

②对门式起重机的钢丝绳、大小车限位、轨道变形、主副钩提升装置、大小车制动系统等进行检修保养。

③对蓄电池车声光报警装置、制动装置、气管接头、空压机、蓄电池等进行检修保养。

④对砂浆站搅拌罐、砂浆罐、砂浆车进行清洗,避免因砂浆结块造成管路堵塞。

⑤系统排查地面挖掘机、叉车故障隐患,确保其正常使用。

(2)设备检修程序

项目机电负责人组织机电工程师及维保人员对盾构机设备及后配套设备进行全面保养及检修,制定穿越前盾构机设备及后配套设备的检修制度,确定检修保养项目和相关责任人;设备检修完成后需要机电负责人验收合格方可继续施工。

(3)盾构机停机措施

①停机前将土仓内渣土堆满,监测土压,确保土压满足要求。

②在停机前最后一环掘进时采用不加水泥的惰性浆液或注入膨润土,防止砂浆窜入盾尾将盾尾包裹。

③停机后在盾尾注入膨润土不低于 $6m^3$;注膨润土时注意观察土仓压力,防止过量膨润土注入土仓中。

④停机后在 2 点、10 点、5 点、7 点方向打开盾体径向注浆孔,分别各注入不低于 $2m^3$ 膨润土,防止因停机时间过长造成盾尾包裹。

⑤在盾尾后 8~10 环进行二次注双液浆封水环施工,防止盾尾后方汇水进入土仓,造成复推时螺旋输送机喷涌水。

16.2.3 盾构穿越 10 号线西土城站专项措施

1)径向注浆加固措施

盾构穿越时采用径向注浆加固的风险源有下穿三座天桥(北京航空航天大学东门天桥、花园北路路口北天桥、北京联合大学西门天桥)、下穿学知桥、下穿 10 号线西土城站主体结构、下穿 10 号线西土城站 B 出入口、下穿小月河(桥)。

(1)施工前根据产权单位要求对相关工程进行检测和评估。

(2)对隧道下穿桥梁范围内,严格控制盾构掘进参数,确保匀速、均衡、连续通过,严格控制地层损失率。

(3)及时进行同步注浆和二次注浆,充填管片与土体间的空隙。

(4)施工时进行实时监控,加强监控量测,加大监测的数量及频率,根据监测反馈信息,随时调整施工参数。

(5)施工时应制定详尽周密、针对性强的应急预案,现场备有足够的抢险物资。

(6)距离盾尾 5~10 环,从洞内采用径向注浆加固盾构区间隧道与既有结构间的土体,纵向加固范围为北京航空航天大学东门天桥(左线 160 环~165 环、右线 171 环~196 环)、花园北路路口北天桥(左线316环~341环、右线227环~352环)、北京联合大学西门天桥(左线538环~550环、右线549环~561环)、下穿学知桥(左线705环~728环、右线716环~739环)、下穿10号线西土城站B出入口(左线774环~790环、右线785环~801环)、下穿10号线西土城站主体结构及下穿小月河桥(左线822环~879环、右线833环~889环)。

(7)注浆管采用DN32、厚3.25mm的钢焊管,长度2.5m,注浆扩散半径0.5m,浆液为水泥-水玻璃双液浆。盾构下穿10号线西土城站径向注浆加固如图16-10~图16-12所示。

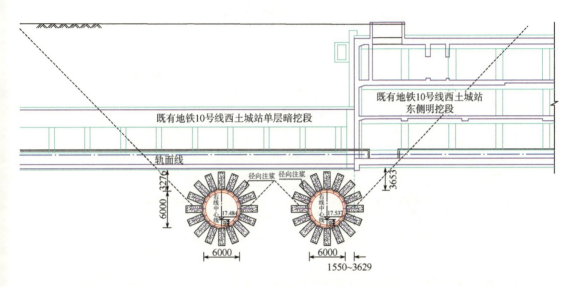

图16-10 盾构下穿10号线西土城站主体结构径向注浆加固剖面示意图(尺寸单位:mm;高程单位:m)

2)其他专项处理措施

下穿10号线西土城站主体时在车站左右线K5+539.152~K5+646.352轨道防护段范围的107m双线范围每隔5m安装一根绝缘轨距拉杆,共安装44根,拉杆采用60轨1435轨距拉杆,直径32mm,杆与爪扣均绝缘;在车站左右线K5+548.252~K5+612.352的重点防护段范围,双侧安装防脱护轨,护轨型号为GB11264-15kg/m(DPⅡ型),共256m,护轨支架与线路钢轨间设绝缘套,保证护轨与线路钢轨绝缘,满足轨道电路要求。

3)洞内径向注浆施工工艺

洞内径向注浆加固流程如图16-13所示。

(1)施工方法

在盾构穿越风险源区域按照设计要求拼装多孔管片,主动式填充注浆利用增设注浆孔对设计要求的隧道径向深度3m范围内进行注浆加固。操作平台搭设于皮带输送机上方,如图16-14所示。

(2)钢花管的制作

钢花管采用φ25×2.5mm钢管加工而成,单根长度1m,分三节打入,管节之间采用丝扣连接。管壁设置梅花形出浆孔,间距150mm,直径5mm;考虑管片结构厚度300mm以及同步注浆厚度,靠近花管注浆头端1m范围内不设置出浆孔,注浆管前端采取砸扁贴合、磨尖处理。

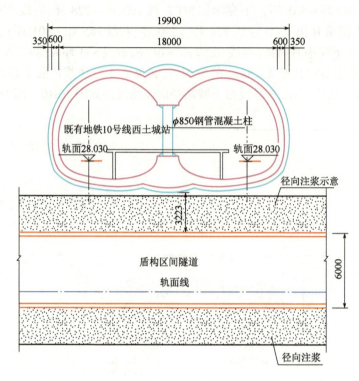

图 16-11　盾构下穿 10 号线西土城站主体结构径向注浆加固纵剖面示意图（尺寸单位：mm；高程单位：m）

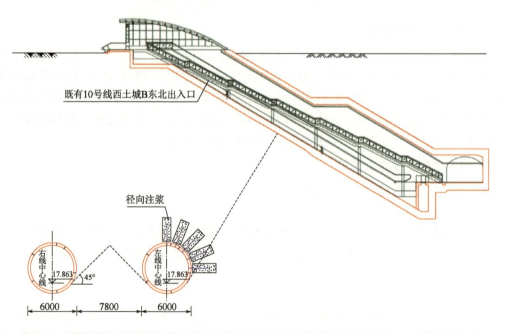

图 16-12　盾构下穿 10 号线西土城站 B 出入口径向注浆加固纵剖面示意图（尺寸单位：mm；高程单位：m）

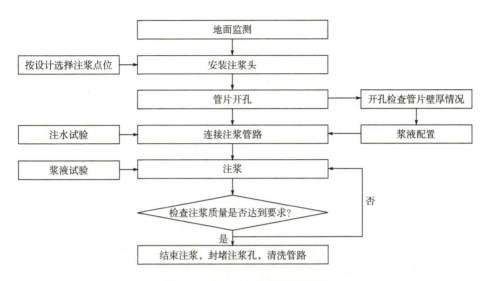

图 16-13　洞内径向注浆加固流程图

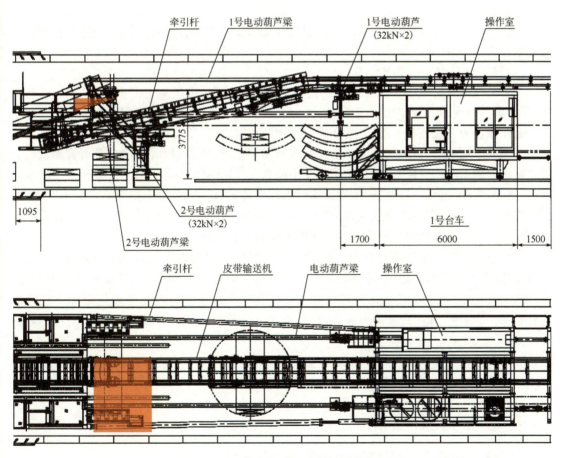

图 16-14　径向注浆操作位置示意图(尺寸单位:mm)

(3) 注浆压力控制

管片混凝土强度等级为 C50，为避免注浆压力过大造成管片破损、开裂现象，注浆压力不大于 0.3MPa。

(4) 钻孔

钻孔前，需对钻孔部位安装球阀，在球阀内进行开孔施工，开孔时按照轻加压、速度慢、给水要多的操作要点施工。钻孔时，严格做好钻孔记录，记录孔号、进尺、起止时间。施钻过程中，单孔出水量小于 0.5L/s，继续施钻；单孔出水量大于 0.5L/s，立即停钻进行注浆。注浆结束后关闭球阀。

(5) 注浆监测与参数调整

注浆过程中需对地表及建筑物抬升情况进行监测，及时调整注浆压力，防止注浆压力过大导致地表隆起，对建筑物造成损害。注浆参数根据现场试验情况、监测情况进行调整。

(6) 注浆停止标准

注浆压力达到设计终压，且注浆量达到设计流量的 80% 以上，可结束单孔注浆。

注浆压力未达到设计终压，但注浆量已达到设计注浆量的 1.5 倍，且无漏浆现象，可结束单孔注浆。

(7) 封孔

封孔之前先试打开球阀，如浆液已经凝固且无渗漏水现象，则拆除球阀，割除露在管片外面的钢花管，拧紧孔盖。

(8) 注浆过程中异常情况处理

①溢浆。注浆过程中要认真观察螺旋输送机出土情况，由于地层密实度不均匀，存在间隙，浆液可能窜到刀盘，此时需采取间歇式注浆，以保证浆液有效注入桩基周围。

②注浆压力变化。注浆过程中，压力要在控制范围之内，过大或过小的注浆压力都不能满足施工需要。如果压力过低，则应该检查是否有漏浆之处；压力过高，则检查是否管路或混合器被堵塞。施工时需要仔细观察，注浆终压不能高于规定的注浆压力值。

③胶凝时间变化。胶凝时间需要根据被加固土体的性质来调整。地层含水量大时，浆液容易被地下水稀释，影响固结效果，需要缩短胶凝时间；含水量少，为了扩散一定范围，需要延长胶凝时间。胶凝时间由双液浆的混合比例来控制，现场根据地质情况进行调整。

④注浆泵异常。在注浆过程中，由于胶凝时间短，管路在两种浆液混合过程中，不可避免地发生凝固和堵塞现象，此时注浆泵会由于管路故障而提高压力，机器发出异常声音，压力表指示压力上升，如果不及时处理会导致高压伤人危险事故。此时必须停泵卸下注浆高压软管，冲洗清理管路，或者清理混合器，检查出故障部位，并予以处理，冲洗干净，然后再继续工作。

⑤废弃浆液处理措施。施工完毕和施工过程中残留的废弃浆液要做到及时清理倒运，保持施工区域良好环境。

16.2.4 操作要求

1) 盾构区间穿越 10 号线西土城站掘进参数要求

盾构穿越 10 号线西土城站掘进参数见表 16-6。

盾构穿越 10 号线西土城站掘进参数要求　　　　　　　表 16-6

序号	风险源	里程	主要地层	环号（环）	土压（bar）	推力（kN）	扭矩（kN·m）	刀盘转速（r/min）	推进速度（mm/min）	注浆压力（MPa）	注浆量（m³）	出土量（m³）
1	B出入口	ZK42+363.000~K42+393.000	⑤卵石	864~889	1.0~1.6	700~1200	1500~2000	0.8~1.1	20	0.2~0.4	4.9~6.5	42~43
2	西土城站主体	ZK42+431.170~ZK42+461.543、YK42+439.842~YK42+459.058	⑤卵石	864~889	1.0~1.2	700~1200	1000~1500	0.8~1.1	20	0.2~0.4	4.9~6.5	42~43

2）盾构隧道轴线控制要求

（1）在掘进过程中,减少开挖对地层的扰动,并防止"蛇行"和超挖现象发生；严格按照测量班给定的姿态参数进行掘进,盾构机纠偏严格遵守"少量多次"的原则。

（2）在切换刀盘转动方向时,应保留适当的时间间隔,切换速度不宜过快,切换速度过快可能造成管片受力状态突变,而使管片损坏。

（3）根据地层情况应及时调整掘进参数,调整掘进方向时应设置警戒值与限制值,达到警戒值就应该进入纠偏程序。

（4）修正及纠偏时应缓慢进行,避免纠偏过度,纠偏量控制在 6mm/环之内,如果修正过程过急,管片蛇形反而会更加明显。在直线推进的情况下,应选取盾构机当前所在位置点与设计线上相对较远的一点作一条直线,然后再以这条直线作为新的基准线进行线形管理。在曲线推进的情况下,应使盾构当前所在位置点与远方点的连线与设计曲线相切。

（5）推进液压缸油压的调整不宜过大,否则可能造成管片局部破损,甚至开裂。

（6）正确进行管片选型,确保拼装质量与精度,使管片端面尽可能与计划的掘进方向垂直。

（7）加强管片测量,管片测量数据要及时反馈给操作手,以便于操作室及时调整掘进轴线。测量基站移动要及时,每移站一次要进行一次复测。

3）注浆操作要求

（1）注浆前进行详细的浆液配合比试验,选定合适的注浆材料及浆液配合比,保证所选浆液配合比、强度、耐久性等物理力学指标符合设计施工要求。

（2）制定详细的注浆施工设计、工艺流程及注浆质量控制程序,严格按要求实施注浆并进行检查、记录和分析,及时做出 P（注浆压力）t（时间）、Q（注浆量）$-t$（时间）曲线,分析注浆效果,反馈指导下次注浆。

(3)根据洞内管片衬砌变形和地面监测结果,及时进行信息反馈,修正注浆参数及设计和施工方法,发现问题及时解决。

(4)做好注浆孔的密封,保证其不渗漏水。

(5)做好注浆设备的维修保养及注浆材料供应,保证注浆作业连续不间断地顺利进行。

16.3 现场监控量测结果分析

16.3.1 监控量测方案

1)监测项目及控制值

10号线西土城站监测项目及控制值见表16-7、表16-8。

10号线西土城站主体结构监测项目及控制值　　　　表16-7

监测项目	累计值(mm)
水平位移	1.0mm(右线0.5mm,左线0.5mm)
垂直位移(沉降)	3.0mm(右线1.5mm,左线1.5mm)
垂直位移(隆起)	2.0mm(右线1.0mm,左线1.0mm)
变形缝差异沉降	1.0mm(右线0.5mm,左线0.5mm)
轨道变形(水平位移)	1.0mm(右线0.5mm,左线0.5mm)
轨道变形(垂直位移沉降)	3.0mm(右线1.5mm,左线1.5mm)
轨道变形(垂直位移隆起)	2.0mm(右线1.0mm,左线1.0mm)

10号线西土城站B出入口监测项目及控制值　　　　表16-8

监测项目	累计值(mm)
水平位移	3.0mm(右线0.5mm,左线2.5mm)
垂直位移(沉降)	3.0mm(右线0.5mm,左线2.5mm)
垂直位移(隆起)	2.0mm(右线0.4mm,左线1.6mm)

2)监测点布设

(1)既有线结构沉降监测点布设如图16-15所示。

(2)既有线结构水平位移监测点布设如图16-16所示。

(3)既有线道床沉降监测点布设如图16-17所示。

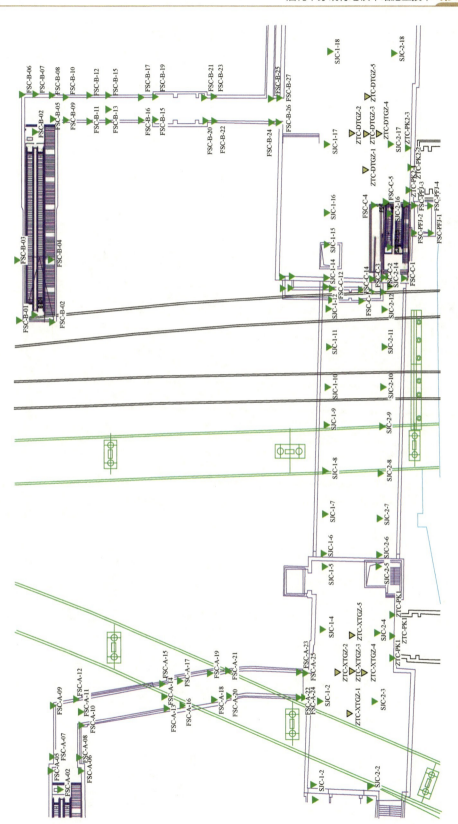

图16-15 既有线结构沉降监测点布设平面示意图

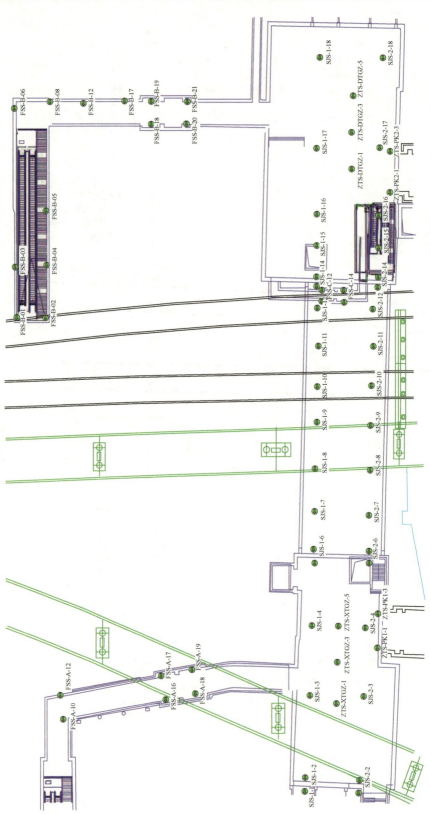

图16-16 既有线结构水平位移监测点布设平面示意图

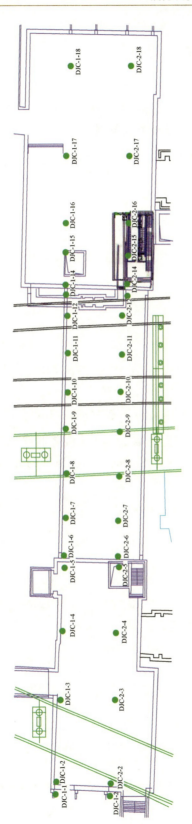

图16-17　既有线道床沉降监测点布设平面示意图

16.3.2 监控量测数据分析

1）既有线结构沉降监测分析

既有线结构沉降监测点 SJC-2-11 沉降曲线如图 16-18 所示，由图可以看出，在盾构下穿时出现沉降，最大沉降值达到 0.42mm，处于可控范围。

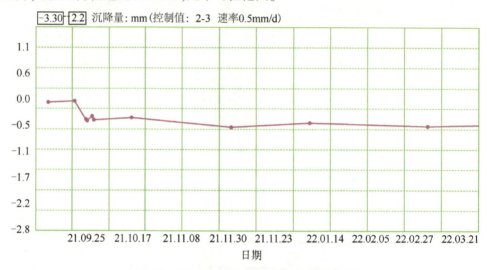

图 16-18 既有线结构沉降监测点 SJC-2-11 沉降曲线

既有线结构西侧变形缝位置沉降监测点 SJC-2-6 沉降曲线见图 16-19，由图可以看出，盾构机下穿时出现下沉，最大下层值达到 0.43mm，后因注浆等的影响，该点出现上浮，基本恢复至原状位置，处于可控状态。

图 16-19 既有线结构西侧变形缝位置沉降监测点 SJC-2-6 沉降曲线

既有线结构东侧变形缝位置沉降监测点 SJC-2-6 沉降曲线见图 16-20,由图可以看出,右线盾构机下穿时因注浆等措施的影响,该点出现上浮,最大上浮值达到 0.38mm,后左线盾构机下穿时出现较缓的下沉趋势,处于可控状态。

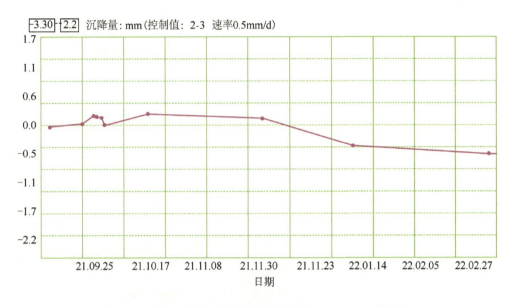

图 16-20　既有线结构东侧变形缝位置沉降监测点 SJC-2-6 沉降曲线

2）既有线结构水平位移监测分析

既有线结构西侧变形缝位置水平位移监测点 SJS-2-6 沉降曲线见图 16-21,由图可以看出,在盾构机下穿时,该点出现波动,累计最大水平位移值 0.34mm,处于可控状态。

图 16-21　既有线结构西侧变形缝位置水平位移监测点 SJS-2-6 沉降曲线

既有线结构西侧变形缝位置水平位移监测点 SJS-2-13 沉降曲线见图 16-22,由图可以看出,在盾构机下穿时,该点出现波动,累计最大水平位移值 0.16mm,处于可控状态。

图 16-22 既有线结构西侧变形缝位置水平位移监测点 SJS-2-13 沉降曲线

3）既有线道床监测分析

既有线道床监测点 DJC-1-8 沉降曲线见图 16-23,由图可以看出,在盾构机下穿过程中,该点出现轻微波动,最大沉降值为 0.21mm,处于可控状态。

图 16-23 既有线道床监测点 DJC-1-8 沉降曲线

16.4 施工效果及评价

学院桥站—西土城站区间盾构机在下穿既有10号线西土城站时,所制定的各项措施得当,现场进行了有效的组织和落实,最终保障了盾构顺利下穿既有线结构。

盾构穿越既有线施工期间对上方土体扰动较小,穿越期间最大沉降值在控制值范围内,盾构掘进穿越完成后测点沉降基本趋于稳定;影响区域测点均处于正常状态,无超控预警情况;穿越完成后测点沉降基本趋于稳定,处于安全可控状态。

第 4 篇
既有线改造施工关键技术

轨道交通引领了北京城市的发展，很大程度上缓解了首都的交通压力，但在城市快速扩张过程中沿线客流剧增，超出车站设计标准和交通设施通行能力；受制于原规划条件的限制，车站周边用地未能与车站规划建设有机共生，存在车站的进出站客流分布失衡、进出站排队现象严重、交通接驳能力不匹配、换乘压力大、服务品质低等问题。随着新建线路"建地铁即建城市"理念的成熟，在疏解非首都功能的发展背景下，需要研究新的理念，对既有线站点进行改造提升，尤其是轨道交通的重要节点换乘车站。在线路建设的前期规划中，存在原车站站点未能全盘考虑新线的建设需求，后期通过改变既有结构的方式对原车站进行改造，同时也涉及对原有信号系统、综合监控系统、屏蔽门、电梯、机房、闸机、动力照明、通信系统、监控系统、乘客信息系统、火灾自动报警系统等设备系统的改造和升级。

第17章 既有地铁10号线西土城站改造施工技术

10号线西土城站建于2005年,两端为三层明挖,中部单层暗挖车站,与新建线路昌南线西土城站形成换乘。10号线西土城站自身车站站台窄、楼扶梯通过能力有限,不能满足当前规范疏散要求,存在安全隐患;站厅空间狭小,不能满足安检需求,与接驳站空间连通性差,交通接驳能力不匹配、设施老旧。另外,10号线西土城站结构没有预留换乘条件,需要对既有车站部分建筑布局进行调整,改造量较大,改造施工涉及了十多个设备专业的设备采购、安装施工、老旧设备房间位置调整、相关系统的调试升级。因此,亟须寻找新的理念、探索新的模式,对既有车站进行改造提升。

17.1 工程概况

既有10号线西土城站主体位于小月河与北土城西路、知春路之间的绿化带内,线路中心线基本平行北土城西路,呈东西走向,其上为学知桥。车站有效站台宽度为10m,采用6辆编组B型车。车站南侧紧邻小月河及小月河桥的桥桩,同时高架桥横跨10号线主体上方,高架桥的桥桩紧邻10号线主体侧边。车站主体站台层东端北侧设置变电所,位于线路正线外侧。车站两端均采用三层明挖,其中西端为双跨单柱结构,东端为三跨双柱结构。车站共设置了4个出入口,分别布置于路口的4个象限内。车站共设置了两组风亭,分别在小月河与北土城西路之间的绿化带内。

既有10号线西土城站主体端进式车站,为双跨单柱岛式站台车站。车站未预留换乘条件。车站东端厅设置了一组楼扶梯到达站台层,其中楼梯宽度为2.2m,非付费区的面积为345m^2,付费区面积为306m^2。无障碍垂直电梯布置在东端厅。西端厅设置了一组楼扶梯到达站台层,其中楼梯宽度为2.2m,非付费区的面积为322m^2,付费区面积为332m^2。

新建昌南线西土城站位于北土城西路、知春路与学院路、西土城路交叉路口南侧,车站沿西土城路东侧辅路南北向设置,是昌南线与10号线的换乘车站。车站周边规划为教育、居住、商业等用地,基本已实现规划。知春路、北土城西路道路红线宽度50m,高架道路红线宽度10m,西土城路道路红线宽度24m,健安西路道路红线宽度20m,均已实现规划。图17-1所示为西土城站站址及周边环境。为了实现昌南线与10号线西土城站的换乘,需要对10号线西土城站进行相应改造。

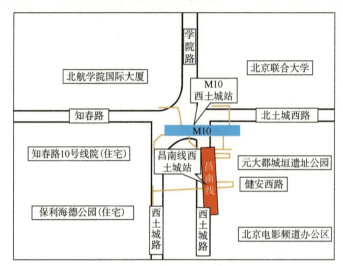

图17-1 西土城站站址及周边环境

17.2 工程特点及难点分析

17.2.1 改造方案介绍

由于10号线西土城站设计之初,按非换乘站考虑,既有10号线西土城站与昌南线西土城站形成换乘后,矛盾突出表现在10号线西土城站站台到站厅的服务设施能力不足的问题,无法满足消防疏散。为解决该问题,改造方案采用增加站台至站厅的楼扶梯连接数量。为实现便捷换乘,且满足既有10号线的客流,需对既有10号线车站进行封站改造。

昌南线西土城站与M10西土城站的站厅层东西端厅各通过1条净宽8m的换乘通道相连,将原M10西土城站的两个端厅均改为付费区,厅内的安检设施均移至站外,图17-2所示为车站平面站位关系图。

10号线为两端三层明挖中间单层暗挖的端进式10m岛式车站,车站规模小,未预留换乘条件;仅在东西端厅分别设置了1组楼扶梯(一部上行扶梯与一部2.2m的楼梯),设施能力有限。原10号线西土城站建设如图17-3所示。

因此昌南线接入前,需对10号线西土城站改造,改造分三部分内容:

(1)换乘通道与10号线交界处,侧墙开洞,对应位置站内房间改移;

(2)10号线站厅站台楼梯数量不足,增加楼梯引起的站内房间改移;

(3)因换乘需要,10号线站厅要清空,全部改为付费区,闸机、安检设施移至各出入口地面厅或地下厅,由此引起的出入口改造。

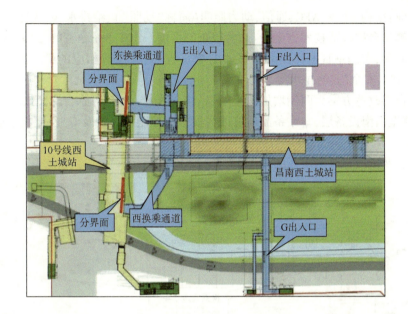

图 17-2　车站平面站位关系示意图

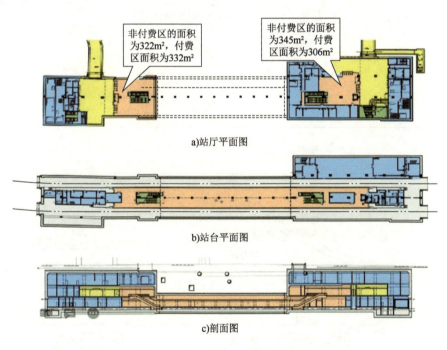

图 17-3　原 10 号线西土城站建设示意图

改造技术方案为：

(1) 站厅南侧增加换乘通道，需改移民用通信机房和公安通信机房；

(2) 站厅层东侧增加一组 1.8m 净宽的楼梯，东侧垂直电梯往南侧移动 1.75m 左右，并将站厅东侧改为付费区。

涉及专业：结构、通风、AFC、通信、动力照明（简称"动照"）、给排水、电扶梯等。

其中东侧站台层改造技术方案为：站台层东侧增加一组 1.8m 净宽的楼梯，将安全门控制室移至站台西侧，东侧垂直电梯往南侧移动 1.75m 左右，并改造相应的梁。涉及专业：结构、通风、AFC、动照、安全门、给排水等。

西侧站台层改造方案为西侧增加两组 1.8m 净宽的楼梯，并将原会议交接班室、值班休息室取消，改移至昌南设备层，车站备品间修改为安全门控制室。涉及专业：结构、通风、AFC、动照、给排水等。

站内改造及出入口改造示意图如图 17-4～图 17-6 所示。

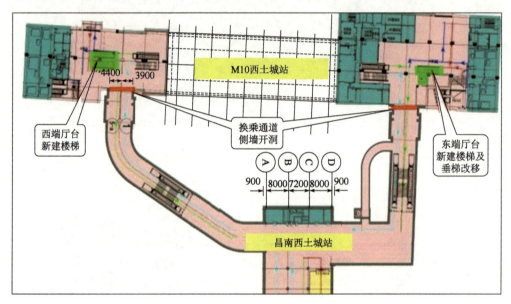

图 17-4　站内改造示意图(尺寸单位：mm)

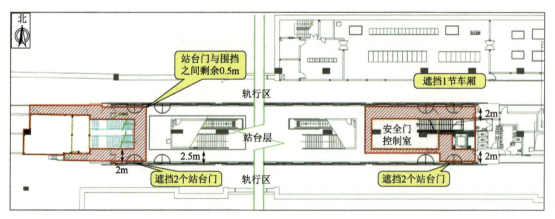

图 17-5　站内改造平面示意图

西土城站采取封站改造方式，若不封站，东、西站台分别影响一节车厢乘客上、下车，导致运营无法正常组织。根据计划封站 115d，信号系统需要临时改，此站车辆甩站运行，屏蔽门不开启。

图 17-6　出入口改造示意图

17.2.2　工程特点

（1）既有系统改造涉及多专业，改造面广、改造量大、封站改造社会影响大。

既有 10 号线西土城站主要功能均集中在车站两端，中间仅有站台层，需在两端新增 2 处楼梯以及 1 处垂梯、新增 1 部扶梯，需要破除既有结构中纵梁及中板，并重新进行结构加固。车站改造涉及多个专业，主要有结构、砌筑、装修、暖通、给排水、动照、通信、FAS、BAS、安检、站台门、电扶梯、直梯等多个专业系统。10 号线是北京北部地区的重要交通线路，每天通勤人数较多。施工期间采用封站改造，社会影响大，各方关注度较高。

（2）既有设备、成品设施多，成品保护要求高。

在既有运营线路施工，对既有成品、设备要做好成品保护工作，设备做好防尘、防水、防火措施，设备材料运输过程中对运输线路周边成品做好防护工作；做好施工人员的教育及交底，施工期间严格落实覆盖、防护等各项保护措施，需严格按照审批后的施工计划及施工方案组织施工。

（3）加强现场管理保障地铁运营安全。

动火作业前取得运营公司批准，严格执行动火作业要求。对动火作业点的管线进行有效防护；制订合理的施工计划并上报运营公司审批，施工期间严格按照批准的施工计划精心组织施工，在规定的时间内完成每日施工任务；每日施工前需在运营公司配合人员到场后方可进场施工；每天完工撤场前安排专人巡视，确保轨行区"活完料净脚下清"；与运营公司建立联系机制，制定应急预案及应急措施；施工中所有临时拆改的影响运营的线路已恢复，并且经运营公司相关配合人员检查确认后，方可撤场，确保地铁运营正常进行。

（4）通信机房的在线搬移。

通信机房的老旧设备是 2008 年投入使用的，过程中又经历过数次改造，如何保障在既有站搬移机房过程中信号不中断,不影响运营是本工程特点。

(5) 保证结构安全。

在既有结构上进行开洞,并进行支撑体系的受力转换,在施工过程中组织好施工步序,严格落实施工质量,保证结构安全是本工程难点。

17.3 既有站改造工程关键技术

17.3.1 通信机房在线搬迁关键技术

城市轨道交通通信系统一般由专用通信系统、公安通信系统以及民用通信系统组成。专用通信系统服务于轨道交通行车指挥及运营管理;公安通信系统是公安通信网在轨道交通内的延伸;民用通信系统通过城市轨道交通与电信运营商合作,为乘客提供可靠的通信服务。通信传输系统属于城市轨道的交通神经,各类信息的传输都离不开通信传输系统,自动检票的信息、调度信息与视频信息传输都依赖于通信传输系统,而且这些信息是城市轨道交通安全运行的关键条件。若部分信息在传输过程中产生问题,会导致城市轨道交通运行安全受到严重影响。

在既有地铁 10 号线西土城站换乘改造中,需在该站东厅南侧增加 1 个换乘通道,需要对该站公安通信机房和民用通信机房进行改移,并进行专用通信改造,主要涉及话务系统、时钟系统、综合监控系统、广播系统、闭路电视监控系统(CCTV)、自动售检票系统、综合布线、网络既有系统等改造升级。在换乘改造中,如何尽量减少对既有线的影响,满足功能要求基础上降低造价、加快施工等,需要深入研究。

公安通信机房、民用通信机房,专用通信设备房间及设备改移施工方案如下:

(1) 通信机房换乘改造基础条件。

新站与既有站的站厅层东西端厅各通过 1 条净宽 8m 的换乘通道相连,将既有站的两个端厅均改为付费区,厅内的安检设施均移至站外,如图 17-7 所示。东侧站厅增加一组净宽 1.8m 的楼梯,原东侧垂直电梯往南侧移动 1.75m,在站厅层垂直电梯东侧,18-19 轴与 B 轴相交处新增设备用房,将公安通信机房改移至此处。在 B 出入口附近,17 轴与 C-D 轴相交处新增两个设备用房,一个为民用通信机房,另一个为车站备品库。

(2) 通信改造设计方案。

公安传输系统承载公安通信系统各子系统业务,是城市轨道交通重要的基础网络之一,主要完成公安通信各子系统业务数据在车站警务站、派出所、公安分局及运行控制中心之间的传输,包括公安无线、公安视频、公安电话、公安电源、公安计算机网络等子系统业务。

公安通信机房移设将引起机房内设备移设及新设,涉及重新敷设原公安通信机房引入及引出的线缆,并对通信桥架进行改移及新设等工作。

地铁民用通信系统将运营商的地面通信服务引入地铁范围内。民用通信机房移设将引起机房内设备移设及新设,重新敷设原民用通信机房引入及引出的线缆,并对通信桥架进行改移及新设等工作。

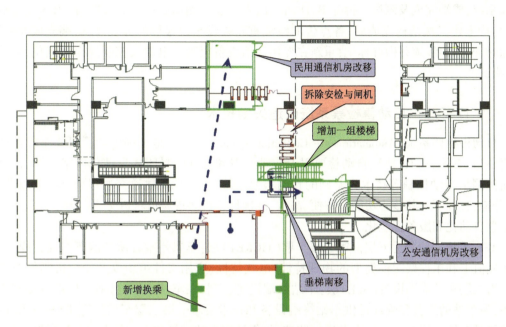

图 17-7　东侧站厅改造平面布置示意图

专用通信改造涉及话务系统、时钟系统、综合监控、广播、CCTV、自动售检票系统、综合布线、网络系统升级等。

(3) 公安及民用通信机房在线改移技术方案。

确定改移技术方案需要对电源端口分布、业务端口规划、直放站内设备配置、机房线缆分布、线缆规格型号、线缆敷设规划等做到详细的了解并进行方案设计。

待新建公安及民用通信机房施工完成后,进行通信机房内线缆桥架、配电箱、线缆敷设等施工,会签确认单。设备停启测试 3min,测试确定设备电源已全部断开后,进行线缆、设备拆除移设。

光缆熔接盘整体移至光纤配线(ODF)机柜下,拆走 ODF 机柜安装到新机房,新机房 ODF 机柜需新增 ODF 子框(老机房旧 ODF 子框占用,新机房需新设 ODF 子框,并提前熔接完成),提前将新敷设电缆室至新公安机房主干光缆成端并完成线缆测试。无线机柜、网络机柜、视频柜及配套电源柜完成安装后接地组网,接上正式电源,各系统分路电源成端完成并加上正式电源。系统各数据线缆成端,确保各系统运行正常。

(4) 专用通信机房改移及施工方案。

拆除站台门设备室内的常用电源配电柜(AP 箱);抽出线缆并做好标记,各点位电源线及主电源线重新敷设至专用通信设备室,AP 箱利旧安装至通信机房内,然后完成线缆成端及测试(根据现场条件可以优先完成迁移)。

优先敷设到新公安机房的线槽,对于各出入口的新线槽、线管敷设需要根据土建进度确定。

二次结构完成后拆除站内旧摄像机、广播系统;抽出线缆并做好标记,各点位电源线、网线重新敷设至新点位;同时完成新增摄像机、广播系统的线缆敷设;然后安装对应点位的摄像机、广播系统,成端完成及测试。拆除 B、D 两个出入口及东侧站台电话分线箱,抽出线缆并做好标记;待土建二次结构完成后,各点位的线缆重新敷设至改移后的分线盒;终端完成及测试。拆除时钟,抽出线缆并做好标记;重新在专用通信设备上敷设电源及控制线至新点位,安装时钟,测试。

17.3.2 自动售检票系统改造关键技术

自动售检票系统(Automatic Fare Collection system,AFC),是一种由计算机集中控制的自动售票(包括半自动售票)、自动检票以及自动收费和统计的封闭式自动化网络系统,以计算机通信网络自动控制等技术为基础的自动售票系统,它实现了轨道交通售票、检票、收费、统计、分拣、管理等。其核心功能是方便、高效、准确地直接实现城市轨道交通电子客票服务管理的信息自动化和服务智能化。

AFC 系统一般分为五层。第一层车票(TICKET)层:车票是乘客所持的车费支付媒介,规定了储值卡和单程票两种类型的物理特性、电气特性、应用文件组织以及安全机制等技术要求。第二层车站终端设备(SLE)层:车站终端设备,安装在车站大厅,为乘客提供直接售票的设备,为车站的运营和管理提供车站终端设备和技术要求。第三层车站计算机(SC)系统:主要功能是对第二层车站终端设备进行监控,收集站产生的交易和审计数据,规定系统的数据管理、运行管理和系统维护与管理的技术要求。第四层线路中央计算机(LCC)系统层:主要功能是收集本线路 AFC 系统产生的交易和审计数据,并将这些数据传送到城市轨道交通结算系统,并对其进行核算。第五层清分(ACC)系统层:主要功能是统一城市轨道交通 AFC 系统内部的各种运行参数、收集城市轨道交通 AFC 系统产生的交易和审计数据并进行数据清分和对账。AFC 系统架构具体结构如图 17-8 所示。针对地铁西土城既有站换乘改造工作,提出 AFC 系统改造方案,对其与各系统接口方案进行了设计。

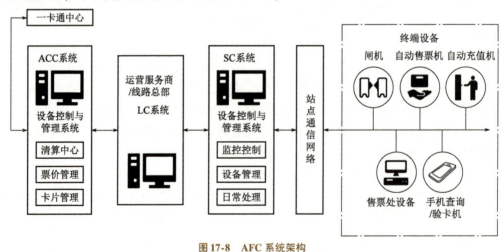

图 17-8 AFC 系统架构

(1)改造站售检票系统改造方案

原站厅在建设中没有考虑换乘需求,根据客流特点,基于改造后部分地面厅进出站闸机为同一阵列,设置了双向闸机,这样便于运营人员根据实际情况调节客流组织。既有站电子票价牌和网络取票机为近期新安装设备,可进行再利用。

改造工程网络方案采用与既有车站一致的星形连接方式。考虑到原 AFC 网络柜至新增出入口安检厅距离较远,改造方案在新检票机组边机内设置两层交换机,与车站 AFC 核心交换机连接,并对既有核心交换机备用光口数量是否满足工程新增需求进行了验证。

(2)建设方案

车站综控室:布置监控工作站、打印机,设有防静电地板、空调。

AFC 机房:布置车站服务器、网络及配线设备、配电设备、紧急按钮控制箱;设有防静电地板。

AFC 配线间:布置有配电设备,设有防静电地板及通风设施。

AFC 站储票室:存放票卡及相关附属设施。

AFC 票务室:布置票务工作站、打印机及相关附属设施。

票亭:布置半自动售票机,配电设备;设有防静电地板及分离式空调设施等。

线路的运营控制中心(OCC)设在既有站,在控制中心内设有中央控制室、既有站改造管理用房和综合设备用房等。AFC 系统设备与通信、综合监控等系统设备共用既有站改造综合设备室和综合网管室。

AFC 供电由 AFC 配电室输出。

各站设置综合接地网,各系统设备如牵引供电、电力监控、通信、信号、自动售检票等的地线均接入综合接地网。

由供电专业将接地干线引至 LC 设备机房、票务中心、车站 AFC 设备室、车辆段维修、培训中心。AFC 集成商提供相应的接地端子箱,以满足 AFC 功能需要。

与综合监控系统接口:

AFC 和 ISCS 接口界面示意图见图 17-9。

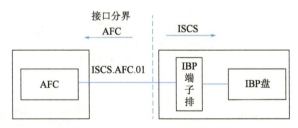

图 17-9　AFC 和 ISCS 接口界面示意图

此接口是定义车站 IBP 盘接口。接口位置在车站控制室 IBP 盘端子外线侧。

ISCS:提供 IBP 盘面工艺布置图、端子分配图、按钮/指示灯、接线端子排;负责 IBP 盘内接线;负责提供 AFC 系统进线电缆在 IBP 盘内线缆走线空间。

AFC:提供 AFC 系统设备到 IBP 盘配线架带标识的连接电缆并成端上架;负责 IBP 盘上有关 AFC 的功能测试;提供 AFC 系统的盘面布置功能要求、按钮/指示灯的数量、电气参数、二次接线原理图、文字描述;提供 IBP 盘上所有与 AFC 有关的按钮/指示灯每个回路的电源、试灯电源。接口类型为硬线,接口数量按每车站 1 个统计。

AFC 与通信系统及传输设备接口分别见图 17-10、图 17-11。

AFC 与配电专业接口见图 17-12。

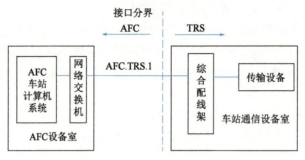

图 17-10　AFC 与通信系统接口界面示意图

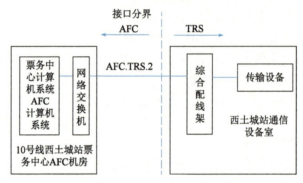

图 17-11　AFC 与传输设备接口界面示意图

AFC 与接地专业接口见图 17-13。

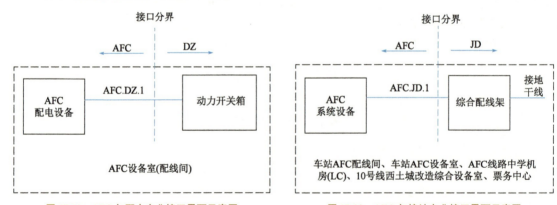

图 17-12　AFC 与配电专业接口界面示意图　　　图 17-13　AFC 与接地专业接口界面示意图

17.3.3　综合监控系统在线升级和联调联试关键技术

城市轨道交通综合监控系统（Integrated Supervisory Control System, ISCS）是以现代计算机技术、网络技术、自动化技术和信息技术为基础，集成多个地铁自动化专业子系统包括信号系统（Signaling, SIG）、消防系统（Fire Alarm System, FAS）、广播系统（Public Address, PA）、屏蔽门系统（Platform Screen Door, PSD）、电力系统监控与数据采集系统（Power Supervision Control And Data Acquisition, PSCADA）、环境与设备监控系统（Building Automation System, BAS）、自动

售检票系统(Automatic Fare Collection,AFC)和闭路电视监控系统(Closed Circuit Television,CCTV)等,从而完成对地铁各专业子系统的统一监控,实现各专业子系统之间的信息共享和联动控制,提高运营的效率。

国内第一套城市轨道交通综合监控系统是应用于2007年10月通车试运营的北京地铁5号线,已经稳定运行超过11年,西土城站的综合监控系统也运行超过10年,计算机、服务器类电子产品的使用寿命一般为5~8年,系统硬件老化严重,同时硬件升级换代,备件短缺,运营维护难度很大。从系统稳定性和安全性角度考虑,这类系统需要进行升级改造。

综合监控系统是采用统一的计算机硬件和软件平台,是主备冗余、分层分布式的计算机集成系统。综合监控系统通常设置在控制中心、车站、车辆段、停车场等地点,同时在控制中心设置网络管理系统,在车辆段设置备用控制中心、设备管理系统和培训管理系统,在工区设置复示终端。

系统硬件由分布在控制中心和车站的服务器、工作站、前置机(FEP)、交换机等通过骨干传输网连接而成,系统软件自下而上可以分为数据接口层、数据处理层、人机接口层共三个逻辑层次。数据接口层完成所有接口专业的接入、数据解析功能,主要设备是前置机;数据处理层将数据接口层上传的数据进行分析、处理、存储,主要设备是服务器;人机接口层负责向用户提供友好的人机操作界面和丰富的监控功能,主要设备是工作站。综合监控系统遵循三级调度、四级控制原则,即线网级、中心级、车站级三级调度管理,线网级、中心级、车站级和现场级的四级控制层次,典型的地铁综合监控系统网络结构如图17-14所示。

增加新设备、改造旧设备采用"五步法则":按顺序确定设备位置、更换作业时间和程序,确认工作计划和时间;安装新设备,更换旧设备;并网连接,局部检测;并网系统调试。对于作业时间的协调采用"天窗"法,利用夜间列车停运进行作业工作,在最后一班列车进库、"三轨"断电后,经过地铁运营公司车站管理部门的同意,开始作业,作业结束后,地铁运营管理人员和施工人员双方"地毯式"检查当日工作,使当日工作必须达到地铁正常运营的要求,经过确认验收,方可撤离现场。改造完成后不能影响系统原有功能。改造过程中更换了原系统的硬件、线缆,重新部署了系统软件、前置机等,设备软件和硬件都发生了变化,所以在改造过程中需要增加测试环节,保证系统功能与原系统保持一致,不应因改造导致系统功能缺失或倒退。

(1)安全门系统接口改造

东站台安全门控制室改移到西站台。综合监控系统与安全门系统接口位置进行调整,原接口线缆拆除,重新敷设接口线缆至新设安全门控制室内。根据安全门系统改造方案,通信接口需要重新配置。线缆全部换新,设备全部利旧。

信号集中站为牡丹园站。西土城站站台门控制室由东端改至西端,距离牡丹园站距离增加,牡丹园信号集中站与西土城站线缆长度增加,重新敷设新的信号线缆。停运期间在西土城站模拟西土城站站台滑动门锁闭信号反馈给牡丹园信号设备室,保证行车安全。

(2)系统接口改造

BAS增加换乘厅及出入口通风、照明设备控制、空调系统(VRV)设备控制,电保温设备监视,与综合监控系统接口信息内容相比发生变化,综合监控系统需要修改接口信息点表和数据库,在人机界面上增加相应设备的监控内容。

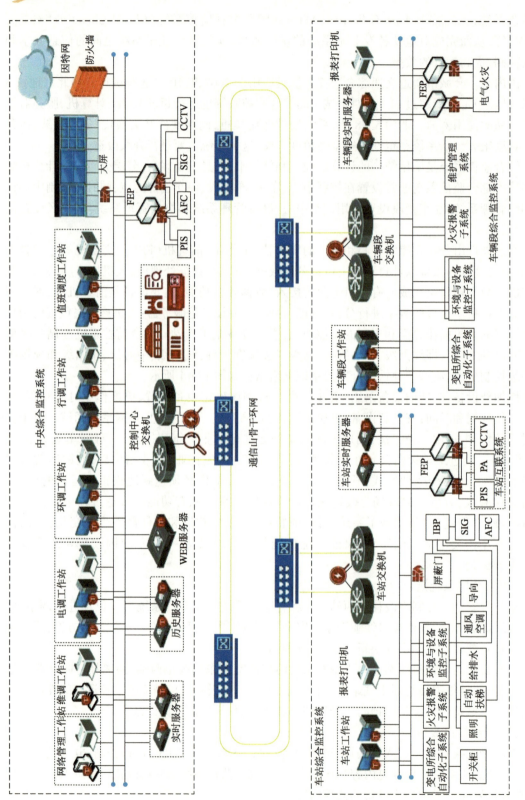

图17-14　地铁综合监控系统网络结构

(3) 系统接口改造

FAS 专业由于站厅及出入口改造引起报警点位及监控点位变化,10 号线 ISCS 与 FAS 互联,故综合监控系统需要修改与 FAS 接口信息内容,在数据库和人机界面上更新报警点位信息。

(4) 通信系统接口改造

通信系统的广播子系统增加扬声器设备,增加互联互通相关广播分区,综合监控系统在数据库和人机界面上新增相应控制内容。

(5) 电力控制系统(PSCADA)接口改造

供电系统需调整低压开关柜部分回路,造成 PSCADA 监控点位变化。10 号线 PSCADA 由 ISCS 界面集成,故综合监控系统需要修改与 PSCADA 接口信息内容,在数据库和人机界面上增加新增点位监控内容。

(6) 面向乘客信息系统改造的 ISCS 系统软件升级改造

10 号线西土城站新增显示屏设备等,接入西土城 PIS,引起 PIS 与 ISCS 接口改造。控制中心/后备中心 ISCS、车站 ISCS、数据管理系统(DMS)等系统需进行 PIS 相关的数据库改造及软件升级,并进行系统的联调联试。

(7) AFC 系统改造引起的 ISCS 软件改造

10 号线西土城站各地面厅新增 AFC 检票闸机设备,设备接入 10 号线 AFC。引起 AFC 与 ISCS 接口改造。控制中心/后备中心 ISCS 需进行 AFC 相关的数据库改造及软件升级,并进行系统的联调联试。

(8) 系统软件升级

本次改造涉及通信、BAS、FAS、供电等系统,这些系统均与综合监控系统有接口,接口信息内容发生改变,车站级系统和中心级、用中心综合监控系统软件需要进行升级改造。

(9) 车站 IBP 盘改造

西土城站扩建改造新增两台专用排烟风机,在车站控制室 IBP 盘上增加专用排烟风机控制按钮,盘内增加继电器(试灯)、接线端子及盘内布线,并完成马赛克盘面刻字。安全门设备室改移后,安全门系统到 IBP 盘控制线缆需要重新敷设。IBP 盘改造完成后,需与 FAS(专用排烟风机)完成联调联试,以满足火灾专用排烟风机的接入要求。

17.3.4 抽屉柜改造施工方案关键技术

1) 主要工程范围及内容

根据改造方案,为提高疏散换乘功能,站台东增加 1 组至站厅楼梯,相应站厅层公安通信机房,民用通信机房房间改移,站厅均改为付费区,原票厅改移至出入口范围内,增加与昌平线的换乘通道,站台西增加 1 组步梯和 1 组扶梯。改造西北口(A)、东北口(B)通道,在该通道增加安检及售票区域。增加西南口(D)、东南口(C)安检地面厅,C、D 口地面厅安装 VRV 空调,公共区垂梯位置调整,站台层安全门控制室改移。

供电相关改造方案如下:变电所房内动力柜由于站厅 ALZ21、ALZ22、ALJ21、ALJ22、AP21、AP22、AP23、AP24、AL23、AL24、APV、AP-FT 共 12 个回路容量更改,需重新排产 12 个抽屉,占用 413-2、413-12、417-7、417-12、418-1、418-4、428-2、428-3、426-10、426-1、424-10、423-3 这 12 个编号位置，其中 413-2、417-7、418-4、428-2、428-3、424-10、423-3 这 7 个回路位置不变，为原位置换抽屉。

另外 413-3、417-9、424-7 这 3 个回路位置改备用。418-1 的备用回路改室外机配电箱 APV 用，413-12 备用回路改站厅工作照明 ALZ22 用，417-12 备用回路改小动力箱 AP22 用，426-10 备用回路改小动力箱 AP24 用，426-1 备用回路改电扶梯配电箱 AP-FT 用。418-4 位置为原站台电暖气 AL13 馈出取消，改为站厅票亭电暖气 AL23。

供电系统调整回路见表 17-1。

供电系统调整回路表　　　　　　　　表 17-1

序号	回路	抽屉大小	原位置			改造后位置			改造说明				变电所自动化系统内容修改
			名称	编号	原断路器/整定	名称	编号	现断路器/整定	位置	容量	负荷分类	二次图号	改造方案	
1	413-2	3M	站厅工作照明	ALZ21	80A	站厅工作照明	ALZ21	100A	不变	80~100A	消防切非	2.1	元器件更换，增加多功能仪表	不修改
2	413-3	3M/2	站厅工作照明	ALZ22	80A	改备用			改备用	0~80A				修改
3	413-12	3M	备用			站厅工作照明	ALZ22	100A	备用改使用	0~100A	消防切非	2.1	元器件更换，增加多功能仪表	修改
4	417-7	3M/2	小动力箱	AP211	40A	小动力箱	AP21	63A	不变	40~63A	消防不切非	2.9	元器件更换，增加多功能仪表	不修改
5	417-9	3M/2	小动力箱	AP22	40A	改备用			改备用	0~40A				修改
6	417-12	3M	备用			小动力箱	AP22	125A	备用改使用	0~125A	消防不切非	2.9	元器件更换，增加多功能仪表	修改
7	418-1	3M	备用			室外机配电箱	APV	160A	备用改使用	0~160A	消防切非	2.1	元器件更换，增加多功能仪表	修改
8	418-4	3M	附属房间电暖气	AL13	30A	附属房间电暖气	AL23	63A	拆 AL13，接 AL23	30~63A	消防切非	2.1	元器件更换，增加多功能仪表	修改

续上表

序号	回路	抽屉大小	原位置 名称	原位置 编号	原断路器/整定	改造后位置 名称	改造后位置 编号	现断路器/整定	位置	容量	负荷分类	二次图号	改造方案	变电所自动化系统内容修改
9	418-2	3M	站厅节电照明	ALJ21	80A	站厅节电照明	ALJ21	100A	不变	80~100A	消防切非	2.1	元器件更换,增加多功能仪表	不修改
10	428-3	3M	站厅节电照明	ALJ22	80A	站厅节电照明	ALJ22	100A	不变	80~100A	消防切非	2.1	元器件更换,增加多功能仪表	不修改
11	426-10	6M	备用			小动力箱	AP24	125A	备用改使用	0~125A	消防不切非	2.9	元器件更换,增加多功能仪表	修改
12	424-7	3M/2	小动力箱	AP24	30A	备用			改备用	0~40A				修改
13	426-1	3M/2	备用			电扶梯配电箱	AP-FT	63A	备用改使用	0~63A	消防切非	2.9	元器件更换,增加多功能仪表	修改
14	424-10	3M/2	小动力箱	AP23	40A	小动力箱	AP23	63A	不变	40~63A	消防不切非	2.9	元器件更换,增加多功能仪表	不修改
15	424-10	3M/2	小动力箱	AP23	40A	小动力箱	AP23	63A	不变	40~63A	消防不切非	2.9	元器件更换,增加多功能仪表	不修改

注意：
(1) 1~9号抽屉均满足遥信功能,10、11号抽屉为遥信、遥控。
(2) 新替换的抽屉增加EV390多功能表仪表。
(3) 动力负荷为增加的电保温负载,为季节交替负载,变压器容量核算时不计入。
(4) 由于二次回路的消防切非功能尽量不改动,所以动力(抽屉)柜改造方案改为以上方案。
(5) 调整回路整定值设置见表17-2。

调整回路整定值设置表 表17-2

序号	柜号	负荷分类	回路名称	设备容量(kW)	下级/上级类型	计算结果
1	413-2	非消防	站厅工作照明 ALZ21	40	T2N160TMD80 3P/NSX160TMDR100	L:$I_1=I_n$,$t=6s$ I:$I_2=4I_n$
2	413-12	非消防	站厅工作照明 ALZ22	40	T2N160TMD80 3P/NSX160TMDR100	L:$I_1=I_n$,$t=6s$ I:$I_2=4I_n$

续上表

序号	柜号	负荷分类	回路名称	设备容量（kW）	下级/上级类型	计算结果
3	428-2	非消防	站厅节电照明 ALJ21	40	T2N160TMD80 3P/NSX160TMDR100	L:$I_1=I_n$,$t=6s$ I:$I_2=4I_n$
4	428-3	非消防	站厅节电照明 ALJ22	40	T2N160TMD80 3P/NSX160TMDR100	L:$I_1=I_n$,$t=6s$ I:$I_2=4I_n$
5	417-7	消防	小动力箱 AP21	23	T2N160TMD100 3P/NSX160MA125	L:$I_1=I_n$,$t=6s$ I:$I_2=6I_n$
6	417-12	消防	小动力箱 AP22	27	T2N160TMD100 3P/NSX160MA125	L:$I_1=I_n$,$t=6s$ I:$I_2=6I_n$
7	424-10	消防	小动力箱 AP23	23	T2N160TMD100	L:$I_1=I_n$,$t=6s$ I:$I_2=6I_n$
8	426-10	消防	小动力箱 AP24	27	T2N160TMD100 3P/NSX160MA125	L:$I_1=I_n$,$t=6s$ I:$I_2=6I_n$
9	418-4	非消防	站厅票亭电暖气 AL23	12	T2N100TMD63 3P/S203MC40	L:$I_1=I_n$,$t=6s$ I:$I_2=6I_n$
10	423-3	非消防	附属房间电暖气 AL24	18kW	T2N100TMD63 3P/S203MC40	L:$I_1=I_n$,$t=6s$ I:$I_2=6I_n$
11	418-1	非消防	室外机配电 APV	53	T2N160TMD160 3P/NSX160MA125	L:$I_1=I_n$,$t=6s$ I:$I_2=6I_n$
12	426-1	非消防	电梯 AP-FT	13	T2N100TMD63 3P/T2N100TMD50P	L:$I_1=I_n$,$t=6s$ I:$I_2=6I_n$

(6)增容后计算情况(西土城站变压器容量为 $2\times1000kV\cdot A$)。改造后Ⅰ段母线(含备用):一级负荷 17(新增) $+420.1=437.1$ (kW);二级负荷 292.9kW;备用负荷 340.2kW;三级负荷 371.5kW $+47$kW;变压器长期负载率 $(437.1+292.9+371.5+47)\times0.55/1000/0.9=70.2\%$,一级负荷备用回路全部上电时负载率 $(437.1+292.9+340.2+371.5+47)\times0.55/1000/0.9=90.9\%$。

夏季冷水机组投入使用时正常负载:$[185+(437.1+292.9+371.5+47-185)\times0.55]/1000/0.9=79.4\%$。Ⅱ段母线(含备用):一级负荷为 17(新增) $+546.3=563.3$ (kW);二级负荷为 13(新增) $+237=250$ (kW);备用负荷 182kW。

三级负荷为 359.5kW $+6$kW。

变压器长期负载率为 $(563.3+250+359.5+6)\times0.55/1000/0.9=72.0\%$;

一级负荷备用回路全部上电时负载率为 $(563.3+250+182+359.5+6)\times0.55/1000/0.9=83.2\%$;

夏季冷水机组投入使用时正常负载为 $[185+(563.3+250+359.5+6-185)\times0.55]/1000/0.9=81.3\%$;

单台变压器故障时,变压器负荷率为(437.1 + 292.9 + 563.3 + 250) × 0.55/1000/0.9 = 94.5%。

按照《民用建筑电气设计标准》(GB 51348—2019)配电变压器的长期工作负载率不宜大于85%;《地铁设计规范》(GB 50157—2013)规定,当变电所设置两台配电变压器时,配电变压器的容量选择应满足一台配电变压器退出运行时另一台配电变压器能负担供电范围内的远期一、二级负荷。

综上所述,正常情况、单台故障情况下,变压器均能满足负载要求。

2)动力电缆的改造

由于容量的增加和电箱位置的改变导致电缆长度的变化。动力电缆改造见表17-3。

动力电缆改造统计表　　表17-3

序号	回路	原位置的抽屉 名称	编号	改造后位置的抽屉 名称	编号	改造说明 容量	原电缆 ZR-YJY23-1kV-NH-YJY23-1kV	重新敷设电缆	电缆
1	413-2	站厅工作照明	ALZ21	站厅工作照明	ALZ21	80~100A	4×50+1×25	WDZA-YJY23-4×70+1×35	换新,换大
2	413-3	站厅工作照明	ALZ22	改备用		0~80A	4×50+1×25		拆除
3	413-12	备用		站厅工作照明	ALZ22	0~100A		WDZA-YJY23-4×50+1×25	换新
4	417-7	小动力箱	AP21	小动力箱	AP21	40~63A	5×16	WDZAN-YJY23-3×35+2×16	换新,换大
5	417-9	小动力箱	AP22	改备用		0~40A	5×16		拆除
6	417-12	备用		小动力箱	AP22	0~125A		WDZAN-YJY23-3×50+2×25	新敷设
7	418-1	备用		室外机配电箱	APV	0~160A		WDZA-YJY23-3×70+2×25	新敷设
8	418-4	附属房间电暖气	AL13	附属房间电暖气	AL23	30~63A	5×16	WDZA-YJY23-5×16	换新
9	428-2	站厅工作照明	ALJ21	站厅工作照明	ALJ21	80~100A	4×50+1×25	WDZA-YJY23-4×70+1×35	换新,换大
10	428-3	站厅工作照明	ALJ22	站厅工作照明	ALJ22	80~100A	4×50+1×25	WDZA-YJY23-4×50+1×35	换新
11	426-10	备用		小动力箱	AP24	0~125A		WDZAN-YJY23-3×50+2×25	新敷设
12	424-7	小动力箱	AP24	备用		0~40A	5×16		拆除
13	426-1	备用		电扶梯配电箱	AP-FT	0~63A		WDZA-YJY23-3×25+2×16	新敷设

续上表

序号	回路	原位置的抽屉		改造后位置的抽屉		改造说明			
		名称	编号	名称	编号	容量	原电缆 ZR-YJY23-1kV-NH-YJY23-1kV	重新敷设电缆	电缆
14	424-10	小动力箱	AP23	小动力箱	AP23	40~63A	3×25+2×16	WDZAN-YJY23-3×35+2×25	换新
15	423-3	附属房间电暖气	AL24	附属房间电暖气	AL24	30~63A	5×16	WDZA-YJY23-5×16	换新
16	414-8	民用通信（主）	AT216	民用通信（主）	AT216	不变	4×70+1×35	WDZAN-YJY23-4×70+1×35	换新,换长
17	427-4	民用通信（备）	AT216	民用通信（备）	AT216	不变	4×70+1×35	WDZAN-YJY23-4×70+1×35	换新,换长
18	415-2	公安通信（备）	AT210	公安通信（备）	AT210	不变	4×25+1×16	WDZAN-YJY23-4×25+1×16	换新,换长
19	426-2	公安通信（主）	AT210	公安通信（主）	AT210	不变	4×25+1×16	WDZAN-YJY23-4×25+1×16	换新,换长
20	426-4	安全门电源（主）	AT12	安全门电源（主）	AT12	不变	3×70+2×35	WDZAN-YJY23-4×70+1×35	换新,换长
21	415-5	安全门电源（备）	AT12	安全门电源（备）	AT12	不变	3×70+2×35	WDZAN-YJY23-4×70+1×35	换新,换长
22	417-3	A口扶梯1	APT12	A口扶梯1	APT21	不变	2(3×70+2×35)	WDZAN-YJY23-2(3×70+2×35)	换新,换长
23	417-4	A口扶梯2	APT23	A口扶梯2	APT23	不变	2(3×70+2×35)	WDZAN-YJY23-2(3×70+2×35)	换新,换长
24	417-5	东站厅直梯	APT212	东站厅直梯	APT212	不变	3×25+2×16	WDZA-YJY23-3×25+2×16	换新,换长
25	423-7	西厅安检电源箱	ATAJ21	西厅安检电源箱	ATAJ21	不变	5×16	WDZAN-YJY23-3×25+2×16	增大
26	416-1	东厅安检电源箱	ATAJ22	东厅安检电源箱	ATAJ22	不变	5×16	WDZAN-YJY23-3×25+2×16	增大
27	425-6	东扶梯	ATT12	东扶梯	ATT12	不变	4×35+1×16	WDZAN-YJY23-4×27+1×16	换新,换长
28	416-7	东扶梯	ATT12	东扶梯	ATT12	不变	4×35+1×16	WDZAN-YJY23-4×27+1×16	换新,换长

注：共计重新敷设25根电力电缆。由于安检箱的设计要求需要增加容量。另外，由于东垂梯的位置改移和增加步梯，需要将原线路增加过弯，导致东扶梯的电缆需要更换、加长。

17.3.5 结构改造施工关键技术

1)结构改造主要内容

因原 10 号线西土城站未预留换乘条件,昌南线接入后,需对 10 号线西土城站主体结构进行改造,主体结构改造主要包含以下内容:

换乘通道与 10 号线交界处,10 号线西土城站东、西端站厅层侧墙开洞;10 号线站厅站台新增楼扶梯;东侧站厅层垂梯改移,需对中板进行开洞并采取相应的结构加固措施。10 号线主体结构改造平面示意图见图 17-15。

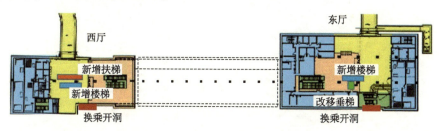

图 17-15 10 号线主体结构改造平面示意图

(1)西侧站厅层改造方案

①西侧站厅层结构改造内容。

站厅层楼板扶梯开洞尺寸为 11.8m×1.85m,楼梯开洞尺寸为 7.65m×2.1m;站台层楼板扶梯基坑开洞尺寸为 6.2m×1.7m。西侧站厅层结构改造平面示意图见图 17-16。

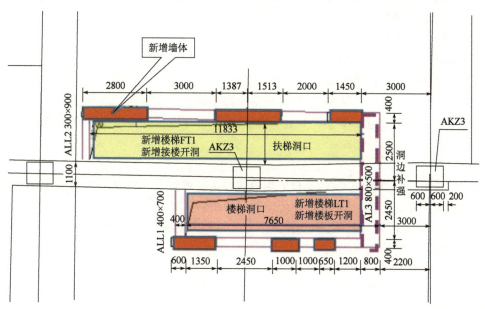

图 17-16 西侧站厅层结构改造平面示意图(尺寸单位:mm)

②结构方案设计。

站厅层楼板开洞后,改变了原有结构的传力路径。沿扶梯和楼梯洞边分别增设一道

400mm 厚钢筋混凝土墙体,墙体从基础底板伸至站厅层楼板,墙体上开设洞口;洞口其他边设置洞边梁补强。新增墙体、柱、梁均采用 C40 细石混凝土。

③受力计算分析。

对西侧站厅层改造进行结构受力计算分析,结果见图 17-17。

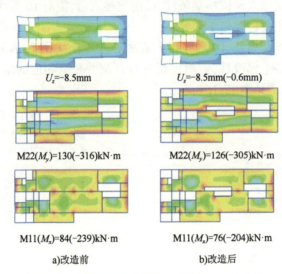

图 17-17 西侧站厅层改造前后受力计算分析结果对比

计算结论:

a. 改造后,竖向最大位移未出现在新开洞边;X、Y 向正负最大弯矩基本无变化。

b. 原结构配筋满足改造后的要求。

(2)东侧站厅层改造方案

①东侧站厅层结构改造内容。

东侧站厅层结构改造平面示意图见图 17-18。

东侧站厅层站内改移一部垂直电梯,新增一部楼梯。

站厅层楼板截断 2 道 Y 形梁和 1 道横向框架梁,拆除原垂直电梯井道,站厅层楼板新增楼梯开洞尺寸为 8.35m×1.95m。

②结构方案设计。

站厅层楼板开洞及切除梁后,原有结构的传力路径被改变。沿 B 轴纵向增设一道 450mm 厚钢筋混凝土墙体,墙体从基础底板伸至站厅层楼板,移位后的垂直电梯井道采用钢筋混凝土墙;楼梯洞口边设置洞边梁补强,横向补强梁向北延伸至北侧纵向框架梁,向南延伸至纵向暗梁边。新增墙体、柱、梁均采用 C40 细石混凝土。

③受力计算分析。

对东侧站厅层改造进行结构受力计算分析,结果见图 17-19。

计算结论:

a. 改造后,竖向最大位移未出现在新开洞边。

b. X、Y 向正负最大弯矩基本无变化。

c. 原结构配筋满足改造后的要求。

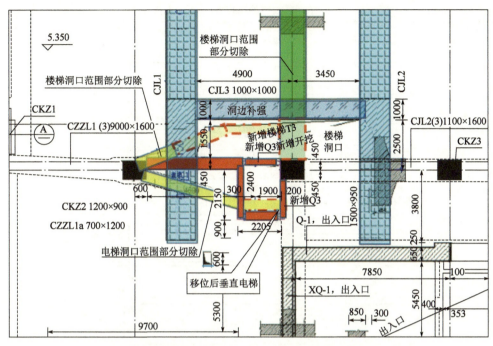

图17-18 东侧站厅层结构改造平面示意图(尺寸单位:mm;高程单位:m)

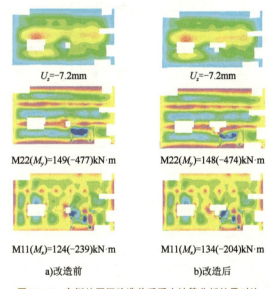

图17-19 东侧站厅层改造前后受力计算分析结果对比

2)施工步序

(1)站内西侧站厅层改造施工步序:围挡、站内设备保护→小站台设备及管线拆除→设备房结构拆除→扶梯倒运至站台层公共区→中板支撑墙及扶梯基坑施工→中板开洞→扶梯及新建楼梯施工→设备房砌筑及装修→拆除临建→验收。

(2)站内东侧站厅层改造施工步序见表17-4。

东侧站厅层改造施工步序(单位:mm)　　　　　表17-4

序号	部位	图示	施工步骤说明
1	站台板下 站台层 站厅层	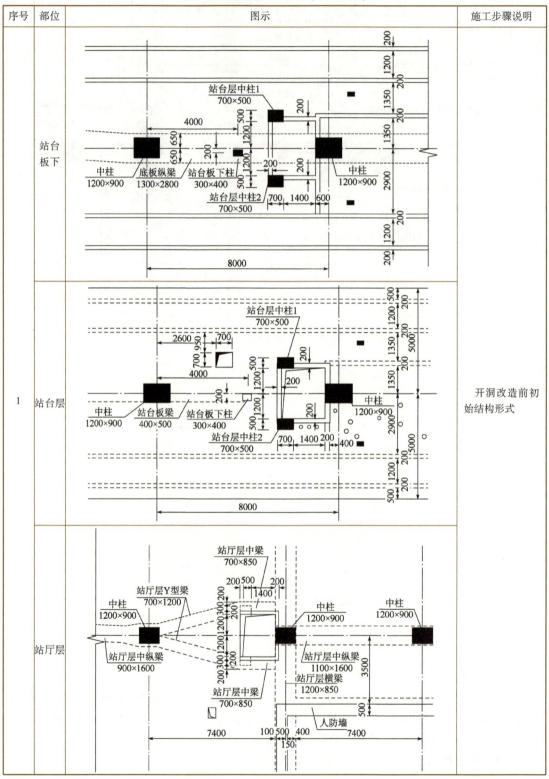	开洞改造前初始结构形式

续上表

序号	部位	图示	施工步骤说明
2	站台板下 站台层 站厅层	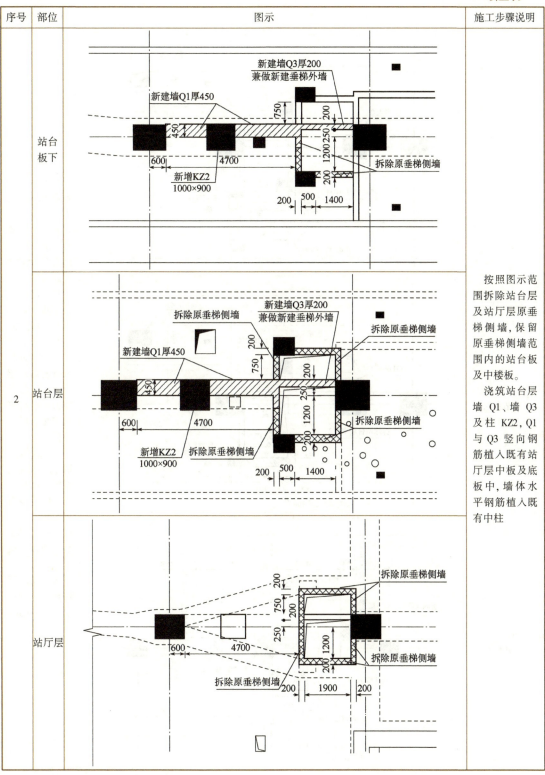	按照图示范围拆除站台层及站厅层原垂梯侧墙，保留原垂梯侧墙范围内的站台板及中楼板。 浇筑站台层墙Q1、墙Q3及柱KZ2，Q1与Q3竖向钢筋植入既有站厅层中板及底板中，墙体水平钢筋植入既有中柱

续上表

序号	部位	图示	施工步骤说明
3	站台板下 站台层 站厅层	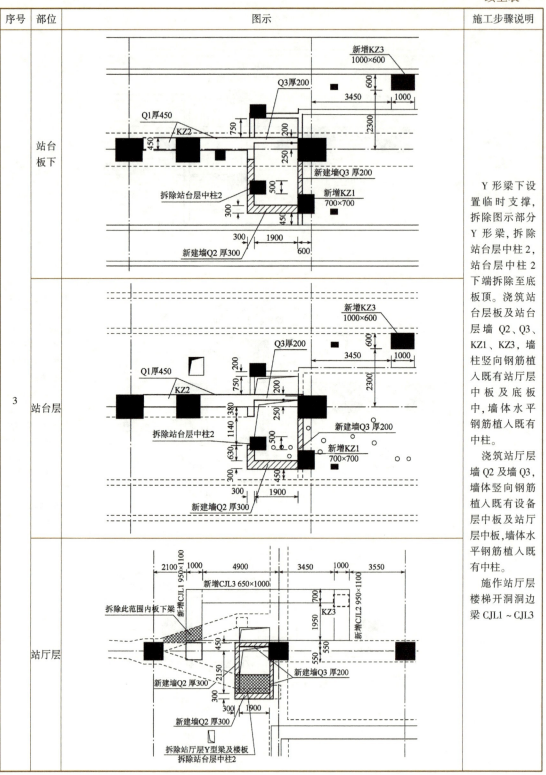	Y形梁下设置临时支撑，拆除图示部分Y形梁，拆除站台层中柱2，站台层中柱2下端拆除至底板顶。浇筑站台层板及站台层墙Q2、Q3、KZ1、KZ3，墙柱竖向钢筋植入既有站厅层中板及底板中，墙体水平钢筋植入既有中柱。 浇筑站厅层墙Q2及墙Q3，墙体竖向钢筋植入既有设备层中板及站厅层中板，墙体水平钢筋植入既有中柱。 施作站厅层楼梯开洞洞边梁CJL1～CJL3

续上表

序号	部位	图示	施工步骤说明
4	站台板下 站台层 站厅层	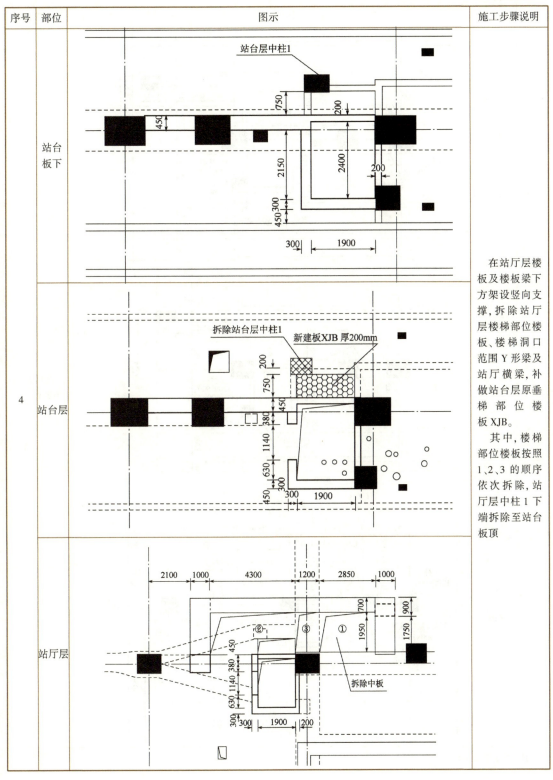	在站厅层楼板及楼板梁下方架设竖向支撑，拆除站厅层楼梯部位楼板、楼梯洞口范围Y形梁及站厅横梁，补做站台层原垂梯部位楼板XJB。 其中，楼梯部位楼板按照1、2、3的顺序依次拆除，站厅层中柱1下端拆除至站台板顶

续上表

序号	部位	图示	施工步骤说明
5	站台板下	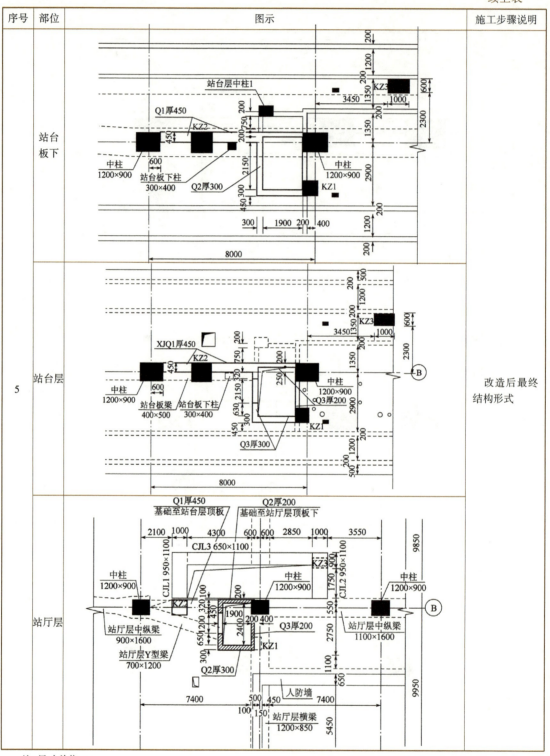	改造后最终结构形式
	站台层		
	站厅层		

注：尺寸单位：mm。

3）换乘通道侧墙开洞接驳

昌南线与既有10号线通过连接通道换乘,因此需要对换乘通道与10号线交界处的侧墙进行开洞,利用水钻切割破除洞门混凝土。具体施工工艺如下:

根据开洞位置弹的墨线位置,将钻机固定在混凝土表面,接好水钻电源,采用直径为108mm的钻头,按照布孔位置水钻静力依次切割混凝土结构。为消除马牙槎,孔位搭接20mm,待每块混凝土块切割完毕后人工取下转至地面,再由专人运到指定位置。

水钻开洞后,洞口边有月牙边,需人工剔除。施工时用小扁錾子将混凝土表面松动的石子、水泥凿掉、剔平,直到清出密实的混凝土面。再用钢丝刷子刷一遍,最后用清水冲洗干净。

清理作业面,将切割下来的混凝土块及时清理干净,必须及时运至垃圾集中堆放点,及时运出。

进行防水处理,在洞口外围表面铺设防水板,防止换乘通道与西土城站接驳处产生地下水渗漏,见图17-20。

图17-20　换乘通道侧墙开洞防水处理施工

4）西侧站厅层改造施工

站内西侧站厅层改造主要施工内容有:设备用房改造、新增楼扶梯开洞、中板支撑墙及扶梯安装、新建楼梯施工等。站内西端改造施工步序:围挡、站内设备保护→小站台设备及管线拆除→设备房结构拆除→扶梯倒运至站台层公共区→中板支撑墙及扶梯基坑施工→中板开洞→扶梯及新建楼梯施工→设备房砌筑及装修→拆除临建→验收,见图17-21。

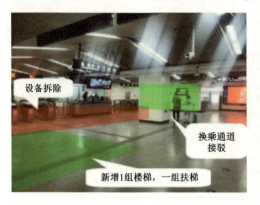 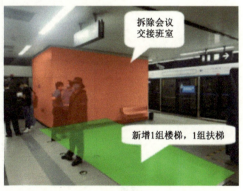

图17-21　站内西侧站厅层改造示意图

在西侧站厅层改造内容中,中板开洞可能会对车站结构产生扰动影响,为保证西侧站厅层楼板开洞施工安全、可靠,需在楼板开洞施工前完成中板支撑墙施工,支撑墙共分为6个部分,分别位于既有西土城站站台南、北两侧,新建墙厚0.4m,高6.4m。楼板支撑墙为不连续墙,其中两处是利用现有站台板墙加厚,两侧各加厚10cm,剩余墙体均在既有底板上新建,墙厚均为40cm,高6.4m,墙体根部与既有站体结构植筋连接。

支撑墙站台板下采用方木支撑完成浇筑,站台板上因施工高度达到4.6m,采用对拉螺杆支撑并加设抛撑形式进行施工,见图17-22。

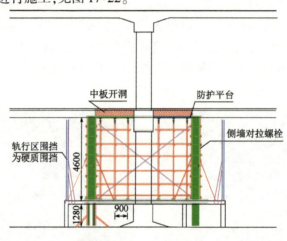

图 17-22 支撑墙与站台板位置关系剖面示意图(尺寸单位:mm)

5)东侧站厅层改造施工

站内东侧站厅层改造主要施工内容有:设备用房拆除、新增楼梯开洞、垂梯南移、新建楼梯施工等。站内东端改造施工步序:围挡、站内设备保护→垂梯拆除→加固梁施工→新建墙柱→拆除中板及新建垂梯井道→新建楼梯及垂梯安装→装修收边、收口→临建拆除→验收。

其中较为关键的改造内容为新建支撑墙及加固梁施工以及垂体井道拆除及新建。新建支撑墙及加固梁见图17-23。

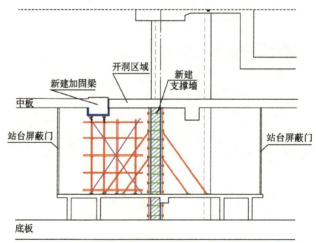

图 17-23 新建支撑墙、加固梁及模板支架剖面示意图

新建支撑墙：为竖向连续墙，上下两端与底板及中板通过植筋连接形成整体。分站台板下及站台板上两次施工，均采用对拉螺栓+抛撑形式完成。

新建加固梁：利用既有中板作为梁的一部分，上下梁之间通过中板竖向开洞植筋形成整体，加固梁底模采用满堂红支架+定制U型钢模完成。

垂体井道拆除及新建：

垂梯侧墙混凝土结构采用绳锯分块静力切割，从上往下依次完成，井道内部搭设脚手架平台。

墙体上下两端与既有结构通过植筋连接，分三次浇筑，主要采用对拉螺栓+抛撑形式，墙内设置满堂红支架，以增加整体稳定性。新建垂体井道模板支架剖面示意图见图17-24。

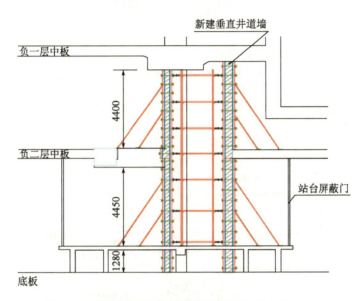

图17-24 新建垂体井道模板支架剖面示意图(尺寸单位：mm)

6）变形监测分析

为监测施工期间站厅层混凝土结构沉降变形特征，在东西侧站厅层各布设5个监测点，分别为ZTC-DTGZ-1～ZTC-DTGZ-5、ZTC-XTGZ-1～ZTC-XTGZ-5，见图17-25。

(1) 西侧站厅层沉降变形分析：

从图17-26中可以看出，西侧站厅层改造施工期间，受楼板开洞等工序的施工扰动影响，监测点ZTC5沉降变形最大，为0.48mm，各监测点沉降变形均为毫米级别，因此改造施工对混凝土结构的安全性影响较小。

(2) 东侧站厅层沉降变形分析：

从图17-27中可以看出，东端厅改造施工期间，受改造基坑开挖、楼板开洞等工序的施工扰动影响，监测点ZTC4沉降变形最大，为0.48mm，各监测点沉降变形均为毫米级别，因此改造施工对混凝土结构的安全性影响较小。

通过最终的监测结果来看，站内结构改造施工中的开洞和新建结构对原有结构没有造成不利影响，改造施工全过程安全平稳，达到了预期目标。

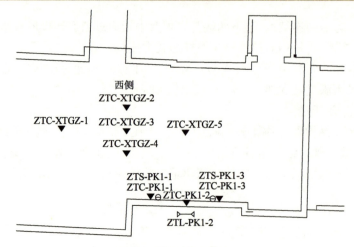

a) 西侧站厅层沉降变形监测点

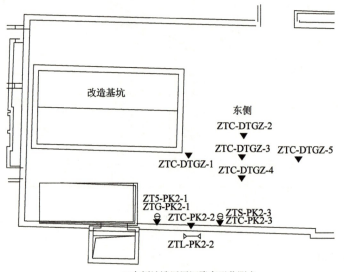

b) 东侧站端厅层沉降变形监测点

图 17-25　站厅层结构变形监测点布置示意图

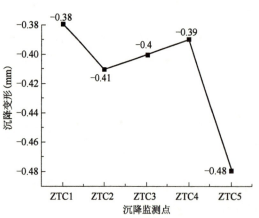

图 17-26　西侧站厅层结构沉降变形曲线

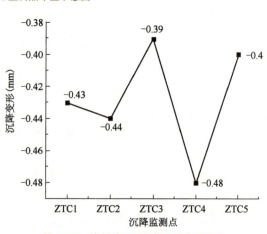

图 17-27　东侧站厅层结构沉降变形曲线

第18章 运营线路拨线施工组织

18.1 建设背景

清河枢纽周边均为建成区,13号线西侧为京新高速公路,东侧为京张铁路,用地条件局促,如果13号线在原区间增设车站,受线路平纵断面条件限制仅能位于规划清河高铁站房西北侧,与地铁19号线、昌平线及国铁站中心换乘距离远,同时,13号线既有高架区间从国铁站房外侧高架穿过,13号线新增高架车站位于站房外侧西北角,地铁车站与国铁站房若分设,枢纽整体空间效果极差。

为了实现清河地铁站与高铁站同站换乘的需求,13号线清河加站拨线工程需要在原13号线西二旗至上地区间,新增一座地铁站清河站,完成既有线路的移设,届时清河站内将实现京张高铁与地铁13号线换乘,可以实现国铁、地铁同站"零距离"换乘,为旅客乘车提供巨大方便。

2017年3月31日,中国铁路总公司与北京市人民政府联合批复《关于新建北京至张家口铁路清河站站房、雨棚及相关工程修改初步设计的批复》,同意清河站按13号线车站与国铁车场并场布置方案,13号线清河站采用两线夹一台布置,设380m×13m岛式站台1座。

拨线工程前后清河枢纽如图18-1、图18-2所示。

18.2 工程概况

清河站综合交通枢纽位于既有地铁13号线上地站—西二旗站区间线路的东侧,新增13号线清河站设置在枢纽工程内,站台与国铁站台同高程平行设置。既有地铁13号线上地站为地面侧式车站,位于上地东二路和朱房路东北角;西二旗站位于后厂村路与上地九街中间,为地面侧式车站;区间采用地面和高架结合的敷设方式。本次拨线工程在既有13号线上地站—

西二旗站区间。拨接之前,新建清河站、上地站—清河站区间(拨接段除外)及清河站—西二旗站区间(拨接段除外)已完成,新建工程均位于既有线东侧,拨接段设置在既有13号线区间地面路基段。拨接后,既有13号线与新建13号线通过拨接串联成线,接入新建清河站,实现与国铁清河站的换乘功能;拨接后对废弃的既有线高架段实施破除,为清河交通枢纽后续建设提供条件。既有13号线拨接线路平面如图18-3所示。

图18-1 拨线工程前清河枢纽鸟瞰图

图18-2 拨线工程后清河枢纽效果图

拨线工程主要工作如下。

轨道专业:拨线预铺段长827m,新建段长133m,拨线段长348m。

供电专业:更换区间电缆16根(段),其中更换高压电缆计12km、二次光电缆计21km。

动照专业:需要拆除上地至西二旗区间灯杆180根、动力检修箱22个、动力电缆13.4km;安装灯杆166根、动力检修箱29个、敷设动力电缆17.2km。

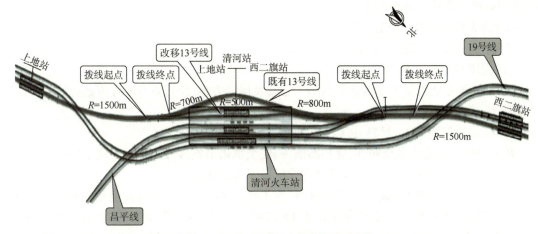

图 18-3　既有 13 号线拨接线路平面示意图

通信专业：新敷设光电缆 72.9km。其中，割接光缆 10 根，倒接光缆 17 根。倒接是指将承载的业务临时倒接到过渡光缆上，拆除旧光缆后，再将过渡光缆上承载的业务倒接到新敷设的正式光缆上。

信号专业：敷设光电缆 37.7km，安装信号机 6 架、轨道电路调谐单元 22 个；修改 3 个站（上地、西二旗、霍营或回龙观）软件，其中霍营或回龙观站软件修改是为了在西段停运期间，运营线路列车在霍营或回龙观站折返。

18.3　拨线施工组织

地铁 13 号线清河加站轨道拨线工程采用城铁停运、南端及北端拨接同时进行的方式施工。拨线工程施工难度大、工期紧、安全风险高、涉及面广。拨线建设需协调地铁运营单位、国铁建设及运营单位、路政、市政等管理单位；在既定时间内，完成土建、轨道、通信、信号、动照、供电等专业拆改、新建、调试等工作的组织实施。

18.3.1　实施前准备

（1）成立管理组织机构，明确工作职责。

成立由轨道公司牵头的调度实施组和以运营公司牵头的运营保障组。

调度实施组由调度组、实施组、安全保障组组成。调度组由轨道公司、各专业实施单位领导组成，在项目现场设立联合指挥部，指挥部在实施南段、北段、新建段、既有段等区域建立智能调度系统，统一指挥拨线实施；实施组由各专业实施单位组成，各单位根据施工网格区域划分，设立各个区域网格管理负责人、实施人员，实施组人员按照既定施工计划、施工方案组织施工，施工时由区域网格管理负责人监管、调度，及时向调度组反馈信息，动态调整施工；安全保障组由轨道公司及各实施单位安全管理人员共同组成，按照方案实施保障措施，确保实施过程安全。

运营保障组由运营分公司、各专业公司、各专业实施单位组成，负责在拨线实施过程中各专业的防护、保障工作；施工完成后，按照运营保障方案由各专业公司、各专业实施单位进行保障,确保后续运营情况安全有序。

(2)完成施工图设计交底工作。

涉及图纸共计31册,全部完成设计交底。

(3)完成各专业方案专家评审工作。

施工前,各专业根据工作内容编制施工方案及保障方案,经行业专家评审通过后方可组织实施。

(4)完成施工前人工、材料、机械施工准备工作。

开工前完成人员培训交底、应急预案演练、安全承诺书签署等工作。土建单位配备150名工人,铺轨单位配备300名工人,各系统专业配备工人290名。

按照审批施工方案完成各项工程材料、施工机械的准备,经验收合格后按照指定时间、地点、质量要求进入现场。土建单位配备13台路基施工机械,拆桥用的14台液压破碎锤、3台装载机、1台汽车起重机、2辆洒水车等大型设备;铺轨单位配备装载机4台、钩机2台、起重机4台、压路机1台、焊轨机1台、轨道车1台、自卸汽车10台、租用自带牵引动力大型捣固机2台。

(5)完成拨线前各项前置施工工序。

①除涉及拨接工作外,各专业实施单位按照方案,完成预铺路线上的前置施工任务。

②拨接前路基验收完成并移交铺轨单位,线路其他段的铺轨、焊轨工作已完成,接触轨完成100%。

18.3.2 实施组织

(1)确定拨接方案。

为了降低对运营线路的影响,根据各专业的工作内容,提前对整体施工组织及调度进行了推演,确定了拨线工程的完成时间为157h。拨接组织流程如图18-4所示。

图18-4 拨接组织流程图

为降低拨线的难度,缩短线路停运时间,拨线点选择在直线、碎石道床段;通过综合对比曲线拨接及道岔拨接方案,选用了曲线拨接方案。如图18-5所示。

(2)完成拨线工程施工组织及调度推演。

①各单位按照施工范围、专业、施工区域(预铺线路、既有线路、点内拨接线路、点内新建线路)划分网格片区,根据不同网格片区、实施顺序,推演整个实施过程,细化各工序步骤,并明确人员工作内容和职责。施工区域划分如下:南段拨线段A1;南段新建段C1;预铺段B;北段拨线段A2;北段新建段C2。施工区域划分如图18-6所示。

②根据工程实施内容及分工,完成施工组织及调度推演。如图18-7所示。

(3)拨线施工组织及调度。

A1、A2拨线段处于路基段上,C1、C2新建段处于路基与高架段过渡阶段,B预铺段处于新建路基段和新增车站。通过拨线施工将原南北两边从路基过渡到高架区间,建设成南北两边从路基段至车站的形式。

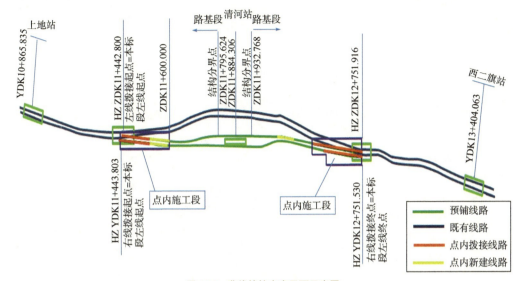

图18-5 曲线拨接方案平面示意图

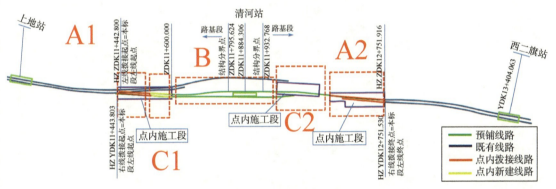

图18-6 施工区域划分图

各设备专业完成拨线段 A1、A2 路肩防护栏杆、改移线缆、拆除电缆支架、拆除过轨线缆、拆除线路中心设备、拆除两线间设备及线缆盒等拆除工作;拆除轨道专业拨线段 A1、A2 线路轨枕中间及砟肩道砟、拆除新建段 C1、C2 段既有线路钢轨及接触轨、清运轨枕及道砟,之后由土建单位完成新建段 C1、C2 路基填筑工作,同时轨道专业在拨线段 A1、A2 处将既有轨道驳接至既定位置,路基填筑完成后轨道专业完成新铺 C1、C2 处底砟轨排、回填道砟、捣固整道、钢轨焊接、接触轨安装、大机捣固、轧道、防护栏安装工作;供电、通信、动照专业完成相关施工及调试工作;轨道专业施工完成后,由信号专业完成轨旁设备安装及调试工作,最后进行冷热滑试验。

①既有线施工。

1d 0:30—1d 7:30,在该时间段内,主要完成接驳段 A1、A2 上方各专业既有设备的拆除,为后续土建单位施工提供必要条件;同时各专业拆除施工不影响土建施工范围内相关设备移设及配线工作。

a. 轨道专业。

0~7h 工作:接触轨拆除(2h)—轨道拆除(3h)—清除道砟(2h)。

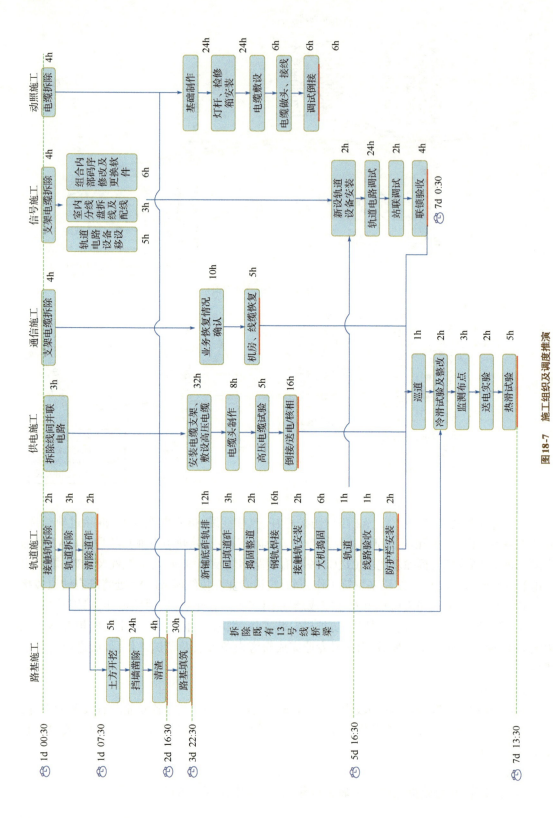

图18-7 施工组织及调度推演

(a)锯轨。南端A1拨线段、C1新建段(K11+442~K11+600),双线158m;北端A2拨线段、C2新建段(K12+427~K12+751),双线324m;同时进行相关锯轨作业。

(b)接触轨拆除。锯轨作业后,南端A1拨线段、C1新建段(K11+442~K11+600),北端A2拨线段、C2新建段(K12+427~K12+751)同时进行拆除接触轨作业(A1、A2拨线段需双线拆除,C1、C2新建段拆除右线接触轨,为土建施工创造场地)。

(c)轨道防护系统拆除。接触轨拆除过程中,南端A1拨线段、C1新建段(K11+442~K11+600双线),北端A2拨线段、C2新建段(K12+427~K12+751双线)同时进行拆除既有轨道防护系统作业。

(d)扒道砟、扣件拆除。接触轨、轨道防护系统拆除后,南端A1拨线段(K11+442~K11+542双线),北端A2拨线段(左线K12+606~K12+751,右线K12+654~K12+751)进行扒道砟作业,同时南端C1新建段(K11+542~K11+600右线)、北端C2新建段(K12+427~K12+502右线)进行扣件拆除作业。

b. 供电专业。

0~3h工作:拆除线缆间并联电路(3h),做好防护。

通信专业:

0~4h工作内容:支架电缆拆除(4h)。

拆除既有线缆及线槽,对已完成工作进行巡视检测。

c. 信号专业。

0~10h工作内容:支架电缆拆除(4h)—轨道电路设备移设(5h)、室内分线盘拆线及配线(3h)、组合内部码序修改及更换软件(6h)。

(a)既有设备拆除。停运后即开始拆除既有轨道电路设备、箱盒,既有1276点所有设备运至新1272点,满足条件后安装,其余设备运回。

(b)站间联系电缆割接及轨道电缆校核。0~5h进行站联电缆割接及校核,6~10h进行预铺线路轨道电路电缆校核。

停运后,将既有站间联系电缆断开,并与上地站、西二旗设备室进行芯线核对;新敷设站联系电缆与既有站联系电缆接续;配合室内进行接续后的核对及试验。

(c)室内分线盘电缆拆除。组织6人拆除上地站、西二旗站分线盘对应既有轨道配线,同时包扎好电缆头,并做好标签。对室内外电缆校号,新增配线引入分线架对应位置。

0~10h:进行既有电缆拆除、新轨道电路电缆引至对应位置、站联电缆核对,预铺线路已完成安装的轨道设备电缆核对。

d. 动照专业。

0~4h工作:电缆拆除(4h)。将废弃电缆拆除并做好防护。

②点内拨线处土建主体结构施工。

1d 7:30—3d 22:30。土建单位完成接驳处施工,为后续设备单位提供必要条件。

土建单位在点内拨接线路、点内新建线路处进行土方开挖、挡土墙凿除、清理废渣、路基填筑等工作;同时完成既有13号线桥梁拆除;轨道专业在土建新建段C1、C2区路基填筑施工的同时,实施拨线段A1、A2区既有线路基加宽施工,并完成与新建路基拨线施工。

a. A1拨线段(K11+442~K11+542双线)。

2:00—19:00：进行扒道砟(1h)、搭设滑道(1h)、轨道拨接(6h)、拆除滑道(1h)、回填道砟(5h)、小机捣固整道(3h)等工作。

19:00—24:00：进行接触轨安装、线路检查确认、防护栏安装等工作。

b. A2拨线段（左线K12+606~K12+751，右线K12+654~K12+751）。

2:00—24:00：进行扒道砟(1h)、搭设滑道(1.5h)、轨道拨接(8h)、拆除滑道(1.5h)、回填道砟(6h)、小机捣固整道(4h)等工作。

24:00—30:00：进行接触轨安装、线路检查确认、防护栏安装(由建安公司配合确认)等工作。

c. C1、C2新建段（C1新建段K11+542~K11+600右线，北端C2新建段K12+427~K12+502右线）。

2:00—7:00：进行钢轨及轨枕拆除(3h)、道砟清运工作(2h)。

③点内拨线处设备专业施工。

3d 22:30—5d 16:30，土建单位完成新建段C1、C2施工后，铺轨专业完成新路基段轨道安装工作，为后续信号专业轨道设备安装及调试提供必要条件；其余各专业完成相关工作。供电专业完成电缆敷设及送电、通信专业完成业务调试、动力照明专业完成设备安装及调试。

a. 轨道专业。

70—115 h：工作内容：新铺底砟轨排(2h)—回填道砟(3h)—捣固整道(2h)—钢轨焊接(16h)—接触轨安装(2h)—大机捣固(6h)—轧道(1h)—线路验收(1h)—防护栏安装(2h)。

完成C1、C2新建段新建线路及钢轨焊接。

(a) C1新建段K11+542~K11+600双线。

70:00—80:00 新建线路；80:00—83:00 回填道砟；83:00—85:00 小机捣固；85:00—86:30 等待焊接(此时焊轨车在C2区作业)；86:30—101:00 钢轨焊接、初步应力放散及锁定(根据设计方案放散完成后采用冻结接头将新旧钢轨进行冻结)；101:00—103:00 接触轨安装。

(b) C2新建段K12+427~K12+502左线。

70:00—74:30 新建线路；74:30—76:30 回填道砟；76:30—78:30 小机捣固；78:30—86:30 钢轨焊接、初步应力放散及锁定(根据设计方案放散完成后采用冻结接头将新旧钢轨进行冻结)；86:30—88:30 接触轨安装；88:30—103:00 等待大机捣固(此时焊轨车在C1区作业)。

b. 供电专业。

70~131h 工作内容：安装电缆支架、敷设高压电缆(32h)—电缆头制作(8h)—高压电缆试验(5h)—倒接/送电/核相(16h)。

待路基完成后，依次完成强电电缆支架安装、敷设高压电缆、电缆头制作、高压电缆试验、倒接/送电/核相试验工作。

c. 通信专业。

70~85h 工作内容：业务恢复情况确认(10h)—机房、线缆恢复(5h)。

依次安装电缆支架、相关线缆的敷设及引入、通信系统业务倒接，经确认无误，恢复机房线缆。

d. 动力照明专业。

70—142h 工作内容：基础制作(24h)—灯杆、检修箱安装(24h)—电缆敷设(6h)—电缆做头、接线(6h)—调试倒接(6h)。

依次完成基础制作、灯杆、检修箱安装、电缆敷设、电缆接头及接线、调试倒接工作。针对拨线段内设备及线缆,敷设拨线段内照明电缆、动力检修箱电缆,连接新建线路与既有线路的照明电缆、动力检修箱电缆,调试全部线路的照明、动力检修箱,完成后将新动力照明电缆倒接入配电箱内,最后拆除废弃电缆。

④调试确认。

5d 16:30—7d 0:30,铺轨专业完成信号专业施工前置条件;信号专业完成专业施工、调试工作;各系统专业完成专业调试并与运营单位各专业共同确认业务调试情况。各系统确认无误后,系统调试完成。

112~144h 信号专业工作内容:新设轨道设备安装(2h)—轨道电路调试(24h)—站联调试(2h)—联锁验收(4h)。

依次完成新设轨道设备安装、轨道电路调试、站联调试、连锁验收工作。连锁试验需完成单项试验和开通试验,单项试验和导通联锁试验、码序试验,并由运营单位通号公司确认。对更换过电缆的相关轨道电路、继电器进行状态检查和电压测试,与更换前的基础数据、状态是否一致进行比较,对误差数据进行调整。

⑤冷热滑试验。

7d 0:30—7d 13:30,完成相关检查、冷热滑试验工作。

144~157h 工作内容:巡道(1h)—冷滑试验及整改(22h)—监测布点(3h)—送电试验(2h)—热滑试验(5h)。

待各系统全部调试完成后,依次完成巡道、冷滑试验及整改、监测布点、送电试验、热滑试验工作。

18.3.3 实施后保障

(1)加强开通运营后现场保障工作

建立以运营公司各专业、轨道公司、各施工单位的运营保障联系机制,在线路开通后的7d内安排各专业公司,现场值守,各施工单位配置必要的应急保障人员、物资和设备,在线路发生故障时听从应急保障小组的调度及时进入现场解决。

(2)组织对施工区段线路养护

开通运营后,一周内各施工专业每天利用天窗点对各专业的设备状况进行检查维修,采取专用量具进行检查并记录,发现问题时现场及时采取措施整改,保证能够正常开通运营。为了保证道床的稳定性,在开通后第3天、第7天安排大型捣固机对碎石道床分别进行捣固和稳定,保证线路质量和车辆运营安全。既有线拆下的旧料由施工单位进行切割等处理后,运输到指定位置,由相关公司后续处理。

第 5 篇
设备安装工程典型工艺工法

　　近年来，国家持续加大城市轨道交通建设，地铁建设的快速发展，地铁轨道结构形式也变得多种多样，其中设备系统具有设备多、系统复杂等特点。下面结合昌南线工程特点，重点介绍地下线预制减振垫浮置板道床施工工法、正线外挂竖井铺轨基地铺设施工工法、供电系统均回流电缆低温钎焊工艺、基于BIM技术的地铁通信机房布线施工工法在昌南线工程中的成功应用。

第19章 地下线预制减振垫浮置板道床施工工法

2021年10月—2022年8月,昌南线清河站至学院桥段共计完成铺轨16.214km,其中预制减振垫浮置板道床位于六道口站至学院桥站段(ZDK40+358.905～ZDK40+512.505)。地下线预制减振垫浮置板道床施工技术新、施工难度大、施工工期紧。在进场以后,为按时保质保量完成施工任务,及时组织了广大工程技术人员相互探讨,通过不断钻研、不断优化和及时调整施工方案,成功总结出本工法,实现了地下线预制减振垫浮置板道床施工工艺,解决了现场施工不利因素,更加便利于现场施工,提高了施工工效,对缓解工期压力起到了很大的作用。六道口站至学院桥站区间内的预制减振垫浮置板道床施工首次进入北京城市轨道交通建设之中,为后续线路施工相同道床打下坚实基础。

19.1 工法特点

(1)采用预制装配化施工,绿色环保,施工效率高,可大幅缩短工期。

(2)施工中能精确控制预制板铺设的位置,实现轨距、水平、方向、轨顶高程等轨道几何尺寸满足设计要求,以确保列车的安全、平稳运行。

(3)预制减振垫浮置板轨道极大地减少了繁重、复杂的手工劳动和现场混凝土的湿作业,降低了劳动者的现场作业强度,改善现场一线施工人员作业环境。

(4)采用自密实混凝土浇筑工艺消除了浇筑混凝土时的振捣噪声,提高施工速度和质量。

19.2 工艺原理

19.2.1 施工工艺原理说明

板垫一体结构产品为专项设计的标准定型产品,采用工厂化进行减振垫浮置板(简称"预制板")预制生产,加工成型的成品预制板通过汽车运输至铺轨基地并存储,在铺轨基地内采用门式起重机或汽车起重机将预制板吊装至平板车上,轨道车运输至施工作业面,隧道内施工作业面采用轨道式铺轨门式起重机进行预制板吊运、铺设作业,采用轨道基础控制网、配套测量系统及工装设备进行预制板几何位置调整,固定预制板位置进行自密实混凝土层的灌注施工,安装线路钢轨扣件等作业。

19.2.2 预制减振垫浮置板道床结构设计情况

预制减振垫浮置板道床整体道床结构由预制板、减振垫、自密实混凝土填充层、限位凸台、限位挡土墙和排水沟等部分组成(图19-1),预制减振垫浮置板为板垫一体结构,预制减振垫浮置板道床板板下、板侧及水沟下方采用强度等级不低于C40的自密实混凝土填充(图19-2)。

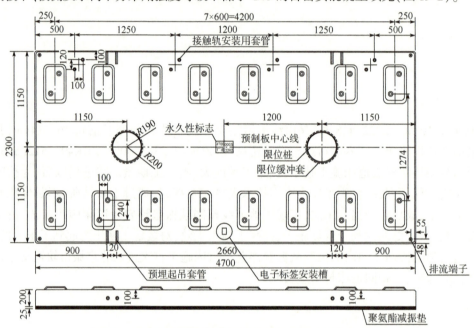

图19-1 预制减振垫浮置板道床平面结构示意图(尺寸单位:mm)

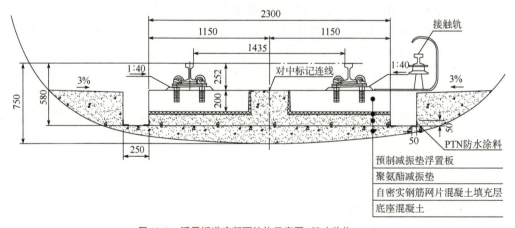

图19-2 浮置板道床断面结构示意图(尺寸单位:mm)

19.3 施工工艺流程及操作要点

19.3.1 工艺流程

预制减振垫浮置板道床施工工艺流程见图 19-3。

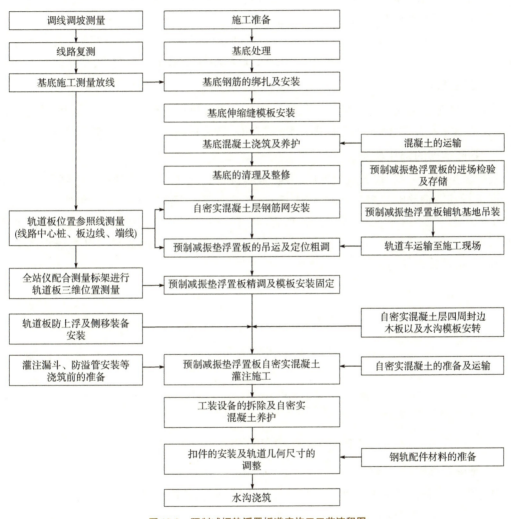

图 19-3 预制减振垫浮置板道床施工工艺流程图

19.3.2 操作要点

1）施工准备

（1）仪器准备：预制减振垫浮置板精调所使用的仪器设备应满足规范及施工要求，新研发调板软件需经校核无误后方可使用。

（2）人员准备：预制减振垫浮置板精调所需测量人员、施工人员等应满足施工需求，须经培训合格后方可进行施工作业。

（3）技术资料准备：组织现场调查和设计图纸会审，编制实施性施工组织方案，进行技术交底，同时准备多等级减振通用预制板测量所需资料。

（4）物资材料及机具准备：预制减振垫浮置板精调所需物资材料以及施工所需的机具应满足现场测量要求，同时对进场的预制减振垫浮置板及基底板等材料严格按其外观质量、类别、尺寸逐一检查，现场清点，分类堆放，验收合格后方可使用。

（5）施工前测量，包括导线点复测、CPⅢ控制网测设及加密基标测设。

（6）预制减振垫浮置板的精调是整个预制板施工中最重要的工序，预制减振垫浮置板精调软件及精调工装的精度一定要满足精度要求，高程精度要求±1mm，中线允许偏差1mm。

2）基底处理

隧道基底施工前应对隧道仰拱的垃圾、泥浆、杂物等进行清理，进行基底凿毛、结构底板表面凿毛，凿毛深度5~10mm，凿毛间距100mm左右，凿毛见新率不小于50%。

3）基底钢筋的绑扎及安装

根据轨道设计数据，首先对轨道中心线、板缝位置线、基底高程控制桩进行测设，再利用测量数据进行基底钢筋网片绑扎、伸缩缝木板安装、基底道床面混凝土高程的控制。基底结构缝设置里程位置与设计预制板缝里程位置重合（图19-4）。将加工完成的预制减振垫浮置板轨道基底钢筋在铺轨基地装车，轨道车运输至施工现场，利用铺轨门式起重机运送至施工作业面，现场人工绑扎钢筋（图19-5）。

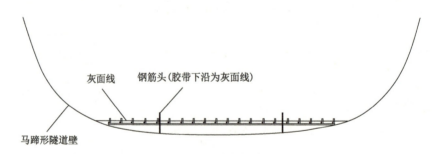

图19-4 预制减振垫浮置板基底面控制线示意图

4）基底伸缩缝模板安装

依据测量放样的预制减振垫浮置板缝位置设置结构缝，伸缩缝位置钢筋需断开，进行伸缩缝木板安装，安装时木板顺直并且固定牢固。

5）基底混凝土浇筑及养护

施工时，首先在基底底面打设高程控制桩（桩顶高程以轨顶高程下返值为准），再根据高程控制桩位和基线，严格控制基底的高程及表面平整度，尤其注意对曲线地段倾斜基底的高程控制。混凝土施工采用轨道车运输、铺轨门式起重机吊运混凝土料斗，进行混凝土运输作业。混凝土施工完毕后，及时清理散落于隧道管壁的混凝土，对基底混凝土进行养护。基底混凝土回填如图19-6所示。

图19-5 基底钢筋绑扎

图19-6 基底混凝土回填

6)基底整修及清理

对基底高程及平整度进行检查。对预制减振垫浮置板基底进行清理,将基底表面的垃圾、积水、混凝土残渣等清理干净。

7)自密实混凝土层钢筋网片安装

(1)钢筋网片绑扎前对基底高程及平整度进行检查;再对预制板基底进行清理,将基底表面的垃圾、积水、混凝土残渣等清理干净。为了满足后续预制减振垫浮置板的就位、调整及轨道几何尺寸的实现需要,对预制减振垫浮置板四个角进行定位测量(图19-7),在预制减振垫浮置板外轮廓位置进行测量放线,弹出就位的预制减振垫浮置板的4条边线(图19-8)。

图19-7 预制减振垫浮置板定位放点

图19-8 预制减振垫浮置板定位放线

(2)自密实钢筋网片混凝土填充层设置直径8mm的HPB300级光圆钢筋组成的钢筋网片,间距150mm×100mm,当钢筋网片与钢筋笼冲突时可适当调整钢筋位置,钢筋保护层垫块按0.5m间距、呈梅花形进行布置,并确保混凝土保护层厚度满足设计要求。绑扎时设置底部钢筋保护层,并进行固定,避免后期落板及预制减振垫浮置板调整时钢筋移位;混凝土保护层厚度不低于35m。

8)预制减振垫浮置板的吊运及定位粗调

(1)预制减振垫浮置板为工厂化预制的成型产品,减振垫提前在工厂粘好,利用载重汽车由预制工厂运输至铺轨基地。对进场的预制板按规范及技术标准要求进行验收。结合铺轨基地的统筹布置,合理规划预制板的存储台位,为了避免预制减振垫浮置板存储的变形,预制板存储的场地及台位需进行混凝土硬化,硬化的场地应平整,存储预制减振垫浮置板时,为了防止板下减振垫受力变形,板底及每层直接叠放,不用设置垫木,存放层高不宜大于5层。单块预制板质量约6t,当存储场地位于车站顶板上时,还应满足车站顶板荷载的要求。

(2)预制减振垫浮置板运至场地卸车之前,由物资部组织工程部、安质部等相关责任部门对进场预制板的表观质量进行验收,表观质量存在缺陷(如裂缝、裂纹、缺棱掉角等)的坚决不予卸车;吊装时采用专用吊具进行吊装,避免预制减振垫浮置板在吊装过程中出现损坏现象,发生事故。

(3)预制减振垫浮置板吊装时采用专用吊具进行吊装,首先将专用吊具用配套螺栓安装至预制减振垫浮置板两侧预留孔中。再用10t的卡环将钢丝绳与专用吊具连接,钢丝绳采用4根长度3m、直径不小于15.5mm钢丝(图19-9、图19-10)。

a)

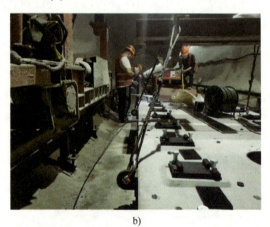
b)

图19-9 预制减振垫浮置板吊装(一)

a)

b)

图19-10 预制减振垫浮置板吊装(二)

（4）在铺轨基地利用门式起重机将预制板道床由铺轨基地轨排井吊装至平板车上，单块板重6t，单型平板车装4块预制板（双层布置，板底设置支撑垫木）。轨道车牵引平板车，运输至铺设作业面。

（5）预制板铺设前，应预先在基底表面放置支撑垫木（图19-11），垫木位置应放在预制板板端位置，放置4块垫木作临时支撑，垫木放置位置宜临边，在调节器起板后方便取出。

（6）作业面铺轨门式起重机配合进行预制板的铺设，以放样的边线和板缝线为基准，进行落板并初步就位。控制轨道粗铺精度：前后允许偏差10mm，左右允许偏差10mm，满足后续预制板精调时调节器的调节范围要求（图19-12）。铺轨门式起重机落板时，接近混凝土基底时必须减小下降速度，防止损坏预制板。

图19-11　放置支撑垫木

图19-12　预制板定位粗调

9）预制减振垫浮置板精调及模板安装固定

（1）预制板初步铺设后，四角安装三向调节器（图19-13），注意调节器与基底间设置支撑垫木（宜采用硬杂木），为了避免一步调节不到位造成拆卸调节器重新精调，首先将高程调节螺栓调节处于最低位置，前后左右调节螺栓调节处于中间位置。三向调节器安装妥当之后，4个三向调节器同步转动，竖向调节螺杆，使预制板慢慢升起，取出铺设时放的垫木，并确认预制板下无其他废弃物。先调预制板水平位置，再调整预制板高程。要求纵横向位置偏差不宜超大于±5mm。当纵向偏差超过10mm时，应调用起重设备纵移预制板至误差范围内。高程以直线无纵坡地段相邻两块预制板顶面相对高差不超过2mm控制，按设计自密实混凝土垫层厚度±10mm作校核。注意安装调节器前，需将两侧封边模板临时安装到位（调节器临近预制板，安装完毕后两侧模板无法安装）。预制板精调过程中应注意四角步调一致，避免单点受力过大造成预制板吊装孔处边角破损。

（2）预制板上利用扣件尼龙套管作为棱镜定位孔，全站仪实时测量同棱镜交换数据，指挥人工利用三向调节器进行预制板的精调。预制板精调注意搭接测量，避免产生累积偏差。预制板精调完毕后，应检查四角位置的调节器是否均处于受力状态（可能存在精调器三点受力状态，造成预制板固定不牢固）。预制板调整：通过开发的配套测量软件进行数据处理及分析，计算预制板的位置偏差，测量数据后指挥人员利用精调器进行预制板的三维调整，直至预制板的误差满足预制板精调允许偏差要求。

图 19-13　预制板三向调节器安装

(3) 预制板平面定位时直线地段线路中心线与预制板中心线对齐,曲线地段预制板采用"平分中矢法"布板,以板端第二组扣件中心线与预制板中心线交点为每块预制板的基准点,每块预制板的两个基准点均位于线路中心线。

(4) 预制板高程定位时缓和曲线超高渐变,理论上板三点受力,钢轨扭曲。为了解决这个问题,在缓和曲线地段,以朝直线方向的板端超高控制每块预制板的预设超高,保证板四角受力,预制板曲线内股轨面高程以原设计高程和坡度控制,曲线外股轨面高程通过充填式垫板调整,使各扣件超高的设置达到设计值。在竖曲线地段,预制板处于凹形状态,在凸形竖曲线上,预制板的两端中点位于曲线上,中间部分通过扣件调整;在凹形竖曲线上,预制板的中心位于竖曲线上,两端通过扣件调整,使轨顶与竖曲线重合。

(5) 预制板精调棱镜标架安装时,首先对棱镜底座及安装棱镜位置承轨台进行清理。在棱镜的活动端、固定端的放置位置以检校棱镜时的放置位置为准。在棱镜的检校时,对棱镜及对应的测量点位进行编号,预制板测量时放置棱镜编号及位置同检校的编号及相对位置(图 19-14)。

图 19-14　预制板精调

(6) 预制板精调完毕后,安装四周封边模板(即两侧及端头封边模板)、水沟模板(避免二次浇筑)、预制板、防上浮支架(用作反力架),曲线地段还需安装防侧向位移支架。四周封边模板需安装牢固,与预制板四周边沿和基底应密贴,保证接缝完好,防止混凝土在间隙位置漏浆。在四周封边模板预制板四角设置排气孔槽,确保板底灌注的密实性。四周封边模板安装前表面需粘贴透气模板布,粘贴模板布注意与模板黏结密实,无空洞。粘贴模板布时,在排气孔槽位置注意裁剪,以确保排气孔位置良好、排气通畅,严禁堵塞排气孔位置。

安装预制板防上浮支架(图 19-15)。防上浮支架采用膨胀螺栓固定于基底混凝土上,利用竖向调节螺栓固定预制板,防止预制板在浇筑过程中产生上浮。注意检查预制板防上浮支架各部位的连接螺栓是否虚接,螺栓是否紧固,扭矩力及扣压力是否满足要求。每块板安装3～4道轨道支架。曲线地段设置防侧移装置。安装预制板扣压装置时避免扰动预制板,以保证预制板的位置符合设计要求。

图 19-15 预制板防上浮装置安装

预制板浇筑前 BIM 展示图如图 19-16 所示。

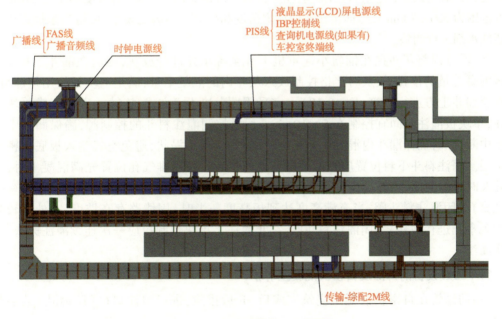

图 19-16 预制板浇筑前 BIM 展示图

10）减振预制板自密实混凝土灌注施工

（1）自密实混凝土灌注前注意检查预制板的平面及高程位置，保证预制板无变化，调节器无松动，四周封边装置固定牢靠、密封良好，防上浮支架的调节螺杆及紧固螺栓紧固、无松动。自密实混凝土从预制板中心孔灌注，前后孔为排气孔、观察孔。防溢管采用 PVC 管，安装于板面预留的观察孔和灌注孔内。板面灌注孔周围铺设土工布遮盖，防止污染。防溢管高于板面 350mm。

（2）现场采用商品混凝土，在商品混凝土搅拌站进行自密实混凝土的拌制。拌制前做好自密实混凝土材料准备，严格按照揭板试验材料配合比配制混凝土，按照浇筑板的数量确定拌制方量，并稍有富余。每块预制板必须一次浇筑完成，严禁二次浇筑。生产时严格按照配合比加水，严格控制外加剂的数量。对拌和物各项性能指标进行检测，合格后方可使用。

（3）自密实混凝土的运输应使用混凝土搅拌运输车，必须严格控制非配合比用水量的增加。在装入混凝土前必须仔细检查混凝土搅拌运输车，筒体内应保持干净、潮湿，不得有积水、积浆。混凝土搅拌运输车装料前需将拌筒中积水排净。运输途中，拌筒以 1～3r/min 运行，以防止混凝土离析。混凝土搅拌运输车到工地现场卸料前，应使拌筒以 8～12r/min 速度转运 1～2min，然后再反向转动卸料。

（4）从商品混凝土搅拌站将混凝土运送至铺轨基地后，对混凝土进行试验检测，主要通过坍落度和扩展度试验来观察混凝土流动性（图 19-17）。再通过下料口下灰放置轨道平板车上的罐车里，利用轨道车运送至施工作业面。长距离运输过程中罐车需一直转动，防止混凝土在运输过程中产生离析。运送至作业面后灌入灰斗，吊装至预制板灌浆孔处，再次对混凝土进行坍落度和扩展度试验，观察混凝土流动性。根据多次试验结果可知，坍落度不小于 270mm、扩展度范围为 600～700mm，运输至作业面后坍落度和扩展度不满足要求，可适当添加聚羧酸高性能减水剂进行调整。

（5）灌注时将灰斗挂在铺轨小起重机上开至罐车处进行放灰，提前在漏斗上标记出 1 块板混凝土量的位置，放灰时严格控制放入灰斗内的混凝土量，满足 1 块板使用量即可，再运送至漏斗上方进行浇筑（图 19-18）。宜采用"慢-快-慢"方式，连续一次性完成单块板的灌注，单块板灌注时间宜控制在 5～10min。通过控制灌注料斗的控制阀，确保漏斗中混凝土不中断，同时确保漏斗内混凝土充足，漏斗不宜出现漩涡状，避免空气卷入板底自密实混凝土层。灌注料斗下料位置应在溜槽最高处的位置。四周排气孔位置充满混凝土时，对排气孔及时进行封闭，当充满高度接近板底时（因线路存在坡度，在处于较高位置的观察孔进行观察）关闭灌注料斗阀，当充满高度达到板高度一半时（因线路存在坡度，在处于较高位置的观察孔进行观察）关闭灌注料斗阀，终止灌注。单块预制板应一次连续灌注完成，严禁二次灌注。

11）工装设备的拆除及自密实混凝土养护

（1）防溢管在自密实混凝土浇筑完成后 3h 后拔除，进行灌注口（或防溢孔）的混凝土收面。

（2）三向调节器及压板支架应在自密实混凝土终凝后拆除。

图 19-17　扩展度试验检测　　　　　　图 19-18　混凝土浇筑

（3）预制板灌注后及时对混凝土进行养护，带模养护不得少于3d，同时当自密实混凝土强度达到拆模强度，且表面及棱角不会因拆模受损，方可拆除板侧及板端角铁模板。拆除时注意对棱边角进行保护，避免拆模缺棱掉角。拆模后应对自密实混凝土采取土工布包裹保湿养护，不得少于14d。

（4）预制板上堆积重物及承受振动冲击荷载时，需注意混凝土龄期同强度的关系，必要时做抗压强度试压，合理确定承受荷载时间。

12）扣件的安装及轨道几何尺寸的调整

（1）对施工完毕的道床垃圾及散落混凝土进行清理。需注意混凝土浇筑过程中，对预制板面预埋尼龙套管、防迷流连接端子的保护，采取措施严禁混凝土及垃圾进入道床，避免后续扣件及螺栓无法安装。

（2）按照设计图纸进行扣件安装，铺设钢轨，形成临时线路。扣件安装完毕后，对轨道几何尺寸进行检查，确保工程列车的安全运行。

（3）地铁预制板的设计均为标准的直线板，按直线板预制，曲线地段需"以直代曲"，采用"半矢法"，即第二组扣件中心线处线路中心线与板中心线偏离值为"0"布置，其余扣件中心线处矢距通过扣件调整。

（4）调整时，根据CPⅢ轨检小车检查数据进行调整，首先确定一股钢轨的轨向，再以轨距控制另一股钢轨的轨向。由直线向曲线进行调整。轨道的高低水平通过调整垫板进行调整。全部施工完毕后，对扣件进行复紧，对预制减振垫浮置板轨道施工质量进行全面检查。

13）水沟浇筑

二次浇筑混凝土形成纵向排水沟，排水沟宽度为250mm，深度为轨顶面以下580mm，顶面向水沟方向设3%的排水坡。水沟断面下部两个底角应采用石油沥青聚氨酯密封胶（PTN）进行防水处理，板缝处也采用PTN进行防水处理，涂刷范围为预制减振垫浮置板板缝两侧从水沟底高出50mm范围，板缝底涂刷宽度100mm，涂料涂刷厚度不小于3mm，应分层、交错涂刷；防水涂料基层表面应基本干燥，不应有气孔、凹凸不平、蜂窝麻面等缺陷。

预制减振垫浮置板道床两侧与梯形轨枕道床衔接，衔接处设置100mm宽的排水横沟，进行中心水沟与两侧水沟的过渡处理。两种道床结构水沟深度一致，利用线路纵坡进行排水。

19.4 劳动组织

劳动力组织见表19-1。

预制板施工劳动力组织表　　　　　　　　　　　　　表 19-1

序号	分工		人数	说明
1	基底高程复测及整修	基底高程复测	3	检查基底高程
2		基底整修	4	对不满足要求的基底进行整修
3		预制板吊装、运输	8	预制板的运输、洞内的吊运
4		预制板的精确定位	4	预制板的精调
5		预制板支模封堵	4	预制板模板支立及封边
6		预制板灌注	6	基底板与结构板间隙灌注
7		轨道几何调整	4	钢轨、扣件的安装及轨道几何精调
8	其他	测量人员	3	配合测量、提供数据
9		技术员	1	现场施工技术指导,检查施工质量
10		配合人员	12	门式起重机司机,铺轨门式起重机司机

注：施工劳动力组织按单班作业考虑，50m/d。

19.5 材料与设备

机具设备见表19-2。

预制板施工主要机具设备表　　　　　　　　　　　　表 19-2

序号	名称	规格	单位	数量
1	地铁专用轨道车	JY-290	台	1
2	地铁专用轨道平板车	PD25	辆	2
3	专用铺轨门式起重机	DP-12	辆	2
4	门式起重机走行轨	24kg/m	m	420
5	钢筋调直机	GJ-14	台	1
6	钢筋切断机	GQ40B	台	1
7	钢筋弯曲机	GW40B	台	1
8	三向调节器		套	44
9	专用吊具		套	8
10	全站仪	DS3 级	台	1
11	轨检小车		套	1
12	专用棱镜支架		套	1

续上表

序号	名称	规格	单位	数量
13	专用精调软件		套	1
14	钢模板	150mm×2000mm	套	44
15	三向调节器专用扳手		把	4
16	拐角模板		套	44
17	防上浮支架		套	44
18	料斗支撑架		架	1
19	料斗		台	1
20	膨胀挂钩螺栓		根	400
21	斜撑	500mm	个	44
22	钢卷尺	5m	把	5
23	道尺		把	2
24	铁锹		把	5
25	扫把		把	5
26	冲击钻		台	2
27	线盘		个	3
28	水平尺		个	2

19.6 质量控制

19.6.1 质量标准

(1)质量控制标准:《地下铁道工程施工质量验收标准》(GB/T 50299—2018)、《混凝土结构设计规范》(GB 50010—2010)(2015年版)、《地铁设计规范》(GB/T 50157—2013)、《铁路混凝土结构耐久性设计规范》(TB 10005—2010)、《自密实混凝土应用技术规程》(JGJ/T 283—2012)。

(2)预制板运至现场后,供货方、施工方、监理单位等共同对外观和零部件数量进行检查和清点,检查有无明显外观缺陷,各预埋件安装是否符合相关规定。

(3)预制板进场应提供质量证明文件、出厂合格证及其他相关的生产技术资料。

(4)装卸预制板时严禁碰撞。

19.6.2 质量控制措施

(1)建立了完善的质量保证体系,在工程质量管理上,树立动态控制、全过程管理的思想,注重对质量管理的事前预防、事中监控和事后纠偏的控制。在工程项目质量管理PDCA循环中,不断提高工程质量,工程质量管理和质量控制得到持续改进。

(2)对基底的垃圾、泥浆、杂物等进行清理,按设计要求对表面进行凿毛处理。施工时根据高程控制桩位和基线,严格控制基底的高程及表面平整度,尤其是曲线段倾斜基底的高程控制。

(3)检查预制板防上浮支架,注意检查预制板防上浮支架各部位的连接螺栓是否虚接、螺栓是否紧固,扭矩力及扣压力是否满足要求。

(4)严格控制自密实混凝土的拌制质量,从材料源头上控制混凝土的质量,避免因材料原因造成混凝土的质量波动。灌注自密实混凝土前,与设计单位、混凝土厂家沟通确认自密实混凝土的配合比,调出配合比后做揭板试验,试验合格后进行灌注;生产时严格按照配合比加水,严格控制外加剂的数量,对拌和物各项性能指标进行检测。提前分析外界环境因素对混凝土质量的影响。

(5)自密实混凝土从预制板的预留灌注孔进行灌注并设置防溢管,确保预制板下的自密实混凝土密实不出现气泡,板面灌注孔周围铺设土工布遮盖,防止污染。

19.7 安全措施

19.7.1 安全管理措施

(1)现场作业人员必须加强安全意识教育和安全防护知识培训,按规定备齐防护用品,现场按规定做好防护。重点做好人身安全防护以及机具设备、测量仪器设备安全防护。

(2)施工人员在施工作业前及施工作业期间不准抽烟、酗酒。

(3)作业人员必须严格遵守有关安全规定、规则及细则。

(4)在预制板精调过程中所使用的施工机械应状态良好,必须由具备规定资格的人员操作,并派专人指挥、专人防护。

(5)做好施工机具、材料的保管存放,垃圾必须在试车前彻底清理干净。

(6)轨道调整作业完成之后,必须彻底清扫施工场地,不得留有工具、材料及垃圾。

(7)各类手持机具使用前应检查,确保安全牢固。

(8)预制板吊具应满足施工要求,安全牢固。

(9)预制板吊装前检查门式起重机走行轨安全状态,确保吊装作业安全。

19.7.2 安全技术措施

(1)建立健全项目安全生产责任制度,对施工生产中的危险源进行辨识,采取安全教育培训和安全生产保障措施,加大检查处罚力度,确保施工安全全面受控。

(2)作业中严格执行制定的精调方案、技术交底及各项安全交底。

(3)制定相应精调施工预案,确保现场施工。

(4)制定仪器保管、使用制度及措施。

(5)所有作业人员必须按规定进行培训,合格后方可上岗。

(6)坚持班前安全讲话制度,针对操作规程进行交底。

(7)重视对测量人员的业务和技术培训。根据预制减振垫浮置板道床施工工艺流程、铺设要求、施工注意事项等方面开展培训工作,规范施工作业。

19.8 环保、节能措施

(1)施工噪声严格控制,白天小于70dB,夜间小于55dB。

(2)施工现场扬尘及各类设备尾气排放应控制在国家及地方有关规定要求,做好隧道内通风,对不符合尾气排放标准的机械设备,不能使用。

(3)严禁乱扔施工垃圾,施工垃圾要集中堆放,统一回收销毁。

(4)对施工场地的遗弃物、废油等进行集中预处理后,采用专用车辆运输至指定的处理厂或存放点。污水须排入当地的排污管道或经集中净化处理后排出,严禁将未达到排放标准的生活污水直接排放至江河及其他水体中。

利用侧位盾构井设置铺轨基地铺设施工工法典型技术应用

2022年7月—2022年9月，昌南线学院桥站—蓟门桥站共计完成道床4.624km，其中梯形轨枕道床2.074km，现浇浮置板道床0.625km，预制钢弹簧浮置板道床1.527km（预制板总计318块），一般整体道床0.398km，钢弹簧浮置板道岔2组。采用竖井下料组织现场施工，施工技术新、施工难度大、施工工期紧张。在2022年7月进场以后，为按时保质保量完成施工任务，及时组织了广大工程技术人员相互探讨，通过不断钻研、不断优化和及时调整施工方案，成功总结出本工法，实现了利用侧位盾构井设置铺轨基地铺设的施工工法，克服现场施工不利因素，提高了施工工效，对工期压力起到了很大的缓解作用，积累了宝贵的施工经验，得到了相关单位、领导、专家的一致好评。

20.1 工法特点

（1）利用人工多开工作面，多点同时作业，大幅减少工期。
（2）工序作业时间紧凑，施工工序工艺较复杂，材料倒运频繁。
（3）双线同时作业或左右幅错开单幅施工，提高生产效率。
（4）受井口尺寸限制，施工段无法采用"轨排架轨法"施工，需要进行散铺作业。

20.2 工艺原理

20.2.1 施工工艺原理说明

在竖井上方选取宽阔、地势平坦以及大型车辆进出方便的场地，达到铺轨条件，进行铺轨基地建设,并在井口上方安装移动式门式起重机或采用汽车起重机进行材料起重吊装,同时在横通道过轨行区处设置固定式门式起重机及在既有线轨道上方设置平交道口,待所有设备验收合格后,对钢轨、预制轨道板及梯形枕等各类材料使用盾构井上方场地内的移动式门式起重机或采用汽车起重机通过盾构井垂直吊装至井底结构面,再采用载重汽车通过平移横通道将材料倒运至轨道平交道口上方(图20-1、图20-2),再通过固定式门式起重机吊装至轨道平板车上,运送至作业面进行散铺作业。

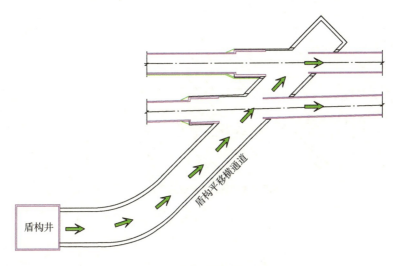

图 20-1　平移横通道平面示意图

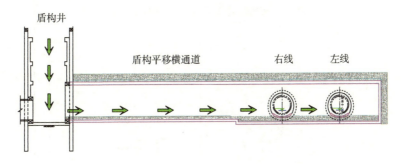

图 20-2　平移横通道纵面示意图

20.2.2　设备系统安装设计情况

正线外挂竖井铺轨系统设备由竖井口上方移动式门式起重机、汽车起重机、载重汽车、固定式门式起重机、下灰管、平交道口、挖掘机、混凝土罐车等部分组成(图20-3~图20-6),分别进行材料的吊装与运输,合理组织施工工序来提高生产效率。

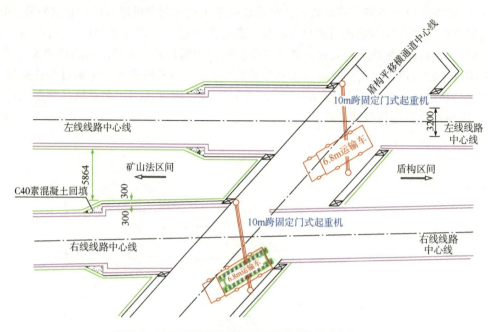

图 20-3　固定式门式起重机平面位置示意图(尺寸单位：mm)

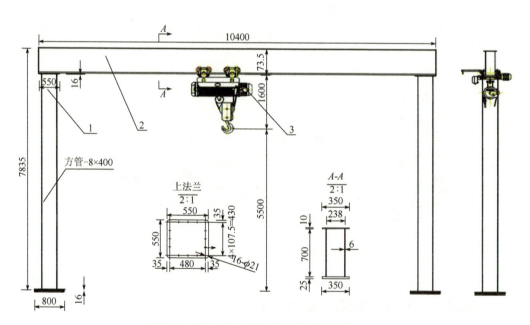

图 20-4　固定式门式起重机示意图(尺寸单位：mm)
1-支腿；2-横梁；3-电动葫芦

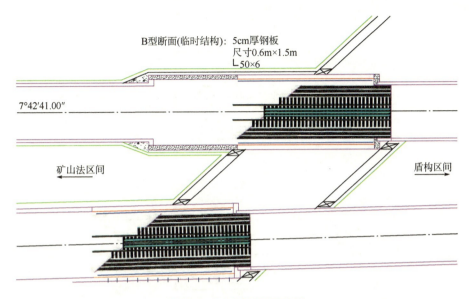

图 20-5　平交道口平面示意图

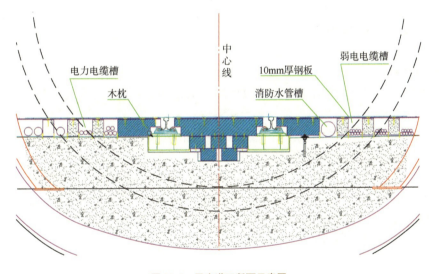

图 20-6　平交道口断面示意图

20.3　工艺流程及操作要点

20.3.1　工艺流程

正线外挂竖井铺轨基地铺设施工工艺流程见图 20-7。

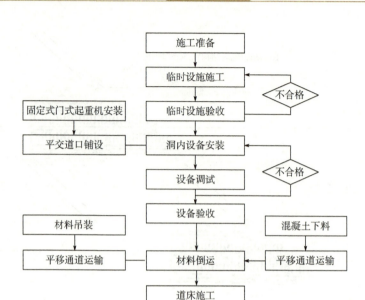

图 20-7 正线外挂竖井铺轨基地铺设施工工艺流程图

20.3.2 操作要点

1）施工准备

（1）技术资料准备：组织现场调查和设计图纸的绘制，编制实施性施工组工方案，进行技术交底，同时准备隧道结构测量所需资料。

（2）人员准备：设备安装施工人员及设备使用操作人员等应满足需求，须经培训合格后方可进行施工作业，操作人员必须持国家认证的相关证书资质。

（3）设备安装准备：组织机械工程师现场进行调查，并根据现场隧道结构限界尺寸对安装设备进行设计及尺寸进行加工，确定设备安装方案。

（4）物资材料及机具准备：所需物资材料以及施工所需的机具应满足现场要求，同时对进场的设备材料严格按其外观质量、类别、尺寸逐一检查，现场清点，分类堆放，验收合格后方可使用。

（5）施工前进行测量，包括导线点复测、CPⅢ控制网测设、加密基标测设以及土建结构限界的测量，并对设备安装位置进行放点。

2）临时设施施工

（1）移动式门式起重机走行轨施工

首先根据现场井口位置，合理布置两股专用门式起重机架走行轨，根据井口大小及场地条件制约配置专用门式起重机架使用，并根据现场情况对走行轨基础进行中线放样。再进行走行轨基础基坑的开挖、布筋、立模及浇筑；待基础强度达到设计强度的75%后对门式起重机架走行轨进行安装，安装时采用M20膨胀螺栓，将钢板扣在钢轨底部，间距按600mm布置，钢轨与基础间的空隙用胶垫垫实（图20-8）。

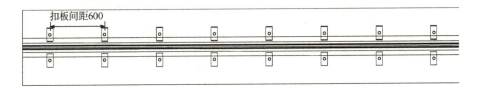

图20-8 门式起重机走行轨安装示意图(尺寸单位:mm)

(2)场地硬化

房屋基础、门式起重机架走行线基础、化粪池基坑开挖及管道预埋施工完成后,进行场地硬化,硬化前测设混凝土高度并使用钢筋头及线绳标记,混凝土浇筑后采用混凝土收面机收面,平整度2mm/m。混凝土面设1%排水坡,确保地面流水能进入排水沟。在排污口设置沉淀池,污水经沉淀后排入市政雨水井。场地硬化完成后根据场地布置图对基地材料存放区按照使用功能及减少倒运的原则布置。

排水沟设置在施工场内,根据平面图开挖,排水沟宽300mm、深360mm,开挖宽400mm、深400mm排水沟后立高500mm双面膜采用混凝土回填,沟底设置3‰的坡度顺坡,顶部覆盖混凝土水沟盖板(图20-9)。

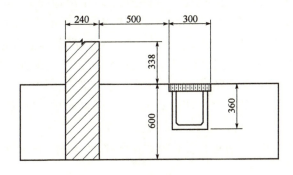

图20-9 水沟示意图(尺寸单位:mm)

(3)移动式门式起重机安装

①在下横梁卸车时,直接放到条形基础一侧指定的位置,减速箱使用枕木支垫,保证走行梁纵向放置水平,并竖直放置,然后测量2个走行梁端头对角线的距离,调整走行梁的位置,直至两条对角线的距离相等,之后周围打上支撑,确保2个走行梁摆放平行且横向中线在同一直线上。

②按照"横梁安装测量值"校正下横梁,用槽钢、角钢固定下横梁。拼接主梁时门式起重机主梁由4节箱形短梁通过法兰板拼接而成,全部连接,拼接时按照编号顺序依次吊装排开,以其中一节主梁为基准不动,在汽车起重机的配合下依次将另外3根主梁与其进行对接(图20-10),并使用螺栓连接紧固。

③翻转主梁时利用2台汽车起重机的大小钩配合缓慢翻转主梁,使主梁工字钢(小车轨道)面朝地面,并以垂直于门式起重机走行轨道的姿态摆放在事先搭好的枕木垛上,使用手拉葫芦将主梁拉稳后,1台汽车起重机用于维持主梁姿态,另1台汽车起重机松钩解绳备用,随后在主梁上安装用于悬挂电动葫芦电缆的电缆小车跑道。

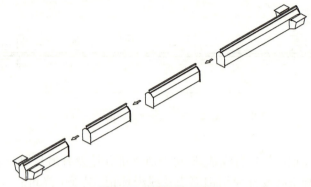

图 20-10 主梁拼接示意图

④支腿安装时,使用汽车起重机将 4 条刚性支腿依次吊至主梁两端的组装位置,将支腿上法兰吊至主梁端梁法兰高度,每条支腿使用 3 根 $\phi 18$ 钢丝绳穿过支腿上法兰与端梁法兰对应的螺栓孔,并使用钢丝绳卡头将钢丝绳固定成绳圈,用于整体起吊支腿;最后在支腿上安装工字钢,用于承载司机室等轻小附属钢结构。

⑤整体抬吊主梁和支腿时起吊前要复核汽车起重机的位置和工作半径,清除支腿移动方向的一切障碍物。使用 2 台汽车起重机配合将主梁缓缓吊离地面 10cm,静止观察 2min,检查无异常后便可开始起吊;当主梁工字钢底部高度与事先放置于主梁旁的电动葫芦高度一致时,指挥汽车起重机抬臂,将电动葫芦与主梁连接后,继续指挥汽车起重机起吊。汽车起重机吊装过程要尽量使整个主梁保持水平、平稳起升,两支腿将在自身重力作用下慢慢向中间位置合拢。合拢至支腿法兰与端梁法兰贴合后继续起升,将主梁、支腿整体吊至走行梁上的安装位置,调整支腿法兰和走行梁上的法兰并使之对正,使用螺栓连接牢固,最后使用螺栓将支腿法兰与端梁法兰连接牢固,方可摘除主梁上的吊装钢丝绳。

⑥待主体结构安装完成后,再进行操作室、梯子、平台、栏杆、电动葫芦、电气设备安装及调整(图 20-11)。

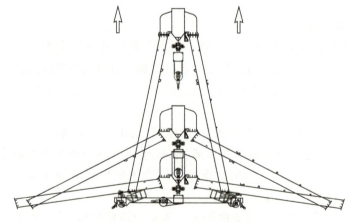

图 20-11 整体抬吊过程示意图

(4)临电临水设施

根据现场实际情况布置一级配电室位置,并考虑富余量及线缆型号特殊性,确定 YC-3 × $95mm^2$ +2 × $50mm^2$、YC-3 × $50mm^2$ +2 × $25mm^2$ 铜芯线缆长度。

生活用水从土建单位的生活用水接口引入。根据现场施工调查情况,采用地下暗敷的方式布设供水管道,管道采用PVC管,埋深0.5m,通往用水区域;采用TPE水管对生产区场地洒水防尘。

(5)下灰管的安装

在混凝土浇筑区轨排井端头处安装下灰管,下灰管沿轨排井设置,首先利用工字钢及5mm钢板加工制作接灰漏斗平台1座,溜灰管沿着结构井壁倾斜45°~60°连接中转接灰漏斗平台,并进行加固;再在结构下5~8m范围内再次利用工字钢及5mm钢板加工制作中转接灰漏斗平台1座(根据竖井高度确定中转接灰漏斗平台的增加),漏斗下面连接溜灰管沿着结构井壁垂直安装,露出隧道洞口上结构壁;最后在溜灰管外套一层橡胶套,用来调整罐车或灰斗的高度,防止混凝土的溅射。

3)临时设施验收

临时设施施工完毕后,由项目总工组织相关部门按照批复方案对临时工程进行自验,过程中严格执行公司文件相关要求进行检查,并形成书面检查记录或验收报告。自检完成后上报监理及相关设备管理单位进行验收,对存在问题进行整改。检查验收后,如达到使用条件,技术负责人请监理单位及设备管理单位在验收上签字后投入使用。

4)洞内设备安装

(1)固定式门式起重机安装

①基础施工。

首先对固定式门式起重机基础进行放样测量,做好点位标注,再根据点位置对固定式门式起重机基础进行开挖、绑筋、预埋螺栓固定、立模、浇筑混凝土等。门式起重机基础采用1m×1m的混凝土支墩,浇筑高度300mm(图20-12),支墩范围内结构底板植入$\phi22$地脚螺栓,螺栓埋深不小于100mm,位置与法兰孔洞相符。根据基础高程线,在混凝土浇筑前预埋800mm×800mm的法兰盘,法兰盘上表面与支座高程平齐。基础尺寸1m×1m×30cm,采用C35混凝土浇筑。该地基抗压强度大于220kPa。

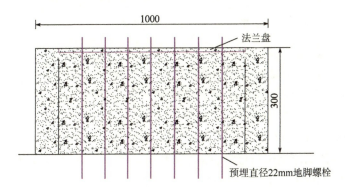

图20-12 基础断面图(尺寸单位:mm)

②起重机拼装。

在地面将支腿上法兰与主梁法兰对位,用16×20mm的高强度螺栓全部连接好后,在两侧支腿上方预留吊装位置吊点上面固定两台3t、9m手拉葫芦,使用直径不小于15.5mm的钢丝绳把支腿与主梁同时吊起(棱角处衬垫胶垫),直到支腿完全垂直向下,待整体稳定不晃动后对位,安装于预埋的 φ22mm 地脚螺栓,用仪器测量支腿的垂直度、支腿高低差以及横梁的水平,误差不得大于 2mm/10m,全部合格后上紧上下法兰螺栓,令其稳固无晃动。再使用 100mm×8mm 的槽钢在侧面进行焊接加固。待安装完成后,在基础上方绑筋立模,再浇筑 300mm 高混凝土,包裹立柱完毕后进行加固。设备主体安装完成后对电动葫芦及电气设备进行安装、调整(图 20-13、图 20-14)。

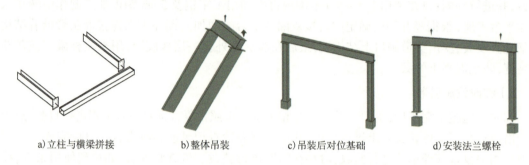

a)立柱与横梁拼接　　b)整体吊装　　c)吊装后对位基础　　d)安装法兰螺栓

图 20-13　固定式门式起重机安装流程

图 20-14　固定式门式起重机安装

(2)平交道口铺设

①待道床浇筑完成后混凝土强度达到 75%,首先对道床两侧走形轨及模板进行拆除并清理,再在清理干净的道床面上铺设宽 250mm 木枕并加以固定,最后在木枕上铺设钢板进行焊接。

②木枕铺设前应保证道床板顶面清洁无污染,铺设时从轨道中心向两侧逐层铺设,按照先下后上、先中间后两侧的原则进行铺设,铺设时木枕下方要平整,不平整段采用方木条进行铺垫,枕与枕之间缝隙不得大于 100mm,不得出现松动。

③梯形轨枕段第一、二层在中心水沟纵向采用木枕(宽 240mm)作为接触面摆放两层木枕,使其上表面与道床面平齐,连接处使用扒钉进行加固。第三层钢轨层采用木枕(高 160mm)侧面作为接触面顺着两钢轨内侧向中间纵向贴紧摆放,摆放至中心位置,根据空隙大小进行贴割。其他未设计中心水沟道床类型可直接采取第三层方式摆放。

平交道口断面如图 20-15 所示。

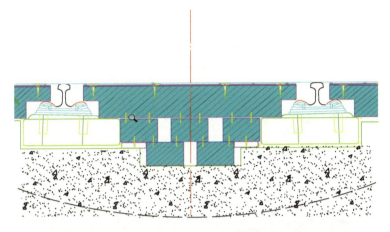

图 20-15 平交道口断面示意图

④为防止钢轨及车轮磨耗而导致路面与外轮接触而发生危险,两扣件间距内木枕根据扣件大小量取切割安装,使钢轨至木枕边缘距离为 70~100mm 范围即可,钢轨外侧采取同样的办法进行铺设,铺设完毕后进行调整。为了过车,使其木枕面超出钢轨顶面 5~10mm,道床区域内木枕铺设完成后进行加固(图 20-16)。

图 20-16 平交道口铺设

⑤根据现场要求,如预留电缆槽道间距一般设置为 200mm,并在条形基础上铺盖钢板来满足车辆通过。首先对道床两侧进行测量,根据洞壁至钢轨外侧距离确定基础位置,基础采用混凝土浇筑宽 160mm±20mm、高 240mm±10mm 的条形基础,采用木枕纵向摆放两侧植筋固定,混凝土基础需在基础内每隔 600mm 处提前预埋 $\phi16mm$ 的钢筋头。基础完成后对基础内进行清理,存放通长铁丝,保持管线穿行方便并防止槽道堵塞;基础上方用 10mm 钢板铺盖,并在钢轨上间距 600mm 处进行开孔,孔径为 $\phi25mm$;将开好的孔与混凝土基础预留钢筋进行对接再进行焊接打磨,木枕处采用道钉与其连接。

平交道口管线预埋断面如图 20-17 所示,平交道口钢板铺设如图 20-18 所示。

⑥钢板铺设完成后为了增加车轮与钢板摩擦力,防止车轮打滑,在钢板上方沿线路方向设置间距 200mm、$\phi12mm$ 的钢筋与钢板进行焊接。钢板两侧用混凝土回填成坡道。

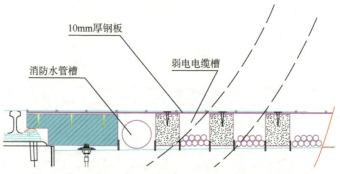

图 20-17　平交道口管线预埋断面示意图

图 20-18　平交道口钢板铺设

⑦根据道口位置在道口两侧分别设置栏杆，栏杆长度不小于道口的宽度，栏杆采用钢管制作，表面涂以间距为 250mm 黄、黑相间条纹。在机车进入临时道口前的规定位置，设置火车司机鸣笛标志；在距临时道口 20m 处施工便道右侧设置铁路道口标志牌。在临时道口附近搭建道口值班室 1 处，并配备指挥旗 1 副，夜间红灯警示器 2 个。

5）设备调试

（1）试验前的准备工作

关闭电源，检查所有连接部件的紧固情况；检查钢丝绳在滑轮中和卷筒上的缠绕情况；用兆欧表检查电路系统中的绝缘情况；检查各润滑点、减速器等润滑情况，按规定加油；清除门式起重机试验区域内有碍运转的一切物件，与试验无关的人员，必须离开门式起重机试验的场所；采取措施，防止在现场参加试验的人员触及带电设备；准备好载荷试验的重物。

（2）空载试验

以额定速度运行，观察各机构应平稳运行，无异常的振动和噪声；检查各控制的指示方向与电机转动方向是否一致；检查起升卷筒，支承处不得有异常振动；检查导绳滑轮的情况是否良好；测量吊具起升高度并做记录，调整起升高度限制器；空载测试起升速度和下降速度。

（3）静载荷试验

先起吊 0.5 倍和 0.75 倍的额定起重量，运行各 2 次，上升和下降各 2 次；取额定载荷，重复上述的动作；将载荷去掉，电动葫芦开到支腿处，用水平仪或钢丝法检测主梁跨中的上拱度 $h \geqslant L/1000$，悬臂端 $h_1 \geqslant L_1/300$（h 为上拱度，水平线算起其向上拱起的数值；L 为起重机跨度；h_1 为悬臂端上拱度，水平线算起其向上拱起的数值；L_1 为起重机悬臂端有效跨度），再将小车开到跨中和悬臂端位置,起升额定载荷,测量跨中的下挠度、悬臂和下挠度。本试验至少做3次时,要求将载荷起升离地100~200mm,悬空10min;卸下载荷后,开到支腿处,主梁下挠应完全消失,即测量时完全恢复到设计制造的上拱度值。

(4) 超载试验

小车在跨中起吊额定载荷的1.25倍,吊离地面100~200mm,悬空停留10min,卸去载荷,然后将小车开至支腿处,检查门式起重机主梁有无塑性变形。

(5) 动载试验

起吊额定载荷试验后,分别运行小车,要求开动两个机构联合动作,按工作累计时间,不得少于10min,各机构应动作灵活、车轮不打滑、主梁无明显异常振动。再起吊1.1倍的额定起重量的试验载荷,动作顺序符合规定,各机构工作可靠、性能达到设计要求,并检查限位开头、联锁装置的可靠性。

(6) 联调联试

待固定式门式起重机调试完成后,将轨道车从平交道口通过,速度不超过5km/h。确定轨道车轮距与道口预留轮缘槽位置满足要求;再对轨道平板车与固定门吊进行对位,将轨道平板车推至固定式门式起重机下方,再将载重汽车倒车至固定式门式起重机下方与轨道平板车位置进行对位,位置满足吊装条件,利用固定式门式起重机进行操作,将载重汽车上的材料吊装至轨道平板车上方。

6) 设备验收

设备安装完成后由技术、安质人员配合相关设备管理单位对线路及其他设备进行检查,如有问题立即进行整改。检查验收后,如达到开通条件,技术负责人请设备管理单位在开通签认表上签字,同时向施工负责人汇报,施工负责人确认线路达到开通条件后,命令相关操作及防护人员进行施工,设置专业人员进行定期维修保养,确保设备使用可靠安全。

7) 材料倒运

(1) 钢轨存放

在铺轨施工过程中,竖井垂直下料效率低,施工难点过大,受特殊条件制约,需提前对钢轨存储位置进行施工;根据未施工段线路长度提前编制轨节计划表,并考虑焊轨烧失量及损耗等插入轨数量。钢轨存放在已浇筑好的梯枕道床上方,保证钢轨存放平稳。

钢轨进场后,在已完施工段轨排井封口之前,及时将未施工段中部分钢轨通过轨排井平行吊装至轨道平板车上,再运输至已完施工段终点,将钢轨存放至浇筑后道床上方(图20-19),或利用叉车倒运至未施工段大断面,摆放时注意避开行车限界,方便后期施工散铺使用;剩余钢轨通过外挂竖井垂直吊装至洞下,倒运至作业面。

(2) 钢轨垂直吊装

在铺轨施工过程中,由于竖井狭小(对角线长度$c<25m$)、不具备水平下轨条件,需要借助汽车起重机从竖井垂直下料,采用钢轨吊钳进行吊装。

钢轨吊装过程中,首先将两套钢轨吊钳固定在待吊装的钢轨的吊装段,并在每套钢轨吊钳的吊孔处均安装一个第一卸扣,然后在每个第一卸扣上均连接一根第一钢丝绳。两套钢轨吊钳之间的距离为0.5m,最外端的一套钢轨吊钳距离所述吊装段外端的距离为1m。所述第一钢丝绳的直径为15.5mm,吊装段外端第一钢丝绳的长度为2m,吊装段内端第一钢丝绳的长度为1m。

图 20-19　钢轨存放照片

安装完毕后，将第一卸扣上第一钢丝绳的另一头与汽车起重机的吊钩连接，采用汽车起重机垂直吊起钢轨后从下料井口缓慢放下；待钢轨下端头着地时用钢轨吊钳将其固定牢靠，即在钢轨的下端头再固定一套钢轨吊钳，在该钢轨吊钳的吊孔处安装第二卸扣，并在第二卸扣上连接一根第二钢丝绳；然后将第二钢丝绳的另一头与叉车连接利用叉车牵引，并与汽车起重机配合使钢轨滑到地面上。在此过程中指挥司索工需注意同步指挥叉车和汽车起重机，确保钢轨平稳下放。

钢轨垂直吊装如图 20-20 所示。

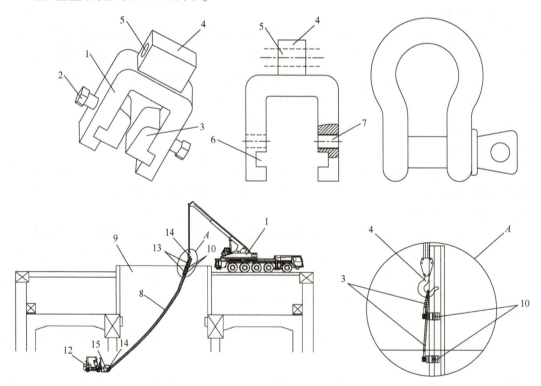

图 20-20　钢轨垂直吊装示意图

1-铁钳；2-紧固螺栓；3-楔铁；4-吊块；5-吊孔；6-楔铁槽；7-螺栓孔；8-钢轨；9-下料井口；10-钢轨吊钳；11-汽车起重机；12-叉车；13-第一钢丝绳；14-吊钩；15-第二钢丝绳

在铺轨施工过程中，轨排井口长度大于 25m，钢轨吊装采用平行吊装，过程中采用两台门式起重机进行钢轨吊装作业，MH16t 单台起重不大于 13.6t，两台门式起重机起重量不大于 25t。每根 60 型钢轨质量 1.52t，因此，两台门式起重机卸钢轨时最多可吊 16 根，但现场作业一般单台门式起重机最多只允许吊 12 根。卸车时采用直径不小于 23mm 的多股互捻钢丝绳进行吊装作业。

（3）钢轨平行运输

当吊装的钢轨完全落到地面后，作业人员将吊装段的两套钢轨吊钳均卸下，将钢轨头固定在专用炮车上，利用专用炮车配合叉车将钢轨从盾构井通过平移拖运到平交道口处，沿着线路方向摆放整齐，再用固定式门式起重机将钢轨装至轨道平板车或手推平板车上运送至作业面（图 20-21）。

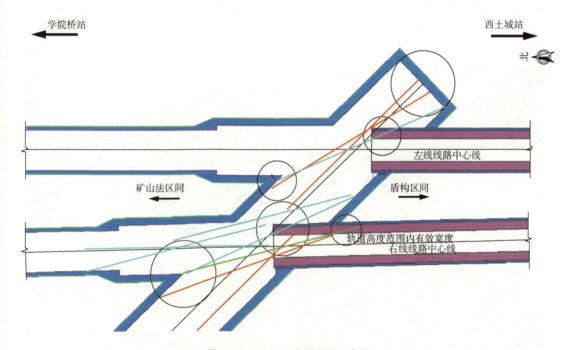

图 20-21　平移通道钢轨倒运示意图

存放在道床上的钢轨在二次倒运过程中，需加工两架门式钢轨吊架将钢轨吊起来，钢轨通过道链吊起后滑移至平板车上。吊点根据钢轨长度确定合适位置并放置在手推平板车上（图 20-22）。

图 20-22　钢轨材料倒运

(4)钢筋材料倒运

在钢筋吊装过程中,整捆钢筋要从竖井下料时首先根据钢筋长度确定吊点位置,当竖井对角线大于12m时按正常平行吊装即可,如竖井对角线小于12m时需采用斜吊的方式,选取两根长度相同的钢丝绳,将一根钢丝绳捆绑在钢筋的1/5处绕钢筋缠绕2圈,另一根捆绑在钢筋的3/5处绕钢筋缠绕1圈,吊起离地面0.5m位置,静止观察2min,检查无异常后便可开始起吊至竖井处。起吊前钢筋端头处绑好牵引绳,做好安全保证。加工好的钢筋散料按照分类捆绑结实,装进网兜中,再将材料从竖井吊入隧道底。

当吊装的钢筋即将到达隧道底部时,司索工进行对位,将一头放置在载重汽车上,另一头采用挖掘机配合,通过平移通道运送至道口处,通过固定式门式起重机吊装至轨道平板车上,再用轨道车运至施工部位(图20-23)。

图20-23　钢筋材料倒运

(5)预制板板块、梯形轨枕及其他材料倒运

预制板板块、梯形轨枕吊装时,首先利用门式起重机把需用材料从外挂竖井吊入洞内后,使用载重汽车从平移通道运输至左右线道口上方,再利用固定式门式起重机吊装至轨道平板车上,最后用轨道车推送至作业面进行铺设。其他材料及设备工器具均可采取此类方法进行倒料。预制板在吊装时使用专用吊具,预留吊点挂钩,将吊具放至预制吊装孔内,旋转对好卡槽,插入防脱销,采用10t卡环连接吊具,采用5t吊带或直径不小于13.5mm的钢丝绳四点起吊。在吊装梯形轨枕时使用5t吊带缠绕在钢梁处。

预制板材料倒运如图 20-24 所示。

图 20-24 预制板材料倒运

（6）混凝土材料倒运

混凝土进场后首先对混凝土和易性进行检测，符合要求后，进行罐车与接灰漏斗对位，通过溜灰管流至中转接灰漏斗平台，再次通过溜灰管进入罐车内。接灰前在溜灰管外套一层橡胶套，调整好罐车或灰斗的高度，防止混凝土四周溅射。

混凝土自外挂竖井下料口放到货车上的车载罐车内，罐车开至平交道口处，再将混凝土放至灰斗内，利用固定式门式起重机吊装至轨道平板上，运送至作业面进行浇筑（图 20-25）。

图 20-25 混凝土材料倒运

8）道床施工

根据总体施工安排，一般整体道床采用"散铺架轨法"进行施工；梯形轨枕道床采用"洞内轨排架轨法";预制钢弹簧浮置板采用"预制短板拼接法"进行施工;现浇钢弹簧浮置板采用"散铺架轨法";整体道床单开道岔采用"散铺架轨法"无缝线路、直铺法进行施工。

受竖井尺寸限制,梯枕及短轨枕道床轨排无法在场地上组装钉联轨排后运送至现场铺设,因此区段轨排需将线路材料运送至施工段以前已铺设好的道床处,进行现场轨排组装(图20-26),之后通过铺轨小起重机将组好的25m轨排运至作业面架设,调好轨道方向、水平、轨距、超高等,使轨道几何尺寸达到设计标准后,浇筑道床混凝土,拆除钢轨支撑架。

图20-26 梯形轨枕洞内轨排组装

20.4 劳动组织

正线外挂竖井铺轨基地铺设施工劳动力组织见表20-1。

劳动力组织表　　　　　　　　　表20-1

序号	分工	人数	说明
1	现场负责人	1	施工管理及协调
2	技术人员	1	现场技术指导及交底
3	试验员	1	现场材料检测
4	测量工	4	现场施工测量
5	领工员	1	现场协调班组工作
6	安全员	2	现场安全管理及安全巡视
7	钢筋工	4	钢筋下料、绑扎
8	模板工	2	负责模板安装、拆除
9	电焊工	2	门式起重机安装、法兰盘安装、连接部位焊接及平交道口钢板焊接
10	钳工	2	配合现场设备安装
11	电工	1	配合现场设备安装接电
12	轨道车司机	3	材料运输
13	车长	3	材料运输
14	信号工	2	材料吊装
15	司索工	6	材料吊装
16	杂工	10	配合现场设备安装

20.5 机具设备

正线外挂竖井铺轨基地铺设测量、施工所用设备、工具及机具见表20-2、表20-3。

测量设备及工具配置　　　　　　　　　　　　　　　表20-2

序号	名称	规格	单位	数量	备注
1	全站仪	1″级	台	1	
2	水准仪	DS3	台	1	
3	L型尺	—	把	1	
4	万能道尺	—	把	1	
5	方尺	—	把	1	
6	钢卷尺	30m/5m	把	1/4	
7	钢板尺	300mm	把	2	
8	弦线	—	m	30	

施工机具、设备配置　　　　　　　　　　　　　　　表20-3

序号	名称	规格	单位	数量	备注
1	地铁专用轨道车	JY-290	台	1	
2	地铁专用轨道平板车	PD25	辆	2	
3	专用门式起重机		架	1	含走形轨
4	固定式门式起重机	15t	架	1	
5	汽车起重机	50t	辆	1	
6	铺轨小起重机		架	3	含走形轨
7	挖掘机	60型	辆	1	
8	水泥罐车	6~12m³	辆	1	
9	载重汽车	6.8m	辆	1	
10	钢筋调直机	GJ-14	台	1	
11	钢筋切断机	GQ40B	台	1	
12	钢筋弯曲机	GW40B	台	1	
13	悬臂吊装支架		套	44	
14	简易吊装支架		套	8	
15	木枕	2400m	根	240	
16	钢板	2000mm×1500mm	块	16	
17	手推平板车		个	2	
18	门式钢轨吊架		架	2	

20.6 质量控制

20.6.1 质量标准

本工法严格按照设计要求施工,执行《地下铁道工程施工质量验收标准》(GB/T 50299—2018)、《起重设备安装工程施工及验收规范》(GB 50278—2010)、《铁路轨道工程施工安全技术规程》(TB 10305—2020);《铁路区间道口信号设备技术条件》(GB 10494—2018)、《混凝土结构设计规范》(GB 50010—2010)(2015 版)、《地铁设计规范》(GB 50157—2013)、《铁路混凝土结构耐久性设计规范》(TB 10005—2010)等。

20.6.2 质量控制措施

(1) 建立了完善的质量保证体系,在工程质量管理上,树立动态控制、全过程管理的思想,注重对质量管理的事前预防、事中监控和事后纠偏的控制。在工程项目质量管理 PDCA 循环中,不断提高工程质量,工程质量管理和质量控制得到持续改进。

(2) 成立以质量检查小组,设专职质检工程师,严格执行质检程序,对施工的每道工序进行严格的检查验收,严格执行"自检、互检、专检"三检制,质量不合格者坚决予以返工。

(3) 科学合理组织制定工艺标准,积极落实创优规划,正确引导和开展工序样板先行、典型示范、整体推进的工程创优活动。严格按照创优规划和措施要求,加强现场技术指导和工序质量预控。加强对工作人员的质量标准教育,将质量控制落实到施工过程中。

(4) 严格岗位质量责任制和质量目标考核制度,各级落实质量包保责任制和质量终身负责制,每项工程明确质量具体负责人,真正使质量责任落实到实处。

(5) 焊缝质量应得到严格保证,厚度不小于设计规定(不得小于 8mm),焊缝饱满、均匀,不得有裂缝、气孔等缺陷,电焊后应敲去熔渣检查质量,发现不合格时应立即补焊。

(6) 防止因钢轨及车轮磨耗而导致路面与外轮接触而发生危险,钢轨外侧板面距钢轨外侧应≤50mm。道口轮缘槽宽度为 70~100mm,曲线下股轮缘槽宽度应为 90~100mm,深度为 45~60mm。

20.7 安全措施

20.7.1 安全管理措施

(1) 道口配备安全责任心强的专职看守人员 3 名,实行 24h 看守值班制度,必须坚守岗位,精力集中,做好道口的安全防护工作。

(2) 对临时道口看守人员实行先培训后上岗制度。对临时道口看守人员进行必要的专业知识和适应性教育培训,在掌握基础业务知识和基本业务技能,经考核合格后上岗。

(3) 与调度室建立机车调度信息联系和共享,提前做好机车通过临时道口的安全防护工作,如有轨道车通过施工地段时,提前用通信工具通知工地负责人,及时清除线路两侧的障碍物,人员下道和关闭临时道口。

(4)建立值班记录和交接班制度,当班人员必须详细记录本班的机车通过情况、当班时道口的安全状况,认真履行交接班签字手续。

(5)道口值班员应熟悉有关规章制度及道口设备状况,维护好交通秩序,确保道口安全。

(6)严格执行岗位责任制,遵守劳动纪律,当班做到十不准,即不迟到、不早退、不擅离岗位、不看书报听广播、不打瞌睡、不闲谈、不准闲人在道口边逗留、不连续当班、不准擅自关闭电话、不酒后当班。

(7)坚守岗位,认真瞭望,注意电话、报警等通知,掌握轨道车运行时刻,及时立岗关栏杆、显示规定信号,迎送轨道车。

(8)道口防护员必须专职专用,不得兼做其他事,不得用民工或其他人员代替,严格执行栏杆开关的规定,不许把栏杆置于半开半关的状态,认真执行"一听、二看、三确认、四开关"的操作程序,确认轨道车全部通过道口,才能将栏杆恢复定位。

(9)吊装作业前,应对各种机具进行检查,必须保证安全可靠,不准带病使用,避免在吊装过程中发生高空坠落事件。

20.7.2 安全技术措施

(1)建立健全项目安全生产责任制度,对施工生产中的危险源进行辨识,采取安全教育培训和安全生产保障措施,加大检查处罚力度,确保施工安全的全面受控。

(2)严格执行制定的轨行区管理办法及铺轨施工方案,并对作业人员进行技术及各项安全交底。

(3)道口警标应根据设计规定的信号标志图集提前预制好,在距离道口10m处设立一度停车牌,确认线路空闲后,以不超过5km/h的速度通过。在距离斜井50m处设立鸣笛标。

(4)道口栏杆应在距道口最外股道的外侧钢轨不小于3m处设置。道口栏杆应高出路面1.0~1.2m;通过道口前,必须做到"一停、二看、三通过"的要求,当轨道车邻近道口时,严禁抢越股道。

(5)在道口处应修建看守房,看守房必须配备必要的防护信号用具(如信号旗、信号灯、喊话器等)。凡对道口设施、铁路轨道及设备有损坏作用的机械设备等,在未采取有效安全防护措施前,禁止通过临时道口。

(6)临时道口使用期间,需每天对道口处轨距、轨顶高程进行监测,如有超限情况,及时进行调整。

(7)转运钢轨、轨道板前应检查吊具、吊钩和钢丝绳有无损伤,并应捆扎牢固;轨道板块运输、定位时应有统一指挥,防止挤伤、压伤手脚。

(8)进入施工场地的作业人员,必须戴安全帽,穿防滑鞋,并佩戴工作牌。

(9)施工现场设立禁吸烟区域。严禁在燃料区域、易燃易爆区、禁烟区域吸烟,生活区严禁乱扔烟头。进入施工现场必须爱护安全设施,不准乱动、乱拆、破坏安全设施。

(10)施工材料随运随用,施工过程中应采取防止散落的措施,现场应及时清理。

(11)吊装作业时,必须按规定负荷进行吊装,吊具、索具经计算选择使用,严禁超负荷运行;所吊重物接近或达到额定起重吊装能力时,应检查制动器,短行程试吊后,再平稳吊起。

20.8 环保、节能措施

(1)施工噪声严格控制,白天小于70dB,夜间小于55dB。

(2)制定扬尘、噪声、夜间光污染控制等专项方案,尽力降低施工对周边居民干扰和对环境的影响。对有害作业场所进行主动监测,对从事有害作业的人员配备必要的防护用品。采取切实有效措施,不使有害物质(如燃料、油料、化学品,以及超过允许量的有害气体和尘埃、弃渣等)污染场地周围的环境(草地和树木等。)

(3)施工场地的遗弃物、废油等集中进行预处理后,采用专用车辆运输至指定的处理厂或存放点。污水须排入当地的排污管道或经集中净化处理后排出,严禁将未达到排放标准的生活污水直接排放至江河及其他水体中。

(4)切实贯彻环保法规,严格执行国家及地方政府颁布的有关环境保护和水土保持的法规、方针、政策和法令,结合设计文件和工程实际,及时提报有关环保设计,按批准的文件组织实施。

(5)施工现场的垃圾,要经常清理打扫,分类集中处理;施工和生活中的废弃物经当地环保部门同意后,运至指定地点。对于施工中废弃的零碎配件、边角料、水泥袋、包装箱等及时收集清理并搞好现场卫生。

(6)加强卫生防疫。对生产、管理人员定期进行健康检查,对生活区域进行定期消毒。

第21章 供电系统均回流电缆低温钎焊工艺典型技术应用

地铁牵引回流系统的核心为回流电缆与钢轨,两者的连接是整个牵引回流系统的薄弱点,也是地铁牵引回流系统维护保养的重中之重,是地铁牵引回流系统中直流电回到变电所负极的重要一环,其与钢轨的连接方式,将直接影响回流通路性能。其与钢轨连接不良将导致连接处打火、烧伤,甚至造成钢轨重伤或断轨而中断行车。因此对于回流电缆与钢轨间的连接,要求机械性能及载流性能良好,保障回流可靠通过。保证回流电缆载流性能,也是减少杂散电流,防止轨电位升高的有效途径。目前轨道交通行业中,回流电缆与钢轨连接常见方式有焊接及栓接两种方式,其中焊接可分为快速铜热焊接(放热焊)及钎焊焊接[高温钎焊(光伏焊)、低温钎焊]等形式。

为确保北京地铁昌南线回流电缆与钢轨间的连接,道岔处及一般轨缝处采用胀钉栓接,正线车站及区间采用低温钎焊工艺进行供电系统均回流电缆连接。其能有效提高均回流电缆与钢轨连接的机械性能与载流性,保障回流电流可靠通过;同时经过科学组合达到运营安全、可靠、经济的目的。目前低温钎焊工艺在地铁均回流电缆与钢轨连接的应用相对较少,在北京地铁昌南线工程施工过程中,不断汲取施工经验,总结关键技术,对关键工序进行重点把控,对后期的类似施工项目提供助力,为以后其他类似项目的实施积累丰富经验。

21.1 工法特点

(1)工艺流程简单、实用,操作易于掌握。
(2)核心工艺是低温钎焊、胀钉固定及电缆接续。
(3)所用材料及工具简单、通用性强。

21.2 工艺原理

21.2.1 低温钎焊

1）钎焊原理

钎焊是采用比母材熔点低的金属材料作钎料，将焊件（母材）与钎料加热到高于钎料熔点，但低于母材熔点的温度，利用液态钎料润湿母材，填充接头间隙，并与母材相互扩散而实现连接焊件的方法。熔点在450℃以下的称为软钎料，高于450℃的称为硬钎料（难熔钎料），高于950℃的称为高温钎料。

钎焊过程如下：①放置钎料，并对钎料和母材加热；②钎料熔化，并开始流入接头间隙；③钎料填满间隙，凝固后形成钎焊接头（图 21-1）。

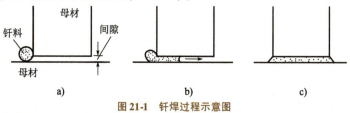

图 21-1 钎焊过程示意图

2）钎焊的优缺点

与熔焊相比，钎焊有如下特点：

（1）钎焊时，钎料熔化，焊件不熔化。焊接温度随所选用钎料不同可以从室温到接近母材熔化的大范围内变化。为了防止母材组织和性能变化，可以选择熔点低的钎料进行钎焊，熔焊则没有这种选择余地。

（2）钎焊时，焊件常整体加热或钎缝周围大面积均匀加热，因此焊件的相对变形量以及钎焊接头的残余应力都比熔焊小得多，易于保证焊件的精密尺寸。

（3）钎缝主要是靠液态钎料自动填满缝隙后凝固而成，只要钎料、钎剂和钎焊方法选择得当，就可以多条钎缝或大批量的焊件同时或连续进行钎焊，生产率很高。钎焊过程很少受焊件结构的开敞性和可达性的影响。

（4）由于钎焊反应只在母材数微米至数十微米以下界面进行，一般不牵涉母材深层的结构，因此特别有利于异种金属之间，甚至金属与非金属之间、非金属与非金属之间的连接，这是熔焊方法做不到的。

（5）钎缝的强度和耐热性都比母材金属低。为了弥补强度不足，常采用增大搭接面积来解决问题。因而钎焊接头较多地采用搭接接头使结构的重量增大，耗材较多。

3）钎焊工艺

（1）钎焊接头形式

钎焊接头形式较多，但常使用的有搭接、对接、斜接及 T 形接等 4 种基本形式。搭接的接头强度最高，其次是斜接，最差的是对接。因此承受载荷的零件，一般用搭接形式焊接。对接形式焊接只有在承受很小载荷的厚壁构件中才采用。薄壁零件钎焊时，可采用锁边接头，以提高接头强度及密封性。各种钎焊接头如图 21-2 所示,地铁均回流电缆与钢轨连接钎焊连接形式采用图 21-2e)形式。

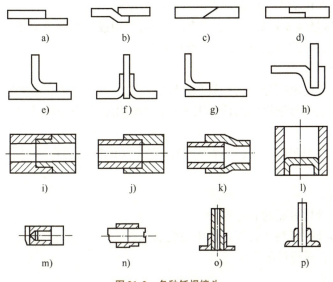

图 21-2 各种钎焊接头

(2)搭接长度

搭接接头是钎焊常用接头,为保证钎焊搭接接头与母材具有相等的承载能力,搭接长度为 L。钎焊接头搭接长度如图 21-3 所示。

在生产实践中,搭接长度通常为钎焊金属厚度 3 倍以上,但却较少超过 15mm。因为搭接长度超过 15mm 以上时,在钎焊操作时很难获得完美的钎缝。

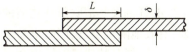

图 21-3 钎焊接头搭接长度

(3)钎焊前焊件的表面处理和装配

①焊件的表面处理。

焊件钎焊前焊件的表面处理包括去油、除氧化膜及焊件表面镀覆镀层。焊件表面镀覆镀层是为改善钎料对某些基体材料表面的润湿性,为防止在钎焊过程中被严重氧化及钎料形成脆性化合物。

②钎焊接头的固定。

涉及钎焊接头时需考虑使焊前零件的装配与定位简便、准确。对于尺寸较大结构复杂的零件,一般采用专用夹具来定位与夹紧。因此对夹具有较高的要求,需具有耐高温、抗氧化、足够的强度和刚性等条件。

(4)对钎料的要求及钎料的分类

①对钎料的要求。

钎焊时用的填充金属称为钎料。由于焊件是依靠熔化的钎料凝固后而被连接起来的。因此钎焊接头的质量与性能在很大程度上取决于钎料。为了满足工艺要求和获得高质钎焊接头,钎料必须满足下列基本要求:

a.应具有合适的熔点。钎料的熔点至少应比母材的熔点低 40~50℃。若两者熔点太接近,则钎焊过程不易控制,甚至可能引起母材过热或局部熔化。

b. 应具有良好的润湿性,能充分填满接头间隙。

c. 与母材的物理化学作用应保证它们之间结合牢固。

d. 成分稳定,尽量减少钎焊温度下元素的损耗;少用或不用稀贵金属。

e. 满足钎焊接头物理、化学和力学性能的要求。

②钎料的分类。

钎料按其熔化温度范围分为软钎料和硬钎料。前者熔点在450℃以下,后者熔点在450℃以上。地铁均回流电缆与钢轨低温钎焊工艺连接所使用的钎料为软钎料。

(5) 钎剂

钎焊时使用的熔剂叫作钎剂(钎焊焊剂)。它是保证钎焊过程顺利进行和获得致密接头不可缺少的材料之一。

①钎剂的作用。

a. 清除钎料和母材表面的氧化物。

b. 保护焊件和液态钎料在钎焊过程中免受氧化。

c. 改善液态钎料对焊件的润湿性。

②对钎剂的要求。

a. 钎剂应能很好地溶解或破坏钎焊件和钎料表面的氧化膜。

b. 钎剂的熔点和最低活化温度应稍低于(一般低10~30℃)钎料的熔化温度。

c. 在钎焊温度下应黏度小、流动性好,能很好地润湿钎焊金属和减小液态钎料的界面张力。

d. 钎剂及其清除氧化物后的生成物密度小,有利于浮在表面呈薄层覆盖住钎料和钎焊金属,有效地隔绝空气,同时也易于排除,不致在钎缝中成为夹渣。

e. 钎剂及其残渣对钎焊金属和钎缝的腐蚀性要小,其挥发物的毒性小。

③钎剂的分类。

钎剂的分类方法很多,通常分为软钎剂、硬钎剂、铝合金钎剂及气体钎剂等。不同的方法要使用不同的钎剂。地铁均回流电缆与钢轨低温钎焊工艺连接所使用的钎剂为软钎剂。

21.2.2 铜排胀钉固定

胀接方式是用轨道交通专用单面胀钉将转接铜排与钢轨连接。单面胀钉基本组成包括不锈钢垫圈、镀锡铜套、不锈钢螺栓、不锈钢扁平垫圈及不锈钢自锁螺母。

其安装流程:先用高精度专用配套装夹式钢轨钻孔机对钢轨钻孔、去毛刺;再用专用胀接液压工具将圆柱体铜套安装在钢轨孔内锁紧,紧固自锁螺母。

采用胀接方式固定铜排主要优点:胀钉铜套能与钢轨孔内面紧密压接不留气隙、抗氧化、接触面大接触电阻小、载流能力强等。由于胀钉导流主要通过铜套与铜线鼻子形成通路,不经连接螺杆导流,从而避免了因导流不畅导致烧伤钢轨的隐患。

21.2.3 电缆做头及接续工艺

电缆的做头及接续是低温钎焊重要的步骤。一次电缆做头关键点在于成品线鼻子和线之间需要平滑过渡成锥子形。热缩管热缩均匀,不能有褶皱。

21.3 工艺流程及操作要点

21.3.1 工艺流程

低温钎焊工艺流程如图 21-4 所示。

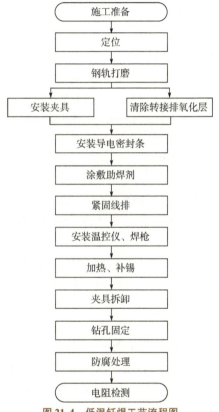

图 21-4 低温钎焊工艺流程图

低温钎焊工艺焊接转接铜排成品、均回流电缆连接成品分别如图 21-5、图 21-6 所示。

图 21-5 低温钎焊工艺焊接转接铜排成品

图 21-6 均回流电缆连接成品

21.3.2 操作要点

1）施工准备

（1）全面熟悉低温钎焊工艺转接铜排与钢轨连接要点，以及胀钉安装、维护规范，并对作业人员进行安全及技术交底。

（2）正线区间线路或停车场轨道已完成精调，具备施工条件。

（3）检查各安装配件、各项施工机具是否准备齐全。

2）定位

（1）轨腰安装孔位置的确定

根据《钢轨 第1部分：43kg/m～75kg/m 钢轨》（TB/T 2344.1—2020）中相关规定，安装孔位置为螺栓孔中心线距轨底距离为 H，不同型号钢轨 H 值见表21-1。

钻孔中心与轨底距离 H　　　表21-1

钢轨型号	43kg/m	50kg/m	60kg/m	75kg/m
胀钉轴线距轨底的垂直高度 H(mm)	62.5	68.5	79	80.4

注：允许误差±1mm。

钢轨轨腰钻孔直径不宜大于28mm，必须进行1～2mm的倒棱处理，孔中心间距不得小于150mm。必须将钢轨连接处轨腰金属表面仔细打磨平整，以保持回流导体电缆头良好接触。

（2）钢轨纵向位置要求

区间铜排焊接及胀钉钻孔均应距离钢轨轨缝鱼尾板端部不小于100mm；若是无缝线路，则距离焊缝不小于1m；同时避开信号计轴装置2m以上。

当安装位置要求高于此标准时，按此标准执行。当安装位置要求低于此标准时，需向设计再次明确施工标准。

岔区内遇伸缩轨纵向连接时，由于存在厚轨，此处第一孔要求距鱼尾板不小于80mm，第二孔与第一孔孔距为120mm。

3）转接铜排安装

（1）施工流程

转接铜排安装施工流程如图21-7所示。

（2）施工方法

①打磨钢轨。

在钢轨上标记的位置用角磨机摩擦钢轨，去除即将焊接部位的氧化层、铁锈、污垢，同时应保证端面与轨顶工作面及轨侧的工作面垂直度在0.5mm以内，如图21-8所示。

②焊接夹具安装。

在钢轨上用角磨机打磨出的范围内，选择合适位置安装焊接夹具，如图21-9所示。

③转接铜排去氧化层及安装导电封条。

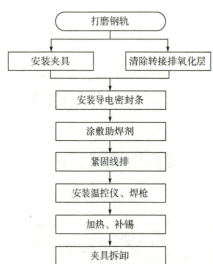

图21-7 转接铜排安装施工流程图

图21-8 打磨钢轨

图21-9 焊接夹具安装

用角磨机去除转接铜排上预搪锡表面的氧化层,确保导电密封条与铜排导电性能及稳固连接。转接铜排上的导电密封条是防止与钢轨接触面氧化而增大钢轨的接触电阻,确保牵引回流系统的载流能力,如图21-10、图21-11所示。

图21-10 去氧化层

图21-11 导电密封条安装

④涂敷助焊剂。

在转接铜线排焊接面及钢轨焊接面涂敷助焊剂,确保焊接的稳固性,如图21-12所示。

图21-12 涂敷助焊剂

⑤安装、紧固线排,如图21-13所示。
⑥安装温控仪、焊枪。
将温控仪与焊枪安装在焊接位置,安装如图21-14所示。
⑦加热、补锡。

图 21-13 安装线排并紧固

图 21-14 安装温控仪、焊枪

在焊接过程中,为确保焊接质量,需用锡条对焊缝持续补锡,如图 21-15、图 21-16 所示。

图 21-15 点火加热

图 21-16 补锡

⑧夹具拆卸。

加热达到设定温度,温控仪自动停止加热,人力收紧压紧螺杆,排出钎料中可能产生的空气;待温度冷却到40℃后,开始拆卸夹具,如图 21-17 所示。

图 21-17 夹具拆卸

4)胀钉固定

(1)施工流程

胀钉固定施工流程如图 21-18 所示。

(2)施工方法

①施工准备。

a. 出发前备齐全部施工安装及安全防护用品,认真检查机具的完好性、发电机是否有足够的机油。

b. 如遇风雪天气抢修时,须保护好发电机组、钻机、液压钳,避免淋湿。

② 钻孔。

a. 钻机在钢轨上的装卸。

b. 装上与钢轨对应型号的模板,可选择75、60、50、43型号的模板。

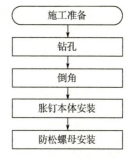

图 21-18 胀钉固定施工流程图

c. 打开钻机夹具将模板定在钢轨腰部,向下压紧装置手柄到位,即完成钻机的夹紧。由于钢轨型号不同及钻机摆放位置误差,该机械夹紧转置的松弛度也可做调整,只需旋动调整轮即可。

d. 完成钻孔后,只需将夹紧手柄向上拉起,夹紧装置松开,取下钻机即可。

③ 刀具的安装。

选择与钻机适配的钻头,插入钻机的钻仓,紧固钻头的顶丝顶与刀柄平面部分,旋紧即可。

④ 钻孔。

钻孔进刀时,均匀用力旋转手轮,进刀速度应控制在60~80mm/min范围内,钻孔过程中需连续喷注切削冷却液。

⑤ 倒角。

使用倒角电钻对孔进行双面倒角,倒角要求:螺栓孔应按45°倒角进行倒棱,倒棱深度为1mm。当无法即时安装胀钉时,钻孔后需在孔内敷设导电膏,以防止孔内锈蚀。

⑥ 胀钉的安装。

a. 单侧接线胀钉的安装。

(a) 取出包装袋中的胀钉,检查外观,如无异常开始安装。

(b) 将胀钉旋入拉头中,胀钉锥杆螺纹应全部旋入拉头的芯杆中。

(c) 将装好的拉头与胀钉放入钢轨孔中,如胀钉进孔偏紧,可用手锤轻轻敲入。

(d) 将拉头杆卡入液压钳钳口中,钳口方向朝下。将液压钳手柄反复上下压动,液压钳开始工作,当听到"卡"的响声时,胀钉拉胀到位。

(e) 按下卸压柄,钳口回位后,取下液压钳,将拉头从胀钉上卸下,胀钉拉胀完成。

b. 双侧接线胀钉的安装。

(a) 取出包装袋中的胀钉,检查外观,如无异常开始安装。

(b) 双侧接线胀钉为双套结构,安装时将直套(外套)从一侧放入钻好的孔中。

(c) 从另一侧将锥套(内套)轻轻合入直套(外套),双侧的胀钉内端面须与钢轨腹部贴实。

(d) 将双头锥杆按照锥面贴合的方向插入锥套(内套)中。

(e) 将液压钳拉头旋入内套侧(有标记),卡入液压钳开始拉胀。

(f) 拉胀过程与单侧接线胀钉工艺相同。

c. 防松螺母的安装。

(a) 取出防松螺母,检查外观,无异常开始安装。防松螺母由螺纹和制锁垫圈组合一体的双重防松结构、右防松螺母及2个制锁垫圈组成。

(b) 制锁垫圈一面是放射齿形面,另一面为啮合齿形面,安装时放射齿形面与接线端子接触密压,啮合齿形面与放松螺母的另一个制锁垫圈的啮合齿形面进行压合。

(c) 防松螺母旋紧时应使制作垫圈的啮合齿形面相互啮合并紧锁,使制锁垫圈之间紧压、无间隙。

(d) 防松螺母旋紧扭力参数,见表21-2。

防松螺母旋紧扭力参数　　　　　　表21-2

规格型号	M8/φ9.8	M10/φ13.5	M14/φ19	M16/φ22
旋紧扭矩(N·m)	15	40	80	150

5) 接触电阻检测

胀钉安装完成后,清理、擦干净转接排及焊缝周边焊剂,除去露出的密封条,并涂灰色油漆,清理钢轨加热表面并涂机油保护,避免焊接处钢轨腐蚀,检测钢轨与线排的接触电阻(图21-19～图21-21)。要求均回流电缆与走行轨连接处的过渡电阻应满足在200万次振动工况下不大于30μΩ。

图21-19　灰漆防护

图21-20　焊接处涂机油防护

图21-21　钢轨接触电阻检测

6) 电缆成端

(1) 电缆施工流程如图21-22所示。

图21-22　电缆施工流程图

(2) 施工方法。

①电缆裁剪前用2500V兆欧绝缘摇表对电缆进行绝缘测试,应满足有关的技术规定;按现场测量数据裁剪电缆长度。

②电缆接头结构前期处理:根据技术要求测定电缆外护套的剥切长度,并剥除外护套。

③剥外护套、内护套、填充物:从电缆端头处下量长度为 $40+L_1$(L_1-线耳长度),并做好标记,剥去此标记至电缆端头的外护套,再从外护套断口处保留20mm内护套,其余剥去,并去除绝缘填充物。

④剥线芯绝缘:主绝缘离至内护套断口 20~30mm 齐平剥除线芯绝缘。

⑤清洁电缆,压接线耳:先用砂纸打磨线芯氧化层,并用清洁纸清洁电缆线芯,再套入线耳(线耳内涂抹导电膏),采用分体式压接钳压紧(压接4次),完成后用锉刀打磨光滑压痕和尖角。

⑥密封保护及安装绝缘套管:用清洁纸清洁线耳及电缆外护套,用自黏带填充线耳端口至绝缘端口较大的间隙,使接线端子与电缆连接处平滑过渡,无明显凹凸感;再将绝缘套管套入符合工艺要求位置加热、热缩,热缩时需要注意受热均匀,避免局部加热造成局部高温,损坏热缩层。稍冷却后在套管上端口进行防水绝缘处理,至此,不带铠直流电缆终端头制作完成。

⑦接线端子连接:首先在接线端子与铜排接触面涂抹导电膏,再进行接线端子安装,螺栓紧固力矩符合要求,螺栓由上往下穿采用2平1弹1螺母;螺母及垫片均采用普通规格,确保后期便于更换,螺栓紧固到位后用红线标识。接线端子连接如图 21-23 所示。注意:电缆成端时应与周围环境统一,电缆弯曲及预留弧度合理。

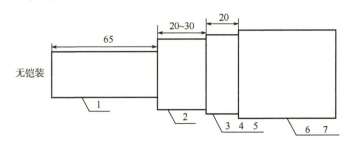

图 21-23 接线端子连接示意图(尺寸单位:mm)

1-导体(铜);2-绝缘层(交联聚乙烯);3-阻水带;4-铝塑复合带;5-内衬层(聚乙烯);6-无卤高阻燃带;7-防紫外线低烟无卤外套

图 21-24、图 21-25 为均回流电缆连接成品图。

图 21-24 区间联络通道均回流电缆连接成品

图 21-25 均回流电缆连接成品

21.3.3 劳动力组织

根据各工序的现场施工需求情况,劳动力组织情况见表21-3。

劳动力组织情况表　　　　　　　　　　　　　　　　表21-3

序号	人员名称	人数	工作内容
1	组长	1	负责均回流电缆连接总体施工安排
2	技术	1	负责焊接位置现场定位、电缆长度的测量、材料的统计和现场技术
3	技能工人	2	负责施工过程中技术操作
4	辅助工人	4	辅助技能工人进行相关作业
5	防护	2	负责安全

21.4 机具设备

21.4.1 主要施工机具配置

主要施工机具配置见表21-4。

主要施工机具配置表　　　　　　　　　　　　　　　　表21-4

序号	名称	规格	单位	数量
1	发电机	2000W	台	1
2	配电箱		个	1
3	角磨机		把	1
4	煤气罐		个	1
5	灭火器		个	1
6	钢轨钻孔机		台	1
7	钻头	二级钻头系列	套	2
8	钢轨钻孔机		台	1
9	扭矩扳手		把	1
10	焊接模具		套	1
11	平板车	改进型	辆	1
12	钢卷尺	5m	把	1
13	毛刷		把	4
14	煤气罐		个	1
15	灭火器		个	1
16	压接钳及配套模具	5t	把	1
17	美工刀		把	2
18	石笔		盒	

续上表

序号	名称	规格	单位	数量
19	对讲机		对	2
20	记号笔		只	若干
21	防护信号灯		个	2
22	照明灯		个	8

21.4.2 主要施工材料配置

以北京昌南线为例,主要施工材料见表21-5,实际施工中以设计为依据。

主要施工材料配置表　　表21-5

序号	名称	规格	单位	数量
1	3孔均回流转接排		块	若干
2	5孔均回流转接排		块	若干
3	接线端子	DTM-240	个	若干
4	单面胀钉	ϕ19	套	若干
5	1500V 直流软电缆	DC-WDZA-XEER-1500V	m	若干

21.5 质量控制

21.5.1 质量标准

本工法遵守以下标准:
(1)《铁路电力牵引供电工程施工质量验收标准》(TB 10421—2018);
(2)《城市轨道交通工程质量验收标准　第2部分:设备安装工程》(DB11/T 311.2—2008);
(3)《电气装置安装工程电气设备交接试验标准》(GB 50150—2016);
(4)《质量管理体系　基础和术语》(GB/T 19000—2016)。

21.5.2 质量控制

1)施工定位

(1)钢轨轨腰钻孔直径不宜大于28mm,必须进行1~2mm的倒棱处理,孔中心间距不得小于150mm。必须将轨连接处轨腰金属表面仔细打磨平整,以保持回流导体电缆头良好接触。

(2)区间铜排焊接及胀钉钻孔均应距离钢轨轨缝鱼尾板端部不小于100mm;若是无缝线路,则距离焊缝不小于1m;避开信号计轴装置2m以上。

(3)岔区内遇伸缩轨纵向连接时,由于存在厚轨,此处第一孔要求距鱼尾板不小于80mm,第二孔与第一孔孔距为120mm。

2）钻头的使用

（1）由于胀钉属电气连接元器件，钻制的钢轨孔的精度及光滑度应达到安装要求，因此应使用二级（阶梯）钻头钻制。

（2）二级（阶梯）钻头属组合刀具，钻、绞工艺在同一刀具上完成，从而确保孔的加工精度和光洁度。

（3）在使用二级（阶梯）钻头时应注意孔穿后不得退刀，需要用绞刀部分将孔全部绞制完成后方可退刀。

（4）使用孔检测棒对钢轨的精度及公差进行检查，每种孔的检测棒分4个公差级别，即0.1mm、0.2mm、0.3mm、0.4mm，公差要求见表21-6。

公差要求一览表　　　　表21-6

孔径（mm）	φ9.8	φ13.5		φ19		φ22
		单侧接线	双侧接线	单侧接线	双侧接线	
公差要求（mm）	0~0.3	0~0.3	0~0.2	0~0.3	0~0.2	0~0.3

3）胀钉安装

（1）相应型号的胀钉必须使用相对应型号的液压钳进行拉胀，该工序是保障胀钉安装质量的关键环节。

（2）任何情况下单面胀钉的尾部不得进入钢轨的轨腹孔内部。

（3）所有孔洞要封堵整齐。

4）防松螺母的安装

（1）旋紧防松螺母时需用扭力扳手，上紧时注意观察制锁垫圈应有效啮合，两个垫圈锁紧后无间隙。

（2）自由状态的制锁垫圈不得错装。

（3）当防松螺母的防松槽被使用后（防松槽被挤开）不宜再次使用。若对防松槽进行恢复后使用，其防松效果会下降。

21.6　安全措施

施工过程中除严格执行《地铁工程施工安全评价标准》（GB 50715—2011）的具体规定以外，还要特别注意如下安全事项。

（1）严格执行业主制定的车行区施工、运输管理办法，以及业主下达或批复的车行区使用计划。

（2）安装作业前应按规定穿戴配置安全防护用品，所有在轨行区施工人员都要穿荧光服。

（3）使用轨道小平车时载质量不得超过80kg。

（4）在轨行区作业时，必须设专人防护；遇有车辆通过时，需及时移开轨道上的障碍物，人员躲避到安全地带，保障车辆安全通过。

（5）室外如遇大风、雨、雾、雪等天气时不宜进行安装作业；抢修时应对发电机组、钻机、液压钳等机具实施保护，以防触电。

(6)安全人员要经常随工检查,发现问题,要及时提醒;问题较严重时,要对施工负责人或当事人进行处罚、教育,令其改正。

(7)根据施工中发现的具体问题,要不断改进和完善施工方法,消除事故隐患,保证施工安全。

21.7　环保措施

(1)测量时,禁止在隧道壁上乱涂乱画,保证墙面整洁。

(2)妥善处理施工期间产生的各类剩余的边角料,每日施工完毕后,将施工垃圾装袋后,堆放在指定地点,随后安排轨道车统一运出隧道处理。

(3)工程材料露天堆放时充分考虑过水路径,并做好围挡和排水设施。

(4)所有施工材料、设备集中存放在驻地料库,尽量减少临时工程占地,竣工后尽快并尽量恢复原地表天然状态。

(5)机械设备油污处理过程中产生的固态浸油废物、施工过程产生的废弃机具、配件、包装物等均单独收集、封装,并运至垃圾场进行处理。

(6)严格合成树脂、合成纤维、染料、油漆化学试剂等物品的采购、使用、管理工作。杜绝化工废料焚烧、随地乱抛洒现象,以防造成环境污染。

(7)在施工区和生活区不大声喧哗,尤其夜间;合理安排施工时间,严格做到不影响当地居民生活。

(8)合理安排工作人员轮流操作机械,穿插安排低噪声工作,减少接触高噪声时间,并配备耳塞,同时注意机械保养,控制机械噪声的声级水平。

基于BIM技术的城市轨道交通通信机房布线施工工法应用

第22章

通过研究样板段的施工工艺及调试流程，建立了基于 BIM 技术的城市轨道交通专用通信机房通用布线施工模型，实现了三维模型指导施工的需求，解决了通信机房布线二维图纸不翔实、不具体的通病，提高了施工效率，降低了施工成本，确保了施工工艺标准。通过 BIM 技术进行部分底座、桥槽预制化，提前在厂区、库房按照模型完成底座、桥槽制作及组装，减少了现场拼装及安装时间，缩短了施工工期。

北京地铁 27 号线二期(昌平线南延)通信工程使用本方法，机房布线实现"零交叉、零返工"，机房走线架、地槽、连体机柜工厂预制 80%，节约了机房室内布线及施工成本 24 万元。本工法成功应用为各城市的城市轨道交通通信机房施工提供了参考与借鉴，为后续各城市标准通信机房施工奠定了基础，具备国内领先水平。

22.1　工法特点

（1）建立城市轨道交通通信机房 BIM 模型建立方法，在模型命名、分级建立、多维度展示、轻量化等方面建立标准方法，实现标准模型、布线等方法。

（2）统计多个城市轨道交通通信机房布局，总结标准机房布线类型、数量、走向方式，总结机柜安装布局方法，提供三维模型用以指导施工，提高施工效率，降低施工成本。

（3）使用工厂化预制技术，将地槽、走线架、底座等预制，优化现场施工，工序衔接更加流畅、紧凑，施工效率大幅提升。

22.2　工艺原理

应用 BIM 技术结合现场情况建立城市轨道交通通信机房模型，建立机房内底座、地槽、走线架、机柜安装模型，完成预制化图纸，工厂实现提前预制化加工。通过布线模型建立，模拟各系统内外配线缆在地槽、走线架内布线位置及方向,将不同系统、类型线缆在 BIM 软件中设定不同的参数集,实现分系统、分线缆、分层级不同需求的模型展示,再将模型轻量化处理,通过移动端展示,从而对现场机房布线进行指导。

22.3 通信机房布线施工流程及操作要点

22.3.1 施工流程

城市轨道交通通信机房布线施工主要由底座及机柜安装、走线架及桥槽安装、线缆布放共计三个工序组成,通信机房布线施工流程如图 22-1 所示。

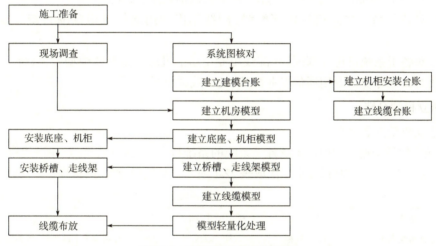

图 22-1 通信机房布线施工流程图

22.3.2 工艺操作

1)施工准备

城市轨道交通通信机房布线施工前,需要完成以下准备事宜:
(1)完成进场安全手续办理;
(2)完成临时用电手续办理;
(3)完成施工相关技术交底及安全交底;
(4)机柜、桥槽、走线架等开箱检查合格。

2)现场调查

城市轨道交通通信机房布线施工前需要完成现场调查,针对该工序,需要完成调查的内容有:
(1)核对专用通信机房、专用通信电池间尺寸,对机房长、宽尺寸进行核对记录,对结构柱、门、综合接地箱位置及数据进行核对并记录,其与图纸存在较大偏差时及时与设计沟通解决。
(2)核对机房上部风管出风口位置并记录,机房机柜排布时避开出风口。

(3) 检查机房是否完成墙体刮白、是否完成垫层浇筑,是否完成绝缘漆喷刷;对垫层完成高度与设计高度进行核对,并根据数据调整计算机柜底座高度。

$$机柜底座高度 = 机房设计静电地板完成面高程 - 垫层完成高度$$

(4) 核对机房内预留孔洞位置及尺寸并记录。

(5) 检查机柜及相关材料吊装、运输路由。

3) 系统图核对

对城市轨道交通专用通信机房内施工设计的子系统图纸进行核对。专用通信系统一般包括以下子系统:传输系统、公务电话系统、专用电话系统、无线通信系统、广播系统、时钟系统、视频监控系统、电源及接地系统、乘客信息系统、办公自动化系统。核对过程中,需要完成以下核对内容:

(1) 核对各系统机柜安装平面布置图,各系统机柜数量、尺寸。

(2) 核对各子系统之间机房内部配线(配线不出专用通信机房范围),统计线缆型号、数量。

(3) 核对各子系统机房外部配线(配线出专用通信机房),统计线缆型号、数量。

(4) 核对其他专业与专用通信专业配线,统计线缆型号、数量。

4) 建立模型台账

(1) 建立机柜安装台账

根据城市轨道交通专用通信系统各子系统的系统特点、设备安装特点、建设规模、通常使用功能,取机房机柜设计的中位数,本工法取表22-1所示机柜数量及尺寸,指导机房布线施工。

机柜数量明细表   表22-1

序号	系统	机柜名称	机柜尺寸(mm)	数量	备注
1	综合布线系统	ODF机柜	800×600	2	分别用于干线光缆、各系统业务光缆
2	综合布线系统	综合配线柜	800×600	1	
3	传输系统	传输机柜	600×600	1	
4	时钟系统	时钟机柜	600×600	1	
5	广播系统	广播机柜	600×900	1	
6	公务电话系统	公务电话机柜	600×600	1	
7	专用电话系统	专用电话机柜	600×600	1	
8	无线系统	基站	600×600	1	
9	办公自动化系统	办公自动化(OA)机柜	600×600	1	
10	乘客信息系统	PIS机柜	600×1200	2	
11	视频系统	视频机柜	600×1200	4	
12	电源及接地系统	高压开关柜	600×600	1	
13	电源及接地系统	交流配电柜	600×600	1	
14	电源及接地系统	蓄电池组	2100×1300	1	直流电池
		合计		19	

注:默认采用整合电源系统,即采用整合电源将机房内单独设立的不间断电源(UPS)全部在其他房间进行整合,不单独设立UPS和UPS电池。

（2）建立线缆台账

根据城市轨道交通专用通信系统设计原则、各子系统布线规范要求、各子系统接口规范，取布线型号及数量的中位数，本工法线缆布放以表22-2中线缆型号、数量、尺寸为依据，进行线缆布放施工。

线缆配线表　　　　　　　　　　　　　　　　　　　　　　表22-2

序号	系统名称	内外配线	线缆类型	线缆型号	数量	本端	对端	备注
1	传输系统	内配	网线	UTP-CAT5e	24	传输机柜-传输设备业务板	综合配线柜-EDF内线侧	
2	传输系统	内配	光纤	单模双芯	24	传输机柜-传输设备业务板	综合配线柜-ODF内线侧	
3	传输系统	内配	同轴电缆	DWZR-syv-75-2-1×16	8	传输机柜-传输设备业务板	ODF机柜-DDF内线侧	
4	综合布线系统	外配	市话电缆	HPYY-ZR 50×2×0.5	3	综合配线柜-VDF外线侧	室外、区间分线盒	用于电话
5	综合布线系统	外配	市话电缆	HPYY-ZR 30×2×0.5	4	综合配线柜-VDF外线侧	室外、区间分线盒	用于电话
6	综合布线系统	外配	市话电缆	HPYY-ZR 10×2×0.5	13	综合配线柜-VDF外线侧	室外、区间分线盒	用于电话
7	综合布线系统	外配	光缆	GYTZA53 96B1.3	4	本站干线光缆ODF机柜	临站干线光缆ODF机柜	
8	综合布线系统	外配	光缆	GYTZA 8B1.3	1	业务ODF机柜	远端OA机房	用于OA
9	综合布线系统	外配	光缆	GYTZA 4B1.3	20	业务ODF机柜	PIS屏	用于PIS、车地无线
10	综合布线系统	外配	光缆	GYTZA53 24B1.3	4	业务ODF机柜	区间车地无线天线	用于PIS、车地无线
11	综合布线系统	外配	光缆	GYTZA 8B1.3	40	业务ODF机柜	车站、区间视频箱	用于视频
12	时钟系统	内配	网线	UTP-CAT5e	6	时钟机柜-网络接口箱(4)、NTP服务器(2)	综合配线柜-EDF内线侧(1)、EDF内线侧(2)、VDF内线侧(3)	
13	时钟系统	外配	网线	UTP-CAT5e	12	时钟机柜-网络接口箱	各房间子钟	
14	时钟系统	外配	电源线	DWZR-RYY-3×1.5	12	时钟机柜-时钟系统电源分配箱	各房间子钟	
15	广播系统	内配	网线	UTP-CAT5e	9	广播机柜-广播主机(5)、噪感服务器(4)	综合配线柜-EDF外线侧（传输）(1)EDF内线侧（综合监控）(1)、VDF内线侧（无线2、录音1）(3)、噪感(4)	

续上表

序号	系统名称	内外配线	线缆类型	线缆型号	数量	本端	对端	备注
16	广播系统	外配	网线	UTP-CAT6	3	广播机柜-广播主机	车控室话筒前级(1)、车控室广播控制盒(2)	
17	广播系统	外配	音频线	DWZR-RYYP-2×1.5	11	广播机柜-广播功放	各分区广播	
18	广播系统	外配	音频线	DWZR-RYYP-2×2.5	4	广播机柜-广播功放	各分区广播	
19	公务电话系统	内配	音频线	DWZR-HYYP-24×2×0.5	8	电话机柜-公务电话主机	综合配线柜-ODF 内线侧	
20	公务电话系统	内配	同轴电缆	DWZR-syv-75-2-1×16	4	电话机柜-公务电话主机	综合配线柜-VDF 内线侧	
21	专用电话系统	内配	音频线	DWZR-HYYP-16×2×0.5	8	电话机柜-专用电话主机	综合配线柜-ODF 内线侧	
22	专用电话系统	内配	同轴电缆	DWZR-syv-75-2-1×16	4	电话机柜-专用电话主机	综合配线柜-VDF 内线侧	
23	录音系统	内配	网线	UTP-CAT5e	9	电话机柜-录音主机(8)、录音交换机(1)	综合配线柜-VDF 内线侧(8)、EDF 外线侧(1)	录音设备安装在专用电话机柜内
24	无线系统	内配	网线	UTP-CAT5e	3	基站(1)、固定台主机(1)、广播台主机(1)	综合配线柜-EDF 外线侧(1)、VDF 内线侧(2)	固定台主机、广播台主机放在广播机柜内
25	无线系统	外配	射频电缆	HCAAY-50-22(7/8)	4	无线机柜-四公分器	区间	
26	无线系统	外配	射频电缆	HCAAY-50-12(1/2)	1	无线机柜-耦合器	车站天线	
27	无线系统	外配	网线	UTP-CAT6	1	无线机柜-固定台主机	车控室固定台	
28	办公自动化系统	内配	光纤	单模双芯	6	OA 机柜-交换机(6)	干线 ODF 机柜(4)、业务 ODF 机柜(2)	
29	办公自动化系统	外配	网线	UTP-CAT6	40	OA 机柜 EDF 外线侧	各房间面板	
30	乘客信息系统	内配	网线	UTP-CAT5e	2	PIS 机柜-接口服务器	综合配线柜-EDF 内线侧	综合监控接口
31	乘客信息系统	内配	光纤	单模双芯	2	PIS 机柜-交换机(2)、车地无线交换机(40)、光交叉矩阵(20)	综合配线柜-ODF 外线侧	

续上表

序号	系统名称	内外配线	线缆类型	线缆型号	数量	本端	对端	备注
32	乘客信息系统	外配	电缆	WDZR-RYY 3×4mm²	20	PIS 机柜-电源接口模块	PIS 屏	
33	乘客信息系统	外配	网线	UTP-CAT5e	2	PIS 机柜-PIS 机柜交换机	工作站	
34	乘客信息系统	外配	控制线	DWZR-RYY 4×0.75mm²	2	PIS 机柜-PIS 机柜交换机	IBP 盘控制柜	
35	视频系统	内配	网线	UTP-CAT6	64	视频机柜-交换机(64)	视频机柜-解码器(28)、四画面(7)、光端机(5)、服务器(18)、存储(6)	
36	视频系统	内配	网线	UTP-CAT5e	2	视频机柜-交换机(2)	综合配线柜-EDF 内线侧(2)	
37	视频系统	内配	同轴电缆	DWZR-syv-75-2-3	28	视频机柜-解码器	视频机柜-四画面	
38	视频系统	内配	光纤	单模双芯	60	视频机柜-交换机、光端机	业务 ODF	
39	视频系统	外配	电源线	DWZR-RYY-3×6	40	视频机柜-视频配电单元	前端视频前端箱、各视频终端	
40	电源及接地系统	内配	电源线	DWZR-RYY-3×6	10	交流配电柜	视频机柜(8)-视频配电单元(2)	
41	电源及接地系统	内配	电源线	DWZR-RYY-3×4	10	交流配电柜	PIS 机柜(4)、PIS 机柜内时序控制器(6)	
42	电源及接地系统	内配	电源线	DWZR-RYY-3×2.5	8	交流配电柜	广播、时钟、OA、无线	
43	电源及接地系统	内配	电源线	DWZR-RYY-4×25+1×16	1	交流配电柜	高压开关	
44	电源及接地系统	内配	电源线	DWZR-RYY-1×16	4	高压开关柜	传输机柜	
45	电源及接地系统	内配	电源线	DWZR-RYY-1×10	8	高压开关柜	专用电话、公务电话机柜	
46	电源及接地系统	内配	电源线	DWZR-RYY-1×50	4	高压开关柜	高开电池	
47	电源及接地系统	内配	网线	UTP-CAT5e	20	交流配电柜交换机	各机柜智能电源分配单元、电池检测、综合配线柜-EDF 外线测	
48	电源及接地系统	内配	地线	DWZR-RYY-1×16	18	各个机柜	接地排	

注：默认公务、专用电话系统采用程控交换技术，无线系统采用 THERE 技术，广播采用电路广播技术，其他系统采用软交换。

5)建立模型

(1)建立机房模型

根据现场调查情况,使用建模软件完成房间布局的模型建立,需要在模型中将机房楼板、墙体、结构柱、预留空洞、门、门槛踏步位置精确标识,并将尺寸关系标识清楚,为后续机房内机柜、桥槽布局提供功能基础。

(2)建立底座、机柜模型

①一般标准。

采用参数化模型族建立机柜底座和机柜的模型,可以实现在建模项目中,通过参数设定,完成底座、机柜高度、宽度、长度的设定。

在建立完成的机房模型中,对各机柜及底座模型进行重新布局,建模时应当满足以下要求:

a. 机柜柜门开门端面应当在同一水平线;

b. 机柜四面端面距离墙面、结构柱端面不小于800mm;

c. 机房两排机柜安装,两排机柜安装宜采用柜门相向安装方向;

d. 机柜顶部避开空调排风口;

e. 相同或者相近深度机柜宜安装在相邻位置;

f. 考虑到不同机房尺寸及形状不同,总结以下两种常见情况:

长方形机房形状,机柜可采用以下布局方式进行布局(机柜序号见表22-1),宜采用两列机柜对开门布局方式,机柜间布局可适当调整(图22-2)。

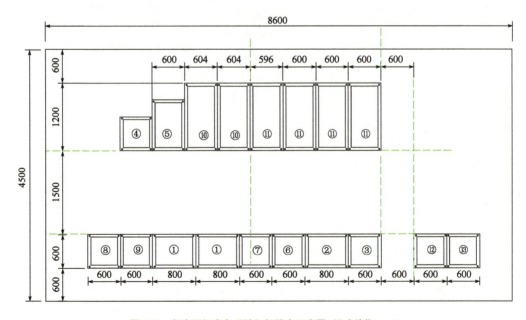

图22-2 长方形机房各系统机柜排布示意图(尺寸单位:mm)

类矩形机房形状,机柜可采用以下布局方式进行布局(机柜序号见表22-1),机柜柜门开启方向面朝门,机柜间布局可适当调整(图22-3)。

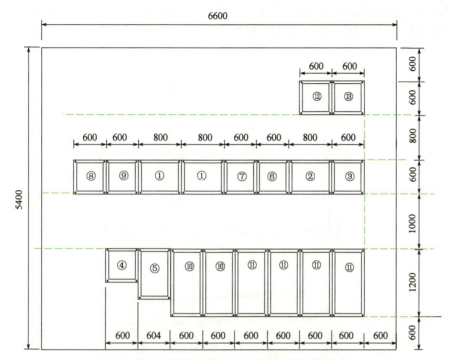

图 22-3 类矩形机房各系统机柜排布示意图(尺寸单位:mm)

具有强联系、强关联的机柜宜布局在相邻位置,如传输机柜-综合配线柜-公务、专用电话(图 22-3 上编号为③、②、⑥、⑦)。视频机柜(安装四画面)-视频机柜(核心交换机)(图 22-3 上编号为⑪的机柜)。

其中⑧(时钟机柜)、⑨(广播机柜)、④(无线机柜)、⑤(OA 机柜)可以根据机房尺寸的不同,灵活调整位置,以满足机房机柜安装。

根据机房实际情况,绘制"机房平面布置图"。

②建模方法。

a. 机柜底座建模。

按照机房机柜布局位置,进行机柜底座建模。根据图 22-2、图 22-3 对应的两种常用机房布局方式,部分适用于连体底座的机柜底座进行建模:输机柜-综合配线柜-公务、专用电话(图上编号为③、②、⑥、⑦),视频机柜(图纸上编号为⑪)的 4 台机柜,PIS 机柜(图上编号为⑩)的 2 台机柜,综合配线柜(图上编号为⑦)的 2 台机柜、高压开关柜-交流配电柜(图上编号为⑫、⑬)。

连体底座制作时宜采用不小于∠50mm 的角钢制作。

底座建模高度遵循以下公式:

$$H = h_1 - h_2 \tag{22-1}$$

式中:H——底座高度(mm);

h_1——装修静电地板完成面高度(mm);

h_2——机房地面静电地板漆完成高度(mm)。

机柜底座模型制作前,根据厂家提供机柜底部螺栓预留孔洞位置,在底座上预留孔洞,孔洞按照 $\phi 16 \times 30$mm 腰孔尺寸预留。

连体底座模型制作应当考虑机柜安装过程中的缝隙及机柜本身制作带来的数据偏差,连体底座模型制作时,中间预留4mm间隙(图22-4、图22-5)。

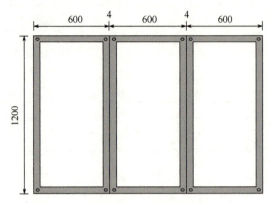

图22-4 连体底座尺寸示意图(尺寸单位:mm)

图22-5 连体底座示意图

b. 机柜建模。

考虑到机柜在机房内的空间安装相对位置,建模时考虑以下要求:

(a)按照设计要求数据对机柜高度、宽度、深度进行建模。

(b)机柜建模精细度应达到门柱、理线板、绝缘端子这一层深度,以满足后续类似工程不同功能需求模型使用要求。

机柜模型示意图见图22-6。

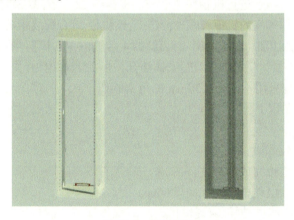

图22-6 机柜模型

(3)建立线槽、走线架模型

①一般标准。

在完成机柜、底座模型建立后,建立线槽、走线架模型。

线槽、走线架模型采用可变参数族模式建立模型,可在BIM项目中通过参数修改,便捷建立模型。

线槽、走线架模型建立采用上下走线方式,上部走线架进行信号线布放,下部走线架进行电源线、地线布放。上部走线架采用双层铝合金走线架结合尾纤专用线槽布线方式,上层供机房外部线缆布放,下层供机房内柜间线缆布放,尾纤全部使用专用尾纤槽布放。

上部走线架布线时需考虑装修灯具安装完成位置高程不影响上走线架安装。

②线槽建模方法。

线槽喇叭口建模方法:以400mm宽线槽为例,相对尺寸关系见图22-7,喇叭口设立在底座的中心,深入底座内边缘100mm,所有线槽在拐弯处应预留50mm×50mm的三角形,用于拐弯。

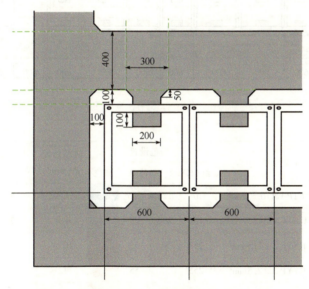

图22-7 地槽喇叭口尺寸关系示意图(尺寸单位:mm)

进行预制化线槽建模设计,原则上一截线槽长度不超过3000m,即4个机柜底座可设计成一套连体底座,可将整个机房底座按照图22-8所示分为若干个区域,建立若干个连体底座模型,用于预制化生产。连体底座分界线一般设在两机柜底座中间、拐弯处。

设计线槽高度时需考虑以下情况:

$$h_3 \leq H - 2 \times h_4 \tag{22-2}$$

式中:h_3——线槽高度(mm);

H——底座高度(mm);

h_4——角钢宽度(mm)。

(4)建立线缆模型

根据线缆所属的系统分类、线缆名称、线缆规格型号不同,建立线缆模型绘制标准。线缆模型参数包括线缆类型、线缆型号、颜色设置,见表22-3物资编号、线缆直径(实际)、模型中显示尺寸。

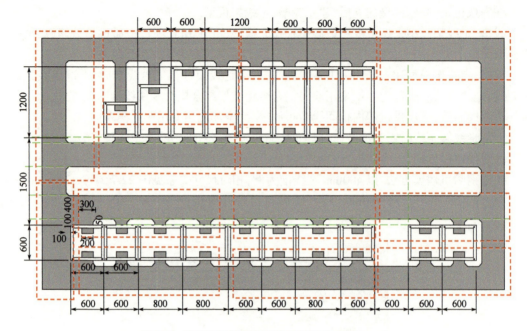

图22-8 机房连体地槽区域划分示意图(尺寸单位:mm)

线缆模型参数表　　　　　　　　　　　　　　　　　　　　　表22-3

序号	线缆类型	线缆型号	颜色设置				线缆外径 ϕ(mm)	模型中显示尺寸(mm)	物资编号	备注
			红(R)	绿(G)	蓝(U)	颜色				
1	网线	UTP-CAT6	0	128	255		7.5	8	TXXL-001	
2	网线	UTP-CAT5e	150	200	255		6.8	7	TXXL-002	
3	电缆	WDZR-RYYP 2×1.5mm²	255	55	55		10.5	11	TXXL-003	
4	电缆	WDZR-RYYP 2×2.5mm²	255	55	55		12	12	TXXL-004	
5	电缆	WDZR-RYY 4×0.75mm²	255	55	55		6	6	TXXL-005	
6	电缆	WDZR-RYY 3×1.5mm²	255	55	55		10.9	11	TXXL-006	
7	电缆	WDZR-RYY 3×2.5mm²	255	55	55		11.8	12	TXXL-007	
8	电缆	WDZR-RYY 3×4mm²	255	55	55		13	13	TXXL-008	
9	电缆	WDZR-RYY 3×6mm²	255	55	55		14	14	TXXL-009	
10	电缆	WDZR-RYY 1×50	255	55	55		15	15	TXXL-010	
11	电缆	WDZR-RYY 1×10	255	55	55		10	10	TXXL-011	
12	电缆	WDZR-RYY 1×16mm²	255	55	55		11	11	TXXL-012	
13	电缆	DWZR-RYY-4×25+1×16	255	55	55		28	28	TXXL-013	

续上表

序号	线缆类型	线缆型号	颜色设置				线缆外径 ϕ(mm)	模型中显示尺寸(mm)	物资编号	备注
			红(R)	绿(G)	蓝(U)	颜色				
14	光缆	GYTZA 4B1.3	255	200	0		12	12	TXXL-014	
15	光缆	GYTZA 8B1.3	255	200	0		13.3	13	TXXL-015	
16	光缆	GYFTZA53-24B1.3	255	200	0		14.5	15	TXXL-016	
17	光缆	GYTA53 96B1.3	255	200	0		16	16	TXXL-017	
18	射频电缆	HCAAY-50-12(1/2)	80	240	240		15.7	16	TXXL-018	
19	射频电缆	HCAAY-50-22(7/8)	80	240	240		26.7	27	TXXL-019	
20	地线	DWZR-RYY-16mm^2	100	255	50		8	8	TXXL-020	
21	市话电缆	HPYY-ZR 10×2×0.5	255	100	255		14	14	TXXL-021	
22	市话电缆	HPYY-ZR 30×2×0.5	255	100	255		20	20	TXXL-022	
23	市话电缆	HPYY-ZR 50×2×0.5	255	100	255		26	26	TXXL-023	
24	音频线	DWZR-HYYP-24×2×0.4	220	220	220		20	20	TXXL-024	
25	音频线	DWZR-HYYP-16×2×0.4	220	220	220		18	18	TXXL-025	
26	同轴线	DWZR-syv-75-2-1×16	220	220	220		14	14	TXXL-026	
27	同轴线	DWZR-syv-75-2-3	220	220	220		10	10	TXXL-027	

将线缆台账内所有线缆根据线缆模型制作标准,在 BIM 项目中登记,将模型中线缆的类型、型号、物资编号、线缆外径等赋予模型。

具体做法:

①设立参数。

在项目中新增"项目参数",共计 5 个;新增"类型参数"三项,即线缆类型、线缆型号、物资编号;新增"实例"参数 2 项,即系统名称、配线位置。

线缆类型、线缆型号参考中的参数,如:同轴线- DWZR-syv-75-2-3。

物资编号参考表 22-3 中"物资编号"设定。

系统名称参考表 22-2 中系统名称设定。如传输系统。

配线位置参考中内外配线,分为内配、外配。

②建立线缆模型。

线缆模型使用系统模型线管、线管弯制作施工中使用的线缆。

在线管族内,根据线缆的类型和型号对线管命名,以及表 22-3 各种线缆实际粗细,在项目中输入线缆直径尺寸。

根据表 22-3 依次完成线缆族创建;在过滤器中,根据各线缆的名称,添加过滤器,在图形可见性选项中,对线缆颜色进行选择填充。

在过滤器中设置颜色,保存项目,以为后续各项目使用该模型模板提供基础。

建立线缆模型有关界面图如图 22-9 ~ 图 22-13 所示。

③线缆布线原则。

各机柜间内配线在走线架下层布线。

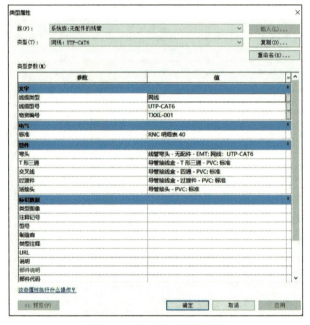

图 22-9　线缆模型类型属性界面

图 22-10　线缆模型在 BIM 项目中属性界面

外进线信号线全部从走线架上层布线，上层布放光缆、馈线、网线、市话电缆。
外进线电源线全部从地槽布线，主要是地线、电源线。
线缆采用固线器固定。

图 22-11　在 BIM 项目中给线缆模型建立直径尺寸参数界面

图 22-12　在 BIM 项目中根据线缆型号划分过滤器界面

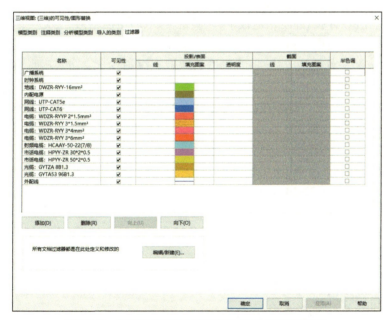

图 22-13　在 BIM 项目中不同线缆型号显示不同颜色界面

(5) 模型轻量化处理

通过轻量化软件将原本庞大、不能移动端使用的模型，转化成小巧、可用移动端展示的模型。

6）现场施工

（1）安装底座、机柜

①底座安装。

将 BIM 模型项目中的"机房平面图"导出（CAD 格式），拿到图纸后再次进行现场核对，对机房尺寸（长、宽）及门、结构柱相对位置核对无误后开始施工。

根据"机房平面图"中底座安装位置，使用激光水平仪找到底座安装位置线，使用墨斗辅助完成弹线。弹线完成后，根据图纸标记底座打孔位置，在打孔位置使用电钻打眼并安装膨胀螺栓（不小于 φ12mm）。挪动底座，将安装孔和膨胀螺栓对齐、固定。底座安装完成后，使用激光水平系调平。

②机柜安装。

将要安装的机柜放在相应的已经安装的底座上，且地脚按照底座上相应孔插入。

将机柜地脚安装在机柜底座上面的孔上。

将机柜按照图纸规定位置摆放到位，在机柜顶部平面两相互垂直方向放置水平尺，检查机柜的水平度，如果水平则依次拧紧各螺母，当有误差时可通过在机柜底座下增加垫片调节水平，每处铁片不应超过 3 片。机架（柜）安装的垂直倾斜度偏差小于机架（柜）高度的千分之一（2200mm 高的机柜为 2.2mm），相互间接缝不应大于 2mm，成列盘面偏差不应大于 5mm。

机柜前后门安装完成后，需要在其下端轴销位置附近安装门接地线，使机柜前后门可靠接地。

（2）安装地槽、走线架

①地槽安装。

地槽安装前在机房内平铺阻燃地板革，以满足美观、防尘需要。

根据"机房平面布置图"完成弹线。

每隔 1.2m 安装一处地槽支撑，每节地槽的地槽支撑不少于 2 处，三通、四通应当在分出口下增加地槽支撑。

地槽安装在地槽支撑上，地槽按照"机房平面布置图"中地槽和底座相对位置安装，使用螺丝将地槽固定在地槽支撑上。

不同地槽连接处使用连接片固定牢固，使用金属铜编织线辫连接每节地槽电气线路。

使用防火布在地槽内满铺，使用绝缘封边压条在地槽口上固定牢固。

地槽安装实物图如图 22-14 所示。

②走线架安装。

根据 BIM 模型中走线架建模尺寸，完成部分定制化杆件生产（如金属走线架撑腿），按照布置图相对位置，将走线架放置在机柜上。

金属走线架采用两层结构，总高度为 300mm，每隔 1000mm 安装一固定支撑腿，下层底面与机柜间垫 5mm 绝缘板。

机房上走线架模型、安装实物图分别见图 22-15、图 22-16。

在金属走线架中间，不影响风管安装处，吊装安装固定件，底部采用 M16×120mm 膨胀螺栓固定（图 22-17）。

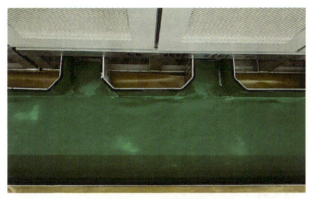

图 22-14　地槽安装实物图

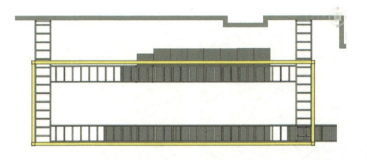

图 22-15　机房上走线架模型示意图

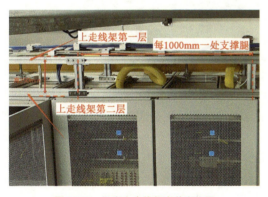

图 22-16　机房上走线架安装实物图

图 22-17　机房上走线架固定实物图

尾纤槽安装固定在金属走线架外侧,使用尾纤槽专用固定连接装置,使用 φ16mm 丝杆,配合 L 形连接件以及下支撑件安装固定在上金属走线架外侧。固定连接装置每 1m 安装一处。φ16mm 丝杆采用不锈钢材质,长度 250mm,下线槽撑铁底面与金属走线架第二层上面齐平。

机房上走线架尾纤槽安装实物图见图 22-18。

(3)线缆布放

线缆布放前根据线缆布放 BIM 模型图梳理各墙洞接入线缆规格型号,根据不同规格型号的模型,将线缆按照不同墙洞分开,上下走线分开。

①上走线布放(图 22-19)。

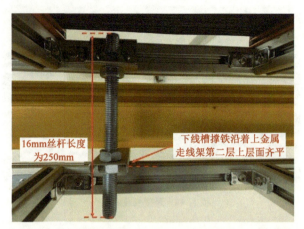
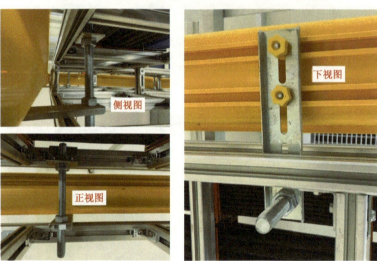

图 22-18　机房上走线架尾纤槽安装实物图

　　上走线架所有固线器安装间隔统一为 300mm。网线全部采用金属固线器（6 类网线，宽度约 135mm），非网线采用塑钢固线器。

　　首先根据第二层布置 BIM 模型图完成第二层线缆布放。

　　再根据第一层线缆布置 BIM 模型完成第二层线缆布放。

　　同信号线缆分层布放，要求线缆压固牢靠，线缆间没有明显缝隙（缝隙不得大于 2mm）。

　　② 下走线布放。

　　下走线在金属线槽内布线，使用固线器进行线缆固定。固线器在每个进机柜的喇叭口处（相距 300mm）进行固定，主要分为以下几种情况：

　　600mm 与 600mm 机柜间，沿着每个三通边缘处开始固定，每隔 300mm 固定一个，见图 22-20。

　　600mm 与 800mm 机柜间，在两三通处中间（两三通间距为 400mm）即相距两边 200mm 处固定一个，见图 22-21。

　　800mm 与 800mm 机柜间，两个三通间距 500mm，在中间 250mm 处固定一个固线器，见图 22-22。

　　固线器在地槽中距离两边 30mm 安装，见图 22-23、图 22-24。

基于BIM技术的城市轨道交通通信机房布线施工工法应用 第22章/第5篇

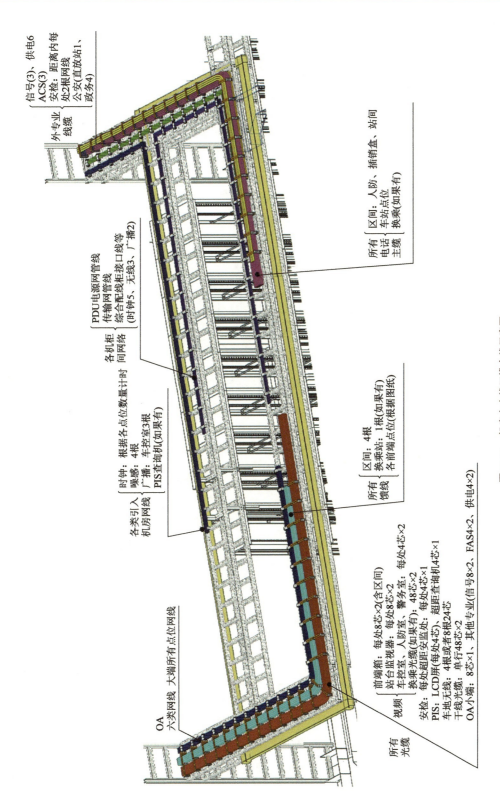

图22-19 机房上走线三维布线示意图

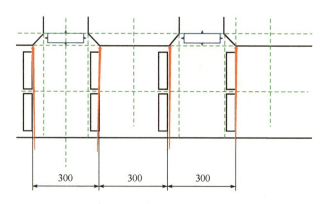

图 22-20　600mm 与 600mm 机柜之间固线器安装示意图(尺寸单位:mm)

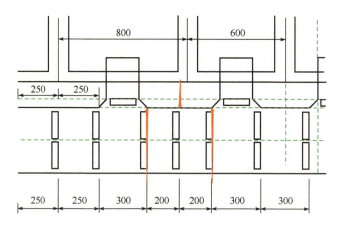

图 22-21　600mm 与 800mm 机柜之间固线器安装示意图(尺寸单位:mm)

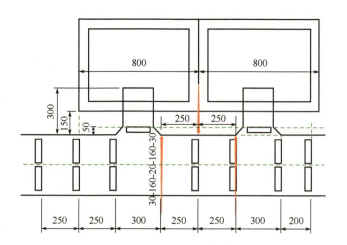

图 22-22　800mm 与 800mm 机柜之间固线器安装示意图(尺寸单位:mm)

固线器安装完成后,根据 BIM 模型内不同层线缆布放顺序,依次按照系统进行线缆布放。

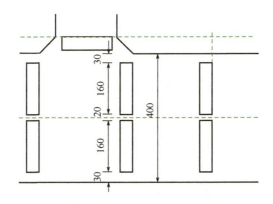

图 22-23　固线器槽内安装间距示意图（尺寸单位：mm）

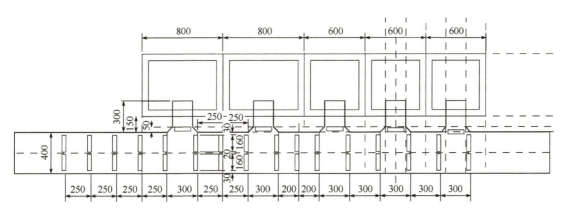

图 22-24　地槽固线器安装示意图（尺寸单位：mm）

布线第一层：所有机柜地线（含车站贯通地线）统一接在机房综合地线排上（图 22-25）。

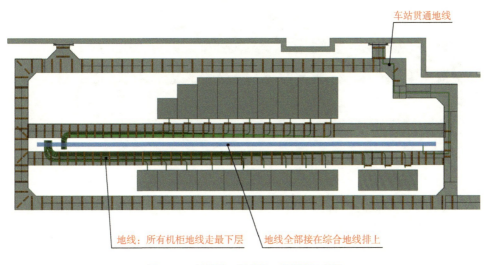

图 22-25　地槽第一层布线三维模型示意图

布线第二层:交流配电柜(含 PIS 交流配电柜)至各机柜的交流电源线,高压开关柜至各直流设备的直流电源线,进入电池室的电池连接线及控制线(图 22-26)。

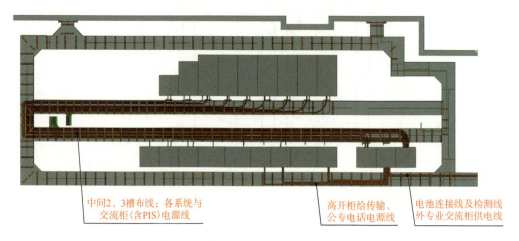

图 22-26　地槽第二层布线三维模型示意图

布线第三层:广播线(含 FAS 接口线、广播音频线)、PIS 配线(含 LCD 屏电源线、IBP 盘控制线、查询机电源线)、PIS 终端在车控室电源线、传输-综配 2M 线(图 22-27)。

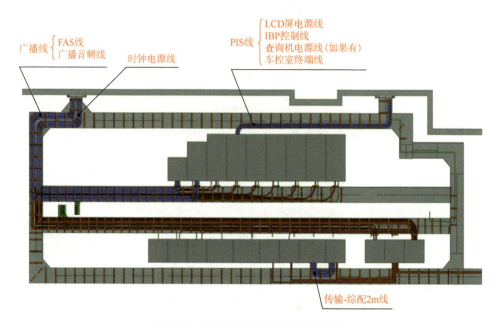

图 22-27　地槽第三层布线三维模型示意图

布线第四层:视频系统线:前端箱电源线、车控室、警务室、人防室电源线、站台监视器电源线,小端 OA 电源线(图 22-28)。

(4)劳动组织

劳动力组织见表 22-4。

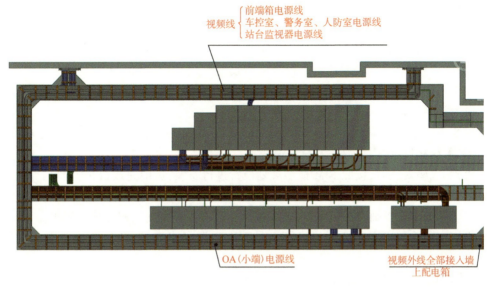

图 22-28 地槽第四层布线三维模型示意图

劳动力组织表   表 22-4

序号	施工人员	单位	数量	备注
1	施工负责人	人	1	施工组织及协调
2	技术人员	人	1	技术负责、技术指导
3	安全监督员	人	1	施工安全监督
4	主要作业人员	人	4	完成各项具体施工
5	辅助作业人员	人	6	辅助各项具体施工
6	合计	人	13	

(5) 材料与设备

每个作业小组配备的主要机具与设备见表 22-5。

机具与设备表   表 22-5

序号	名称	规格	单位	数量	备注
1	照明设备		套	1	
2	搬运车		台	1	
3	激光水平仪		台	1	
4	电钻		套	2	
5	电动手枪钻		套	5	
6	切割机		套	1	
7	开孔机		个	1	
8	液压钳		个	1	
9	绝缘摇表、万用表	500V	个	1	

(6)质量控制

①质量标准。

按《综合布线系统工程设计规范》(GB 50311—2016)、《通信线路工程验收规范》(GB 51171—2016)、《城市轨道交通通信工程质量验收规范》(GB 50382—2016)、《地铁设计规范》(GB 50157—2013)执行。

②质量控制措施。

a. 现场机房布线时需严格按照BIM模型内配线要求及顺序,分层、分颜色、分功能布线。配线整齐,无绞接现象,避免返工及材料浪费。

b. 机柜、底座安装时,按照BIM模型规划位置进行安装,提前完成机柜安装孔与底座匹配核对,避免返工。

c. 现场调查时需要确定底座高度,避免底座定制高度不满足装修完成面要求。

d. 机柜安装前与机电专业复核机柜上是否有空调出水口,避免后期运营空调水进入机柜内。

(7)安全措施

①安全标准。

按《地铁设计规范》(GB 50157—2013)执行。

②安全措施。

a. 在城市轨道交通机房内施工,使用临时用电,在用电时严格执行临时用电要求标准,由专职电工人员进行接电操作。

b. 加强临时用电安全教育,严禁一闸多机,作业前检查电缆线的破损情况。安装、拆除临时用电工程或配电箱接线时,必须由专业持证电工完成,无证人员禁止上岗。使用电气设备必须按规定穿戴和配备好相应的劳动保护用品,并应检查电气装置和保护设施是否完好。

(8)环保措施

①环境保护规程。

依据《环境管理体系》(ISO14001)(2016版)。

②环保措施。

a. 施工在过程中要保持环境清洁,施工程完工后,应按要求拆除安全防护设施和临时设施,并将产生的切割废料、碎屑、包装物等施工废料及建筑垃圾统一回收处理,做到"工完,料尽,场地清"。

b. 对施工中与相关专业的交叉作业,制定可靠防护措施,加强实施中的监测、应对。同时,将相关方案和要求向全体施工人员详细交底。

c. 对产生噪声、振动的施工机械,应采取有效的控制措施,减少噪声扰民。当施工点产生的噪声超过忍耐程度,刺耳难受时,应采取防护措施。

d. 加强对成品设备的保护,不得随意破坏成品设备。

第 6 篇
车站装修及微中心一体化设计

昌南线贯穿北京著名的学院路，线路沿线高校云集，全线装修以"大学之道"概念为设计主题，提炼了学院路高校典型的建筑立面造型，体现了学院风、书卷气，形成全线基本装修风格。裸顶横担集中管线排布，把空间让位给乘客，既增加了乘客舒适度，又便于运营日常维护检修。为促进轨道交通与城市的协调融合发展，学清路站综合型微中心作为北京市规划的第一个轨道微中心，与周边建设充分融合、互动，可达性高，土地集约化利用程度高，具有多元城市功能，全面提升了轨道交通建设水平和服务能力。北京轨道交通的第一个微中心学清路站的成功实施，为后续轨道交通微中心的实施提供了示范引领作用。

第23章 车站装修设计

23.1 车站装修设计概念

昌南线全长 12.6km，共设车站 8 座，其中换乘站 5 座；远期与地铁 9 号线贯通，将成为中心城区西部南北向轨道交通骨干线。

昌南线沿线高校云集，包括多所 985、211 知名高校，最具代表性的是学院路"老八校"。该区域学院风、书卷气极其突出。

全线装修以"大学之道"为概念设计主题，提炼了学院路高校典型的建筑立面造型，形成全线基本装修风格，展现"经典、唯美、对称、秩序、细腻、亲切"的学院气质。特点一，建筑左右对称，中部高耸，秩序感强烈；特点二，立面造型自上而下，被横向线条分割，呈现"三段式"构造；特点三，建筑造型方正端庄，线条洗练，细节棱角分明。

学院路典型建筑立面形态，见图 23-1。

基于地铁设计经验，同时考虑投资、运营、乘客等多方面需求，结合本线的人文特征和沿线地面的建筑特点，提出本线的设计要点。

要点一：全线车站通过"空间规划"将综合管线集中在车站两侧设置，划定装修和设备的空间界限，把车站中部的建筑空间还给乘客，实现建筑空间利用最大化，使空间更加顺畅、通透。

车站空间规划示意图见图 23-2。

要点二：运用管线综合承载体系与装修相结合，裸露侧跨设备管线，减少吊杆数量，增大桥架间距，整合不同的设备终端，达到绿色装修、降本增效的设计目标。

管线综合承载体系示意图见图 23-3，管线综合承载车站空间效果见图 23-4。

要点三：以质朴厚重的红砖和石材作为全线的文化形象符号，采用传统砌法工艺，表现出细腻的材质质感，使车站空间充满浓浓的学院气质。

图 23-1　学院路典型建筑立面形态

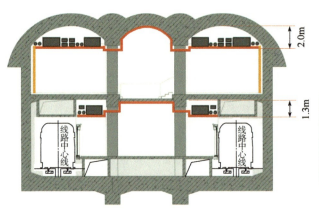

图 23-2　车站空间规划示意图

图 23-3　管线综合承载体系示意图

典型立面示意图见图 23-5。

图 23-4　管线综合承载车站空间效果

图 23-5　典型立面示意图

23.1.1 标准站（朱房北站、清河小营桥站、学知园站）

标准站充分体现了全线裸露中跨及侧跨管线的特征，利用车站高大的中跨空间，运用照明设施打造高、亮的空间，营造纯洁、唯美的氛围。

标准站空间效果见图23-6。

图23-6 标准站空间效果

23.1.2 六道口站

六道口站以"大学之门"作为设计主题，提取了砖砌拱造型，运用砖红色作为主要空间色彩，墙面、门套及三角房局部细节也表现出学院路典型建筑线条洗练、棱角分明特点，使车站空间氛围具有鲜明的时代印记和历史回忆，具有历史厚重感。

六道口站空间效果见图23-7。

图23-7 六道口站空间效果

23.1.3 西土城站

西土城站以"古垣新韵"作为车站设计主题，提取元大都城墙遗址形态为设计切入点，墙面运用石材仿城墙砖，通过现代手法展现古老韵味的同时焕发新的活力，使乘客能感受到历史的兴衰与现代人文气息。

西土城站空间效果见图 23-8。

图 23-8　西土城站空间效果

23.2　车站装修设计特点

23.2.1　管线及设备终端整合

1）管线整合

通过"空间规划"将综合管线集中在车站两侧设置，且布置更为紧凑，中跨仅保留必需的照明设施和 FAS 线路，把车站中部的建筑空间还给乘客。室内设计与设备专业通过逐站配合，在保证基本功能的前提下将管线尽量贴顶布置，最终划定装修和设备的空间界限。

管线整合效果见图 23-9。

图 23-9　管线整合效果

2）设备终端整合

管线综合承载体系与装修相结合，呈现"模数化、模块化、标准化"，达到一体化设计目的，减少吊杆数量，增大桥架间距，并与不同的设备终端装置进行整合。通过整合，将一部分导向牌、摄像头、扬声器、PIS 屏等安装在设备横担上，一部分安装在墙面和柱面上，减少吊杆数量。

设备终端整合效果见图23-10。

图 23-10　设备终端整合效果

3）牌体整合

将站厅层墙面导向牌体与PIS屏相结合,形成综合牌体,使墙面空间整体化。墙面综合导向牌体见图23-11。

图 23-11　墙面综合导向牌体

将站台层三角房处的双面导向牌体调整为单面,挂在站厅楣头墙处,减小了导向牌体的厚度,使之更易与铝板结合。

站厅楼扶梯楣头墙导向牌体、站台层三角房处导向牌体分别见图23-12、图23-13。

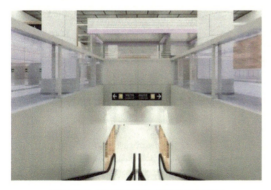

图 23-12　站厅楼扶梯楣头墙导向牌体　　　　图 23-13　站台层三角房处导向牌体

站厅层楼扶梯处通过门式起重机架整合导向牌及摄像头,避免在裸顶区域出现吊杆,使空间更加简洁。

站厅层扶梯处导向牌体、站台层整合落地导向牌体分别见图23-14、图23-15。

图23-14 站厅层扶梯处导向牌体

图23-15 站台层整合落地导向牌体

23.2.2 陶土多孔砖、劈开砖的应用

本线路在材料上选用了陶土多孔砖、劈开砖;设计中充分考虑了地铁空间"使用时间长、人流量大、列车震动"等客观特点,以及施工条件差、施工组织难、施工时间紧等现实。

陶土多孔砖:主要使用在站厅墙面。为增加结构的安全性,在多孔砖之间用双螺母与拉结筋固定,拉结筋竖向贯穿多孔砖孔洞并与∠50×70×8镀锌角钢横龙骨固定,多孔砖孔洞使用专业黏结剂填充,形成牢固的结构体系(图23-16~图23-20)。

 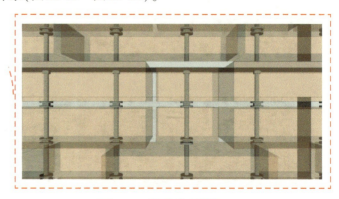

图23-16 多孔砖示意图 　　　图23-17 多孔砖连接详图(一)

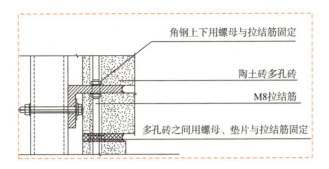

图 23-18　多孔砖连接详图（二）

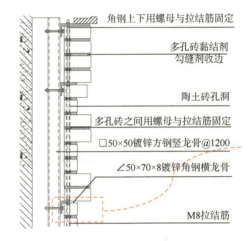

图 23-19　多孔砖施工详图

图 23-20　多孔砖效果图

陶土劈开砖:主要使用在站台三角房墙面及端墙。采用 $50 \times 100 \times 5$ 镀锌方管竖龙骨与结构墙面固定,横向龙骨采用 $40 \times 20 \times 2$ 镀锌方管,竖向间距300mm,双层12mm厚水泥压力板与横龙骨固定。为增加黏结层与水泥压力板之间的附着力,采用平头钉固定15目钢丝网拍,水泥基专业黏结剂拉毛。为增加劈开砖与黏结层的附着力,在劈开砖的背面增加5mm深燕尾槽(图 23-21 ~ 图 23-23)。

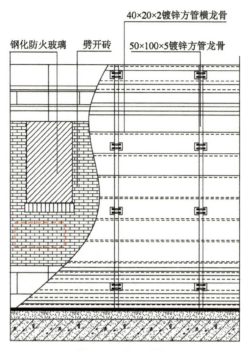

图 23-21 劈开砖墙面

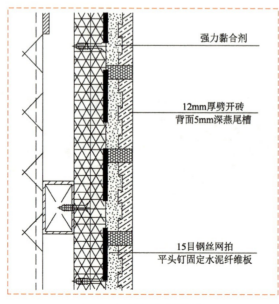

图 23-22 劈开砖施工详图

图 23-23　劈开砖效果图

23.2.3　水性无机涂料

因装修方案中跨为裸露原结构,所以需要在原结构混凝土上刷水性无机涂料。以往地铁项目采用顶部喷黑处理的防霉防潮涂料,现设计方案中跨为裸露结构,因此对涂料有颜色和肌理需求,所以涂料为装饰材料,需要在原有防霉防潮涂料性能基础上增加防火性能指标。

选用的水性无机涂料(内墙、外墙),具有 A 级防火、无烟毒、防潮防霉。水性无机涂料具有环保安全,开罐没有任何不良气味等优点。

水性无机涂料与传统涂料的对比如下:

(1)环保性能

水性无机涂料:只以清水作为稀释剂,对人体健康无害。

传统涂料:以香蕉水醋酸正戊酯等作为稀释剂,含有大量的苯、二甲苯等有害致癌物质。

(2)气味

水性无机涂料:不含有害致癌物质,无毒无味,涂刷后即可使用。

传统涂料:含有强烈的刺激性气味。

(3)外观

水性无机涂料:由于不含有害物质,不会向空气中挥发,因此也不会有易变黄等缺陷,更持久耐用。

传统涂料:有害物质不断缓释长效挥发,因此极易变黄,持久性不佳。

(4)漆膜质量

水性无机涂料:新一代的无机耐火防潮防霉涂料产品无论是气膜饱满度、硬度,还是耐刻划度都丝毫不逊色传统涂料,还可以实现高档家具特有的"见木不见漆"的效果(传统涂料无法达到)。

传统涂料:漆膜质量较好,但漆膜更硬、更脆,破损后不易修补。

(5)防火

水性无机涂料:A 级防火。

传统涂料:易燃。

(6)产烟毒性危险分级

水性无机涂料:AQ1 级。

传统涂料:达不到。

(7)施工性能

水性无机涂料:没有特殊要求,经过简单培训,即可以涂刷,自己涂刷和修补极为方便。

传统涂料:必须经过专业培训和实践才可以涂刷,由于专业性强,一般工人很难刷好。

23.2.4 照明设计

1)站厅照明设计

站厅边跨:边跨采用平板灯,设备横担下安装。

站厅中跨:中跨按照建筑的结构,高程不同的区域采用不同的布局方式。以六道口为例,以楼梯为界,中跨穹顶区采用筒灯,平顶区采用平板灯和射灯的布局方式,中跨灯槽采用洗墙灯,灯具立式安装,照亮顶部。

站厅端跨:端头的层高低于边跨,灯具采用平板灯。

站厅照明效果见图 23-24。

图 23-24 站厅照明效果图

2)站台照明设计

站台边跨:边跨采用平板灯,设备横担下安装。

站台中跨:以楼梯为界,中跨采用平板灯和射灯结合的方式。中跨灯槽采用洗墙灯,灯具立式安装。

站台照明效果如图 23-25 所示。

3)站台屏蔽门处照明设计

线路信息牌作用是指导乘客线路和所到达目的地。为了快速获取信息,此区域需有明亮的灯光,灯具采用线性灯带,见光不见灯珠,采用螺栓螺母紧固连续安装。

4)照明设计

附属通道多为狭长空间,照明要实现功能性照度的要求,空间明亮,消除压抑感,放大空间;采用主照明灯具结合灯槽的方式,两侧通长的线性灯带加强方向指向性。

漫反射灯间距2.6m,LED 线性灯带采用低压供电,配置 DC24V 驱动器,灯槽暗装,连续式布置。

图 23-25　站台照明效果图

附属通道照明效果如图 23-26 所示。

图 23-26　附属通道照明效果图

5）楼扶梯洞口重点照明设计

楼扶梯正上方布置灯具后期检修困难的缘故，设计采用两侧梁底布置射灯的方式，保证设计照度并利于维护。楼扶梯两侧设置 LED 壁灯。

楼扶梯洞口照明效果如图 23-27 所示。

23.2.5　装修设计调整

（1）在原设计方案实现过程中，发现出入口通道爬升段吊顶内吊杆杂乱，后根据现场情况增加了吊顶饰面（图 23-28）。

（2）部分车站站厅盲道和安检机具冲突。因运营需要，对部分安检设施的位置现场进行了调整，导致盲道的行进路线受阻，建议应严格按照设计图纸位置摆放安检机，不可随意改动。

（3）垂梯玻璃井道采用透明玻璃，导致乘客在轿厢内存在泄漏隐私风险。根据运营评估专家要求，经沟通后决定在玻璃井道外侧贴覆磨砂玻璃膜（图 23-29）。

（4）因为钢化玻璃自重大且不利于施工，站厅中部挡烟垂壁由钢化玻璃材质调整为镜面不锈钢（图 23-30）。

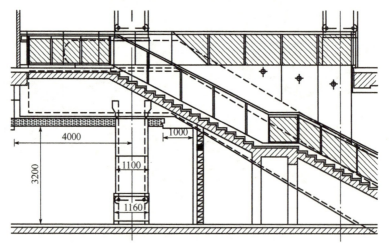

图 23-27　楼扶梯洞口照明效果图(尺寸单位:mm)

图 23-28　出入口通道爬升段吊顶

车站装修设计 **第23章/第6篇**

图 23-29 垂梯玻璃井道

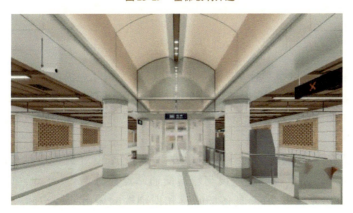

图 23-30 站厅中部挡烟垂壁

第24章 微中心一体化建设

24.1 微中心一体化实施的前提

为深入贯彻落实北京城市总体规划,将北京建设成为国际一流的和谐宜居之都,充分发挥轨道交通对城市发展的引领作用,促进轨道交通与城市的协调融合发展,全面提升轨道交通建设水平和服务能力,2020年7月,北京市规划了第一批轨道交通微中心,学清路站作为综合型微中心被纳入其中。

根据用地发展条件、交通能力在线网中划分,一体化站点分为重点站(微中心站)和一般站。重点站(微中心站)需具备周边建设与轨道交通站点充分融合、互动,可达性高,土地集约化利用程度高,具有多元城市功能,具备场所感和识别性的城市地域空间,车站所在地区区位条件较好且周边具备可利用土地资源,或站点的交通等级与能力较强,及一体化程度较高。

一体化轨道交通微中心的建设原则,应以公共利益为先,以轨道交通微中心为核心,组织城市5-15-30min生活圈,营造高品质市民出行环境,并根据不同站点实施差异化引导策略。根据微中心所处区位的不同,分为综合型微中心、社区型微中心和特殊型微中心。

学清路站位于五道口周边区域,周边以商业区、办公区及科教文卫公共功能为主,包括商业中心、公共文化设施、公共体育设施、公园绿地和公共广场,其他各类公共服务设施。

一体化前期研究分为三个阶段。第一阶段:需要明确一体化功能需求,对其周边地区的用地、交通、市政等现状及规划情况进行梳理,研究站点周边区域功能及地区设施需求,开展一体化和地下空间前期研究工作。第二阶段:完善一体化设计方案,明确一体化地块和周边用地与设施的规划功能、建设规模,对接一体化设计单位,细化城市设计和建筑设计管控要求,支撑、完善、稳定一体化设计方案。第三阶段:提出规划优化建议,开展周边规划指标优化研究,明确站点周边综合利用的用地条件,提出规划用地和指标优化建议。

微中心一体化实施同样分为三个阶段。第一阶段:结合项目建设,稳定项目及周边用地规划功能,合理组织各类流线。第二阶段:落实一体化设计方案,保障地铁建设和运营,保障城市配套服务功能,为居民提供更加安全、便捷、舒适的轨道交通服务和城市公共服务。第三阶段:对接规划建设管理,编制审批管理体系改革方向,对接(建设项目)综合实施方案编审技术要求,完成相应成果,纳入法定规划体系,形成后续项目建设和物权取得依据。

24.2　学清路站微中心一体化方案

学清路站位于学清路和银泉路、月泉路交叉口,跨路口沿学清路呈南北向敷设于路下,为地下二层岛式车站。车站总长度约 496.9m,标准段宽度约 21.1m,站台宽度 12m,总建筑面积约 32246m² (含轨道交通便民服务设施用房面积约 8306m²)。车站共设置 5 个出入口、4 个安全出口、1 个无障碍出入口、4 组风亭、1 组地下冷却设备及 1 组下沉式冷却塔。

学清路站总平面图见图 24-1。

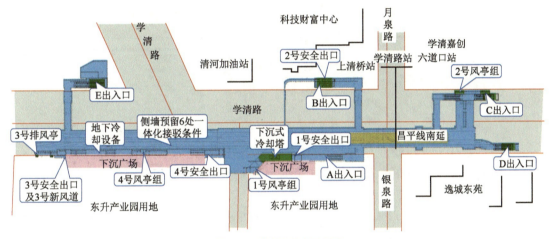

图 24-1　学清路站总平面图

根据 2020 年 7 月第一批北京市轨道交通微中心规划情况,学清路站被列入综合型微中心。学清路站微中心一体化实施范围如图 24-2 所示。

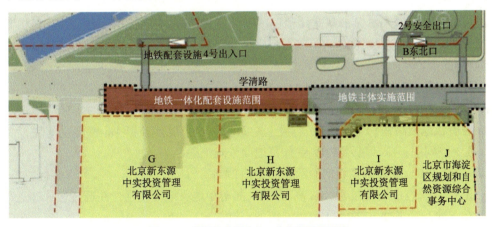

图 24-2　学清路站微中心一体化范围示意图

车站一体化接驳涉及 4 个地块,其中 G、H、I 地块与北京新东源中实投资管理有限公司地块接驳,J 地块与北京市海淀区规划和自然资源综合事务中心地块接驳。

在一体化设计中,J 地块与车站 A 出入口在站厅层高程预留暗梁暗柱,仅保留与地块连通的条件,不设置出地面建构筑物。I 地块与地铁 A 出入口通道与地块接驳,同时 1 号风亭、冷却塔、VRV 室外机及 1 号安全出口与地块下沉广场结合设置。H、G 地块与地铁一体化配套设施空间通过下沉广场接驳。

24.2.1　I、J 地块接驳方案介绍

车站附属部分与 I 地块通过下沉广场衔接,下沉广场范围如图 24-3 中绿色范围所示,设计高程为 36.800m。

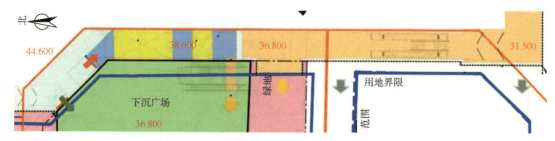

图 24-3　I、J 地块接驳示意图(高程单位:m)

冷却塔及 VRV 室外机利用车站上方覆土空间,设于附属顶板上方,设置范围如图 24-3 中蓝色范围所示,车站顶板高程为 38.600m,距离地面约有 5m 空间用以消隐相关设备,减少对地面景观的影响。

1 号风亭组采用侧出形式,新风井向下沉广场如图 24-3 中绿色箭头,排风井向冷却塔及 VRV 室外机错层如图 24-3 中红色箭头。

1 号安全出口侧出至下沉广场,如图 24-3 中黄色箭头所示。

A 出入口侧出至一体化建筑内部,通过地下室独立设置的连廊与其他空间衔接,如图 24-3 中黄色箭头所示。

1 号风亭组设计:新排风口从车站顶板顶出后,利用覆土空间,设置风道夹层,风口采用侧出形式。风口底高程为 38.800m,距离下沉广场地面 2m;风道夹层结构顶高程为 43.400m,距离地面 1.2m。

1 号新排风亭接驳平剖面图见图 24-4。

冷却塔及 VRV 室外机设计:冷却塔及 VRV 室外机设于车站顶板上方,车站顶板高程为 38.600m,现状地面高程约为 44.600m,覆土空间高约 6m,设计预留 1m 覆土空间埋设相关管线,5m 覆土空间用于冷却塔及 VRV 室外机地面景观消隐。

冷却塔及 VRV 室外机接驳剖面示意图见图 24-5。

A 出入口设计:在站厅层 31.5m 高程平面,接驳 J 地块地下二层。在通过楼扶梯进行一次提升后 36.8m 高程平面,接驳 I、J 地块的地下一层。

A 出入口接驳平剖面示意图见图 24-6。

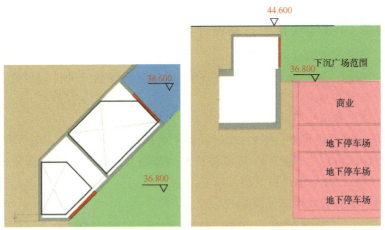

图 24-4　1 号新排风亭接驳平剖面示意图（高程单位：m）

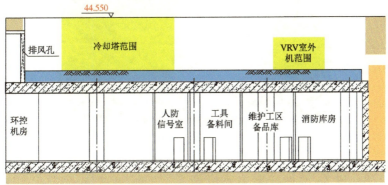

图 24-5　冷却塔及 VRV 室外机接驳剖面示意图（高程单位：m）

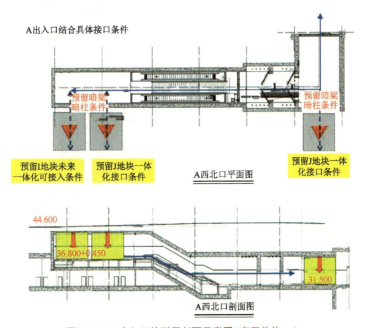

图 24-6　A 出入口接驳平剖面示意图（高程单位：m）

24.2.2 I、J 地块接驳方案设计要点

(1) 下沉广场消防疏散设计

在车站出入口与一体化地下室的下沉广场连廊中应设置独立的排烟系统,含排烟机房及排风井。

(2) 车站附属上方覆土空间的利用

利用车站覆土空间设置设备平台,通过设备平台的高差,既能满足 VRV 室外机及冷却塔高于下沉广场地面 2m 以上,避免 VRV 室外机及冷却塔对下沉广场通行客流的空气干扰,同时能兼顾道路景观对 VRV 室外机及冷却塔的消隐。

I 地块下沉广场接驳效果图见图 24-7。

图 24-7　I 地块下沉广场接驳效果图

24.2.3 H、G 地块接驳方案介绍

在 H、G 地块范围内,车站主体与用地红线间存在 6m 宽夹土空间,在用地红线至建筑控制线之间存在 13m 建筑退距。通过一体化设计,对该 19m 范围进行了空间整合,其中红线外地下空间设置为一体化配套功能用房,含 1~6 号接驳通道、人防门、安全出口、风道等必要功能用房。红线内地下空间设置为下沉广场,与一体化配套功能用房接驳。

H、G 地块一体化接驳竖向关系示意图,平面示意图分别见图 24-8、图 24-9。

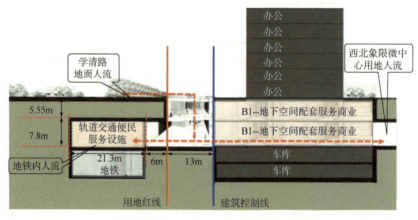

图 24-8　H、G 地块一体化接驳竖向关系示意图

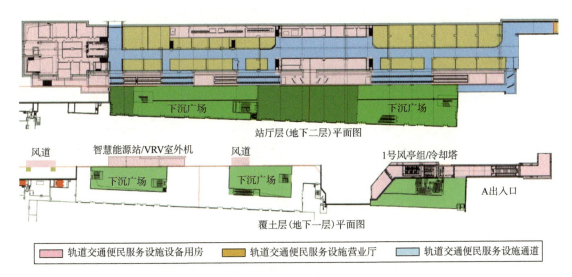

图 24-9　H、G 地块一体化接驳平面示意图

在该部分设计中，轨道交通便民服务设施位于车站主体范围内，总建筑面积约为 4826.94m²。其中营业厅及通道建筑面积约 2214.13m²，通风空调机房、照明配电室、气瓶间、环控电控室、公共卫生间、供电跟随所、隔油池、消防值班室、物业办公室等设备用房建筑面积约 2612.81m²。附属部分设置出入口、人防门、消防水池、消防泵房、废水泵房、风道，建筑面积共约 3474.36m²。

24.2.4　G、H 地块接驳方案设计要点

（1）下沉广场消防疏散设计。

下沉广场至地面的提升高度应尽量避免大于 10m。学清路站由于车站埋深较大，下沉广场至地面的提升高度超过 10m，下沉广场需独立设置直通地面的消防电梯。

（2）下沉广场的排水设计。

下沉广场排水沟底高程至车站与下沉广场的接口高程应不小于 300mm。

（3）车站主体侧墙至用地红线之间空间的实施及利用。

利用车站至用地红线之间的空间范围，解决人防门、水泵房、风道、安全出口等必要的地铁功能用房，确保地铁功能用房尽可能不侵入地块用地范围。

24.3　学清路站微中心一体化界面划分

24.3.1　I、J 地块界面划分介绍

I、J 地块界面划分平面示意图见图 24-10。

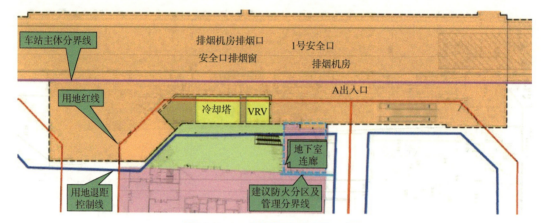

图 24-10　I、J 地块界面划分平面示意图

（1）设计界面。

车站主体及附属均由地铁设计方进行设计，并确保车站附属设计范围不侵入用地建筑控制线。车站附属轮廓范围外由地块设计方进行设计，其下沉广场及地下室连廊需满足地铁功能要求。

（2）施工界面。

车站主体及附属均由地铁施工方进行施工。但车站附属围护结构深度需进行加深，以满足地块内地下室设计深度为准。

（3）管理界面。

一体化地下室连廊为地铁车站与地块商业的过渡空间，该连廊区域与地块连接处设防火卷帘，在商业空间与车站运营时间不匹配或应急状态下，该处卷帘可关闭，A 出入口客流直接从地下室连廊进入下沉广场，并通过下沉广场楼扶梯直通地面。

（4）投资界面。

因地块内地下室设计需求引起的围护结构加深费用，由地块建设方完全承担。因地铁疏散及通风功能需求引起的下沉广场增设费用，由地铁建设方与地块建设方共同分担。

24.3.2　G、H 地块界面划分介绍

G、H 地块界面划分剖面、平面示意图分别见图 24-11、图 24-12。

（1）设计界面。

在车站主体建筑边线至用地红线间的 6m 范围，设置一体化所需的功能用房，纳入地铁设计范围。用地红线内下沉广场纳入地块设计范围，下沉广场设计需满足一体化疏散的消防要求。

（2）施工界面。

车站主体建筑结构纳入地铁施工范围。车站主体设计边线外纳入地块实施范围，由地块施工单位进行一体化代建。

（3）管理界面。

以车站公共区防火门作为车站与配线上方开发空间的管理边界，以下沉广场边界作为配线上方空间开发与一体化开发地块的管理边界，并确保三者在各自独立运营时间范围内都能满足自身的安全疏散要求。

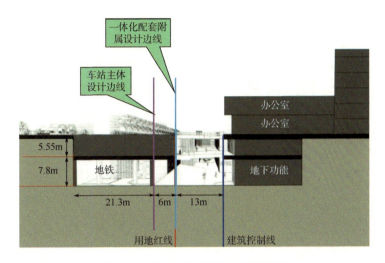

图 24-11　G、H 地块界面划分剖面示意图

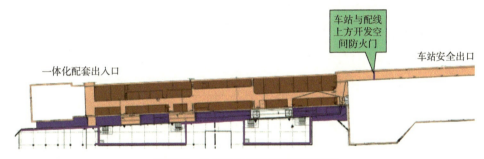

图 24-12　G、H 地块界面划分平面示意图

（4）投资界面。

在车站主体至用地红线间新增一体化配套附属工程的投资由地铁开发方完全承担，地块方代建；因配线上方空间安全疏散及通风功能需求引起的下沉广场增设费用，由地铁开发方与地块开发方共同承担。

24.4　学清路站微中心一体化建设的意义

随着城市的发展、人口密度的增大，城市发展扩张有加剧交通拥堵的趋势，解决"摊大饼"的方式有很多，最主要的办法是规划引领城市由"摊大饼"向多中心发展，通过多中心的建设，实现职住均衡，缩短通勤交通的出行距离，平衡居住成本与出行成本。在这样一个状态下，则能够实现在城市规模扩大的前提下城市居民平均出行距离不过度增加的城市交通出行特征，从而形成生态、低碳、绿色、不拥堵的宜居城市。

与地铁同期建设的城市微中心案例，为后续北京市城市微中心建设提供了一个比较成功的工程案例，探索了一体化建设落地的解决路径，推动了城市轨道交通与地块开发协同发展，为后续建设项目提供了宝贵的经验。

附录 A　昌南线大事记

2015年9月14日	关于北京市城市轨道交通第二期建设规划(2015—2021年)的批复
2016年8月17日	北京地铁27号线二期(昌平线南延)工程规划方案批复
2016年12月30日	西二旗至蓟门桥段可行性研究报告批复
2017年3月14日—16日	总体设计评审会
2017年8月8日—10日	初步设计评审会
2017年9月1日	西二旗至蓟门桥段环境影响报告批复
2018年6月30日	六道口站—学院桥站区间开工
2018年8月27日	不降水(或少降水)方案初步设计补充评审
2018年8月31日	蓟门桥站—站后区间开工
2018年9月27日	学清路站一体化初步设计补充评审
2018年10月17日	西土城站开工
2018年10月27日	上清桥站开工
2019年3月3日	六道口站开工
2019年3月6日	学院桥站开工
2019年5月13日	学清路站开工
2019年7月3日	小营西路站初步设计补充评审
2019年10月15日	十三陵车辆段开始铺轨
2020年1月24日	清河站—上清桥区间隧道左线盾构抵达清河站盾构接收井
2020年3月31日	六道口站—学院桥站区间暗挖初期支护实现首段贯通
2020年4月20日	小营西路站开工
2020年6月12日	十三陵车辆段轨通
2020年8月14日	车站地面附属建筑物及一体化设计方案评审
2020年9月23日	首列车CP033车组到达昌平线十三陵车辆段
2020年9月28日	西清区间西二旗站老站房拆除完成
2020年11月7日	十三陵车辆段冷、热滑试验完成
2020年11月15日	学院桥站—西土城站区间暗挖隧道初期支护顺利贯通
2020年11月21日	清河站—上清桥区间隧道区间盾构右线穿越小营西路站

续上表

2021年1月24日	蓟门桥站至设计终点区间暗挖隧道初次衬砌贯通
2021年2月1日	站台门系统通过样机评审启动百万次开关门测试
2021年2月2日	学清路站—六道口站区间左线盾构穿越15号线六道口站
2021年2月28日	供电系统工程施工正式启动
2021年3月15日	机电专业01标顺利通过开工核查机电施工开始
2021年4月9日	学清路站—六道口站区间右线盾构穿越15号线六道口站
2021年4月22日	昌平线南延工程首台电扶梯（样机）验收完成
2021年5月19日	正线铺轨开工
2021年12月30日	西二旗至清河段通车
2022年1月9日	10号线西土城站改造恢复运营
2022年5月22日	昌南线清河站至六道口站短轨通，实现与既有清河站贯通接轨
2022年6月30日	全线车站主体结构全部封顶
2022年7月7日	西二旗至蓟门桥段初步设计阶段收口评审
2022年7月28日	清河站至学院桥站长轨通
2022年9月8日	项目工程验收
2022年9月10日	通车段开始空载试运行
2022年9月23日	全线长轨通
2022年10月10日	全线联锁系统开通
2022年10月20日	全线传输系统开通
2022年10月20日	全线无线系统开通
2022年10月21日	全线400V电通
2022年11月16日	完成AFC系统预验收工作
2022年11月17日	通信、PIS、导向标识系统单位工程通过预验收
2022年11月18日	昌平线全线完成跑图前压力测试
2022年12月13日	供电系统通过单位工程竣工验收
2022年12月15日	轨道工程通过竣工验收
2022年12月23日	完成24列车组的竣工验收
2022年12月25日	安检设备竣工验收
2022年12月28日	完成消防验收
2022年12月28日	通过竣工验收
2023年2月4日	开通试运营

附录B 主要参编单位人员名录

一、设计单位

北京城建设计发展集团股份有限公司(01标总体总包、10标、11标、13标、14标、15标、18标)：
贺 鹏 罗玉英 范 茜 黄 赫 赵 芫 袁凤东 佟 鑫 刘 志 张 磊 赵姗姗
庄立阳 高东升 陈苒迪 刘文璐 汪 烨 孙大新 郑瑞武 韩海燕
中铁工程设计咨询集团有限公司(02标)：张复兴 王东霞 张正旭
中铁第六勘察设计院集团有限公司(03标)：李 昂 韩朝言 侯慕轶
中交铁道设计研究总院有限公司(04标)：程小虎 何煜晗 朱雯蕾
北京市市政工程设计研究总院有限公司(05标)：姜 曦 王 兵 朱天源
中铁隆工程集团有限公司(06标)：许 洋 李恒力 袁 梧
北京市轨道交通设计研究院有限公司(07标)：郝志宏 李铁生 李晓宁
中铁第五勘察设计院集团有限公司(08标)：闫立鹏 杨媛媛 李孟荣
中铁华铁工程设计集团有限公司(09标)：杨燕燕 李明泽 尹 燊
北京全路通信信号研究设计院集团有限公司(12标)：李 鸣 孟 洋
北京北建大建筑设计研究院有限公司(装修01标)：乐美峰 孔繁兴 李志阳
深圳市利德行投资建设顾问有限公司(装修02标)：陈光林 叶志田 谭 政
北京广远工程设计研究院有限公司(装修03标)：曹 凤 郑如新 侯丽妍

二、土建施工单位

北京城建道桥建设集团有限公司(01标)：刘海峰 周银亮
中铁二十二局集团有限公司(02标)：李海生 邬德义 张 慧 鄢继超 王盛印 李 龙
孙 明 徐骏青
中铁北京工程局集团有限公司(03标)：朱国庆 孟学仲 孙守元
中铁二局集团有限公司(04标)：姚 维 董文广 苗 海
中交隧道工程局有限公司(05标)：王文轩 吕国庆 田广辉 汪永健
北京市政建设集团有限责任公司(06标)：董 凯 杨 昆 宋寿忠 韩瑞林
中铁隆工程集团有限公司(07标)：贺 超 石 杨 吴 沙 颜 浩
北京市政路桥有限公司(11标)：喻 凯 左建周 王 旭

三、设备安装单位

中铁一局集团有限公司(轨道专业)：闫 龙 王亚周
中铁二局集团电务工程有限公司(供电专业)：蔡 扬 袁 松
中铁四局集团电气化工程有限公司(通信专业)：詹皖晋 余 康
中铁电气化局集团有限公司(清河拨线)：王旭东 陈国瑞
中建安装集团有限公司(机电01标)：芮恩奇 安瑞坦

北京市市政四建设工程有限责任公司(机电02标):王玉杰　孙俊健

四、土建监理单位

中铁华铁工程设计集团有限公司(02总监办):桑青春　李希春　张燕刚
北京华城工程管理咨询有限公司(03总监办):赵志敏　焦连斌　李义泊
中咨工程管理咨询有限公司(04总监办):董新利　韩　雪　许传省

五、第三方监测单位

北京城建勘测设计研究院有限责任公司(01标、03标):刘尚伟　吴丽丽　龚洁英
中铁工程设计咨询集团有限公司(02标):雷巨光　张　凯　张绪丰
北京市勘察设计研究院有限公司(04标):姚添宝　闫明柱　刘函仲
中交基础设施养护集团有限公司(05标):崔　巍　黄龙生　孙玮泽

参考文献

[1] 孔恒,左建周,郭飞,等.一种高弹性注浆材料及其制备方法和应用[P].202011541744.6,2022-07-01.

[2] 左建周,李兆平,王全贤,等.暗挖地铁车站与车站行车隧道同期建造技术研究[J].铁道标准设计,2021,66(7):108-113.

[3] 张新金,刘维宁,路美丽,等.北京地铁盾构法施工问题及解决方案[J].土木工程学报,2008,41(10):93-99.

[4] 张新金.盾构法与浅埋暗挖法结合建造地铁车站关键技术研究[D].北京:北京交通大学,2010.

[5] 叶新丰,任雪峰.地铁车站单跨PBA工法扣拱施工风险控制研究[J].铁道标准设计,2018,62(2):144-147.

[6] 李贺,卢常旦,张仲宇,等.复杂环境条件下富水卵石地层暗挖地铁车站建造方案研究[J].铁道标准设计,2020,64(3):130-135.

[7] 刘力,高辛财."洞桩法"暗挖车站施工阶段钢管混凝土柱承载力计算[J].隧道建设(中英文),2019,39(7):1152-1157.

[8] 刘军,荀桂富,章良兵,等.PBA工法中边桩参数对结构稳定性的影响研究[J].铁道标准设计,2016,60(9):118-122.

[9] 李皓,葛克水.PBA工法导洞开挖顺序数值模拟研究[J].施工技术,2015,44(7):110-112,116.

[10] 张明聚,晋刘杰,刘义,等.地铁车站PBA工法施工变形风险管控实例分析[J].武汉大学学报(工学版),2016,49(6):893-898,910.

[11] 韩育琛,郭腾,韩瑞林.基于TOPSIS的矩形顶管机选型研究[J].市政技术,2022,40(8):171-176,182.

[12] 彭立敏,王哲,叶艺超,等.矩形顶管技术发展与研究现状[J].隧道建设,2015,35(1):1-8.

[13] 刘平,戴燕超.矩形顶管机的研究和设计[J].市政技术,2005,23(2):92-95,101.

[14] 吴贤国,林净怡,张立茂,等.基于TOPSIS方法的地铁施工盾构机械选型研究[J].铁道建筑,2015(10):95-100,110.

[15] 夏勇其,吴祈宗.一种混合型多属性决策问题的TOPSIS方法[J].系统工程学报,2004,19(6):630-634.

[16] 王承德.顶管机的选择[J].特种结构,2008,25(5):89-91.

[17] 范磊.富水砂卵石地层矩形顶管机的研究及应用——结合成都川大下穿人民南路人行通道工程[J].隧道建设,2017,37(7):899-906.

[18] 张俊儒,叶伦,严丛文,等.泥质粉砂岩地层中后行盾构隧道近接施工对大断面矿山法隧道的影响研究[J].现代隧道技术,2019,56(5):122-132,156.

[19] 胡明亮,于翔,邓轶腾.土压平衡掘进、泥水出土新型顶管机的研发与应用[J].市政技术,2017,35(SUP1):5-7,61.

[20] 田艳玲,张宝强,黄琳,等.岩石地层大口径长距离管道顶管施工影响因素[J].油气储运,2012,31(8):612-614.

[21] 邵翔宇.地铁隧道穿越市政桥梁动态主动保护施工技术[J].建筑技术,2012,43(10):907-912.

[22] 宗振宇.地铁施工对邻近桥梁桩基影响研究[J].天津建设科技,2021,31(5):26-29,52.

[23] 吴书伟.地铁隧道穿越城市异形板桥风险评估及主动防护研究[D].北京:北京交通大学,2017.

[24] 仝海龙.盾构侧向平移及始发(接收)施工技术[J].铁道建筑技术.2020(9):122-126.

[25] 李爱民,李宏安,李斌.暗挖单通道组合结构实现双线盾构侧向始发设计方案研究[J].隧道建设(中英文),2021,41(7):1188-1196.

[26] 赵康林,朱朋金,肖利星,等."TBM侧向平移+弧形出渣导洞"始发方案在青岛地铁中的应用[J].建筑技术开发.2020,47(7):45-47.

[27] 何源,杨钊,杨擎,等.孟加拉卡纳普里河水下隧道大直径泥水盾构钢套筒始发关键技术研究[J].隧道建设(中英文),2020,40(3):426-434.

[28] 尹华成,张利勇.富水圆砾地层中盾构始发、接收技术研究[J].石家庄铁道大学学报(自然科学版),2018,31(S1):76-79.

[29] 王社江,张建鹏.地铁工程暗埋工作井内钢筋混凝土密封舱室盾构始发技术[J].城市轨道交通研究,2020,23(8):165-168.

[30] 马伟东.盾构密闭钢套筒平衡始发施工工艺研究[J].工程技术研究,2019,4(10):53-54.

[31] 杨志勇,杨星,江玉生,等.盾构近距离上跨既有运营隧道施工控制技术[J].隧道建设(中英文),2019,39(11):1898-1904.

[32] 南宁地铁项目首次成功运用盾构密闭始发技术[J].隧道建设,2015,35(4):291.

[33] 李朝,韩震.某区间盾构侧向π型始发技术研究[J].低温建筑技术.2014,36(11):105-107.

[34] 赵智辉.高富水砂性土冻胀融沉特征及盾构始发冻结加固研究[D].太原:太原理工大学,2019.

[35] 谢银龙.盾构始发期间小间距下穿既有运营地铁大断面隧道施工[J].现代隧道技术,2013,50(1):161-165.

[36] 朱庆海,徐才厚,罗实,等.土压平衡盾构洞内拆机技术方案研究[J].铁道标准设计,2022,66(11):121-126,181.

[37] 赵江涛,齐保卫,赵磊,等.盾构洞内拆机技术应用[J].建筑机械化,2020,41(4):22-24.

[38] 本刊.全国首例地铁盾构洞内解体在京实现[J].特种结构,2015,32(3):12.

[39] 李海,朱长松.接收车站封闭条件下盾构拆机解体技术探析[J].隧道建设,2016,36(5):

619-625.

[40] 闫永阵,石小伟.站内解体过站盾构设计及应用技术研究[J].建筑机械化,2021,42(9):9-12.

[41] 黄云生.盾构的平移解体技术[J].铁道建筑技术,2014(6):53-56.

[42] 张丽丽,单琳,郭飞,等.小曲线半径叠落盾构隧道近接施工安全控制研究[J].现代隧道技术,2022,59(3):254-264.

[43] 许有俊,王智广,张旭,等.小转弯半径盾构隧道施工引起的地层变形特征[J].隧道与地下工程灾害防治,2022,4(2):11-18.

[44] 张旭,黄诗闵,许有俊,等.衬砌背后空洞对连拱隧道结构受力和破坏的影响研究[J].隧道建设(中英文),2022,42(1):90-102.

[45] 张成平,韩凯航,张顶立,等.城市软弱围岩隧道塌方特征及演化规律试验研究[J].岩石力学与工程学报,2014,33(12):2433-2442.

[46] 李兆平,王凯,姜厚停,等.长距离叠落盾构隧道施工对已成型隧道影响及控制措施研究[J].土木工程学报,2020,53(S1):174-179.

[47] 郑余朝,仇文革.重叠隧道结构内力演变的三维弹塑性数值模拟[J].西南交通大学学报,2006,41(3):376-380.

[48] 张海波,殷宗泽,朱俊高.近距离叠交隧道盾构施工对老隧道影响的数值模拟[J].岩土力学,2005,26(2):282-286.

[49] 孙捷城,路林海,王国富,等.小半径曲线盾构隧道掘进施工地表变形计算[J].中国铁道科学,2019,40(5):63-72.

[50] 潘泓,苏文渊,翟国林,等.小曲率半径转弯隧道盾构施工扰动实测分析[J].岩石力学与工程学报,2017,36(4):1024-1031.

[51] 唐晓武,朱季,刘维,等.盾构施工过程中的土体变形研究[J].岩石力学与工程学报,2010,29(2):417-422.

[52] 何川,封坤,方勇.盾构法修建地铁隧道的技术现状与展望[J].西南交通大学学报,2015,50(1):97-109.

[53] 陈先国,王显军.近距离重叠隧道的二维和三维有限元分析[J].西南交通大学学报,2003,38(6):643-646,702.

[54] 李奎,李志业,高波.既有地铁车站结构安全性评估方法研究[J].岩土力学,2011,32(4):1193-1199.

[55] 张荣建.盾构穿越既有铁路站场施工技术研究[J].科学之友,2011(11):99-100.

[56] 李金楠.地铁盾构穿越既有运行线路采用的施工技术[J].四川水力发电,2021,40(5):10-13.

[57] 吴全立.同步注浆材料配合比设计与试验研究[J].施工技术,2003(1):55-57.

[58] 梁景一,王建.盾构近距离穿越房屋群施工技术研究[J].江苏科技信息,2023,40(2):56-59.

[59] 陈俊林,万小飞,孙雅飞,等.地铁盾构区间下穿高铁桥梁变形控制优化研究[J].水利水电技术(中英文),2023,54(S1):137-143.